大夏世界史文丛

地区国别史研究

（第1辑）

朱明——主编

社会科学文献出版社
SOCIAL SCIENCES ACADEMIC PRESS (CHINA)

总　序

　　经过两年多的策划和准备，"大夏世界史文丛"终于问世了。本套丛书由三部分组成：资深学者的个人文集、反映华东师范大学世界史学科队伍最新研究水平的论著和着眼于人才培养的教材及读本。

　　世界史学科是华东师范大学历史学系的传统优势学科。1951 年建校时便汇聚了林举岱、王养冲、郭圣铭等一批知名教授。20 世纪八九十年代，法国史、二战史、非洲史、俄苏史、美国史、德国史等研究领域在国内学界都确立了自己的地位，拥有孙道天、艾周昌、陈崇武、王斯德、李钜廉、钱洪、孙炳辉、余志森、洪波、潘人杰等一批知名学者。1984 年，华东师范大学历史学系获批成立世界史博士点，1987 年获得博士学位授予权，为改革开放后我国世界史学科的发展培养了一大批人才。1995 年，华东师范大学世界史学科又成为上海市教委重点学科。1998 年世界史学科设立历史学一级学科博士后流动站，2000 年获得历史学一级学科博士学位授予权，确立了地区国别史、断代史和专门史（思想史）三个重点发展方向。

　　华东师范大学世界史学科目前所取得的成就和影响力与老一辈学者打下的良好基础密不可分。今天我们编辑和出版这些老先生的个人文集，不仅是重温他们的学术思想，了解他们的学术发展轨迹，更是对他们治学理念的回顾和传承，管窥他们对学术的孜孜追求和敏锐的学术洞察力。

　　进入 21 世纪后，华东师范大学世界史学科发展获得新的发展机遇。2007 年被教育部批准为国家重点学科（培育），同年被上海市政府批准为上海市重点学科。在国家"211 工程"和"985 工程"建设中，世界史学科也一直作为重点学科建设对象，获得研究资金和人员配备上的支持。在调整学科布局和保持原学科优势的基础上，涌现出以冷战国际史、中国周边关系史、地区国别史、全球思想文化史、国际历史教育比较等为代表的五个学科群。其中冷战国际史研究已成为国内一流、国际影响较大的学科发展方向，形成了一支实力强劲的优秀研究团队。继 2016 年华东师范大学成立周边国家研究院后，中国与周边国家关系，尤其是 20 世纪下半叶的双边关系史研究异军突起，研究团队几乎访问了所有的周边国家档案文献收藏机构，并搜集了数量可观的周边国家对华关系档案，总量达数百万页，搭建起了一个周边国家对华关系文献数据库，档案语种涵盖越南语、缅甸语、泰国语、马来西亚语、柬埔寨语、蒙文、韩文、日文和俄文等。在此基础上，研究团队除了给有关部门提交了数十篇高质量的咨询报告外，还在国内外权威期刊公开发表数篇学术论文。在地区国别史方向，非洲史、德国史和美国史在继承老先生文脉的基础上又有了新的发展，其中非洲史侧重于中非关系、非洲文化和坦桑尼亚历史的研究，与达累斯萨拉姆大学联合成立了"坦桑尼亚研究中心"，密切了双方的学术交流和人才培养机制；德国史主要关注 20 世纪德国历史的演进，特别是断代史、社会史、外交史、史学史及中德关系史，郑寅达教授现任中国德国史研究会会长；美国史则倾向于对美国城市发展过程中内部治理的研究。在国际历史教育比较方向，引领中国历史教育走向国际化。本学科从 21 世纪初开始便积极同国际历史教育界建立联系，近四年已两次召开国际历史教育工作坊，邀请来自世界各地的专家与会，讨论如"各国历史教科书中的中国形象"等重大话题。孟钟捷教授当选为国际历史教育学会学术委员会成员，多次参加国际历史教育领域的合作项目。杨彪教授多次前往国际教科书研究所从事研究。2015 年起，本学科与德国奥格斯堡大学合作，创立国内首个历史教育海外研修学校，组织大学教师、中学教师、历史师范生前往德国进修学习。

"路漫漫其修远兮，吾将上下而求索。"经过 60 多年的学术积累和发展，华东师范大学世界史学科已经形成具有自己特色的研究领域和学科布局，并建立了从本科到博士后的完整专业人才培养体系，学术研究水平和人才培养质量在国内同类系科中位于前列，若干研究领域处于国际领先地位。在 2016 年全国第四轮学科评估中，华东师范大学世界史学科获得 A + 的评价，这既是对我们过去几十年来不遗余力地发展世界史学科的肯定，也是对我们未来向世界一流学科迈进的鞭策。为此，我们本着有所为有所不为的原则，在继承华东师范大学世界史学科前辈奠定的学科特色的基础上，放眼全球，努力与当今世界著名高校的世界史研究接轨，重点发展以下三个方面。

一是世界史学科在发展过程中主动对接国家战略，以适应社会经济发展提出的新需求。冷战史、地区国别史、欧洲社会文化史和国际历史教育比较研究等都涉及国家重大对外战略与重要学术创新。冷战国际史研究引领国内学术研究的潮流，同国际上的许多知名大学和研究机构建立了广泛而密切的学术联系，成为极具特色和优势的研究领域之一。结合华东师范大学"引领中国教师教育"的办学方针，世界史学科积极开展国际历史教育的比较研究，以"中国周边国家历史教科书中的中国形象"作为未来的重大研究课题。学科还积极参与上海市的智库建设，提交咨询报告。

二是致力于思考华东师范大学世界史学科人才培养的目标和方向，形成自己的学科特色和目标。那就是致力于培养热爱祖国，德智体全面发展，专业基础扎实、能力强、素质高，自觉为社会主义现代化事业、为繁荣历史科学服务的高级专门人才。其中以两类为主：一是基础教育的骨干师资，二是高等院校和科研单位的研究人员。人才培养过程中秉持"宽口径、厚基础"的理念，注重科研能力的训练和综合素质的培养。要求所培养的硕士研究生具有较系统的理论基础和正确的教育思想观念，熟悉国内外史学研究动态，打好扎实深厚的专业基础，能运用科学的研究方法进行专业领域的学术研究，熟练掌握一门外国语，毕业后能在本学科领域独立从事研究和教学工作，或在实际工作部门从事相关工作。博士研究生具有较深厚理论素养和先进的教育思想观念，熟悉本专业领域史学研究成果和国内外最新研究动态，能够站在学术前沿，运用先进的研究方法和手段进行创造性研究，至少熟练掌握一门外国语，毕业后能在本学科领域独立从事高层次的研究和教学工作，或在实际工作部门从事相关的较高层次工作。目前，华东师范大学世界史学科下设世界断代史、世界地区国别史、专门史（冷战国际史）三个二级学科博士点和硕士点，同时拥有世界史一级学科的博士后流动站。世界断代史方向涵盖了世界上古中世纪史、世界近代史、世界现代史和世界当代史。注重世界通史观的培养，注意打破各断代史的壁垒，使学生形成宏观的世界史认识。地区国别史方向包括非洲史、美国史、德国史、日本史、法国史等，其特色是注意将国别史中的国内史与对外关系史相结合。专门史方向主要为冷战国际史和中外关系史，目前是国内领先的学科方向，集合了国内顶尖的学者。以冷战国际史研究中心和当代文献史料中心为依托，将档案资料的收集与科学研究紧密结合，在利用档案文献研究社会主义国家关系史、中国与周边国家关系史方面已经形成了自身的特色，同时在研究生培养方面也形成了以档案文献整理为特色的理论与实践课程。

三是努力与国际接轨，及时跟进国际社会世界史学科研究的新进展。早在 2013 年，就在美国著名智库伍德罗·威尔逊国际学者中心设立了"华东师大–威尔逊中心冷战研究工作室"。从 2017 年开始，又陆续在日本早稻田大学、越南国家社会科学研究院、德国奥格斯堡大学和坦桑尼亚达累斯萨拉姆大学设立了工作站，目的是在世界历史研究领域内增进双方在学术交流、学生培养和联合研究等方面的深入合作。上述五个工作站同时也是开放式的，为中国其他高校世界史的师生进站研究提供必要的相关帮助。

当今国际学术界的世界史研究日新月异，冷战国际史、全球史、环境史、社会史、妇女史、城市史、医疗史、移民史等领域的研究成果不断涌现，华东师范大学世界史学科在跟踪这些领域研究动态的同时，也努力展现自己的学术研究成果，为建构中国特色的世界史学科体系、学术体系和话语体系贡献自己的微薄之力。

沐　涛

2019 年 10 月

目　录

·俄国史·

前　言

　　华东师范大学历史学系的世界史学科长期以来有着区域国别史研究的优良传统，曾经在法国史、20世纪世界史等领域达到较高的研究水平。进入21世纪以来，华东师范大学的世界史专业在冷战史、非洲史、德国史等方面亦有长足的发展。

　　目前，世界史学科整合力量，重点发展地区国别史，在有所突破的同时形成若干优势领域。在国别史方面，有德国史、法国史、美国史、俄国史、意大利史等；在区域史方面，有非洲史、地中海文明史、东亚史、东南亚史、中亚史等；在跨区域方面，又有全球史作为联系的纽带和新的视角方法。世界史学科将利用几年的时间，有效整合系内的已有力量，并且逐渐引进优秀的师资力量，完善地区和国别史系列，形成世界史研究的梯队和团队。本书的编撰正是要在回顾以往研究成果的同时，为将来的研究寻找合作和整合的突破口。

　　本辑主要集中于地中海文明圈、德国史、俄国史三个栏目。未来还将整合并呈现更多成果。

地中海文明圈

　　地中海文明史是世界史学科整合已有研究团队开拓的新领域，由于已有的教师主要分散在上古中古史、古代近东、古希腊罗马等领域，为了进行有效的整合，我们将这些研究者都涉及的地中海作为一个平台，在此基础上对地中海的文明进行更深入的探讨。因此，该栏目是比较新的探索和尝试。目前，该方向共有2位教授、1位副教授、3位讲师。本辑所收论文中，李海峰教授从当下比较受关注的养老问题入手，探讨了古巴比伦时期的家庭养老习俗，他认为古巴比伦人较完善的、多种模式的家庭养老方式较好地解决了老年人的养老问题；王悦博士从拉丁文"帝国"概念的衍生探讨罗马人的帝国观，她指出帝国的成长与帝国观念的更新是共同演进的；刘衍钢博士探讨了晚期古典时代的伊苏里人，他借鉴了詹姆士·斯科特的 Zomia 理论，认为伊苏里人的历史与行为模式对于我们重新评估高地族群的历史演化模式具有现实意义；顾卫民教授从长时段的角度探讨了葡萄牙海洋帝国宗教裁判所的历史，他认为葡萄牙宗教裁判所抑制了葡萄牙文艺复兴的思潮，迫使大批有犹太人背景并拥有经济实力的"新基督徒"流亡国外，使得葡萄牙在与荷兰和英国的商业竞争中最终归于失败；朱明副教授从全球史和城市史的角度探讨了米兰、马德里、墨西哥城三座城市在近代早期的西班牙帝国内部的联系和交往，注重城市内部的空间结构变迁和宏观空间当中的联结性，他认为在近代早期的全球化时期，欧洲城市发展受到一定程度的外来影响；李晔梦博士谈论了"新历史学家"对以色列传统史学的挑战，他指出"新历史学家"拓宽了历史研究的视域，推进了学术自由，有益于促进国家的世俗化与民主化进程，但他们的批判性大于建设性，有些主张过于激进而不切实际，并且在某种程度上加剧了以色列社会的动荡性。

德国史

德国史是华东师范大学世界史学科的重点发展方向。目前，该方向共有 2 位教授、2 位讲师，已培养 1 位博士后。本方向重点是 20 世纪德国史，从时间维度上贯穿魏玛共和国史、纳粹德国史、两德史、统一德国史，从研究主题上涉及政治史、社会史、史学史、城市史。本辑所收论文中，郑寅达教授讨论并澄清了我国德国史研究中的几大误区；孟钟捷教授以魏玛时期的公众史学争议为中心，勾勒了德国史学专业化进程中的特征与问题；范丁梁博士重点评述了联邦德国民众在纳粹记忆中的受害者意识；葛君博士从国际史的角度重新认识了"新"东方政策的来龙去脉；王琼颖博士通过巴伐利亚的"难民城镇"形成进程，探讨了这一特殊城镇发展模式所拥有的历史与政治意义。

俄国史

俄国史是华东师范大学世界史学科的优势学科。目前，该方向共有 2 位教授、2 位副教授、2 位讲师。该方向重点是 20 世纪俄国史。本辑所收论文中，沈志华教授和余伟民教授通过斯大林是怎样掉入"修昔底德陷阱"的探讨了战后苏美从合作走向对抗的路径和原因；余伟民教授从列宁和斯大林的建国主张差异入手，探讨了十月革命后苏维埃俄国国家体制的建构以及其对苏联后来命运的影响；艾苏博士以"整合国家"和"边疆国家"这两个概念及其主要特征为理论基础，分阶段地探讨了苏联的分离主义并总结了其特点；谷继坤博士利用大量解密文件，系统全面地梳理并探讨了 1918～1921 年苏俄对外蒙古政策的发展变化；崔海智副教授探讨了战后苏美经济合作尝试的失败，并且进一步讨论了经济冷战的起源问题。

本书的策划和整理由朱明副教授完成。

地中海文明圈

古巴比伦时期家庭养老习俗研究

李海峰*

"养老"是每个社会都必须面对的重要社会问题，古巴比伦王朝对养老问题也格外重视。[1] 他们通过习惯法或成文法对养老问题给予了较多关注，此外老年人还通过签订契约的方式来获得自己的养老保证。古巴比伦人给我们留下了众多有关养老问题的契约等原始资料，通过这些资料我们可以重建古巴比伦人的养老制度。

对古巴比伦时期的家庭养老问题，西方学者进行了一些相关研究，出现了一些研究成果，如哈里斯在专著《美索不达米亚的性别和年龄》中对古巴比伦时期老年人的概念、定义，以及老年人的社会地位等问题进行了论述；[2] 斯顿在专著《古巴比伦时期尼普尔地区的收养》中对古巴比伦时期不同的四种收养模式进行了研究；[3] 斯图勒和维里明主编了论文集《古代近东对老年人的照料》，这部论文集收集了几位学者发表的关于古代埃及、古代

---

* 李海峰，华东师范大学历史学系教授，紫江青年学者，兼任中国世界古代史研究会上古史专业理事会理事，上海市世界史研究会理事，主要从事亚述学与世界上古史的教学和研究工作。

[1] 古巴比伦时期，政府或神庙会给其服务人员发放一定份额的工资，对于不在政府或神庙任职的老年人是否会发放养老资金，由于材料的缺乏，目前还不甚清楚。限于篇幅与材料，本文只探讨古巴比伦时期的家庭养老，社会方面的养老以后再做专文探讨。

[2] 参见 R. Harris, *Gender and Aging in Mesopotamia: The Gilgamesh Epic and other Ancient Literature*, The University of Oklahoma Press, 2000。

[3] 参见 E. C. Stone, *Adoption in Old Babylonian Nippur and the Archive of Mannum-mešu-lissur*, Indiana, 1991。

两河流域地区对老年人照顾的一些概括性、宏观性的研究成果。[①] 西方学者对古巴比伦时期家庭养老的研究多侧重对某一个特殊群体（如女祭司）的养老，或养老的某种方式（如收养模式）等，但缺乏对各个群体、多种家庭养老模式的综合研究。由于原始资料的缺乏及古代苏美尔语及阿卡德语的障碍，国内学者对古巴比伦时期家庭养老的研究非常薄弱，相关的研究成果局限于对古巴比伦时期收养习俗的研究，[②] 而对古巴比伦人家庭养老的其他模式并没有涉及。对古巴比伦时期家庭养老制度的研究还具有较大的空间，本文试图根据新出土的大量有关家庭养老的契约文件，对古巴比伦人的家庭养老习俗做一个较全面的探讨，以期引起国内学者对该问题的关注及进一步的深入研究。

一 古巴比伦时期老年人的定义

古巴比伦人对老人的称谓苏美尔语为 šu-gi$_4$，阿卡德语为 šībum（男性）和 šībtum（女性），这两个名词来源于动词 šiābum，字面意思是头发变得灰白，变老。因此，在古巴比伦人眼中，头发变得灰白说明这个人变老了，成了老人。与地中海其他民族一样，大多数两河流域人是黑头发，两河流域的一首诗歌中把人们描述为"黑头人"。两河流域人与古埃及人大都不喜欢灰白头发，因此古巴比伦的老人常常会把头发染黑，因为灰色的头发实在令人不高兴，他们不想成为人们眼中的老人，古巴比伦时期染黑发已经在社会上流行开来。[③] 可见，染黑发并不是我们现代人的爱好，在古代便已流行，已有三四千年的历史。对女人而言，更年期是一个明显的界线，这是女人开始衰老的表现。而男人，他们衰老的标志就是身体上的衰弱，步态不稳，如果没有别人帮助则行走困难。总之，老年人的特征就是灰发或白发，弯腰或伛

---

① 参见 M. Stol and S. Vleeming, *The Care of the Elderly in the Ancient Near East*, Leiden, 1998。

② 这方面的成果主要有：李海峰《古巴比伦人的收养制度》,《世界民族》2006 年第 2 期；国洪更《古代两河流域的收养制度》,《史学月刊》2006 年第 11 期。在这两篇文章中，作者都对古巴比伦时期不同类型的收养行为进行了研究，指出收养是男子获得财产继承人、延续世系的重要手段，但并没有从养老这个角度对收养行为进行分析，没有指出收养也是家庭养老的一个重要模式。

③ R. Harris, *Gender and Aging in Mesopotamia: The Gilgamesh Epic and other Ancient Literature*, p. 51.

偻。随着年龄的增长，老年人的身体状况会越来越差，身高、体重下降，皮肤褶皱，关节变得僵硬，健忘，视力下降等。而最主要的是，他们的社会地位也会随之下降。人们普遍认为老人已没有多大价值，不能够再继续工作，且需要家人照顾。

由于原始资料的缺乏，古巴比伦时期老年人的数量无法得到准确的数字，人们对死亡年龄也鲜有记录。传统观念认为，古代社会由于食物缺乏、战乱或疾病等因素，人们寿命不长，一般不会超过 60 岁，甚至认为一般不会超过 30 岁，但实际情况可能并非如此。亚述学家哈里斯对古巴比伦时期女祭司的寿命进行了研究，她认为许多女祭司活到 60 岁以上。[1] 她们的寿命较长或许是因为她们生活在一个相对封闭的修道院内，躲过了许多社会上流行的致命疾病。她们不能结婚生子，也避免了生孩子时候的危险。古代社会高寿的例子也并不罕见，如新巴比伦最后一位国王那波尼杜的母亲阿达德－古比（Adad-guppi），她是月神辛的高级女祭司，她活到了 104 岁。古埃及法老培比二世活到了 100 多岁，拉美西斯二世活到了 90 多岁。新亚述时期的一个文献，给我们透露了一些关于老年人的重要信息：

40 la-lu-tum（40 岁，有活力、生活前期）

50 U$_4^{meš}$ l úgud-da^{meš}（50 岁，直译为 short days，我们译为青年期）

1 š［u-š］i mit-lu-t ú（60 岁，成熟期）

70 U$_4^{meš}$ g íd-dameš（70 岁，直译为 long days，我们译为中老年期）

［8］0 ši-bu-t ú（80 岁，头发灰白，老年期）

90 lit-tū-tum（老年晚期）[2]

从这个文献中可以看出，80 岁才到头发灰白的老年期，90 岁才达到老年晚期，似乎古代两河流域人们的寿命和我们现代人差不多。但在古代一般人的寿命可能并没有这么长，这个文献描述的可能是古代两河流域人对长寿的一个美好愿望。在一些王宫铭文和书信文学中也会有祈求神给予统治者和普通民众以长寿的句子，并且在一些古巴比伦泥板契约的末尾也记录了书吏

① R. Harris, *The Nadītu Women*, Chicago, 1964, p. 122.

② M. Stol and S. Vleeming, *The Care of the Elderly in the Ancient Near East*, p. 24.

会为众神供奉供品祈求获得幸福和长寿。古巴比伦人追求长寿，希望心理和生理都健康，但如果身体不健康，长寿也被看作一种痛苦和诅咒。

那么当时的社会对老年人是什么样的看法和态度呢？古巴比伦时期的社会准则是试图缓和年龄歧视。贬低老人的价值，时有发生，在我们当今社会也存在这种现象。古巴比伦人把老年人和孩子同等对待，如"他只是个孩子，我们应该像对待看门人、老男人和虚弱的女人那样对待他"，"为什么你像是一个贫困的老人待在城镇里，为什么像个虚弱的孩子一样逗留在家里？"① 甚至在古巴比伦文献中记录着令人吃惊的对老年人的贬低，有时一个老人或一个老妇人的价值和孩子一样。② 这种评价大多是依据经济因素，因为在大多数人眼里，孩子和老人几乎做不了什么工作，他们对社会的贡献明显少于那些能够工作的成年人。但这并不代表古巴比伦人不尊重老人，不爱护子女，尊敬、爱护和赡养他们年老的父母是不容推卸的责任和义务。

二　老年人养老所需要的生活资料和份额

从大量的泥板契约文献中，我们发现提供给老人最常用的生活资料是大麦、羊毛和芝麻油这三种生活必需品。大麦是古巴比伦人的主食，同时也是供给众神祭品的主要组成部分。此外，大麦也可以作为一种实物货币来进行各种生活品的交易，用途广泛。有时，古巴比伦的医师会用大麦和其他草药混合起来制成药膏来治病，可能人们认为大麦具有某种魔力。古巴比伦时期几乎所有的衣服都是用羊毛制成的，③ 因此羊毛是一种很重要的生活用品。油是人们的生活必需品，两河流域人一般使用芝麻油。此外，老年人的生活资料还包括猪油、肉和啤酒等。

在一些供养契约中，赡养人除了给被赡养人提供最基本的三种生活用品外，还会提到一些其他生活用品，如银子、面粉、面包、肉、啤酒等。如果

---

①　L. Cagni, *The Poem of Erra*, Malibu, 1977, No. 28.

②　R. Harris, *Gender and Aging in Mesopotamia: The Gilgamesh Epic and other Ancient Literature*, p. 72.

③　A. L. Slotsky, *The Bourse of Babylon: Marker Quotations in the Astronomical Diaries of Babylonia*, CDL Press, 1997, p. 24.

被赡养人是女祭司，她们往往会要求提供宗教节日的供品，如猪肉和面包等。

　　沙马什那迪图女祭司阿吞沙马什的财产继承人是埃里埃瑞萨。6 伊库①土地在胡巴灌溉区，邻接沙马什那采儿之女贝拉亚的土地，它的前面是舒苏吞（的土地），它的后面是水渠。[……] 伊库土地在……，一面邻接……阿皮勒里苏的土地，5/6 沙尔②房子位于路边，一面邻接尼德奴沙之女阿吞沙马什的房子，一面邻接伊比尼之女阿吞沙马什的房子。所有这些财产，辛伊迪楠之女、沙马什女祭司阿吞沙马什给了奴尔……之女埃里埃瑞萨。只要阿吞沙马什活着，（埃里埃瑞萨）每年给她提供 $2\frac{2}{5}$ 古尔③大麦、价值 1 舍凯勒④银子的衣服和 6 升芝麻油。在 3 个沙马什神的宗教节日里，还要提供 1 升面粉和一块肉……5 古尔大麦。她们以沙马什神、阿亚神、马尔杜克神和国王汉谟拉比的名义起誓，证人略。⑤

　　在上述契约中，埃里埃瑞萨供给阿吞沙马什的生活资料除了大麦、衣服及芝麻油之外，还必须为阿吞沙马什提供宗教节日里为神献祭的祭品：1 升面粉、一块肉及 5 古尔大麦等。由于女祭司负有某种宗教义务，在宗教节日里，她们必须给神提供祭品，这些祭品主要包括啤酒、面包和肉等，供神享用。当神"享用"完这些祭品之后，女祭司则开始真正享用这些祭品。因此，对女祭司的赡养除了提供常规的三种养老生活资料外，赡养人还必须负担宗教节日里女祭司向神献祭的节日祭品。

　　一个老人每年所需生活资料的份额大概是多少呢？这是研究古巴比伦人养老的一个重要的问题。亚述学家格勒布对上百个泥板契约文献中记载的大麦、羊毛和芝麻油的份额做了统计，最后总结出一个大概的份额，他认为这个份额基本上反映了一个老年人一年所需要的养老份额。

---

① 古巴比伦时期的面积单位，苏美尔语为 *iku*，1 *iku* 约等于 3600 平方米，我们音译为伊库。
② 古巴比伦时期的面积单位，苏美尔语为 *sar*，1 *sar* 约等于 36 平方米，我们音译为沙尔。
③ 古巴比伦时期的容量单位，苏美尔语为 *gur*，1 *gur* 约等于 300 升，我们音译为古尔。
④ 古巴比伦时期的重量单位，阿卡德语为 *šiqulu*，1 *šiqulu* 约等于 8.3 克，我们音译为舍凯勒。
⑤ Luc Dekiere, *Old Babylonian Real Documents from Sippar in the British Museum*, Part 2: *Documents from the Reign of Hammurabi*, Ghent, 1994, p. 190.

表 1　一个老年人所需的养老份额

物品	时间	所需量	
		男性	女性
大麦	每月	约 60 升	30 升
芝麻油	每年	4 升	4 升
羊毛	每年	约 4 马那（mana）[①]	约 3 马那

资料来源：I. J. Gelb, "The Ancient Mesopotamian Ration System", *JNES*, 24 (1966), p. 236。

从表 1 可以看出，一个男性老人一年所需的大麦约为 720 升，芝麻油约为 4 升，羊毛约为 4 斤，而一个女性老人一年所需的大麦量是男性的一半，芝麻油和羊毛的份额基本相同。

亚述学家斯图勒也对一个老年人所需要的养老份额做了研究，他对属于古巴比伦时期的 38 个养老契约中提到的大麦、芝麻油和羊毛这三种最重要的生活资料做了统计，得出了如下结果（见表 2）。

表 2　38 个文件中所反映的养老份额

大麦（升）	羊毛（马那）	芝麻油（升）	资料来源
240	$1\frac{1}{2}$	3	*TIM* 4 14:28 - 9
240	4	4	*BIN* 7 187:10 - 1
240	3	6	*BE* 6/2 70:18 - 21
300	$1\frac{1}{2}$	3	*CT* 8 37a:1 - 4
360（?）	6	6	*BIN* 2 75:13 - 15
360	6	6	*CT* 8 12c:12 - 13
360	1/40	3	*VAS* 8 31:1 - 6
360	6	6	BM 97107:1 - 4
360	6	6	*CT* 45 11:25 - 27
360	—	6	*PBS* 8/2 153:19 - 20
360 升优质面粉	6	6	*UET* 5 115:8 - 9,603:1 - 3
360 升优质面粉（?）	6	6	*CT* 4 45 c:1 - 5
480	4	4	*OECT* 8 20:18 - 9
600	4	6	*TIM* 4 13:11
720	3	3	*BE* 6/2 48:27
720	3	4	*PBS* 8/1 16:21 - 2

[①]　古巴比伦时期的重量单位，苏美尔语为 *mana*，1 *mana* 约等于 500 克，我们音译为马那。

续表

大麦(升)	羊毛(马那)	芝麻油(升)	资料来源
720	5	4 升猪油	*TIM* 4 27:1 – 3
720	6	—	*BE* 6/2 48:27
720	6	[2/3]	*OLA* 21 no. 65:20 – 1
720	6	6	*MHET* II/2 299:18 – 21
720	6	12	*UET* 5 89:12 – 15
720	8	8	*PBS* 8/2 116:7 – 8
720	10	12	*ARN* 29 rev. 8 – 9
720	10	—	*ARN* 161:16 – 7
720	12	12	*UET* 5 94:11 – 2
740	6	6	*CT* 48 29:12 – 3
900	6	6	*CT* 47 67:13 – 15
900	6	12	*CT* 47 64:15 – 20
900	10	12	*CT* 6 33a:20 – 1
1200	10	6	*MHET* II/5 581:4 – 5
1200	12(!)	—	*MHET* II/3 432:26,35
1500	6	6	*MHET* II/2 277:13 – 15
1800	—	6	*MHET* II/2 180:29 – 31
1800	10	12	*CT* 45 34:19 – 20
1800	12	24	*CT* 47 63:28 – 30
3000	12	6	*RA* 85 34
3600	22	24	*MAH* 15. 139:32
7500	30	30	*MHET* II/2 131 rev. 4 – 5

注：表中的问号表示疑问，感叹号表示楔形符号不太清楚。

资料来源：M. Stol, *The Care of the Elderly in the Ancient Near East*, p. 65。

在上述 38 个泥板契约文件中，每个文件中都列出了大麦、羊毛和芝麻油这三种生活资料的份额。从表 2 可以看出，一个老人所需大麦份额的中位数约为 720 升，羊毛的中位数约为 6 斤，芝麻油的中位数大约是 6 升。按照平均数来计算的话，一个老年人一年所需的养老份额：大麦 1064.74 升，羊毛 7.13 斤，芝麻油 7.1 升。我们试举一例：

哈温之女胡那巴吞的财产继承人是伊昆皮辛之女——沙马什那迪图女祭司贝里苏奴。12 伊库土地在巴巴灌溉区，一面邻接兹……的土地，一面邻接辛那采之子辛埃瑞巴的土地。$2\frac{1}{2}$ 伊库土地在乌皮喀……灌溉区，一面邻接辛埃瑞板之子辛伊丁楠的土地，一面邻接……之子伊勒皮沙的土地。哈温之女胡那巴吞把这些财产给了伊昆皮辛之女贝里苏奴。贝里苏奴要给（她的养母）胡那巴吞每年提供 5 古尔大麦、6 马那［羊毛］、6 升芝麻油……，只要胡那巴吞活着，贝里苏奴……（证人略）。[1]

从上述契约可以看出，胡那巴吞给予养女女祭司贝里苏奴 $14\frac{1}{2}$ 伊库的土地，养女贝里苏奴每年给她的养母提供 1500 升大麦、6 斤羊毛和 6 升芝麻油。大麦、羊毛和芝麻油的份额大体接近表 2 所算出的份额。

综合以上分析可以看出，古巴比伦时期一个老年人一年的养老份额大约为大麦 1000 升、羊毛 7 斤、芝麻油 7 升。

三　子女对老年人的赡养

古巴比伦时期的核心家庭一般由丈夫、妻子和一两个子女组成。古巴比伦时期的婚制原则上实行一夫一妻制，但在特殊情况下也有例外。如果丈夫娶了一个女祭司做妻子，由于女祭司不能生育，没有孩子，这时丈夫为了拥有自己的子女，可以再娶一个妻子。古巴比伦人的结婚年龄，一般情况下是男大女小。学者罗斯断言在新巴比伦城市和新亚述农村的家庭"男性一般在其生活的后期，女性一般在其生活的前期结婚。女子一般在 10 岁左右就可以结婚了，而她的新郎在 25 岁左右。男人甚至在 30 岁才开始结婚。这时他们的父亲大多已不在人世，他们可以继承父亲的遗产，经济获得了独立，有能力建立一个家庭了"。[2] 由于女人与自己孩子的年龄差距不大，再者男人在外工作赚钱，老得更快，这意味着一般情况下丈夫比妻子死得要早。那

---

[1] Luc Dekiere, *Old Babylonian Real Documents from Sippar in the British Museum*, *MHET Vol. II*, *Part 2*：*Documents from the Reign of Hammurabi*, p. 169.

[2] M. T. Roth, "Age at Marrige and the Household：A Study of Neo-Babylonian and Neo-Assyria Forms", *Comparative Studies in Socity and History*, 29（1987）, p. 737.

么孩子可以先照顾父亲，而当母亲年老需要照顾时，父亲大概已经过世了，这时孩子只需要赡养母亲，相对来说减轻了家庭的经济负担。

1. 儿子赡养父母

一般而言，在核心家庭中，子女赡养父母无论是从社会道德伦理还是从个人情感来说，都是应尽的义务。当父母去世之后，儿子可以得到父亲财产的继承权。一般情况下，父子双方不需要签订契约来强调这种赡养的义务和权利关系，但有时为了防止儿子不尽赡养义务，父子双方也需要签订契约来保证父亲的养老。如：

> ［×伊库土地］一面邻接恩利尔那达的土地，一面邻接辛乌布兰的土地，［中间11行大部分都损坏了］在双方同意的情况下，他们通过抽签的方式分割了财产，（将来）一方不得向另一方提起诉讼。他们以国王的名义起誓。瓦腊德辛和奴萨马斯给他们的父亲阿维里里每月60升的大麦和1/3升的芝麻油，每年3马那羊毛。如果他们中有人没有提供大麦、芝麻油和羊毛份额，他将不会再获得继承权。他们以国王的名义起誓。①

在上面这个文献中，瓦腊德辛和奴萨马斯兄弟二人分割了他们父亲的财产，古巴比伦时期遗产继承原则是诸子平分，长子并不会多分得父亲的遗产。长子的优势是可以优先选择平分后的遗产。他们对父母提供的赡养份额也是相同的。这兄弟二人每人每年提供720升大麦、4升芝麻油和3斤羊毛用于赡养他们的父亲，可以计算出，这位父亲每年可得到1440升大麦、8升芝麻油、6斤羊毛。对于一位老人而言，这些生活资料的量足够维持基本的生活。有时丈夫去世后，为了保证妻子的养老，他把他的财产遗赠给他的妻子，当妻子去世后，儿子才能获得这部分财产。如：

> 1沙尔房子，一面邻接……，一面邻接商人图布喀吞的房子。一个男奴隶，名叫布奈奈图库勒提，萨米亚把上述财产遗赠给他的女儿沙马

---

① E. C. Stone and D. I. Owen, *Adoption in Old Babylonian Nippur and the Archive of Mannum - meshu - lissur*, Eisenbrauns, 1992, p. 40.

什那迪图女祭司埃瑞什提阿亚和妻子尹巴吞。只要尹巴吞活着，她的儿子阿穆尔吉米勒伊什塔尔赡养她，以后，（上述财产）属于她的儿子。……他们以沙马什神、阿亚神、马尔杜克神和国王汉谟拉比的名义起誓（证人略）。①

在上述契约中，父亲把自己 1 沙尔面积的房产和一个奴隶遗赠给了自己的妻子和做祭司的女儿，并没有给自己的儿子，目的是防止儿子不赡养母亲。契约明确规定，只要妻子尹巴吞活着，儿子就要赡养母亲，只有尽到了赡养义务，以后才能得到父亲留下来的房产和奴隶。

2. 女儿赡养父母

古巴比伦时期，妇女具有较高的地位，她们具有一定的遗产继承权，同时负有对父母的赡养义务，要给父母提供赡养份额。在一篇文献中，一个女人把她的房子和一个女奴隶给了她的女儿，她的儿子不应该对此提出任何要求。她的女儿每月给她 15 升大麦。② 这位母亲每年可以从她的女儿那里得到 180 升大麦。相对而言，这个量太少了，不够维持基本的生活。但从文献中我们可以看出，这位母亲还有儿子，所以她的儿子也会提供一些生活资料来赡养她。

有时女儿除了提供生活资料之外，还会给母亲提供一个女奴隶来照顾母亲的生活起居。如：

> 一个女奴隶，名叫库台。奴图布吞把她给了图里什塔宁。只要她（图里什塔宁）活着，她（库台）就应该照顾她。当图里什塔宁死后，她应把她（库台）归还给她的女儿奴图布吞。无论她（库台）所拥有的以及她所获得的，奴图布吞将会拿走全部。……她的证人：……之子辛瑞美尼，……之儿那腊姆辛，阿什库杜之子瓦腊德伊斯塔尔，伊比库沙之子那腊姆恩利勒，瓦腊德伊里之子萨瑞坤，沙马什塔巴苏之子伊比

---

① Luc Dekiere, *Old Babylonian Real Documents from Sippar in the British Museum*, *MHET Vol. II*, *Part 6: Documents from the Series 1902－10－11*, Ghent, 1997, pp. 20－21.

② M. Stol, *The Care of the Elderly in the Ancient Near East*, p. 79.

库沙。①

在上述契约中，奴图布吞把一个女奴隶送给了母亲，以照顾母亲日常生活。但女奴隶的所有权仍属于奴图布吞，女奴隶在母亲那里所得到的一切财物都属于奴图布吞，当母亲去世后，女奴隶回到主人奴图布吞身边。对女奴隶库台来说，她的服务对象虽然有所改变，但她的身份地位没有任何变化，并没有得到任何的额外收益。

3. 继子女赡养继父母

古巴比伦时期，由于天灾、战争、疾病或个人因素，家庭很容易破裂。失去配偶的一方为了找寻感情的依托往往会重新组合成一个家庭。这时继子女具有赡养继父母的义务，当继父母去世后，继子女可以继承遗产。如：

> 伊勒苏巴尼娶了穆哈迪吞，伊勒苏巴尼把穆哈迪吞的儿子宁乌塔穆巴里特、希里伊斯塔尔和吉尔尼萨作为他的继承人和儿子。×沙尔的房子，一面邻接那腊姆辛之子伊坡苦达穆的房子，一面邻接鲁穆瑞里之子伊里丁楠的房子。×伊库的土地种着庄稼，邻接辛马吉尔之子伊皮苦萨的土地。×沙尔长着果树的果园，属于王宫，在……的灌溉区内，一面邻接布尔……之子伊达图姆的土地；10 沙尔长着果树的果园，在……运河旁，一面邻接……之子伊里帕勒萨的土地，一面邻接辛马吉尔之子伊皮苦萨的土地。×沙尔果园，在牧场前面，在南旮灌溉区内，一面邻接伊里帕勒萨的土地，一面邻接辛马吉尔之子伊皮苦萨的土地。（所有的这些财产）伊勒苏巴尼都交给他的妻子穆哈迪吞、宁乌塔穆巴里特、希里伊斯塔尔和吉尔尼萨。长子宁乌塔穆巴里特拿走他喜欢的份额后，他们将会通过抽签的方式平分这些财产。如果穆哈迪吞和她的儿子宁乌塔穆巴里特、希里伊斯塔尔、吉尔尼萨对伊勒苏巴尼说"你不是我的丈夫"，"你不是我们的父亲"，他们将会失去房子、土地和果园。如果伊勒苏巴尼对他的妻子穆哈迪吞，对宁乌塔穆巴里特、希里伊斯塔尔和吉尔尼萨说"你不是〔我的妻子〕，你们不是〔我的儿子〕"，他将会失去

---

① H. F. Lutz, *Legal and Economic Documents from Ashjaly*, University of California Press, 1931, p. 7.

［房子、土地和果园这些财产。双方达成一致］，以国王的名义起誓。①

从该契约中可以看出，伊勒苏巴尼娶了带着三个儿子的穆哈迪吞。伊勒苏巴尼的财产包括房子、土地和果园等不动产，可惜契约中这些不动产的数额大部分破损了，不能估算出具体的财产数目。伊勒苏巴尼把这些财产给予了穆哈迪吞和她的三个儿子，来获得儿子们对自己的赡养。将来，如果要解除夫妻关系和父子关系，对于穆哈迪吞和她的三个儿子而言，他们的损失仅仅是得不到伊勒苏巴尼的财产，并没有罚金；但对于伊勒苏巴尼而言，他将失去全部财产，损失似乎更大些。这种习俗可能体现了社会对孤儿寡母等弱势群体的保护。

一些文献中还提到了继子对继母的养老职责。再婚的男子，为了保证他的儿子在他死后对这位新的母亲尽赡养的义务，往往需要订立一个契约，使其再婚的妻子老有所依。如：

瓦腊德辛之子阿维里亚，娶了辛那图姆的女儿那冉图姆，阿维里亚把他的三个儿子伊比恩利尔、伊勒苏比尼斯、伊里马阿比给了他的妻子那冉图姆，并作为她的继承人。父亲阿维里亚把房子、土地、果园、一个男奴隶、一个女奴隶和一些家用物品给了伊比恩利尔、伊勒苏比尼斯、伊里马阿比。如果伊比恩利尔、伊勒苏比尼斯、伊里马阿比对他们的母亲那冉图姆说，"你不是我们的母亲"，他们将会失去父亲阿维里亚给予的财产。如果那冉图姆对她的儿子伊比恩利尔、伊勒苏比尼斯、伊里马阿比说，"你们不是我的儿子"，那冉图姆将［失去］她的丈夫阿维里亚的财产。……继承权……伊比恩利尔、伊勒苏比尼斯、伊里马阿比，每年提供 720 升大麦、6 马那［羊毛］和 × 升芝麻油给他们的母亲那冉图姆。如果任何一个继承人不能提供大麦、羊毛和芝麻油，将会失去他父亲给予的财产。双方达成一致，他们以国王的名义起誓。②

---

① E. Chiera, *Old Babylonian Contracts* (*PBS* 8/2), Philadelphia, 1922, p. 126.
② E. C. Stone and D. I. Owen, *Adoption in Old Babylonian Nippur and the Archive of Mannum - meshu - lissur*, pp. 51 - 52.

三个儿子如果要继承父亲的财产，他们不仅要承认继母那冉图姆为他们的母亲，而且还要赡养她。可能因为妻子那冉图姆不是三个儿子的生母，父亲阿维里亚担心他的儿子们在将来不会照顾他们的继母，所以和三个儿子签订契约，明确他们的赡养义务。三个儿子每年给他们的继母提供 720 升大麦、6 马那的羊毛和 × 升芝麻油，继母得到的养老份额是一个男性得到的标准份额，基本保证了她的养老问题。

四 通过收养继承人的方式来提供养老

据学者研究，古巴比伦时期婴儿的成活率较低，约 1/3 的孩子活不到 1 岁，1/2 的孩子活不到 10 岁。在活到超过 10 岁的孩子中，其中大约有 1/3 的孩子能活到 60 岁，其中 1/7 的孩子能活到 70 岁。[1] 孩子的存活率很低，造成的后果是有一些家庭会面临无继承人养老的状况，因此，那些没有孩子的或失去孩子的人通常通过收养继承人来解决养老问题。

另外，古巴比伦人认为家里的孩子越多，他们死后在地狱里也会过得越舒服，孩子越少，所受的苦会越多。如《吉尔伽美什、恩基都与冥府》中描述道：

> 有一个儿子的男人，就像一个钉子钉在他的墙上，他对着墙伤心痛哭；有两个儿子的男人，他坐在两块泥砖上吃面包；有三个儿子的男人，他从悬挂在马鞍上的革制水袋里喝水；有四个儿子的男人，就像有一个驴队的商人，他满心欢喜；有五个儿子的男人，像一个出色的书吏，他的手敏捷灵巧，他很轻松地进入皇宫；有六个儿子的男人，如同一个犁耕夫，他内心充满了欢乐；有七个儿子的男人，如同在一群低级神灵的簇拥下，他坐在宝座上听他们诉说。你看到那个没有继承人的人了吗？我看到了，他啃着一块面包像啃着一块砖窑里烧制的泥砖。你看到那个宫廷宦官了吗？我看见了，他以一个标准的姿势倚靠在墙角。[2]

---

① R. Harris, *Gender and Aging in Mesopotamia: The Gilgamesh Epic and other Ancient Literature*, p. 198.

② A. George, *The Epic of Gilgamesh*, New York, 1999, pp. 194 – 195.

因此，即便是有子女的父母，他们也常常会收养养子，收养行为在古巴比伦时期比较流行。养子同亲子具有相同的权利和地位，也具有一样的赡养义务。

1. 收养儿童，提供养老及延续世系

古巴比伦时期的收养有多种类型，最常见的是收养儿童。这种收养主要的目的是延续世系及提供养老。在这种情况下，一般是收养年龄较小的儿童，养父母把他养大成人，其具有和亲子一样的地位，对父母提供养老，继承家族世系和财产。古巴比伦时期多数收养行为属于这种类型。如：

> 一个男婴出生了，名叫阿特卡革之子马埃什塔尔，辛马吉尔之子伊皮苦伊勒吞从他的妈妈沙马什那西尔和他的姨妈塔瑞什马汀手中收养了他。伊皮苦伊勒吞要给沙马什那西尔和塔瑞什马汀 1 舍凯勒银子、大麦、芝麻油和衣服作为两年的抚养费，她们感到心满意足，沙马什那西尔和塔瑞什马汀不能再回来向伊皮苦伊勒吞提出要求。即使以后他有了 10 个儿子，马埃什塔尔仍旧是他的长子。他们以沙马什神、阿亚神、马尔杜克神和国王汉谟拉比的名义起誓。证人略。[1]

上面契约文献中，伊皮苦伊勒吞收养了一个刚出生的男婴，并支付了银子、大麦、芝麻油和衣服作为报酬，小男婴的亲生母亲不能再要回这个孩子。不管以后伊皮苦伊勒吞再生多少个儿子，养子马埃什塔尔的地位不得改变，他仍是家中的长子和继承人。但如果养父母不承认养子，他们将会失去部分财产。《汉谟拉比法典》第 191 条做了如下规定：

> 如果一个人将一个小孩收养为子并把他养大，又建立了他自己的家庭。后来，他有了自己的儿子，因此，他下定决心驱逐养子；该养子不能空手离开，他的养父应该从他的财产中将数量为他的一个继承人份额的三分之一的财产给予他，然后他应该离开；他（养父）不应该把田

---

① Museum Siglum of the Musée d'Art et d'Histoire, Geneva, No. 15951.

地、椰枣园和房产中的份额（兵役制不动产）给予他（养子）。①

在上述条款中，如果养父有了自己的亲子之后，否认收养关系，那么养子可以离开，但是养父必须给予一定的补偿。养子得到一个全权继承人继承份额的1/3。养子得到的财产多是银钱、大麦等动产，并不能得到父亲的土地、房屋等不动产。从该条款中也可以看出，法律实际上是保护了养父母的权益，养子只是得到了部分的权益保护。但如果养子否认收养关系，那么养子受到的惩罚则严重得多，养子常常会被卖为奴隶。如：

　　……如果他的养父恩里勒尼舒和他的养母阿哈吞对他们的养子宁奴尔塔说，"你不是我们的儿子"，他们将要赔偿30舍凯勒银子。如果宁奴尔塔对他们的养父母说，"你不是我的父母"，他们将给他剃发，把一个奴隶标志放到他身上，把他卖为银钱……②

除了收养儿子提供养老之外，有时候也会收养女儿，并把养女送去做祭司，依靠女儿做祭司得到的收入来为自己养老。如：

　　胡帕鲁姆之女阿维尔吞，伊南那尔的妻子沙鲁尔吞从她的父亲胡帕鲁姆和她的母亲如巴吞手里收养了她。沙鲁尔吞把 $1\frac{2}{3}$ 舍凯勒银子作为收养费支付给了胡帕鲁姆。阿维尔吞长大后要去做祭司，她用做祭司的俸禄供养她的养母沙鲁尔吞。如果阿维尔吞对她的母亲沙鲁尔吞说，"你不是我的母亲"，她将会被卖为银钱（奴隶）。如果沙鲁尔吞对她的女儿阿维尔吞说，"你不是我的女儿"，她将支付10舍凯勒银子，并且不能要回支付的收养费。她们以国王名义起誓。③

---

① 吴宇虹等：《古代两河流域楔形文字经典举要》，黑龙江人民出版社，2006，第150~151页。

② E. C. Stone and D. I. Owen, *Adoption in Old Babylonian Nippur and the Archive of Mannum - meshu - lissur*, p. 48.

③ A. Poebel, *Babylonian Legal and Business Documents form the Time of the First Dynasty of Babylon*, Philadelphia, 1909, p. 32.

2. 收养成年男子，提供养老

除了收养儿童外，古巴比伦时期还存在收养成年男子的收养方式。这种收养的实质是不动产与动产的交换，经济目的是这种收养类型的内在动力，我们把这种收养称为"经济收养"。"经济收养"也是古巴比伦时期常见的一种养老模式。在这种收养关系中，养子不必住在养父家中，他们之间并无感情而言，只是各取所需。在这种收养关系中，养子必须给养父提供生活资料，同时可以得到养父的土地、房屋等不动产。如：

> 辛伊丁楠是比达塔库的继承人，只要他的父亲比达塔库活着，辛伊丁楠（每年）要给他父亲比达塔库提供 4 古尔大麦、10 马那羊毛和 6 升油。7 伊库土地位于帕胡采城区，它的长边邻接瓦腊德宁舒布尔的土地。2 沙尔房子，在奴尔库比城门边。上述土地和房子，比达塔库要把它们给予他的儿子辛伊丁楠。比达塔库获得的和将来获得的一切财产，从谷糠到金子，都属于辛伊丁楠。他制定的一切计划在……辛伊丁楠要供给羊毛衣料。如果他（辛伊丁楠）对他的父亲说，"你不是我的父亲"，那么他要丢失他（比达塔库）给予他的一切财产。比达塔库不能把他的土地和房子卖为银钱，也不得把他的土地用来耕种。如果比达塔库对辛伊丁楠说，"你不是我的儿子"，那么他将失去土地、房屋等。比达塔库和辛伊丁楠去世后，沙马什腊比成为辛伊丁楠的继承人。证人略。①

在上述契约中，养子需要每年提供大麦、羊毛和油等生活资料，而养子得到的是养父 7 伊库面积的土地和 2 沙尔面积的房子，并且在收养关系开始之后，养父所获得的一切财产将来都属于养子。可见在这种收养关系中，养子所获得的利益远远大于他的付出。在这种收养关系中，老人处于弱势地位，为了得到年老时有人对自己的生活照顾，就必须付出自己大量的不动产作为代价。

在这种收养关系中，对养子解除收养关系的惩罚与儿童收养关系中的惩罚完全不同。在收养儿童的收养关系中，对养子否认收养关系的惩罚是把养

① 李海峰：《古巴比伦时期不动产经济活动研究》，社会科学文献出版社，2011，第 301 ~ 302 页。

子卖为奴隶。但在"经济收养"中，对养子否认收养关系的惩罚仅仅是养子退还他所得到的养父母的土地、房屋等不动产，并不会被卖为奴隶。如：

　　辛马吉尔之子伊里伊帕勒萨和他的妻子埃勒美舒姆收养了阿维里亚之子宁奴尔塔穆巴里特为他们的继承人。他们把房子、土地、果园、神庙职位津贴和房子里面的所有东西给了宁奴尔塔穆巴里特。宁奴尔塔穆巴里特把2舍凯勒银子给了他的养父伊里伊帕勒萨和他的养母埃勒美舒姆。如果养父母对他说，"你不是我们的儿子"，那么他们将失去他们的房子、土地、果园、神庙职位津贴和房子里面的所有东西，并赔偿30舍凯勒银子。如果宁奴尔塔穆巴里特对他的养父母说，"你不是我的父亲，你不是我的母亲"，那么他将退还他所得到的房子、土地等财产，并赔偿30舍凯勒银子。①

　　在这个收养契约中，当收养关系确定后，养父母就把他们的土地、房屋等所有财产给了养子，而养子只给了养父母2舍凯勒银子。虽然契约中并未记载养子需要提供给养父母生活资料的份额，但养子无疑需要提供大麦、羊毛等生活资料。如果否认收养关系，养父母的损失远远大于养子的损失，可见在"经济收养"中，年迈的父母的确是处于一种弱势地位。

3. 收养奴隶

　　除了上述两种收养模式外，古巴比伦时期还存在收养奴隶的行为。被收养的奴隶负有给其养父母提供养老的义务。对于奴隶身份的养子来说，他们获得的最大利益就是获得了完全的人身自由，任何人不能再对他们提出继续作为奴隶使用的要求。如：

　　女祭司杜舒波吞，杜杏之女，收养了她的女奴隶伊什塔尔腊比勒。她（杜舒波吞）清洗了她的额头，她的（奴隶标志没有了），她被宣布获得了自由。她（杜舒波吞）给了她一份释放的文件。伊什塔尔腊比勒给了她的养母10舍凯勒银子。在将来，伊比恩利勒和她（杜舒波

---

① E. C. Stone and D. I. Owen, *Adoption in Old Babylonian Nippur and the Archive of Mannum - meshu - lissur*, p. 70.

吞）的姐姐，南那兹姆和杜舒波吞的继承人都不能再向伊什塔尔腊比勒提出做奴隶的主张。他们以国王的名义起誓。①

虽然被收养的奴隶获得了人身自由，但他并不能继承养父母的遗产，没有遗产继承权。养父母的遗产由他们家族里的亲属继承。如：

卡勒卡勒巴里忒是伊勒苏伊比苏之女、沙马什那迪图女祭司阿亚旦喀特的养子。他的母亲使他获得了自由。他决定面向东方。只要他的母亲活着，卡勒卡勒巴里忒就应该赡养她。在将来，卡勒卡勒巴里忒不能继承他母亲的财产，他获得了自由。伊勒苏伊比苏的儿子们和布尔奴奴的儿子们，他们中的任何人不得向他提出要求。他们以沙马什神、阿亚神、马尔杜克神和国王汉谟拉比的名义起誓。证人略。②

在上述契约中，奴隶卡勒卡勒巴里忒被收养后，他获得了人身自由。但卡勒卡勒巴里忒并不能继承他养母的财产，没有财产继承权，养母的财产由她的弟弟们继承。这种规定保护了家族财产不会外流，仍保持在原家族中。在该契约中，还记载了释放奴隶的仪式，奴隶要面向东方。

家内奴隶本来就负有照顾主人的职责，那为什么主人还要采取收养的方式来获得对自己的生活照顾呢？奴隶和主人之间特别的关爱与信任是主人释放他的奴隶并把他收为养子的关键原因。一份收养文献充分表明了这种关系："因为她（女奴隶）像对待母亲似的对待她，她收养了她作为女儿。"③

五　丈夫对妻子提供养老

处于弱势地位的寡妇如何养老，也是值得特别关注的问题。古巴比伦时期，丈夫为了保证自己去世后妻子年老时的生活，一般会以财产遗赠的方式

---

① A. Poebel, *Babylonian Legal and Business Documents form the Time of the First Dynasty of Babylon*, p. 38.

② *Cuneiform Texts form Babylonian Tablets in the British Museum*, 848a.

③ BE 6/1 96；3ff. 转引自 R. Harris, *Ancient Sippar：A Demographic Study of an Old-Babylonian City* (1894 – 1595 B. C.)，Leiden，1975，p. 347。

把自己的部分财产遗赠给妻子，妻子可以享用这些财产获得养老。如：

> 一面邻接阿迪马提伊里之子辛埃瑞班的房子，它的前面是阿腊赫吞河前的宽街。一个女奴，名叫萨尼喀比沙马什，另一个女奴，名叫阿那贝勒汀塔克拉库。5 个木犁、10 件衣服、1 个线面粉磨石、1 个大麦面粉磨石、1 个壁炉、2 个量斗、2 张床、5 把椅子，上述财产属于阿维勒伊里。他把它们遗赠给了他的妻子穆那维吞。阿维勒伊里的儿子们要敬畏她（穆那维吞），使她高兴。[①]

在上述契约中，丈夫阿维勒伊里赠给了妻子穆那维吞众多财产，包括房子、奴隶和生活用品等，穆那维吞可以享用这些财产。此外，丈夫阿维勒伊里在契约中规定儿子们要敬畏母亲，并使她高兴。*libbum tubbu*（使高兴）和 *palāhum*（敬畏）这两个词语，在古巴比伦收养或赡养契约文件中经常出现，表达了晚辈应尊重长辈，同时也暗含了子女应赡养父母。所以，无论从物质上还是精神上，妻子穆那维吞晚年的生活都得到了保证。

古巴比伦时期，丈夫如果生前没有立遗嘱赠给妻子财产，那么丈夫死后，妻子可以继承丈夫的部分财产。《汉谟拉比法典》第 172 条做了如下规定：

> 如果她（正妻）的丈夫没有给她任何礼物，人们应该把她的嫁妆全部还给她，并且她可以从她丈夫的家产中将一份相当于一个继承人的份额拿走。如果她的儿子们为了赶她出家而虐待她，法官应该调查她的背景，并惩罚她的儿子们，该妇女可以不从她丈夫的家中离开；如果那个女人下定决心要离开，她应该把她丈夫给她的遗赠财产给儿子们留下，她可以将从自己父亲家带来的嫁妆拿走；她新中意的丈夫可以娶她。[②]

从这个条款可以看出，如果丈夫没有赠给妻子任何礼物，当丈夫去世后，妻子可以继承丈夫一个继承人份额的遗产。并且儿子们必须敬畏母亲，

---

① 李海峰：《古巴比伦时期不动产经济活动研究》，第 280 ~ 281 页。
② 吴宇虹等：《古代两河流域楔形文字经典举要》，第 134 ~ 135 页。

不能把母亲赶走。但如果妻子自愿改嫁，则不能带走继承来的丈夫的遗产，这部分遗产必须给孩子留下，同样是保护了家族的财产不外流，但她从自己父亲家带来的嫁妆则可以带走。

有时丈夫为了保证妻子年老时有人给予照顾，会把女奴隶送给妻子，并且儿子们不能对其提出任何要求。如：

> 一个女奴隶，叫穆提巴沙提，辛皮拉赫把她送给了他的妻子沙达舒。辛皮拉赫的儿子们不能对她（穆提巴沙提）提出要求。从案件判决的那天起，穆提巴沙提无论生多少儿子，都属于沙达舒和她的女儿萨尼喀皮沙，证人略。[1]

在上述契约文献中，丈夫辛皮拉赫赠给妻子沙达舒一个女奴隶，女奴隶生的孩子属于妻子沙达舒和她的女儿，丈夫辛皮拉赫的儿子们不能对这个女奴隶提出任何要求。这个家庭可能是重新组合的家庭，丈夫可能为确保他现在的妻子年老时有人照顾她，所以把女奴隶遗赠给她。

古巴比伦时期的婚制是一夫一妻制，在特殊情况下丈夫可以娶第二个妻子，但丈夫不能抛弃原配妻子，必须继续供养妻子，直至她去世。国家也从法律上对原配妻子的权益给予了保障，《汉谟拉比法典》第 148 条做了如下规定：

> 如果一个人娶了一个妻子，但"拉布"疾病抓住了她，（她不能生育？因此，）他下定决心要娶第二个妻子，那么他可以娶（妻）；但他不能将被拉布疾病抓住的妻子遗弃，她应该住在他新组成的家庭里，只要她活着，他（丈夫）应该供养她。[2]

总之，作为弱势群体的妻子可以通过法定继承的方式继承丈夫的遗产，也可通过遗嘱继承的方式接受丈夫的遗产赠予，得到自己的养老资源，较好地解决自己的养老问题。

---

[1] *Vorderasiatische Schriftdenkmäler de Königlichen Museen zu Berlin*, 815.

[2] 吴宇虹等：《古代两河流域楔形文字经典举要》，第 117 页。

结　语

古巴比伦社会是一个尊重老人、敬畏老人的社会，给老年人提供养老是每一个公民所应承担的社会责任。养老所需要的主要三种生活资料为大麦、芝麻油和羊毛，此外还需要肉、啤酒和面包等。一个老年人每年所需要的份额大约为大麦 1000 升、芝麻油 7 升、羊毛 7 斤、肉和啤酒若干，可见古巴比伦时期老年人的生活水平并不算太低。古巴比伦人在生活实践中形成了多种模式、比较完善的养老习俗。在核心家庭中，老年人的养老主要依靠自己的子女；在重新组合的家庭中，继子女要承担起养老的责任。没有子女的父母，他们一般会采取收养的方式来获得继承人为自己提供年老时的养老。他们可以收养婴儿、成年人及自己的奴隶，但无论采取哪种收养方式，他们的目的都是一致的，那就是要为自己晚年时提供养老。此外，为了保证处于弱势群体的妻子的养老，丈夫往往要承担起为妻子提供养老资金的责任，丈夫可以通过赠予的方式给妻子提供一定数额的财产，解决妻子养老的后顾之忧。总之，古巴比伦人通过多种方式较好地解决了养老问题。通过对古巴比伦人养老习俗的研究，我们进一步了解了古代社会的家庭结构、人口构成及整个社会的生活状况，古巴比伦人的养老习俗对我们解决当今社会的养老问题也具有一定的借鉴意义。

（原文刊登于《史学集刊》2016 年第 1 期，

《新华文摘》2016 年第 10 期论点摘编）

由治权到帝国：从拉丁文"帝国"概念的衍生看罗马人的帝国观

王　悦[*]

罗马帝国不仅是古代西方世界统治疆域最大、延续时间最久的大帝国，更是后世西方人提振民族精神、壮大国家实力时常效仿的对象。从查理大帝到俄国沙皇，从近代的西班牙到 19 世纪末的英国，所有的欧洲帝国都不断从罗马帝国那里获取榜样的力量乃至词语的力量。古罗马的许多词语和象征成为近代以来帝国主义国家宣示个人或党派权威、彰显国家权力的重要来源。正因为近现代对帝国统治采取与古代颇为相似的表达，又因为这些表达词语在近代以来风云变幻的国际局势中意义重大，论者多会有意无意地将古代和近代的帝国混为一谈，混淆古今帝国的独特性格。古今观念差别甚远，古今帝国分野极大，罗马帝国有专属于自己的帝国本质和历史变迁。[①]

罗马帝国的建立与传统上罗马帝制时代（前 27 ~ 476）的划分无涉。帝制时代的罗马帝国无非是在政体上完成了从隐蔽的君主制即元首制向绝对君主制的过渡。但帝国无关乎政体，判定是不是帝国与罗马是否确立起帝制没有多少关联，共和制也不是断定共和国时代的罗马不是帝国的理由。历史学

---

[*]　王悦，华东师范大学历史学系讲师，主要从事古罗马史研究。

[①]　J. S. Richardson, "Imperium Romanum: Empire and the Language of Power", *The Journal of Roman Studies*, Vol. 81 (1991), pp. 1 – 9; A. Erskine, *Roman Imperialism*, Edinburgh University Press, 2010, pp. 3 – 5.

家在谈罗马国家向帝国转型时，往往强调国家政体结构由共和而帝制的变迁，而实际上罗马在由皇帝当政之前就已经是一个帝国了。共和国时代的对外战争风起云涌，罗马人在对外战争中追逐国家安全与个人荣誉。战场在古代乃至近代世界是赢得荣耀的主要场合，战争最直接的受益者元老贵族，利用身为统治阶层的各种便利合法占有或非法侵占国家资财，又通过军功让个人声名显赫，为家族增光添彩。普罗大众投身战争，抵御外敌，他们也从国家的公众福利和公共设施中获益。罗马在共和国时代已经是一个体量庞大的帝国了。

在拉丁文中，帝国表述为 imperium，而且围绕该词又产生了一系列与帝国相关的表述。这些表述的演变，恰好见证了罗马帝国的缔造过程，也反映了罗马人帝国观念的变化。因此，通过梳理这些表述的语义变迁，可以深刻理解置身其中的罗马人眼中的帝国样貌，有助于辨明罗马帝国的属性，也会对罗马"帝国主义"有更清晰的判断。①

一 imperium 释义

现代西方语言中表达"帝国"的词多源自拉丁语 imperium，可解作

---

① "防御性帝国主义"的论点首先在 19 世纪下半叶由德国学者蒙森提出，20 世纪早期经法国学者奥洛 [Maurice Holleaux, *Rome, la Grèce et les monarchies hellénistiques au Ⅲ e siècle avant J. - C.* (273 - 205), Paris：E. de Boccard, 1921] 和美国学者腾尼·弗兰克 (T. Frank, *Roman Imperialism*, New York：The Macmillan Company, 1914) 的深入论证，成为罗马史学界的主流观点。从 20 世纪 70 年代起，该观点饱受质疑。著名古代史学者芬利和霍普金斯都驳斥了防御性帝国主义说，见 M. I. Finley, "Empire in the Greco-Roman World", *Greece & Rome*, Second Series, Vol. 25, No. 1 (Apr. , 1978), pp. 1 - 15；E. Hopkins, *Conquerors and Slaves：Sociological Studies in Roman History*, Vol. 1, Cambridge：Cambridge University Press, 1978。罗马史学者哈里斯的论述影响最为深远 (W. V. Harris, *War and Imperialism in Republican Rome 327 - 70 BC*, Oxford：Oxford University Press, 1979)。他们强调罗马社会具有浓厚的军事氛围，通过战争追逐荣誉，通过扩张取得潜在的经济利益。此后，扩张性帝国主义的观点在学术界成为主流，几乎无人再否认罗马的扩张性。但一直有学者对这一观点进行修正，认为罗马的军事活动往往是非理性的恐惧心理作祟，或是罗马人把国家安全摆在与胜利的荣耀同等重要的地位，他们在行动上富于侵略性，同时仍坚信以自身安全为重 (J. Rich and G. Shipley eds. , *War and Society in the Roman World*, London & New York：Routledge, 1993；S. P. Mattern, *Rome and the Enemy：Imperial Strategy in the Principate*, Berkeley and Los Angeles：University of California Press, 1999)。

"治权、最高权力"。① imperium 的词根来自动词 imperare，意即"指挥、命令"。② imperium 是罗马官员的至高权力，包括军事指挥权、解释和贯彻法律的权力等。按照古罗马文献传统记载，治权最早属于统治罗马的诸王，王的权力简称治权。在最后一位王高傲者塔克文被驱逐后，这一权力转由共和国的最高行政官员行使。

罗马历史上曾握有治权的官员有执政官、拥有执政官权的军事长官（前 445～前 367）、大法官、独裁官和骑兵长官。治权按其词根的含义"指挥、命令"，可以看作下命令，要求个人听从的权力，代表着国家在处理与个人关系中的绝对权威，被授予治权的官员代表国家行使这一权力。后来，治权也由代行执政官和代行大法官等任期延长的官员执掌。他们在担任执政官和大法官的任期结束时被赋予新的使命，手中的治权也相应延长。罗马历史上拥有治权的还有获得特别指挥权的个人（privati cum imperio）以及一些领有专门使命的人士，如负责土地分配的委员会成员等。

原则上，治权至高无上，实际上受到的制约却越来越多。共和国初期，王被逐，由两名被称为"司法官"（praetor）的最高行政和军事执政官取而代之，他们的权力因为同僚协议和任期一年的规定而受到制约。在民事领域，同一时间内仅一名执政官有独立行动的能力，另一名执政官的治权和占卜权处于休眠状态，只有在出面阻止同僚的行动时他的治权才发挥作用。国家处于紧急状态时，两名执政官的权力可能同时处于休眠状态，听命于一名独裁官。独裁官没有同僚，获得 6 个月的治权，6 个月在理论上正是一个作战周期的时长。上诉权也制约着官员的治权。根据《瓦莱利乌斯法》（lex Valeria，文献传统中记载此法曾于公元前 509 年、前 449 年和前 300 年多次颁行）的规定，对于官员的判决，公民有权上诉公民大会要求审判（provocatio），官员不经审判不得在罗马处决公民。也许颁行于公元前 2 世纪初的《波尔奇乌斯法》（lex Porcia）对《瓦莱利乌斯法》做了进一步延

---

① 关于 imperium 的汉语表述素不统一，如"治权"，见〔英〕M. I. 芬利《古代世界的政治》，晏绍祥、黄洋译，商务印书馆，2013；如"谕令""统治权""号令权"等，见〔德〕特奥多尔·蒙森《罗马史》第 1～5 卷，李稼年译，李澍泖校，商务印书馆，1994～2014；如"治权""权力"，见〔意〕朱塞佩·格罗索《罗马法史》，黄风译，中国政法大学出版社，2009。

② John Richardson, *The Language of Empire: Rome and the Idea of Empire from the Third Century BC to the Second Century AD*, Cambridge: Cambridge University Press, 2008, p. 57.

伸，公民的上诉权扩展到罗马之外，身居国外的罗马公民可以针对官员的死刑裁判进行上诉。另外，任期延长的代行官员在行使治权方面也受到明确的限制。他们的治权仅能在指定的战区或行省（provincia）内行使。如无特别批准，一旦步入罗马城界，其治权自动失效。代行官员的治权往往只在一年内有效，或者至其完成使命时终止。当然，也出现过授予几年治权的情况，但仅出现在共和国末年，传统的共和政体趋于瓦解之时。

　　帝制的开创者屋大维也拥有治权，他曾在公元前 43 年先后担任代行大法官和执政官，公元前 42 年～前 33 年是"三头同盟"之一，公元前 31 年～前 23 年为执政官，从公元前 27 年起担任多个行省的代行执政官，这些身份都有治权作为坚强基石。公元前 23 年，他辞去执政官职务成为代行执政官。这时，代行执政官的治权转变为大治权，不仅可以在罗马城内行使，而且也囊括意大利。于是，代行官员的治权在罗马城界内自动失效的规定到此已经废止。在公元前 27 年、公元前 8 年、3 年、13 年已获得"奥古斯都"尊号的屋大维，屡次获得为期 10 年的治权；在公元前 18 年和公元前 13 年，他还获得为期 5 年的治权。也就是说，从公元前 27 年到奥古斯都辞世时止，他每一年都掌有治权，之前也几乎连年拥有治权。治权实际上几乎成了奥古斯都一人的专属品，其他人的治权期限和实际权力实难望其项背。① 皇帝的权力源于治权，治权对皇权的重要意义不言而喻。通过在实践中取消对治权的各种限制，皇帝确立起个人的绝对权威。

　　治权是古罗马政治、军事、司法领域最重要的概念。前文已经提及其囊括军事指挥权、行政管理权和司法裁判权，涵盖广泛。古罗马史家多把共和国官员的治权看作王权的延续，不可分割的整体，官员在某一领域的治权只是这一绝对权力的具体体现。而现代学者则多把国王的治权和授予官员的权力截然分开，认为后者受到诸多制约，与国王的权力存在本质区别。譬如在德拉蒙德（A. Drummond）看来，古代作家之所以把共和国官员的治权看作王权的延续，不过是受到希腊政治理论的影响，急于强调罗马政治发展的连续性而已。然而，不论官员的权力承继自王权，还是官员的权力远不及王权，都有一个共同的预设，即假定治权从一开始便完整无缺、至高无上。他认为，并不存在如此完整统一的治权，所谓明确定义的治权概念完全出于人

---

① 　R. Syme, *The Roman Revolution*, Oxford：Oxford University Press, 1960, pp. 313 – 316.

们的想象，也许直到后来，当官员离任后治权延长而成为代行官员时，治权
才首先被清楚认作是一个独一无二的整体。[1]

另一位学者贝克（H. Beck）对治权的属性提出了独到见解。他对治权
的完整性是因还是果没有直接表明立场，反而独辟蹊径地指出两者之间存在
共通之处。他指出，尽管共和国官员增多似乎使治权的威力较比王权大打折
扣，但官职的增加反而强化了治权的普遍性。治权从完全的国王权力演变成
为罗马共和国公民所普遍接受的权力坐标，以此为基础奠定了具有等级性的
共和国政治制度。从前有学者把治权看作从最初完整统一的权力分解出的各
项权力，抑或看作随时间发展不断充实的统治权，在他看来，虽然这两种思
路并不相容，但其价值在于两者都相信治权是存在于共和制度中最核心的一
种衡量力量。[2] 各个官职是否拥有治权，或者所拥有的治权权限高低，决定
了官员的上下级关系。治权的不断演变塑造了共和国的权力机制，共和国的
政治稳固与发展崛起有赖于这一权力机制的良好运作，罗马公民也普遍接受
治权对国家安定所发挥的突出作用。

在罗马共和国时代到帝国早期的文献资料中，对治权至高无上性的称颂
及理想或现实中治权的描绘屡见不鲜。治权之所以深入人心，原因之一在于
其神圣性。治权在实践中是元老院授予官员的权力，宗教上则是神赋予的权
力。罗马人认为治权来源久远。在传说中，公元前 753 年 4 月 21 日建城之
日，罗马的建立者罗慕路斯进行占卜，由天神朱庇特放送 12 只秃鹫的鸟占
卜象确认了他的权力，此后他的权力在王政时代历代国王间传承。治权与占
卜权紧密联系在一起，"国事占卜"（auspicia publica）的传统一脉相承，事
关国家利益的重大行动均需占卜神意，请示神的意旨，解释神的朕兆成了国
王执掌权力以及共和国官员获得权力的必要条件。[3]

治权贯穿于罗马历史发展的始终，从罗马建城时起便生生不息，它也成为

---

① F. W. Walbank et al. eds., *The Cambridge Ancient History*, 2nd ed., Vol. 7, pt. 2, Cambridge：
Cambridge University Press, 1989, pp. 188 – 189.

② H. Beck, "Consular Power and the Roman Constitution：the Case of *imperium* Reconsidered", in
H. Beck et al. eds., *Consuls and Respublica：Holding High Office in the Roman Republic*,
Cambridge：Cambridge University Press, 2011, pp. 77 – 96.

③ T. Corey Brennan, "Power and Process under the Republican Constitution", in H. I. Flower ed.,
The Cambridge Companion to the Roman Republic, Cambridge：Cambridge University Press,
2004, pp. 36 – 41.

罗马最为核心的力量。治权至高无上、无所不容，行使治权者则大权在握、发号施令。但诸如一年任期制、同僚协议制和对公民上诉权的保护等措施规定，使得共和国官员的治权必须服膺于共和政制的结构框架，即便拥有继承自罗马王权的权力，作为罗马的公职人员也必须服务于国家和人民。随着罗马国内外形势的日益复杂，管理事务和统兵之责日益增多，增设新官职在所难免，治权在重要的职能部门中广泛分布，具有了更为普遍的意义。到帝国早期元首制确立之后，也从未切断与共和传统之间的联系，治权的重要地位无可替代，于是皇帝选择打破对治权的各种约束，从根本上确立起个人的绝对权威。

治权伴随着罗马历史的变迁而打上了鲜明的时代烙印，其演进呈现共和期与帝国期两分的特征，折射出两个时代的本质区别。治权的权限不断变化，而不变的是治权在罗马国家中举足轻重的作用。在长期的发展演变中，治权观念深入人心，每个罗马人都深知治权重大而神圣，拥有治权意味着可以在国家的军政舞台上大展拳脚，怀揣仕途抱负的罗马人无不把担任握有治权的高级官员作为奋斗目标。拥有治权并担任高级官职是个人乃至其家族的无上荣耀，是个人积累政治资本的绝好机会。拥有治权的军事将领驰骋沙场、建立战功，也为罗马开疆拓土、建立广阔帝国开辟了道路。

二　帝国观念的衍生

imperium 本指官员所行使的权力，而由官员行使权力的空间范畴视之，它又具有了地域空间的内涵，所反映的是治权在不同地理范围内的实践。古代文献提及治权时常加一限定语"domi militiaeque"（国内的和战场的），将治权分为国内治权和军事治权两类。在罗马城内行国内治权，在罗马城外行军事治权，由此可见治权在民事领域与军事领域并置的特点。此即治权在空间上最基本的对分。然而，这种将治权按行使区域一分为二的传统做法近来受到某些学者的挑战。德罗古拉（Fred K. Drogula）认为，在正常情况下治权并不存在于城界之内，没有国内治权一说，治权纯属外向型的军权，军事性是治权的唯一属性。[①] 这一解释凸显了治权在罗马崛起中释放的军事能

① Fred K. Drogula, "Imperium, Potestas, and the Pomerium in the Roman Republic", *Historia*, Bd. 56, H. 4 (2007), pp. 419 – 452.

量，在实践中统兵权是治权最重要的体现。衔领治权的官员在经库里亚权力法批准后，穿过罗马城的神圣边界，成为统帅。随着与外邦战事的展开，治权也行于国外。统兵权与将领停驻地之间建立起关联是治权在实践中的突出特征，甚至在广义上成为罗马号令世界的反映。①

自公元前 3 世纪起，罗马已跨出意大利半岛，通过战争在海外拓展霸权，官员下达命令和使人服从的治权也扩展到海外。② 从公元前 3 世纪到 1 世纪，罗马帝国蓬勃发展并最终确立，在该时期 imperium 的用法也经历变化，含义延展，出现与之联用的新词语。imperium 的词义随历史发展沿着两条轨迹演变：一是本义，即罗马官员的权力，该词的基本用法保持不变，表示官员权力的内涵一直沿用到帝国时代；③ 二是新衍生出的空间含义——imperium 行使的空间即为罗马帝国。

追溯"帝国"一词的用法，需参照官方文献以及修辞学读本中该词的使用情况。在实际使用中，该词还出现在异族和文学的语境中，尚有其他内涵。在这里，本文仅就对罗马崛起至关重要的政治军事内涵加以讨论。虽然 imperium 含义演变的情况颇为复杂，既有意涵上的差别，也有时间上的交错，但从对其各类用法的梳理中可以获知其含义演变的大体趋向。

imperium 的空间内涵出现于海外行使治权之后。罗马帝国的官方表述首见于公元前 2 世纪 60 年代罗马与色雷斯的马罗涅亚（Maronea）签订的条约中，条约文本为希腊文，上面提到了"罗马人和他们治下的人"；这一概念的拉丁语表述见于罗马与卡拉提斯（Callatis）有关黑海的条约，"罗马人民和在他们治下的人民"（［...Poplo Rom］ano quei［ve］sub inperio［eius erunt...］）。④ 这些异族被置于罗马的治权之下，意味着罗马实现了对相关

---

① H. Beck, "Consular Power and the Roman Constitution: the Case of Imperium Reconsidered", pp. 91 – 94.

② "在 53 年时间里罗马权力取得进展。罗马的权力现在已被世界接受，所有人必须服从罗马人，听从他们的命令。"见 Polybius, *The Histories*, 3. 4. 2 – 3, in Polybius, Vol. II, trans. by W. R. Paton, The Loeb Classical Library, Cambridge MA: Harvard University Press, 1989, p. 10。

③ Richardson, *The Language of Empire: Rome and the Idea of Empire from the Third Century BC to the Second Century AD*, p. 44.

④ *The Oxford Classical Dictionary*, 3rd edition, Oxford: Oxford University Press, 1996, pp. 751 – 752, "imperium" 词条。

地区的统治。公元前 167 年，在一次元老院演讲中，老加图为罗马与马其顿国王佩尔修斯交战时罗德岛人的行为辩解，他称罗德岛人不想见到罗马人完全打败佩尔修斯，因为害怕"处在我们独一无二的治权之下（sub solo imperio nostro）"。① 在这里，"我们的治权"指的是罗马人民的权力，此处罗马人民的权力等同于罗马的统治，因为罗马可以简称为"SPQR"（Senatus Populusque Romanus），意为罗马元老院和罗马人民，罗马人民的权力也就可以理解为罗马国家的权力或罗马国家的统治。鉴于治权是罗马国家要求罗马人民服从的权力，罗马人民的权力也便可以看成罗马人民要求外族服从的权力，即对外族的统治权。

前文提及 imperium 已具有"罗马人民的权力"的内涵，但"罗马人民"与"治权"两个拉丁单词连用的短语 imperium populi Romani，直到公元前 1 世纪初才在拉丁文献中出现，首见于公元前 1 世纪 80 年代的修辞学作品中。这篇托名西塞罗所作的修辞学作品中提到："谁会相信，有人会如此愚蠢，打算不依靠军队来挑战罗马人民的权力？"② 此处"罗马人民的权力"仍遵循前文提及的用法，指罗马对外族的统治权，挑战罗马人民的权力意味着挑战罗马的统治。另外，这本书里还有一个划时代的用法，不仅把罗马人民的权力指向其他地域和民族，而且涵盖整个世界："所有族群、国王、国家一方面出于武力强迫，一方面出于自愿，都接受罗马对整个世界的统治，当世界或被罗马的军队或被罗马的宽厚征服时，让人不大相信的是，有人会以屠弱之力取而代之？"③ 罗马依恃军威和外交政策所向披靡，所有国家都服膺于罗马，罗马的统治不限于一方之地，广纳整个世界。当然，这里提到的"世界"是指罗马人居住其间的整个地中海世界。西塞罗在另一段演说词中同样表达出罗马统治世界的态势。他提到了独裁官苏拉，称苏拉是共和国唯一的统治者，统治着全世界，并以法律巩固了通过战争恢复的伟

---

① Aulus Gellius, *The Attic Nights*, 3.6.16, in Aulus Gellius, *Attic Nights*, Vol. I, trans. by J. C. Rolfe, The Loeb Classical Library, Cambridge MA: Harvard University Press, 1983, p. 254.

② Cicero, *Rhetorica ad Herennium*, 4.13, in Cicero, Vol. I, trans. by H. Caplan, The Loeb Classical Library, Cambridge MA: Harvard University Press, 1981, p. 260.

③ Cicero, *Rhetorica ad Herennium*, 4.13, in Cicero, Vol. I, p. 258.

大权力。① 在西塞罗的演说词里，有大量把罗马人民的权力延伸到全世界的表达。这些用法绝大多数属于抽象意义上的，而西塞罗唯——处可能是对罗马人民的权力扩大到世界之边的实指，见于《论共和国》篇末的西庇阿之梦。在梦境中，小西庇阿被已故的养祖父西庇阿·阿非利加努斯引领上天，在繁星苍穹下，他既欣喜又不安。星空广瀚，地球渺小，他为罗马的统治（imperium nostri，直译为"我们的统治"）感到遗憾，因为那触碰到的只是世界的一小块。② 这无疑暗示了罗马人对统治广阔世界的无限憧憬。这种宣称罗马统治世界的表达方式在公元前 1 世纪首次出现，此时对 imperium 的理解已不再局限于官员的权力抑或罗马人民的权力，而是罗马对世界的统治和世界性帝国。在共和国末叶，关于罗马的权力无远弗届的认识已经司空见惯。③

现今可见的资料呈现 imperium 语义发展的整体趋势：直到公元前 2 世纪末，该词在官方文本中最主要的用法是赋予官员的权力；到公元前 1 世纪，该词的含义更为宽泛灵活，官员权力之意仍广为使用，新见短语 imperium populi Romani 也用以指代罗马人民对他者的权力和统治，这种权力被看成世界性的权力，可以控制整个世界，近似于 orbis terrarum（意为世界）的用法。尽管 imperium 的词义演变仍表现在权力扩展上，但已有空间意义的构想，认为罗马的权力无远弗届，即将罗马想象为一个无边无际的世界帝国。此时 imperium 的领土意涵尚不明确，但随着罗马世界的扩展和时人对这个世界认识的加深，imperium 增添了某种"帝国"的含义。这一含义后来也愈发确切，逐渐具有了领土国家的意味，最高权力演变为权力运行的地域，成了领土意义上的帝国。④

罗马史家李维叙述称，"公元前 191 年在亚细亚，不久后将发生安条克与罗马人在陆上和海上的战争，要么正在寻求统治世界的罗马人失手，要么

① Cicero, *Pro Sexto Roscio Amerino*, 131, in Cicero, Vol. VI, trans. by J. H. Freese, The Loeb Classical Library, Cambridge MA: Harvard University Press, 1967, p. 238.

② Cicero, *De Republica*, 6.16, in Cicero, Vol. XVI, trans. by C. W. Keyes, The Loeb Classical Library, Cambridge MA: Harvard University Press, 1977, p. 268.

③ Richardson, *The Language of Empire*, p. 56.

④ Andrew Lintott, "What was the 'Imperium Romanum'?" *Greece & Rome*, 2nd Series, Vol. 28, No. 1 (Apr., 1981), pp. 53 – 67.

安条克失去自己的王国"。① 另一处，"路奇乌斯·西庇阿曾征服世上最富庶的王国，将罗马人民的权力扩展到陆地最远的边际"。② 从中可以看出，此时的罗马已经放眼世界，寻求世界性的统治。这也是公元前 1 世纪下半叶的文献中对罗马统治的普遍用法。李维在另一处还记载，"安条克致信比提尼亚国王普鲁西亚斯，信中抱怨称，罗马人正在前来亚细亚的途中，他们是来摧毁所有的王国，以便世上除了罗马帝国（Romanum imperium），其他帝国荡然无存"。③ 此处，Romanum imperium 的地域意义十分明确，因此理解为罗马帝国更为妥当。李维指出，罗马已经有了统治世界的抱负，愿将罗马的统治扩展到世界之边，他们的目标是摧毁所有帝国，唯我独尊。生活在共和与帝制之交的李维虽在追述古人言论，反映的却是同时代公元前 1 世纪到 1 世纪人们的普遍想法。因此，可以说，最迟从 1 世纪起，Romanum imperium 已由罗马的权力引申为罗马的帝国，成了罗马帝国的指称。老普林尼和塔西佗的著作都使用了 Romanum imperium 一词。老普林尼在描述美索不达米亚时说："特巴塔（Thebata）和从前一样仍在原位，这个地方也同样标示出在庞培领导之下罗马帝国的（Romani imperi）边界。"④ 塔西佗称"巴塔维人（Batavi）曾是卡提人（Chatti）的一个部落，他们由于自身发展渡过河，那将使他们成为罗马帝国的一部分（pars Romani imperii）"。⑤ 这两处，imperium 指代的无疑是领土意义上的帝国。

　　帝制时代前后，在罗马人心目中，罗马的统治区域无边无际。公元前 75 年，罗马的钱币已铸上权杖、地球、花环和舵的图像，象征罗马的权力散布到全世界的陆地与海洋，象征着没有边界的罗马帝国。奥古斯都掌权时，"帝国"（imperium）的概念已与"世界"（orbis terrarum）的所指别无二致。1 世纪的罗马政治家、哲学家塞内加写道："我们应该认识到有两个

---

① Livy, *Ab Urbe Condita*, 36. 41. 5, in Livy, Vol. X, trans. by E. T. Sage, The Loeb Classical Library, Cambridge MA: Harvard University Press, 1989, p. 274.

② Livy, *Ab Urbe Condita*, 38. 60. 5 – 6, in Livy, Vol. XI, trans. by E. T. Sage, The Loeb Classical Library, Cambridge MA: Harvard University Press, 1983, p. 208.

③ Livy, *Ab Urbe Condita*, 37. 25. 4 – 7, in Livy, Vol. X, p. 362.

④ Pliny the Elder, *Natural History*, 6. 30. 120, in Pliny, Vol. II, trans. by H. Rackham, The Loeb Classical Library, Cambridge MA: Harvard University Press, 1989, p. 428.

⑤ Tacitus, *Germania*, 29. 1, in Tacitus, Vol. I, trans. by M. Hutton, The Loeb Classical Library, Cambridge MA: Harvard University Press, 1980, p. 174.

国家，其中之一是广阔而真正公众的国家，神与人被怀抱其中，我们看不到它的这一端，也看不到那一端，但可以用太阳来丈量我们公民的边际。"[1] 2 世纪，皇帝安敦尼·庇护接受"全世界的主人"（dominus totius orbis）的徽号，鼎盛时期的罗马延续着罗马人主宰世界的梦想。

罗马形成帝国的领土空间概念较晚，原因之一可能在于罗马人的思维方式与希腊人一样，多谈民族，少谈地区。这种思考方式使得他们对权力帝国的理解早于对领土帝国的理解。相较于建立领土意义上的帝国，使外族外民受制于罗马的权力，服从于罗马的统治，才是罗马人真正关心的问题。有时候，在移译拉丁文的过程中，对民族而非地域的考量往往会被忽略，用一个地名取代一个民族的名称，统治一个民族被译作统治一个地区，实际上在微妙处曲解了古人思考国家及国际关系的方式。比如罗马统治希腊人截然不同于罗马统治希腊，前者表示希腊人对罗马人的服从关系，后者则加入了不见于早期拉丁语的领土和地理纬度。[2]

在 imperium 词义拓展的过程中，还涉及一个重要的词 provincia，英文中行省（province）一词由此而来。provincia 起初为元老院分配给下年度掌握治权者的职责。由元老院分配官员职责的惯例一直延续到奥古斯都时期。到公元前 1 世纪初，provincia 已具有了地理上的隐含意义，指代指挥官行使治权的作战区域，即战时官员行使强制性治权的地区，此后又演变为帝国海外领地的行政单位——行省。[3] 从官员的职责到行政制度，provincia 也同样经历了类似 imperium 的含义变迁。provincia 的本义不是治理国家的行政管理方式，而是对拥有治权者职责的界定。元老院往往将据信对罗马安全构成威胁的地区连年指定为战区，指派拥有治权的官员赴任。[4] 元老院在战区的择定上具有主动权，在每个任职年的年初指定战区，分派握有治权的官员。倘若元老院确有拓展边疆的意图，则焦点在于扩展个人的治权及所在战场或行

[1] Seneca, *De Otio*, 4.1, in Seneca, *Moral Essays*, Vol. II, trans. by J. W. Basore, The Loeb Classical Library, Cambridge MA: Harvard University Press, 1996, p. 186.

[2] Andrew Erskine, *Roman Imperialism*, Edinburgh: Edinburgh University Press, 2010, p. 6.

[3] Richardson, *The Language of Empire*, p. 49; J. S. Richardson, *Hispaniae: Spain and Development of Roman Imperialism, 218 – 82 BC*, Cambridge: Cambridge University Press, 1986, pp. 3 – 10。以西班牙行省为例，从其建立过程说明 provincia 内涵的变迁。

[4] Richardson, *The Language of Empire*, pp. 15 – 17.

省的治权行使上。① 在连年作为战区或是罗马的权力想要在此牢固扎根、常态化管理的地方，渐渐设立起管理政府和行省总督，行省的建制渐趋成熟。

与 imperium 相关的各个词义有时叠加，有时混用，但这些词义都在不断丰富和细化，新衍生出的词义没有取代古老的含义，各个词义杂糅并存。从罗马官员的权力到皇帝的权力，从罗马人民的权力到国家的统治权，从对其他民族和地域的统治到对整个世界的统治，imperium 词义的演变说明了罗马在地中海世界大展拳脚的蓬勃态势，这种扩张态势使罗马人的国家观念不断更新。不论称霸地中海所催生的帝国观念，还是罗马早在建立之初就具有尚武好胜的民族雄心，帝国的不断成长与帝国观念的更新这两个因素相互作用，使罗马人怀揣世界性抱负不断扩张帝国。从权力到统治，再到统治的地域，imperium 词义的变迁见证了罗马的帝国成长，更激发着罗马人向远方进发。有历史进程中的罗马帝国，也有罗马人想象中的帝国，二者共同成长。

三　罗马"帝国主义"

尽管"帝国主义"首先用于描述 19 世纪末 20 世纪初欧洲列强的殖民帝国，但该词现在也经常出现于罗马征服意大利及公元前 3 世纪到 1 世纪罗马建立地中海帝国和欧洲帝国的语境中。

在共和国早期和中期（前 5 世纪～前 2 世纪），罗马是一个军事性社会，官员的权力具有突出的军事特征。在仕途起步期，需列身行伍十年，②唯有在战场上建立卓越功勋才能赢得凯旋式的殊荣。公元前 5 世纪和前 4 世纪早期，罗马与埃魁人、沃尔斯奇人及埃特鲁里亚人交战；前 4 世纪中期与拉丁人和坎帕尼亚人交战，并与萨谟奈人和南部意大利人交战；之后波河以南意大利的绝大部分地区被罗马控制。一些共同体融入罗马，余者被归入同盟者，有义务提供军事援助。所有被纳入罗马控制的意大利地区中，唯有具有罗马公民权的地区可以恰如其分地称为罗马国家的一部分。

在两次布匿战争期间（前 264～前 241 年和前 218～前 201 年），罗马在

---

① Richardson, *The Language of Empire*, pp. 43–45.
② "除非已经完成十年的服役期，否则没有人获准担任政治职务"，见 Polybius, *The Histories*, 6.19.4, in Polybius, Vol. I, trans. by W. R. Patton, The Loeb Classical Library, Cambridge MA：Harvard University Press, 1972, p. 310。

同盟者的支持下经过海外战事，建立了意大利之外的罗马帝国。罗马的将领由元老院授以兵权，分驻海外战区。这种战区主要不是领土意义上的，也不是永久性的，但在想要通过驻军落实长期控制的地方，元老院定期指定战区或行省。公元前 2 世纪上半叶，在与地中海东部的希腊化国家交战的背景之下，罗马帝国采取了不同的统治形式，不直接设立行省，而是远程遥控。在战事结束时，罗马没有在这里建立长期的行省，而是通过条约和外交手段，以一种远程的方式对这些地区加以控制。对于在公元前 2 世纪下半叶撰写《通史》的波利比乌斯来说，这代表着罗马霸权从地中海西部扩展到地中海东部，世界服从于罗马，"谁会无动于衷或是不想知道罗马人在不到 53 年的时间里，以何种方式并以何种政治制度使几乎整个人居的世界服从于罗马一个政府？历史上绝无仅有的事。谁会兴致勃勃于其他的场景或研究，而认为有比获得这一知识更伟大的时刻？"[1] 尽管在自称佩尔修斯之子的安德里斯库斯（Andriscus）夺取马其顿王位的尝试失败后，马其顿在公元前 149 年才成为一个长期的行省，而在波利比乌斯看来，罗马人对地中海东部的统治与对地中海西部更为直接的统治相差无几。

在公元前 1 世纪，庞培打败本都的密特里达提六世（前 66 ~ 前 62），之后平定东方，吞并了大片领土，恺撒在高卢征战（前 58 ~ 前 49）也兼并了广阔领土。奥古斯都统治时期，他不仅完成了对伊比利亚半岛的征服，也增设了沿多瑙河一线的新行省莱提亚、诺里库姆、潘诺尼亚和默西亚。只是因为 9 年瓦鲁斯在日耳曼前线的惨败，才停止了进一步征服莱茵河和易北河之间的日耳曼地区的脚步。此后除了克劳狄在 42 年征服不列颠南部，唯有图拉真在 97 ~ 117 年开疆拓土，其继承人哈德良又回归战略守势。

罗马帝国主义的图景十分清晰，从台伯河边的小邦逐步发展为地中海帝国和欧洲帝国，但罗马人的扩张动机是一个聚讼纷纭的话题。自蒙森以来，人们相信罗马人的扩张目的主要是防御性的，只是偶然成了扩张主义者。现代学者则驳斥该观点，认为有其他的动机，包括对经济收益和领土扩张的期望等。[2] 罗马帝国建立过程异常复杂，也许任何单一的解释都不会是全然正

---

[1] Polybius, *The Histories*, 1.1.5 – 6, in Polybius, Vol. I, trans. by W. R. Paton, The Loeb Classical Library, Cambridge MA: Harvard University Press, 1979, pp. 2 – 4.

[2] 参见第 14 页注释 1（原期刊）。

确的。

就分析罗马扩张的实质而言，从扩张结果出发要比从动机出发更切合实际。譬如，公元前 264 年罗马入侵西西里，是罗马扩张历史中的重要转折点。不管罗马元老院的预期目标如何，这都引发了罗马与迦太基的首场战争。此后，罗马迈开了建立海外帝国的步伐。罗马迈出这一步的动机难以捉摸，元老院表现得左右为难、迟疑不决。波利比乌斯的史书从该时期开始记载，整部史书都有一个先入之见，认为罗马早已把统治世界当作自己的奋斗目标。"无论统治者自身还是评论他们的人士都不会把行为的结束仅仅看作征服或使他人屈服于自己的统治，因为有识之人不会仅仅为了打败一个对手而与他的邻居为敌，就像没有人漂洋过海就只为渡过海洋。事实上甚至没有人仅仅为了学知识而从事艺术技艺的研究，所有人做事情都是为了取得快乐、好处或用途。"① 罗马的征服举动背后一定隐藏着明确的动机。虽然在叙述罗马犹豫是否出兵墨西拿时波利比乌斯也会犯难，但他从不怀疑罗马创建首个海外行省是入侵西西里的重要结果，罗马善于利用战争带来的丰厚收益。

此后数世纪中，西西里行省给罗马带来了诸多收益。西塞罗在状告西西里前任总督维列斯（Gaius Verres）时指明西西里行省的重要地位："西西里是第一个成为罗马忠诚朋友的海外国家，第一个得到行省之名者，帝国王冠的第一枚宝石，第一次教会我们的祖先统治外族是件大好事。"② 统治外族、建立世界帝国使罗马获益良多，无论第一步的动机为何，罗马抓住时机加以利用，卓有成效地取得进展，这正是西塞罗所说的好事。

第一次布匿战争结束后的三年间，罗马又攫取了撒丁岛。撒丁岛和西西里被罗马掌握后，被要求每年向罗马交付贡金，接受罗马官员，容许罗马在当地至少建立一个海军基地。罗马在拓展治权行使区域和管理海外属地方面踏出了重要一步。从重组意大利所采用的同盟制度到未来的行省制度，面对局势的变化，罗马灵活应对。不管罗马是否早已预见到帝国的益处，其在军事行动上无疑毫不妥协，当机会出现时，绝不放过。

---

① Polybius, *The Histories*, 3.4.10 – 11, in Polybius, Vol. Ⅱ, p. 12.

② Cicero, *Against Verres*, 2.2, in Cicero, Vol. Ⅶ, trans. by L. H. G. Greenwood, The Loeb Classical Library, Cambridge MA：Harvard University Press, 1978, p. 296.

公元前 264 年后的两个世纪中，和平变得异常珍贵，没有超过十年的和平时期。就参战人员而言，据布伦特（P. A. Brunt）估算，从汉尼拔战争到第三次马其顿战争的半个世纪中，约有 10% 甚至更多的意大利成年男性年复一年地投身战场，[①] 这一比例在公元前 1 世纪变为每 3 名男性中就有 1 人置身战场。当时士兵入伍没有规定的服役年限，一场战事延续多久，他们就要服役多久。军队的规模也根据战事的危急程度而有变动。公元前 2 世纪早期，超过一半的公民在军中平均服役 7 年。[②] 共和国最后两个世纪战事连年，这时罗马公民列身行伍的比例颇高，服役时间在前工业时代的所有国家中也是最长的。[③] 这些都说明在对外战争的问题上，绝大多数罗马人表示赞同，文献中也鲜见反对意见，即使偶有异议，也只存在于战略战术等细枝末节上，而不是对战争的合理性存有异议，他们觉得以武力建立帝国理所应当。

罗马史学起步于公元前 3 世纪末，中期共和国的文献资料相对匮乏。由于文献资料付诸阙如，无法根据同时代的相关论述分析当时罗马人的帝国观。但由全民动员、同仇敌忾视之，罗马人的扩张精神是毋庸置疑的。这些鲜活的事实比文字论述更具说服力，更利于洞察罗马人对国家扩张的支持程度。罗马社会各阶层都决心让其他国家服从罗马的统治，他们认为对周边地区的控制才是罗马图存强大的最佳途径。罗马的战事之所以旷日持久，就在于民众的坚持，在于民众对光荣的向往。[④]

从公元前 3 世纪到前 1 世纪早期，罗马的影响力突破了意大利半岛，逐渐覆盖整个地中海地区。如公元前 2 世纪波利比乌斯在《通史》开篇中所言，几乎整个世界都收归罗马的统治之下。[⑤] 这一发展首先被看作权力的扩展，而不是占领领土的增加。的确，罗马有时把某地长期指定为行省的做法要比罗马士兵首次踏入该地区的战事要晚得多，譬如罗马在公元前 241 年从

---

① 参见 P. A. Brunt, *Italian Manpower 225 BC – AD 14*, Oxford：Oxford University Press, 1971, p. 425, 公元前 200 ~ 前 168 年意大利陆海军人数图表。E. Hopkins, *Conquerors and Slaves：Sociological Studies in Roman History*, Vol. I, Cambridge：Cambridge University Press, 1978, p. 4。

② Hopkins, *Conquerors and Slaves*, p. 30.

③ Hopkins, *Conquerors and Slaves*, p. 11.

④ P. A. Brunt, "Laus Imperii", in P. D. A. Garnsey and C. R. Whittaker eds., *Imperialism in the Ancient World*, Cambridge：Cambridge University Press, 1978, pp. 161 – 164.

⑤ Polybius, *The Histories*, 1. 1. 5, in Polybius, Vol. I, pp. 2 – 4.

迦太基人那里攫取西西里岛，公元前 238 年攻取撒丁岛，但公元前 227 年罗马的大法官才被定期派驻到那里。西班牙的情况类似，尽管公元前 218 年第二次布匿战争一开始西班牙便是一个 provincia，但公元前 196 年大法官才被定期派驻到此行省。①

理查德森（J. S. Richardson）认为，从罗马人用以描述自己军事活动和政府结构的语言来看，他们所谓的统治与对其他国家或民族的兼并和殖民没有关联，他们最为关注的是如何控制其他国家或民族，或者说他们的帝国要从利用权力施加控制的角度来认识。这并不意味着元老院和罗马人民不是帝国主义者，抑或他们对其他国家或民族采取防御性政策。但他们所看重的是罗马人的权力或统治，尤其是以将领开展战事为突破口壮大国家实力，因此帝国的形成也并非以兼并领土的方式实现。这种帝国主义和随之产生的帝国在公元前 1 世纪早期这个阶段还迥异于以建立一片世界性领土为目标的帝国，或者说不同于帝制时代罗马皇帝所统治的帝国。②

罗马人在很长时间里体认到的是一个权力帝国。在这个权力帝国中对其他地区和族群的统治主要体现在控制力上，而控制方式又有直接与间接之分。公元前 396 年攻破维伊后将之归入罗马土地（ager Romanus），这属于直接统治。罗马利用公元前 338 年后重新组建的拉丁同盟对拉丁人进行间接统治，一些从前的同盟者并入其中，一些仍在法律上保持独立。罗马以这种拼杂的统治方式实现了对邻邦的控制，获得了所需的兵力资源，从而有能力在公元前 3 世纪中期征服意大利其他地方。

以强制弱是古代国家生存竞争的通则。罗马人在对外战争问题上团结一心，这才能解释何以有如此众多的罗马人投身战争，却没有发生重大的军事哗变。恰如一名雅典使节在斯巴达人面前的讲话："如果我们接受一个献给我们的帝国不放手，我们没做与人性相悖的异乎寻常的事，因为我们将受到恐惧、对尊重以及收益的期待的强力驱使。我们也不是这一做法的首创者，强者应该统治弱者，那是永恒的法则。我们理当强大，在你们看来也一样，至少在你们把私利和正义的言辞合而为一之前。"③

---

① Richardson, *Hispaniae: Spain and Development of Roman Imperialism*, 218 - 82 BC, pp. 1 - 2.

② Richardson, *The Language of Empire*, pp. 61 - 62.

③ Thucydides, *The Peloponnesian War*, 1. 76. 2, in Thycydides, Vol. I, trans. by C. F. Smith, The Loeb Classical Library, Cambridge MA: Harvard University Press, 1998, p. 164.

四　余论

罗马的治权隐含着让其他国家和人民归附罗马、将世界纳入罗马掌握的意味。罗马对外征服带来的后果不仅形成了一个地域意义上的帝国，而且罗马人也获得了帝国带来的收益，他们觉得建立帝国是制服对手、维护国家安全的有效手段。尽管在领土扩张和建立行省的过程中不一定总能带来诸多的经济收益，统治成本有时远远高于来自当地的收益，不时发生的叛乱消耗掉罗马的大批兵力，罗马也不总是积极备战；但从总体上来说，罗马国家包括罗马各阶层人民都赞成罗马的扩张政策，有这样的全民支持度才能理解罗马为何能够发动取之不尽的人力资源进行对外战争。

罗马帝国是扩张性帝国还是防御性帝国的讨论，不能仅从外在的扩张过程判断，需从帝国建立的动机来判断。由于缺少罗马元老院决策过程的记录、外国办事机构的档案文件以及重要人物的书信和日记，而且古代著作家没有完整的相关记载，罗马大征服的目的和动机也无法确知。除了资料所限外，还因为动机、行动和结果并非不可分割的统一体，付诸行动之前绝不可能对整个形势了如指掌，也不可能完全预见到行动的结果，做出决定后也不见得坚定不移，而且偶见的历史记述中也提及当事者的怀疑、犹豫、失算，上述种种使得厘清当事者的动机更是难上加难。从结果虽不可直接推测出动机，但从如何利用结果可察明动态的动机。芬利认为，罗马帝国建立的动机即使不明，罗马帝国善用对外征服的结果无疑，对外征服虽然不能说明罗马在每一场战争中都运筹帷幄，酝酿着征服世界的大战略，但罗马有着常人难以想象的坚韧。[1]

罗马元老院也曾试图避免实际的领土兼并，这也被认为是元老院在整个共和国中期对外政策的一个重要原则。实际上，这一行为准则与罗马人想要扩张帝国的愿望并非势不两立，因为他们不把帝国看作对领土的直接兼并，而是对这些地区行使统治权。[2]　理解了治权，就能懂得罗马为何有时不急于

---

[1]　M. I. Finley, "Empire in the Greco-Roman World", *Greece & Rome*, Second Series, Vol. 25, No. 1 (Apr., 1978), pp. 1 – 15.

[2]　Harris, *War and Imperialism in Republican Rome 327 – 70 BC*, pp. 2 – 3.

建立行省，也不急于进行经济开发，因为只要维持对其他地区的实际控制，便可巩固罗马的国家安全，兼并领土进行直接统治并非罗马急于实现的第一要务。

罗马人的扩张并非从一开始便怀抱建立一个世界帝国的想法，但权力观念早已深入人心。他们在国内服从拥有治权的行政官员的权威，还关注拥有治权的将领在海外战区能否胜任使命。罗马人的帝国观念萌芽于罗马人的治权观念，随着治权行使范围的空间延展，罗马的帝国观念也逐渐成形，还理想化地希望将罗马的权力伸张到整个世界，把罗马帝国扩大到整个世界。罗马可在统治地区开发资源、筹建殖民、征缴赋税、行司法裁判之权，但这些都不算是罗马最初采取军事行动的动机，许多地区没有如此多的回报，甚至统治成本甚高。但罗马人打心底里仍期望其他地区和族群服从罗马的统治，屈服于罗马的权力，[①] 这都是罗马人的帝国观念使然。

罗马帝国开始于共和制之下，在城邦体制下已囊括其绝大部分的帝国疆域。在帝国最终确立起一位皇帝的统治之后，罗马对其他国家行使治权的步伐放缓。称呼罗马是帝国主义者也许不甚恰当，罗马曾对其他国家和人民施加权力，进行统治，依照的却是一套极为松散的管理标准，在军事扩张中并没有建立起一套组织严密的国家体系。罗马帝国在罗马人心目中是一个权力帝国，治权是维系统治者与被统治者至关重要的纽带。

罗马人对帝国的自我认知充分说明了罗马帝国扩张的性质，即使没有立即兼并某地，也以统治权塑造了迎合自己的帝国，因为他们最先理解的是一个权力帝国而非领土帝国，哪里服从于罗马的治权，哪里便是罗马统治的一部分。通过还原 imperium 的本义，追踪官员治权向罗马人民治权的变化，再到罗马帝国的权力拓展和空间延展，我们看到罗马帝国在共和国时代蓄势崛起、蓬勃发展。罗马人服从权威，崇尚权力，他们相信以军事手段制服对手，对外族行使治权才是古代社会国际竞争的通则，也是罗马立国图强的最佳出路。帝国的收益是对外战争的结果，不能解释罗马人的扩张动机。一方面从罗马人如何利用战果能够很好地理解罗马的扩张，另一方面从他们的帝

---

① 　Brunt，"Laus Imperii"，pp. 162 – 165.

国观念也能够深入理解罗马建立帝国的动机。罗马人眼中的帝国源自军事属性凸显的治权，他们的帝国观念与军事活动密切相关，帝国并非若干行省的集合体，而是治权延伸的范围，罗马人的权力观念和帝国观念在很大程度上解释了罗马帝国主义的内在动因。

（原文刊登于《古代文明》2016 年第 2 期）

晚期古典的伊苏里人及其身份认同

刘衍钢[*]

一 地位难题

本文所要探讨分析的伊苏里人（Isaurians，拉丁语为 Isauri，希腊语为Ἴσαυροι，或译为"伊苏里亚人""伊苏里安人"）是西方古代史，特别是拜占庭史中的重要族群。伊苏里人最著名的时代为拜占庭"伊苏里亚王朝"（Isaurian Dynasty）。对于该王朝的社会经济和文化，国内的拜占庭史学者偶有涉及，[①] 对于该民族的来历，却完全无人关注。关于早期伊苏里人的历史，国外学者有一些研究成果，[②] 但似乎无人留意这个族群的独特身份及其族群认同问题。实际上伊苏里人绝非仅属于拜占庭史，其历史极为悠久，至拜占庭时他们已存在了两千多年。而且在大部分历史时期，伊苏里人的身份颇难界定，因为很难将这个族群纳入通行的历史社会框架。

---

* 刘衍钢，华东师范大学历史学系讲师，主要从事晚期古典研究。

① 陈志强：《拜占廷"农业法"研究》，《历史研究》1999 年第 6 期；李继荣、徐家玲：《"破坏圣像运动"误区考辨》，《理论月刊》2016 年第 11 期；庞国庆：《伊苏里亚王朝时期的圣母崇拜研究》，硕士学位论文，南开大学，2008。

② 国外学者对拜占庭之前伊苏里人的了解最初是基于零星的古代史料，少有系统性。随着小亚细亚地区的大量考古发现以及亚述学与赫梯学研究的进展，到了 20 世纪后期，对早期伊苏里人历史的系统研究才成为可能，也取得了相当成果。这方面最主要的学者为加拿大的布伦特·肖（Brent Donald Shaw）和美国的诺尔·伦斯基（Noel Lenski）。本文除运用和分析古典文献史料外，将尽可能利用这些国外学者的研究成果。

比如依照汤因比建立的文明社会范式，一个文明世界的构成者除少数统治者之外，还有数量巨大的内部无产者（internal proletariat）和外部无产者（external proletariat）。① 其中"内部无产者"指社会底层民众，"外部无产者"可大略等同于境外蛮族。伊苏里人的独特之处在于：首先，他们是蛮族，跟其他境外蛮族没有本质区别；其次，他们一直身处罗马帝国境内，甚至可以说身处罗马帝国繁华的腹心地带，但他们长期游离于帝国的社会与文化生活之外，明显不是"内部无产者"。因此伊苏里人可谓少见的例外，是一个身处文明世界之内的"境外蛮族"。按照汤因比的定义，伊苏里人应该是"内部的外部无产者"。

质言之，罗马帝国的边疆除了外部边疆，尚有往往被忽略的内部边疆。不独罗马帝国如此，多数古代大国境内都存在一些政府掌控之外的蛮族，他们居住于政府势力难以触及的地域，远不如周边世界那样文明开化，结果他们生息之地成为文明世界内部的蛮荒飞地。这类"境内的境外蛮族"在所有重要的文明古国中大量存在，在当今某些国家中亦不乏其身影。② 要降伏或者管理他们代价高昂但收益有限，因此文明世界的政府往往默认他们的独立状态而不加干预。以山地族群为例，他们居住在绵延大山中，一般依靠设防堡塞自卫。在"野蛮的山地"与"文明的平原"之间，长期以来存在一条等同于边境线的军事防线。③ 伊苏里人就是一个典型的境内山地蛮族，事实上早在罗马人到来之前，他们已经在近东与希腊文明世界中扮演了一千多年的"内部的外部无产者"角色。

据斯特拉波（Strabo）记载，伊苏里亚民族因小亚细亚南部陶鲁斯（Taurus）山北麓脚下的"伊苏拉"（Isaura）部落定居点而得名，此地后来一般被称为伊苏拉·帕莱亚（Isaura Palaea，希腊语意为"老伊苏拉"）或伊苏拉·维图斯（Isaura Vetus，拉丁语意为"老伊苏拉"）。④ 据称该地区虽部落众多，但居民的文化习俗和语言大同小异，故而可视为同一族群。一般

① 汤因比：《历史研究》下册，曹未风等译，上海人民出版社，1966，第 385 页。
② 当今世界的很多冲突热点肇因于此类族群，比较集中的地区有东南亚、北非和拉美，例如近来战事频繁的缅北地带。
③ B. D. Shaw, "Bandit Highlands and Lowland Peace: The Mountains of Isauria-Cilicia", *Journal of the Economic and Social History of the Orient*, 33, 2 (1990), p. 200.
④ Strabo, *Geography*, XII. 6. 2 – 3. Strabo, *The Geography of Strabo*, Vol. I – VIII, The Loeb Classical Library, Cambridge, Massachusetts: Harvard University Press, 1949 – 1954.

认为其主体为印欧民族，其语言属于小亚细亚的卢威语（Luwian）方言。①

伊苏里人居住的地区，即所谓"伊苏里亚"（Isauria），所覆盖的范围在不同时期有很大变化。其核心地区为陶鲁斯山脉西段北坡的狭小地带，东临吕考尼亚（Lycaonia），西面和北面为庇西狄亚（Picidia），南面为潘菲里亚（Pamphilia）。其中吕考尼亚和庇西狄亚皆为平原地带，特别是吕考尼亚据有广阔的伊康尼亚（Iconia）平原。潘菲里亚南面靠海，境内东部是陶鲁斯山系，西部为潘菲里亚平原。② 最早，伊苏里亚仅限于小亚细亚南部沿岸，但并不靠海。后来伊苏里人向南扩张，越过潘菲里亚东部山地达到沿海地区。伊苏里人的主体相应南移，占据了陶鲁斯山脉中段，随后沿着山地向东、西两个方向渗透。在西面，伊苏里人占领了潘菲里亚东部山地。在东面，伊苏里人的势力进入西里西亚（Cilicia）地区。西里西亚的地形分两部分：东南部"平原西里西亚"（Cilicia Pedias）的主体为阿达纳（Adana）平原，为城市众多的富庶之地；西北部"崎岖西里西亚"（Cilicia Tracheia），即山地西里西亚，则属于陶鲁斯山系。潘菲里亚的山区和"崎岖西里西亚"皆被占领后，伊苏里人实际上控制了小亚细亚南部全部陶鲁斯山区。③ 后来"西里西亚人"一词的含义往往与"伊苏里人"无异。

二 至 4 世纪的伊苏里亚简史

上述伊苏里人所居住的区域在地理环境上具有一致性，皆为较为荒凉贫瘠的陶鲁斯山区。这里地形崎岖，人口分散，可耕种土地极少，基础经济为季节性迁徙的粗放型畜牧经济。④ 如此地区很难实施有效的集中行政管理，因此尽管小亚细亚南部很早就进入文明国家的版图，当地却一向是化外之

---

① B. D. Shaw, "Bandit Highlands and Lowland Peace: The Mountains of Isauria-Cilicia", pp. 201 – 202; N. Lenski, "Assimilation and Revolt in the Territory of Isauria, from the 1st Century BC to the 6th Century AD", *Journal of the Economic and Social History of the Orient*, 42 (1999), p. 416.

② N. Lenski, "Assimilation and Revolt in the Territory of Isauria, from the 1st Century BC to the 6th Century AD", pp. 413 – 415.

③ B. D. Shaw, "Bandit Highlands and Lowland Peace: The Mountains of Isauria-Cilicia", p. 201.

④ N. Lenski, "Assimilation and Revolt in the Territory of Isauria, from the 1st Century BC to the 6th Century AD", pp. 447 – 448.

地，亦是匪徒海盗的温床。上古时代，小亚细亚南部曾先后被赫梯
（Hittites）和亚述（Assyria）等强大帝国统治，亚述学与赫梯学史料中不时
有当地人"反叛"的记录。后来的波斯帝国大概仅统治当地的平原地带，
山地居民实际上保持独立。① 据色诺芬（Xenophon）与西西里的狄奥多罗斯
（Diodorus Siculus）等史家记载，在波斯帝国后期伊苏里亚曾兴起一个地方
性王朝，与波斯帝国建立起某种同盟或藩属关系。② 公元前 4 世纪希腊人势
力大举进入小亚细亚南部时，伊苏里人与希腊人之间不可避免发生冲突。照
狄奥多罗斯的说法，亚历山大曾对当地发动过几次惩罚性征讨。亚历山大死
后，伊苏里人趁混乱时局出兵劫掠周边地区，并袭击马其顿驻军，当地总督
（Satrap）巴拉克拉斯（Balakras）被杀。马其顿摄政王佩尔狄卡斯
（Perdiccas）于公元前 322 年围攻伊苏拉·帕莱亚，其居民大部分自杀，整
个城镇（实为巨大设防营寨）遭焚毁。③ 但马其顿人亦无力深入山地降伏所
有伊苏里人，此后的塞琉古王朝（Seleucid Dynasty）统治时期，伊苏里亚实
际上保持着独立。④

公元前 2 世纪末，小亚细亚被罗马吞并。初始阶段罗马的势力并未深入
南部山地，只有南部沿海的狭窄平原地带归罗马统治。第一次米特里达梯战
争（First Mithridatic War，前 89 ~ 前 85）期间，包括伊苏里人在内的小亚细
亚诸族公开脱离罗马。公元前 78 年至前 77 年，罗马执政官塞尔维利乌斯
（P. Servilius）取道海路发起进攻，深入陶鲁斯山地攻陷伊苏拉·帕莱亚，
降伏了所有小亚细亚南部族群，塞尔维利乌斯因此获得"伊苏里征服者"
（Isauricus）头衔。⑤ 塞尔维利乌斯还修建了由沿海通往北部地区的道路，使

---

① B. D. Shaw, "Bandit Highlands and Lowland Peace: The Mountains of Isauria-Cilicia", pp. 204 –
207.

② Diodorus Siculus, *Bibliotheca historica*, ⅩⅣ. 19. 3; Xenophen, *Anabasis*, I. 2. 11 – 24. Diodorus
Siculus, *Library of History*, Vol. I – Ⅻ, The Loeb Classical Library, Cambridge, Massachusetts:
Harvard University Press, 1933 – 1967. Xenophon, *Anabasis*, The Loeb Classical Library,
Cambridge, Massachusetts: Harvard University Press, 1998.

③ Diodorus Siculus, *Bibliotheca historica*, ⅩⅧ. 22. 1 – 2.

④ B. D. Shaw, "Bandit Highlands and Lowland Peace: The Mountains of Isauria-Cilicia", pp. 217 –
218.

⑤ N. Lenski, "Assimilation and Revolt in the Territory of Isauria, from the 1st Century BC to the 6th
Century AD", p. 416.

得这些地区成为重要商道的中转站。① 不久后地中海世界海盗活动猖獗，小亚细亚南部沿岸成为最重要的海盗巢穴。公元前 67 年罗马大将庞培（Gnaeus Pompeius Magnus）受命清剿海盗，彻底肃清了"伊苏里海盗"的势力，但远离海岸的伊苏里亚山地似乎并未被触及。② 随后，罗马在此地建立西里西亚行省，实际上仅直接统治西里西亚地区的阿达纳平原地带，③ 其他伊苏里亚地区则由名义上效忠罗马的当地藩王统治。④

斯特拉波解释罗马的政策意图称："罗马人认为此地最好由某个地方国王而非罗马总督来统治……这样就不用关注各地的琐事，也无须部署军队。"⑤ 由上述政策和战略看，罗马对待伊苏里人的方式跟对待边境蛮族完全相同。事实上对罗马人而言，伊苏里人与其他边境蛮族并无差异。这一时期南部平原地带的城市和道路间或遭受伊苏里亚山地居民的袭扰，罗马也攻取一些山寨堡垒作为报复。⑥ 据塔西佗（Tacitus）和斯特拉波记载，地中海沿岸的港口和富裕的吕考尼亚是伊苏里人的首选袭扰之地，因为劫掠这些地方所获甚丰。⑦ 同时伊苏里人也掠夺人口以获取奴隶和赎金。⑧ 这些都属于典型的边境蛮族活动模式。

后来的内战期间，恺撒（Caesar）、安东尼（Antonius）和屋大维（Octavianus）等人皆容忍了当地山区居民的半独立地位，仅满足于控制平原地带。⑨ 内战结束后，屋大维重新安排帝国东部的统治格局，伊苏里人名义

---

① J. A. Crook & A. Lintott, *The Cambridge Ancient History*, Vol. Ⅸ, Cambridge University Press, 2008, Vol. Ⅸ, pp. 232 – 233.

② Plutarch, *Life of Pompey*, XXV. 2 – 4. Plutarch, *Lives*, *Agesilaus and Pompey*, *Pelopidas and Marcellus*, Volume V, The Loeb Classical Library, Cambridge, Massachusetts: Harvard University Press, 1917.

③ N. Lenski, "Assimilation and Revolt in the Territory of Isauria, from the 1st Century BC to the 6th Century AD", p. 415, pp. 418 – 419.

④ J. A. Crook & A. Lintott, *The Cambridge Ancient History*, Vol. Ⅸ, p. 269.

⑤ Strabo, *Geography*, Ⅻ. 6. 3 – 5.

⑥ B. D. Shaw, "Bandit Highlands and Lowland Peace: The Mountains of Isauria-Cilicia", pp. 223 – 226.

⑦ Tacitus, *Annals*, Ⅻ. 55; Strabo, *Geography*, XⅣ. 5. 6. Tacitus, *Annals*: *Books 4 – 6, 11 – 12*, The Loeb Classical Library, Cambridge, Massachusetts: Harvard University Press, 1937.

⑧ N. Lenski, "Assimilation and Revolt in the Territory of Isauria, from the 1st Century BC to the 6th Century AD", p. 450.

⑨ B. D. Shaw, "Bandit Highlands and Lowland Peace: The Mountains of Isauria-Cilicia", pp. 227 – 228.

上臣服于伽拉提亚（Galatia）国王阿明塔斯（Amyntas）。① 阿明塔斯修建了一座新城镇"伊苏拉·奈亚"（Isaura Nea，希腊语意为"新伊苏拉"），这座城镇与伊苏拉·帕莱亚一起成为伊苏里人的核心定居地。② 阿明塔斯死后，伊苏里亚又相继划归卡帕多细亚（Cappadocia）王国与孔玛基尼（Commagene）王国。③

1 世纪中前期罗马帝国与帕提亚（Parthia）帝国冲突期间，东部罗马军队主力被调往亚美尼亚和幼发拉底河前线，小亚细亚腹地兵力空虚。伊苏里人趁机停止向罗马纳贡，出兵袭扰周边地区。④ 根据卡西乌斯·狄奥（Cassius Dio）和塔西佗的记载，罗马帝国与伊苏里人之间最终爆发了全面战争。罗马军队经过数年征战，将该地区完全平定，不少反抗者的营寨被摧毁。⑤ 此间罗马帝国在小亚细亚南部营建了众多殖民城镇和道路，这对伊苏里人的社会生活产生了很大影响。⑥ 1 世纪末小亚细亚诸王国被撤销后，伊苏里人的居住地区被划入伽拉提亚与潘菲里亚两省，后来潘菲里亚省合并了西南面的吕西亚（Lycia），称吕西亚 - 潘菲里亚（Lycia et Pamphilia）省。这期间伊苏里亚依旧处于法外状态，只要有机会就袭扰周边地区。⑦

2 世纪是罗马帝国的强大繁荣时期，境内外蛮族的危害总体而言影响不大。此时亚洲诸省的商贸与制造业非常发达，小亚细亚南部的港口繁荣兴旺，但港口之外的山地依旧是伊苏里人的势力范围。除了海运，小亚细亚的陆上运输也颇为发达。考古证据显示，伊苏里人一定程度上接受了罗马帝国的管辖，并受到文明世界的影响。罗马帝国的商贸和道路系统亦延伸至伊苏

---

① A. K. Bowman & E. Champlin & A. Lintott, *The Cambridge Ancient History*, Vol. X, Cambridge University Press, 2008, p. 106, p. 152.

② Strabo, *Geography*, XII. 6. 3 – 5.

③ Strabo, *Geography*, XII. 1. 4, XIV. 5. 6.

④ B. D. Shaw, "Bandit Highlands and Lowland Peace: The Mountains of Isauria-Cilicia", p. 230.

⑤ Cassius Dio, LV. 28. 3; Tacitus, *Annals*, VI. 41, XII. 55. Cassius Dio, *Roman History*, Vol. I – IX, The Loeb Classical Library, Cambridge, Massachusetts: Harvard University Press, 1914 – 1927. A. K. Bowman & E. Champlin & A. Lintott, *The Cambridge Ancient History*, Vol. X, p. 106, pp. 152 – 154.

⑥ N. Lenski, "Assimilation and Revolt in the Territory of Isauria, from the 1st Century BC to the 6th Century AD", pp. 434 – 436.

⑦ A. K. Bowman & P. Garnsey & D. Rathbone, *The Cambridge Ancient History*, Vol. XI, p. 370, p. 388, p. 627, p. 637.

里亚腹地，一些商道穿越了伊苏里亚。① 由此不难推知，此间伊苏里人与罗
马帝国之间的关系较为和平。罗马控制下的伊苏里亚地区开始了城市化，众
多定居点发展为城镇。考古发现亦证明了这一时期伊苏里亚的"希腊化"
或"罗马化"，伊苏里亚山地城镇的外观已经与其他东部城镇类似。② 此时
伊苏里人的主要居住地为小亚细亚南部正对着塞浦路斯（Cyprus）岛的沿海
山区，其西界为潘菲里亚的希德（Side）城，东界为临近西里西亚的塞琉西
亚（Seleucia）城。这两座城市皆位于陶鲁斯山脚下的平原地区，为帝国管
辖的繁荣城市，其中塞琉西亚尤为重要，是伊苏里亚地区最大的城市。③ 当
时的著名旅行家波桑尼阿斯（Pausanias）称伊苏里人所居住的起伏高地上
已出现一些原始城镇，但这些城镇并不受罗马帝国直接管控。④ 总体而言，
罗马帝国境内的山地居民在帝国建立之初遭武力镇压，之后两百年间大体与
帝国相安无事，只是偶尔有小规模冲突。

　　3 世纪开始，随着罗马帝国走向衰落，帝国的管理系统逐渐退化失灵，
伊苏里人又开始对周边文明世界频繁发动袭击，活动规模也越来越大。3 世
纪初亚历山大·塞维鲁斯（Alexander Severus，222～235 年在位）统治时
期，伊苏里人发动叛乱遭镇压。⑤ 在随后的 3 世纪危机期间，有个名为特里
贝利亚努斯（Trebellianus）的西里西亚海盗头目自立为帝，受到伊苏里人
拥戴，成为分裂罗马帝国的"三十僭主"之一。特里贝利亚努斯率伊苏里
人走出深山，袭击山下的平原地带，但被忠于罗马皇帝加利恩努斯
（Gallienus）的军队击败杀死。⑥ 3 世纪危机临近结束时，另一个名叫吕狄
乌斯（Lydius，意为"吕底亚人"，可能只是个绰号）的匪徒于 279 年率

①　N. Lenski，"Assimilation and Revolt in the Territory of Isauria, from the 1st Century BC to the 6th Century AD"，p. 437.

②　N. Lenski，"Assimilation and Revolt in the Territory of Isauria, from the 1st Century BC to the 6th Century AD"，pp. 432 - 434.

③　塞琉西亚即今土耳其南部沿海城市西里夫克（Silifke），当时位于潘菲里亚东南沿海地带。S. A. Cook & F. E. Adcock & M. P. Charlesworth & N. H. Baynes，*The Cambridge Ancient History*，Vol. XII，Cambridge：Cambridge University Press，1998，p. 712.

④　Pausanias，*Description of Greece*，V. 21. 10. Pausanias，*Description of Greece*，Vol. I - V，The Loeb Classical Library，Cambridge，Massachusetts：Harvard University Press，1918 - 1935.

⑤　*Historia Augusta*，*Severus Alexander*，LVIII. 1. *Historia Augusta*，Vol. I - III，The Loeb Classical Library，Cambridge，Massachusetts：Harvard University Press，1921 - 1932.

⑥　*Historia Augusta*，*Tyranni Triginta*，XXVI. 1 - 2，XXVI. 6 - 7. W. Smith，*A Dictionary of Greek and Roman Biography and Mythology*，Michigan：University of Michigan Library，2005，p. 1169.

伊苏里人发动叛乱，皇帝普罗布斯（Probus）于次年出兵征讨，通过一系列堡垒锁链将这些山地蛮族降伏。[1] 据《诸帝本纪》（*Historia Augusta*）记载，普罗布斯之所以采用如此策略，是因为"此等盗匪，封锁其易，驱逐其难"。[2]

到了帝国中后期，行省数量剧增，小亚细亚南部各地区全部单独建省。3 世纪末，罗马西里西亚省西部的陶鲁斯南坡部分被分割出来，与吕考尼亚合并，称伊苏里亚 - 吕考尼亚（Isauria - Lycaonia）省。[3] 后两省又分离，伊苏里亚独自成省，潘菲里亚东部山区也被划入伊苏里亚，由此伊苏里亚省囊括了吕考尼亚以南的山地部分，塞琉西亚成为伊苏里亚行省首府。[4] 该省的官职设置类似于边境军区省份，内政与军事合一，这表明当地依旧不安宁，也显示这一地区在罗马人眼中实为边境。[5] 考古和文献证据也证明这一时期罗马帝国用于防备伊苏里人的军力和防御工事等越来越多。[6]

戴克里先重新统一罗马帝国后整合各地驻军，在伊苏里亚地区常驻三个军团，即第一至第三伊苏拉军团。[7] 至 3 世纪末，当地尚有两个军团。后来罗马帝国增强该地区防御，又在当地增加了三个常驻军团，不过这可能仅是局势紧张时的临时举措。[8] 到了 4 世纪本文所重点涉及的时期，该地区驻有两个军团。[9] 据《职官志》（*Notitia Dignitatum*）的记录，为第二伊苏拉与第三

---

① *Historia Augusta*, *Probus*, XVI. 4 – 17.

② *Historia Augusta*, *Probus*, XVI. 5 – 6.

③ S. A. Cook & F. E. Adcock & M. P. Charlesworth & N. H. Baynes, *The Cambridge Ancient History*, Vol. XII, p. 709.

④ B. D. Shaw, "Bandit Highlands and Lowland Peace: The Mountains of Isauria-Cilicia (Continued)", p. 237.

⑤ A. H. M. Jones, *The Later Roman Empire 284 – 602*, Vol. I, Baltimore: The John Hopkins University Press, 1986, p. 281.

⑥ N. Lenski, "Assimilation and Revolt in the Territory of Isauria, from the 1st Century BC to the 6th Century AD", pp. 443 – 444.

⑦ N. Lenski, "Assimilation and Revolt in the Territory of Isauria, from the 1st Century BC to the 6th Century AD", p. 421.

⑧ S. A. Cook & F. E. Adcock & M. P. Charlesworth & N. H. Baynes, *The Cambridge Ancient History*, Vol. XII, p. 266.

⑨ A. Cameron & p. Garnsey, *The Cambridge Ancient History*, Vol. XIII, Cambridge: Cambridge University Press, 1998, p. 218.

伊苏拉军团；另有一批辅助部队，总数有 1500 ~ 2000 人。① 此时罗马帝国历经君士坦丁的军事变革，军队的编制规模等已经跟帝国早期差别很大。罗马军团较之帝国全盛时期规模要小得多，一般一个军团只有千余人。② 军队主要由两类部队构成，即边防部队（limitanei）与野战部队（comitatenses）。③ 边防部队用于守卫边境的堡垒，野战部队则用于长距离机动作战。野战部队较为精锐，装备训练和投送能力等皆优于边防部队。④ 无法确知当时伊苏里亚地区的驻军究竟属于哪种部队，因为现存史料对当地军队指挥官头衔的记载并不一致，一说为"伊苏里亚统帅"（dux Isaurae），一说为"伊苏里亚统领"（comes per Isauriam），⑤ 前者为边防军指挥，后者为野战军指挥。

三　4 世纪的伊苏里战争

4 世纪，随着君士坦丁大帝（Constantine the Great）的去世，罗马帝国陷于分裂，局势持续动荡。如此背景下，某些境内蛮族又开始大规模袭扰周边城镇，其中最典型者即为伊苏里人。⑥ 正是从 4 世纪中期开始，伊苏里人作为一个举足轻重的民族出现于史籍。跟这一时期相比，上述 3 世纪伊苏里人的危害总体而言尚不算严重。

古典史家对于内部蛮族的记录一向不甚热衷，前述有关伊苏里人的记载皆为凤毛麟角，散落于各史料中，一般是寥寥数语，一笔带过。比较例外的是 4 世纪中后期伊苏里人的劫掠活动，当时的史家马塞里努斯（Ammianus Marcellinus）在《历史》（*Res Gestae*）一书中对此有翔实记录。关于马塞里

①　*Notitia Dignitatum*, Oriens. XXIX. 7 - 8；Ammianus Marcellinus, XIV. 2. 14. http：//sourcebooks. fordham. edu/source/notitiadignitatum. aspMarcellinus, *Ammianus Marcellinus*, Vol. I – III, The Loeb Classical Library. London：William Heinemann, 1958 - 1982.

②　P. Sabin & H. V. Wees & M. Whitby, *The Cambridge History of Greek and Roman Warfare*, Vol. Ⅱ , Cambridge：Cambridge University Press, 2007, pp. 278 - 280.

③　L. Adkins & R. A. Adkins, *Handbook to Life in Ancient Rome*, p. 55, M. H. Dodgeon & S. N. C. Lieu, *The Roman Eastern Frontier and the Persian Wars*（*AD 226 - 363*）, London & New York：Routledge, 1991, pp. 145 - 147.

④　A. H. M. Jones, *The Later Roman Empire 284 - 602*, Vol. I, p. 608.

⑤　*Notitia Dignitatum*, Oriens. XXIX. 1.

⑥　A. Cameron & P. Garnsey, *The Cambridge Ancient History*, Vol. XIII, pp. 452 - 453.

努斯的杰出古典史家地位及其生平，笔者已有专文论及，[①] 不再赘述。由于《历史》中相关文献的宝贵价值，下面将对其做详细分析。马塞里努斯之所以罕见地用大量笔墨记载此次境内蛮族的入侵事件，除了出于敏锐的历史眼光和伊苏里人的巨大影响，还与其身份和地位有关。马塞里努斯出身于叙利亚首府安提奥克（Antioch）的显贵元老家庭，成年后投身军旅。伊苏里人侵袭周边地区时，马塞里努斯已升任军事指挥官，正在美索不达米亚前线对波斯人作战。[②] 马塞里努斯了解东部帝国境内的兵力分布，深知小亚细亚等地兵力薄弱，富庶的叙利亚亦在伊苏里人的攻击范围之内，因此对故乡的安危颇感担忧。退伍之后马塞里努斯回到安提奥克为史著收集素材，他必定遇见过众多事件亲历者，才能获取丰富的相关史料。[③] 因此，《历史》除了在地理学篇章中介绍和讲述伊苏里亚及其居民外，还用了一整章详细讲述 353～354 年伊苏里人大规模侵袭活动的来龙去脉。此章也成为古典史料中有关伊苏里族群最有价值的篇章。

《历史》在介绍小亚细亚地理时提及伊苏里亚省，谈到当地平原地带物产丰饶，并有两座重要城市：一是前文提到的塞琉西亚，为公元前 4 世纪末著名君主塞琉古（Seleucus）所兴建；二是克劳狄奥波利斯（Claudiopolis），为 1 世纪中期克劳狄乌斯（Claudius）皇帝建立的殖民城市。《历史》还简略提及伊苏里人叛服无常的历史。[④]

《历史》对伊苏里人活动最集中的记载为第 14 卷第 2 章。该章篇幅较长，记述了 353 年起伊苏里人大规模侵袭周边地区的始末。伊苏里人的此次行动与整个罗马帝国的内外局势息息相关，因此这里有必要简要说明当时的历史背景。

君士坦丁大帝死后，其三子瓜分帝国，包括小亚细亚在内的东部地区由君士坦提乌斯二世（Constantius Ⅱ）统治。[⑤] 到了 350 年，另两个皇帝先后

---

① 刘衍钢：《马塞里努斯生平考》，《古代文明》2012 年第 2 期；刘衍钢：《马塞里努斯的撰史风格——兼与塔西佗比较》，《史学理论研究》2011 年第 2 期。

② 刘衍钢：《马塞里努斯生平考》，《古代文明》2012 年第 2 期。

③ 刘衍钢：《马塞里努斯生平考》，《古代文明》2012 年第 2 期。

④ Ammianus Marcellinus, XIV. 8. 1 - 2.

⑤ A. Cameron & p. Garnsey, *The Cambridge Ancient History*, Cambridge：Cambridge University Press, 1998, Vol. XIII, pp. 3 - 4.

死于非命，帝国即将爆发大规模内战。① 与此同时，东部罗马帝国还深陷对波斯帝国的旷日持久战争，美索不达米亚及邻近诸省在十余年间遭到波斯大军的反复攻击。② 当时君士坦提乌斯调集大部分东部兵力，准备率军西进与西部皇帝争夺天下。为了维持东部的局势，他任命堂弟迦鲁斯（Gallus）为副帝（Caesar）主持东部军政事务。为了防止迦鲁斯势力做大威胁到自己的帝位，君士坦提乌斯在迦鲁斯身边安插了众多亲信，希望他只是个傀儡君主。③ 因此 353 年小亚细亚南部爆发伊苏里战争时，东部帝国的总体局势如下：帝国军队的主力正由皇帝君士坦提乌斯率领在西部打内战，仅剩的少量军队（包括马塞里努斯本人）基本上全部驻扎在美索不达米亚前线对抗波斯帝国。副帝迦鲁斯虽坐镇叙利亚的安提奥克，距离小亚细亚和美索不达米亚两条战线都不远，但为人暗弱且无实权，小亚细亚边境（内部边境）防务空虚且管理混乱，如此状况无疑是蛮族（内部蛮族）入侵的绝佳时机。

据《历史》记载，战争爆发的导火索是伊康尼乌姆（Iconium）事件。伊康尼乌姆位于紧邻伊苏里亚的庇西狄亚（Pisidia）平原，是一座较富裕的城镇。④ 尽管《历史》站在文明市民的立场，指责伊苏里人长期以来包藏祸心，但也承认伊康尼乌姆事件的罪责实为当地市民。最初可能是因为经济纠纷引发市民骚乱，一些与伊苏里人有关联的人被投入斗兽场而遭野兽吞噬。《历史》认为"如此残忍举动可谓史无前例"。⑤ 像伊康尼乌姆这样位于平原和山地交界处的城市，往往存在代表不同利益的"平原派"和"山岳派"，双方的冲突在所难免。如果市政管理能有效运作，这类冲突无关大局。当帝国的官僚行政机构趋于衰败时，由于缺乏有效的协调管理机制，市民的派系争斗往往会酝酿发展为大规模群体暴力事件。类似事件在晚期罗马帝国很常见，《历史》中就有颇多记载。⑥ 因此伊康尼乌姆事件看似偶然，

---

① A. H. M. Jones, *The Later Roman Empire 284 – 602*, Vol. I, pp. 112 – 113.

② M. H. Dodgeon & S. N. C. Lieu, *The Roman Eastern Frontier and the Persian Wars* (AD 226 – 363), London & New York: Routledge, 1991, pp. 181 – 190.

③ M. H. Dodgeon & S. N. C. Lieu, *The Roman Eastern Frontier and the Persian Wars* (AD 226 – 363), pp. 207 – 208.

④ 伊康尼乌姆即今土耳其的科尼亚（Konya）市，有著名考古遗迹，《新约》（Acts 13：51；Acts 16：2，一般译为"以哥念"）等古代文献对其有记载。

⑤ Ammianus Marcellinus, XIV. 2. 1.

⑥ 例如 Ammianus Marcellinus, XXII. 11, XXVII. 3. 11 – 14。

实为晚期帝国内政混乱的必然结果。无论如何，伊康尼乌姆事件中亲伊苏里势力（可能还包括一些来自伊苏里亚的商人）受到残酷迫害，此事给了伊苏里人发动侵袭的口实。

根据对相关记载的分析，本次伊苏里战争大致可分为四个阶段。

第一阶段为海岸突袭。事件的始发地，位于伊苏里亚以北的伊康尼乌姆本应是伊苏里人的首选打击目标，但攻取这样的城镇对仅装备有轻武器的山地族群而言过于艰难。伊苏里人遂将攻击矛头转向南方，组织小股武装团伙突袭南面最邻近的沿海港口。沿海地带承平日久，对来自山区的进攻毫无防范，结果损失了大量人员和财产货物。袭击持续了一段时间，其结果是伊苏里亚以南贴近小亚细亚沿岸的航路被废弃，过往的商船转而选择伊苏里亚对面靠近塞浦路斯的偏南航线，[①] 袭击港口变得无利可图。伊苏里人的注意力于是转向其他地区。

第二阶段为平原袭扰。伊苏里人随后组织起规模更大的队伍长途跋涉攻击北方的内陆，以伊康尼乌姆为首府的庇西狄亚地区自然是首选目标。尽管当地的设防城镇无陷落之虞，但城墙之外的平原地区成为伊苏里人恣意蹂躏的对象。再往东更大范围内，吕考尼亚平原亦遭到伊苏里人侵袭。这次伊苏里人吸取了教训，不再竭泽而渔，改为封锁道路，向过往的路人收取路费。[②]

伊苏里人的一系列侵袭活动无疑严重影响了罗马帝国在小亚细亚地区的行政管理和财政收入。但在当时特定背景下，该地区的驻军数量极少，素质不高，而且分散驻扎于众多城镇中。相比之下，伊苏里人数量众多，拥有山地民族所特有的机动性和远程武器优势。结果罗马军队发起的进攻大多损失惨重，他们往往被诱入崎岖山地后遭敌军重创。之后罗马军队亦改变策略，尽量在平原地带与伊苏里人交战。于是双方处于僵持状态，罗马军队固守城镇与战略要地，伊苏里人则横行乡野。[③] 由于吕考尼亚平原距离山地较远且地势平坦，伊苏里人在这里渐渐难以立足，他们向南退入潘菲里亚地区。这里是沿海山地，历来是伊苏里人的控制区，因此伊苏里人的主力实际上已退

---

① Ammianus Marcellinus, XIX. 2. 2 – 3.

② Ammianus Marcellinus, XIX. 2. 4.

③ Ammianus Marcellinus, XIX. 2. 5 – 7.

回本土。之后是一段相对平静时期，罗马人相应增加了周边的兵力部署，并修建加固了一些堡垒，伊苏里人则在酝酿更大规模的军事行动。[①]

　　走笔至此，需要介绍一下伊苏里亚地区的道路情况。穿过伊苏里亚的主要道路有两条：第一条为由东向西的沿岸大道，哈德良（Hadrian）皇帝在位时修建；第二条为由南向北穿越中央山地的道路，这条路始于南端港口安内穆里乌姆（Anemurium），到达陶鲁斯山中的日耳曼尼科波利斯（Germanicopolis），之后有两条分支，一条向东北到达陶鲁斯山北坡山脚的拉兰达（Laranda），另一条向西北到达伊苏拉·帕莱亚。[②] 日耳曼尼科波利斯实际上是伊苏里亚的首府，伊苏里人的政治军事中心。[③] 拉兰达即今土耳其南部城市卡拉曼（Karaman），是另一座伊苏里人所控制的城镇，位于潘菲里亚北部山地与平原交界处，是伊苏里人对平原地带发动军事行动的基地。至于安内穆里乌姆港，在战争初始阶段大概已被伊苏里人所占据。

　　上述道路当初由罗马帝国政府修建，主要是为了满足军事调遣和商贸运输之需，伊苏里人充分运用和发挥了这些道路的潜力。本次战争中伊苏里人的军事行动大多利用这些道路，这使得伊苏里人的行动效率远高于其他境外蛮族。前文已述，在战争的前两阶段，伊苏里人的攻击忽而向南，忽而向北；而在之后的阶段中，伊苏里军队的调动亦是忽而向西，忽而向东。在整个战争期间，特别是战争后期，伊苏里人的大规模动员与部队调动，以及相应的后勤给养供应，皆仰赖这些道路系统。

　　第三阶段为突袭沿岸边界地区。这一阶段伊苏里人的进攻模式发生了重大变化，一改以往避开城墙的传统作战模式，对罗马的设防城镇和据点发动了一连串规模不等的袭击。他们最大胆的计划是突袭位于伊苏里亚西界麦拉斯（Melas）河[④]岸边的一处设防小镇，然后以此为基地劫掠周边地带。但伊苏里人的队伍在渡河前被发现，附近希德城的罗马驻军赶来救援，阻止了伊苏里人渡河。双方隔河对峙了一段时间，伊苏里人蒙受了一定损失，只得

---

① Ammianus Marcellinus，XIX. 2. 8.

② B. D. Shaw，"Bandit Highlands and Lowland Peace：The Mountains of Isauria-Cilicia (Continued)"，pp. 231 – 232.

③ Marcellinus，*Ammianus Marcellinus*，Vol. III，The Loeb Classical Library，London：William Heinemann，1982，p. 60.

④ 希腊语意为黑河。

撤回基地拉兰达修整，① 并继续以此为基地袭扰周边村庄和城镇。这期间罗马帝国增加了小亚细亚南部的兵力部署，特别是增派了骑兵部队，这使得完全仰仗步兵的伊苏里人在平原地区的小规模冲突中很难抗衡罗马军队。伊苏里人随即撤离平原地带。由于难以从平原地区获取粮食，伊苏里人面临着饥馑的威胁。他们计划突袭罗马军队的后勤基地帕莱亚（Palaea），从而获取必要的给养。但伊苏里人的袭击以失败告终：帕莱亚位于海边的斜坡上，地势险峻且城墙坚固，当地驻防的罗马军队已有所防备。伊苏里人没有攻城设备，自无力强攻此城。结果他们围困帕莱亚三天后被迫撤军。②

　　第四阶段为大规模围攻战。就在前述事件发生的同时，伊苏里人在本部山区发起动员，将适于从军的青年全部征召入伍。他们策划以优势兵力在伊苏里亚东界发起更大规模的军事行动，目标直指伊苏里亚地区的最大城市塞琉西亚。

　　因为塞琉西亚周边皆属伊苏里人的势力范围，罗马早已增强了该城的防卫。城中驻扎有三个据说"久经沙场"的军团，③ 但总兵力不会超过 4000人，数量上处于严重劣势。罗马军队本来在城外列阵迎击敌人，但统帅卡斯特里奇乌斯（Castricius）发现敌军数量众多且急于求战，遂命令士兵退回城中坚守。这状况大概在伊苏里人意料之中，他们无力强攻塞琉西亚，就将该城团团围困。④ 因为城中人口众多，给养很快就会耗尽；而伊苏里人可以利用俘获的船只将周边地区劫掠的谷物运过河⑤。如此情势下，预料塞琉西亚并不能坚持太长时间。

　　此时距离伊苏里人开始发动袭击已经有一年多时间，罗马帝国尽管在东部所能调动的资源有限，经过一定时间的筹措准备之后还是征召了相当规模的新兵力。副帝迦鲁斯命令东方总督（Comes Orientis）奈布里狄乌斯（Nebridius）率军去解塞琉西亚之围。得悉罗马援军到来后，伊苏里人迅速撤回伊苏里亚山地。这场旷日持久的伊苏里危机遂告结束。⑥ 伊苏里人最后

① Ammianus Marcellinus, XIV. 2. 9 – 11.
② Ammianus Marcellinus, XIV. 2. 12 – 13.
③ Ammianus Marcellinus, XIV. 2. 14.
④ Ammianus Marcellinus, XIV. 2. 15 – 18.
⑤ 即卡吕卡杜斯（Calycadnus）河，今克克苏（Göksu）河。Ammianus Marcellinus, XIV. 2. 19.
⑥ Ammianus Marcellinus, XIV. 2. 20.

这次军事行动规模浩大，却虎头蛇尾草草收场，其动机颇令人费解。他们恐怕不是要攻占塞琉西亚，而是想通过此次行动展示实力，从而在战后的交涉中占有优势。

353～354 年的战争结束之后，伊苏里人与罗马帝国之间继续有大小规模的短期战事。据《历史》记载，359 年伊苏里人再度活跃，甚至又"试图围攻塞琉西亚城"，但新任总督劳里奇乌斯（Lauricius）恩威并举，迅速平定了当地局势。① 伊苏里人此时的活动显然又是利用了罗马帝国的军事困局：该年波斯帝国大举入侵，计划抄捷径越过幼发拉底河突入小亚细亚和叙利亚等帝国内地富庶省份。② 当时皇帝率领的主力部队正在多瑙河地区平定蛮族叛乱，完全无暇东顾；③ 东部帝国本来就有限的兵力全部投入美索不达米亚战场，马塞里努斯本人就参与并指挥了抵御波斯进攻的诸次战役。④ 伊苏里人在如此背景下策划新的进攻并不出人意料。《历史》对伊苏里人侵袭的最后记载是 368 年。此时新登基的东部皇帝瓦伦斯（Valens）正全力应付内外叛乱，这无疑给了伊苏里人以可乘之机。此次危机的结束方式跟之前的几次不同：伊苏里人在遭到帝国军队打击后与帝国签订了正式和约，还交出了人质。⑤

在《历史》记载的这些事件之后，伊苏里人的劫掠活动依然时有发生。考古和文献证据显示，4 世纪末有个名为马拉拉斯（Malalas）的伊苏里亚首领屡屡袭击西里西亚诸城市。⑥《历史》也提到一位名叫阿里索（Aliso）的罗马军队统帅这一时期在伊苏里亚战死。⑦

以上介绍了《历史》一书对伊苏里人侵袭活动的记载，完整的讲述共计三次，⑧ 但实际上整个 4 世纪伊苏里人共发动了五次军事行动。⑨ 另外两

---

① Ammianus Marcellinus, XIX. 13. 1 – 2.

② M. H. Dodgeon & S. N. C. Lieu, *The Roman Eastern Frontier and the Persian Wars* (AD 226 – 363), p. 213, pp. 229 – 230.

③ A. Cameron & P. Garnsey, *The Cambridge Ancient History*, Vol. XIII, pp. 35 – 37.

④ Ammianus Marcellinus, XXVIII – XX.

⑤ Ammianus Marcellinus, XXVIII. 9. 6 – 7.

⑥ N. Lenski, "Assimilation and Revolt in the Territory of Isauria, from the 1st Century BC to the 6th Century AD", p. 424.

⑦ Ammianus Marcellinus, XXVI. 8. 10.

⑧ Ammianus Marcellinus, XIV. 2, XIX. 13, XXVII. 9. 6.

⑨ Ammianus Marcellinus, XIV. 2, XIX. 13, XXVII. 9. 6.

次军事行动《历史》中大概也有记载，可惜已经遗失了。[①] 从其他零星史料看，4 世纪末至 5 世纪初，罗马帝国一直在伊苏里亚周边地区驻扎重兵，修建大量堡垒。伊苏里人的骚扰范围一度远达小亚细亚东部与叙利亚北部，[②] 甚至波及巴勒斯坦的加利利（Galilee）地区，有时连耶路撒冷都受到威胁。[③] 这一带是经济繁荣之地，又是众多商路与军事要道必经之地，这个内部山地族群无疑给帝国东部带来空前损害。

四　传统蛮族理论的困境

纵观 353～354 年伊苏里战争的四个阶段，不难看出：随着时间的推移和战事的发展，伊苏里人发动袭击的规模越来越大，投入战场的兵力越来越多，所展现出的组织协调能力也越来越强。初始阶段仅是伊苏里匪徒集团分散突袭沿海港口；而到了最后阶段，通过举族征兵组建的伊苏里联军利用罗马道路系统大举出动，正面攻击罗马军队并长期围困伊苏里亚地区的最大城市，其间伊苏里人还通过有组织的劫掠活动并利用各种运载工具，有效解决了大部队的后勤给养问题。《历史》中这些颇为详尽的记录使我们得以一窥这一关键历史时期内伊苏里人的社会演变。其中透露的伊苏里人社会文化和内部组织，与其祖先相比已有很大不同。此时的伊苏里人已是人口众多且组织完善的半蛮族联盟。他们拥有强有力的政治军事领袖以及领袖大会之类的协商机制，不仅能在全族范围内大规模动员和征兵，还有配套的战利品搜寻与物资运送分配机制，可以保障一段时间内的军队后勤供应。[④] 概言之，此时的伊苏里亚山地已具备覆盖整个族群的国家组织雏形。到了战争后期，罗马军队面对的伊苏里人已不再是小规模的盗匪团伙，而是数量庞大、组织严密的军队，他们迫使三个罗马军团放弃与其正面交锋。对于大部分占领区，

---

① 《历史》前 13 卷已遗失，仅有后 18 卷保存至今，因此《历史》中还有很多相关内容我们已无法确知。T. D. Barnes, *Ammianus Marcellinus and the Representation of Historical Reality*, Ithaca & London: Cornell University Press, 1998, pp. 26 - 29.

② A. H. M. Jones, *The Decline of the Ancient World*, London & New York: Longman, 1975, p. 307.

③ A. Cameron & P. Garnsey, *The Cambridge Ancient History*, Vol. XIII, p. 452.

④ N. Lenski, "Assimilation and Revolt in the Territory of Isauria, from the 1st Century BC to the 6th Century AD", p. 455.

伊苏里人也没有进行竭泽而渔式的劫掠，而是采用某种原始的政府形式暂行管理，以获取可持续的收入和给养。

4世纪是伊苏里人由"野蛮"转入"文明"、由"境外"转入"境内"的历史转折点。借助古典史料中的相关记载，我们可以了解该世纪伊苏里人的一系列侵袭活动及其深远影响。本文所讨论的伊苏里人之历史，主要资料来源为古典与拜占庭时期的记载，以及一些现代考古学成果。古代作家在述及"蛮族"历史时，一方面要塑造一个与文明世界对立的"他者"，另一方面也力图展现文明世界"驯服"和"教化"野蛮族群的进程。时至今日，这一经典历史范式依旧是历史叙述的主流。比如中国历史叙述中最为常用，亦是争议很大的"汉化"一词，就隐含着这样的逻辑。这种单方向不可逆的"文明化"历史范式用于描述某些族群的历史时遭遇到很大困难，因而引发了众多反思和异议。目前国际史学界的相关研究主要集中于南美、东南亚与北非地区，[①] 本文所论及的小亚细亚南部山地被完全忽略。这主要是因为这里面积相对狭小；亦因为该地区的文明化在拜占庭早期即告完成，这段"野蛮高地"与"文明低地"的冲突史对现代世界没有任何影响；还有一个重要原因是古代记载和考古学固有的局限，即今人对伊苏里人的文化宗教与社会组织的详情和演变几乎一无所知，而且这一缺憾已不可能依靠田野考察和民族志（Ethnography）研究予以弥补。

实际上，伊苏里人的历史可谓古代文献中的最佳例证，它充分展示了经典"文明化"历史叙述的困境。鉴于南美、东南亚与北非地区"蛮荒高地"逐步被纳入现代国家形态的趋势已不可逆转，[②] 纵观整个人类文明史，伊苏里人实为"抗拒文明"历时最长的族群。古人区分"文明"与"野蛮"的标准，往往在于是否纳入"国家体制"。[③] 如本文所述，伊苏里人从进入小亚细亚到完全被统合（integration）入文明世界，时间长达2500年；至本文主要讨论的4世纪转型阶段，时间跨度亦超过2000年。伊苏里亚地区所覆盖的范围一般而言南北走向不超过100公里，东西走向不过四五百公里，谈不上什么有效的战略纵深。在人类最早的文明区域内，这块面积不大的

① 〔美〕詹姆士·斯科特：《逃避统治的艺术》，三联书店，2016，第28~30页。
② 古代南美的情况比较特殊，文明地区位于高地农业区，而蛮族地区位于低地丛林地带，因此"文明"与"野蛮"的位置与欧亚非正相反，但模式大同小异。
③ 〔美〕詹姆士·斯科特：《逃避统治的艺术》，第3页。

"野蛮"孤岛居然有效抵御周边"文明"的渗透长达 2000 余年，那种传统的单方向不可逆"文明化"范式显然不足以解释伊苏里人的历史。想必跟其他刻意抵制低地"文明"的族群一样，伊苏里人与周边国家空间之间存在着此消彼长的动态互动。这不仅有"蛮族"居民的"文明化"，亦有"文明"居民的"自我野蛮化"（self-barbarianization）。这里所说的周边国家空间除了北面的平原地带，亦包括西面与南面的繁荣海上航道。现代民族志学的研究业已表明：山地居民的"民族""部落"等身份，往往来自外部学者与政客的想象和愿望；高地非国家居民与低地国家臣民之间的身份转换，其实并不像传统结构主义理论所预想的那样困难。① 根据其他高地族群的模式推知：伊苏里人的构成并非稳定和一成不变的，实际上伊苏里人与周边世界之间存在频繁的人员流动。对于这种流动，古代记载中虽未有明言，却也有迹可循，比如前文所述历代伊苏里人称谓的变化以及伊苏里亚地区范围的变迁。

　　因此"伊苏里人"一词，可能不像古代作家与大部分现代学者所说的那样指代一个单一族群，其内部构成可能非常复杂。它的功能在于提供一个逃离或抵制低地国家形态（即基于城镇和定居农业的"文明世界"）的"蓄水池"。这一功能可以通过千百年间伊苏里亚与周边区域的互动模式得以印证：当周边国家控制区繁荣稳定时，伊苏里亚地区就处于"蛰伏"状态，甚至一定程度上参与当地的经济和商贸，事实上山地经济与平原经济之间一向有着很强的互补性；而当国家实力虚弱或者管理系统陷入混乱甚至崩溃时，伊苏里亚地区就成为袭扰与劫掠的源头，同时亦是低地逃亡者的避难所。这种山地与低地间实力的消长与双方大规模的人员流动有着密切的关系：当国家强盛时，大批伊苏里人走出山地，以佣兵、雇工或移民等身份进入国家控制区，伊苏里亚的范围则相对萎缩；而当国家衰落时，大量低地的国家臣民逃入伊苏里亚山地以规避战乱与国家的压榨，伊苏里亚地区遂相对膨胀，甚至通过征收贡金或保护费等方式将其控制范围扩展至某些低地区域。

　　从本文主要讨论的 4 世纪开始，由于某些尚不清楚的原因，伊苏里亚高地与周边低地间的互动呈现新的趋势。这方面最明显的证据来自古典史料，

---

① 〔英〕E. R. 利奇：《缅甸高地诸政治体系》，商务印书馆，2010，第 268～272 页。

伊苏里人发动了众多长距离大规模袭扰，表明其内部已出现超越部落的强有力首领及首领间的协调机制，这种早期国家的雏形显示伊苏里亚高地开始放弃对低地国家形态的抵制。另一重要证据来自基督教会的活动：与军事冲突和文明化相伴随的是这一时期基督教在伊苏里人中的传布。小亚细亚是最早的基督教传播地之一，伊苏里亚以东不远的西里西亚城市塔尔苏斯（Tarsus，或译为"大数"）乃使徒保罗的故乡。从 1 世纪起，基督教就开始在当地传播。到 5 世纪时基督教在高地取得重大进展，小亚细亚南部山区已经建立起 25 个主教区。① 一般而言，受国家承认的正统教派乃低地国家形态的象征，它们在高地会受到抵制，高地往往相应地成为各种异端和少数教派的避难所。② 上述正统基督教在伊苏里亚的成功表明，伊苏里人在文化和意识形态上对于低地国家已不再排斥。这种种变化预示着伊苏里人的非国家"野蛮"时代行将结束。如此，则整个伊苏里族群融入罗马文明世界的进程遂不可逆转。

五　后继与影响

4 世纪的几场伊苏里战争使得大量财富流入贫瘠的伊苏里亚山地，极大地促进了伊苏里亚与文明世界的交往以及当地社会精英的文明化，使得当地的传统社会结构发生了剧烈变动。如果我们放宽视野，会发现 4 ~ 5 世纪伊苏里人发动劫掠和叛乱的模式演变也与《历史》所涵盖的半个世纪类似，规模和袭击范围越来越大。这表明在这一个多世纪时间里伊苏里人的内部组织越来越复杂、人口越来越多。③ 前述 4 世纪最后一场冲突结束时，伊苏里人与帝国签订和约并交出人质之举，表明伊苏里社会与外界文明社会的互动又上了一个台阶。条约能够维持，最重要的因素是签约者有能力约束内部势力，保证条约的遵守和实施。这表明伊苏里世界中除了强有力的领袖，还有

---

① B. D. Shaw, " Bandit Highlands and Lowland Peace: The Mountains of Isauria-Cilicia (Continued)", pp. 245 – 249; S. A. Cook & F. E. Adcock & M. P. Charlesworth & N. H. Baynes, *The Cambridge Ancient History*, Vol. XII, p. 612.

② 例如北非山地盛行的多纳图斯（Donatus）教派和东南亚山地盛行的各种小众佛教。〔美〕詹姆士·斯科特：《逃避统治的艺术》，第 189 ~ 191、370 ~ 376 页。

③ N. Lenski, "Assimilation and Revolt in the Territory of Isauria, from the 1st Century BC to the 6th Century AD", pp. 440 – 441.

统一的统治和协调机制，换言之已有了成型的政权组织。输送人质则对伊苏里社会的未来发展影响深远：接受人质向来是文明世界"教化蛮族"的有效手段。人质多为上层精英子弟，他们在罗马的宫廷与城市中长大并接受教育，文明世界的生活方式成为他们必不可少的需求。他们回到本族世界后将自上而下大力推进蛮族社会的文明化，模仿文明世界的管理体制，加速蛮族社会内部的军政权力集中化。根据蛮族发展的历史模式，我们不难预测此后伊苏里人社会发展的大致方向：首先，组织更严密的蛮族社会和更强有力的蛮族首领将会对文明社会构成更大的威胁；随后，整个蛮族社会将会被逐步吸纳入文明世界。

5 世纪初开始，伊苏里人以前所未有的规模和效率发起侵袭。404～408年，伊苏里人公开对抗罗马帝国。他们不仅拥有陆军，还组建了自己的舰队，袭击范围远达叙利亚和塞浦路斯。此后一直到 5 世纪中期，伊苏里亚地区都不太平。① 然而就在同一时期，一些强有力的伊苏里首领与罗马帝国合作，率领部众以"同盟者"（federati）或雇佣兵统帅的身份为罗马皇帝效力，并依靠皇帝的赏赐和财富增强自己在族群中的地位。②

实际上，伊苏里人很早就已进入文明世界的军队。早在希腊化时代，某些希腊君主就开始招募伊苏里亚雇佣兵，之后的罗马人也征召伊苏里人充任辅助军士兵。③ 前述 3 世纪的普罗布斯皇帝在降伏伊苏里人后就要求将所有伊苏里亚男孩送入军营，"这样他们就不会沦为盗匪"。④ 辅助军士兵服役期满后能获得罗马公民权，因此数百年间必定有大量伊苏里人源源不断成为罗马公民。但这些伊苏里人获得公民权后大多留在文明世界，对伊苏里亚的蛮族社会并未产生太大影响。

5 世纪的情势却有所不同。这一时期欧洲最重要的历史事件是民族大迁徙（Völkerwanderung），其主体为日耳曼人和阿兰人（Alani），这些蛮族的迁徙和殖民活动沉重打击了罗马帝国，也使得日耳曼族群与罗马帝国的关系

---

① N. Lenski, "Assimilation and Revolt in the Territory of Isauria, from the 1st Century BC to the 6th Century AD", p. 425.

② N. Lenski, "Assimilation and Revolt in the Territory of Isauria, from the 1st Century BC to the 6th Century AD", pp. 450 – 451.

③ N. Lenski, "Assimilation and Revolt in the Territory of Isauria, from the 1st Century BC to the 6th Century AD", p. 438.

④ *Historia Augusta*, *Probus*, XVI. 6.

空前紧张。为了减轻这些蛮族造成的损害，东罗马帝国力图改变军队的日耳曼化现状，大量招募非日耳曼蛮族，骁勇的伊苏里人由此成为亚洲地区最重要的兵源。其间有大批伊苏里部队在美索不达米亚和意大利等战场为罗马帝国效力。[①] 这些伊苏里士兵与以往不同，他们在本族统帅率领下为罗马帝国作战，服役结束之后亦携带报酬和战利品随统帅返回故乡。结果，这些伊苏里将士极大地促进了伊苏里亚社会的文明化，也进一步加深了伊苏里人与外界的联系。某些地方精英和军事统帅由此脱颖而出，进入帝国的最高统治阶层。[②] 伊苏里人在东部帝国逐渐崛起，最终取代了哥特人（Goths）等日耳曼族人和阿兰人等伊朗游牧族群在军队中的优势。

伊苏里亚统帅芝诺（Zeno the Isaurian）于 447 年成功击退阿提拉（Attila）的匈人（Huns）大军对君士坦丁堡的进攻，因而名声大噪。[③] 据称芝诺的实力来自其麾下的"海盗"集团。[④] 后来芝诺卷入东罗马帝国的宫廷争斗，他联合皇帝利奥二世（Leo II）铲除了军队中日耳曼人的代表——掌控帝国军队近 50 年的阿兰人阿斯帕尔（Asper）。[⑤] 474 年，芝诺作为利奥二世的继承人在君士坦丁堡加冕称帝，成为首位伊苏里人皇帝。[⑥]

芝诺死后，伊苏里人与罗马帝国间的关系再度趋于紧张，双方爆发战争，一些伊苏里亚城镇被摧毁。[⑦] 但此时的伊苏里人已不再是"境内的境外蛮族"，而是罗马帝国的组成部分。这场战争很大程度上带有内战性质，不再是"文明世界"与"蛮族"间的战争。这之后，随着芝诺时代伊苏里人地位的上升，伊苏里亚地区的文明化进程已接近尾声，伊苏里人与帝国间的

---

① Procopius, *Wars*, VI. 10. 14 - 20. Procopius, *History of the Wars*, Vol. I - V, The Loeb Classical Library, Cambridge, Massachusetts: Harvard University Press, 1914 - 1928.

② N. Lenski, "Assimilation and Revolt in the Territory of Isauria, from the 1st Century BC to the 6th Century AD", pp. 455 - 456.

③ Priscus, *Fragments*, XIV. Priscus, The Fragmentary Classicising Historians of the Later Roman Empire, Cambridge, Great Britain: Francis Cairns, 2007.

④ B. D. Shaw, "Bandit Highlands and Lowland Peace: The Mountains of Isauria-Cilicia (Continued)", p. 251.

⑤ N. Lenski, "Assimilation and Revolt in the Territory of Isauria, from the 1st Century BC to the 6th Century AD", p. 427.

⑥ B. D. Shaw, "Bandit Highlands and Lowland Peace: The Mountains of Isauria-Cilicia (Continued)", pp. 249 - 250.

⑦ N. Lenski, "Assimilation and Revolt in the Territory of Isauria, from the 1st Century BC to the 6th Century AD", p. 429.

冲突也日渐减少。到了 6 世纪，伊苏里亚行省已经有 23 座城市，其中 11 座位于内陆山地，即昔日所谓的蛮荒地带。① 小亚细亚南部这片长期抗拒文明化或曰国家化的山地世界终于不再是文明世界的飞地，伊苏里人作为境内蛮族的历史亦就此结束。

此后，伊苏里人的影响进一步扩大，成为左右东罗马帝国政局走向的显赫民族。② 拜占庭帝国历史上还有几位重要的伊苏里人皇帝：立翁提乌斯（Leontios，695～698 年在位），利奥三世（Leo Ⅲ，717～741 年在位）及其子君士坦丁五世（Constantine V，741～775 年在位）。711～802 年的伊苏里亚王朝是中世纪拜占庭帝国转型的枢纽阶段。这一时期，拜占庭帝国面临深重的内忧外患：外部适逢伊斯兰教和阿拉伯帝国的兴起，另有多瑙河地区新兴保加利亚（Bulgaria）王国的侵袭，帝国因此丧失了叙利亚、埃及、阿非利加、色雷斯等最富庶领土，首都君士坦丁堡亦屡遭大规模围攻；③ 内部则是财政破产、社会动荡和"破坏圣像"（Iconoclasm）运动等教派纷争。④ 岌岌可危的拜占庭帝国在伊苏里亚诸帝的统治下奋力支撑，他们整肃内政，击败外敌，最终成功保持了帝国的统一和强盛，为其后拜占庭帝国的黄金时代奠定了基础。⑤

（原文刊登于《古代文明》2017 年第 4 期）

---

① N. Lenski, "Assimilation and Revolt in the Territory of Isauria, from the 1st Century BC to the 6th Century AD", pp. 429 – 433.

② B. D. Shaw, "Bandit Highlands and Lowland Peace: The Mountains of Isauria-Cilicia (Continued)", p. 252.

③ W. T. Treadgold, *A History of the Byzantine State and Society*, Standford: Stanford University Press, 1997, pp. 346 – 349.

④ L. Brubaker & J. Haldon, *Byzantium in the Iconoclast Era*, *c. 680 – 850*, Cambridge: Cambridge University Press, 2011; R. Cormack, *Writing in Gold*, *Byzantine Society and its Icons*, London: George Philip, 1985, pp. 98 – 106.

⑤ W. T. Treadgold, *A History of the Byzantine State and Society*, Standford: Stanford University Press, 1997, p. 356.

葡萄牙海洋帝国宗教裁判所的历史
（1536～1821）

顾卫民[*]

地理大发现时代葡萄牙教会当局在本国以及海外殖民地的重要的历史活动之一，便是设立宗教裁判所监视和镇压具有犹太人血统后来又被迫皈依基督教的所谓"新基督徒"和其他具有"异端"思想的人士。葡萄牙宗教裁判所是罗马教会反宗教改革运动的组成部分，也是 16～18 世纪伊比利亚半岛特殊政治、文化和宗教形势的产物，它还与耶稣会在葡萄牙的活动有密切的关系。[1] 在西文著作中，有关葡萄牙宗教裁判所的历史已经有了较为深入的研究，如贝森康特（Francisco Bethencourt）的《宗教裁判所：一部全球的历史，1478～1834 年》（*The Inquisition, A Global History, 1478－1834*）是较为权威的著作，它以全球史的观点分析了罗马、西班牙以及葡萄牙三个典型的宗教裁判所在反宗教改革背景之下发生、发展、演变以及消亡的历史，并涉及了葡萄牙海外殖民地宗教裁判所的情况。[2] 博克塞（C. R. Boxer, 1904～2000）是

---

* 顾卫民，华东师范大学历史学系教授，主要从事基督教会历史、近代早期亚洲殖民地历史、基督教艺术史研究。

[1] 本文限于篇幅，关于耶稣会与葡萄牙宗教裁判所的关系不做展开，请参见拙文《约翰三世时期（1521～1557）的葡萄牙耶稣会士》，载拙著《"以天主和利益的名义"：早期葡萄牙海洋帝国扩张的历史》，社会科学文献出版社，2013，第 156～192 页。

[2] Francisco Bethencourt, *The Inquisition, A Global History, 1478－1834*, Cambridge：Cambridge University Press, 1995, pp. 77－80, pp. 160－162, pp. 241－244, pp. 340－342. 贝森康特是英国伦敦国王学院（King's College London）博克塞历史讲座教授（Charles R. Boxer Professor of History），主编并著有《葡萄牙的海洋扩张：1400～1800》（*Portuguese Oceanic*　（转下页注）

研究葡萄牙海洋帝国史最为著名的历史学家，他的权威著作《葡萄牙海洋帝国史：1415～1825 年》（*The Portuguese Seaborne Empire，1415 – 1825*）探讨了葡萄牙宗教裁判所兴起的原因以及历史后果，有非常深刻的分析和发人深省的见地。①卡门（Nenry Kamen）的《西班牙宗教裁判所：历史的再思考》（*The Spanish Inquisition：A Historical Revision*）虽然探讨的是西班牙宗教裁判所的历史，但是由于葡萄牙与西班牙两国历史（特别是伊比利亚半岛犹太人的活动）的密切关系，其中有许多部分论及葡萄牙的宗教裁判所。②利佛莫尔（H. V. Livermore）的《葡萄牙新史》（*A New History of Portugal*）是研究葡萄牙历史的权威著作，其中也自然涉及葡萄牙宗教裁判所的发展史。③ 不过，在中文著作中学者们讨论葡萄牙宗教裁判所历史的专论似乎还没有出现。此前，笔者已经就葡萄牙在东方殖民地果阿的宗教裁判所的历史有过叙述。④ 本文主要就葡萄牙国内的宗教裁判所成立、发展、演变的过程做一史实梳理和初步分析，以期读者对葡萄牙海洋帝国的宗教和文化活动的历史影响以及葡萄牙宗教裁判所在海外活动的起源和背景这两方面有所了解。

一 伊比利亚半岛的犹太人问题与宗教裁判所的起源

宗教裁判所（Inquisition）又称异端裁判所及宗教法庭，词源于拉丁文 inquiro，即追究和调查的意思，它是罗马教会设立的对付异端和异教的机构。早在奥古斯丁（Aurelius Augustine，354～430）的《天主之城》等著作中即有强迫异己加入教会的主张，但宗教裁判所的出现则是在中世纪。1229

（接上页注②）*Expansion，1400 – 1800*，2007）、《近代早期欧洲的文化交流》第 3 卷《欧洲的通讯与文化交流：1400～1800 年》（*Cultural Exchange in Early Modern Europe*，Volume III，*Correspondence and Cultural Exchange in Europe，1400 – 1800*，2007）。

① C. R. Boxer，*The Portuguese Seaborne Empire，1415 – 1825*，Middlesex，England，Penguin Books Lid，1969，p. 74，p. 94，pp. 270 – 271，pp. 349 – 350.

② Henry Kamen，*The Spanish Inquisition，A Historical Revision*，New Heaven and London，Yale University Press，2014，p. 191，p. 266，p. 275，pp. 355 – 356.

③ H. V. Livermore，*A New History of Portugal*，Cambridge：Cambridge University Press，1976，p. 126，p. 134，p. 147，pp. 147 – 149.

④ 拙著：《16～18 世纪印度果阿的宗教裁判所》，澳门《文化杂志》总第 72 期，2010 年；《16～17 世纪葡萄牙殖民当局以及教会在印度果阿推行的强迫性宗教改宗运动的历史》，《基督教学术》第 13 期，2015 年；《从印度洋到太平洋：16～18 世纪的果阿与澳门》，上海书店出版社，2016，第 162～168 页。

年，教宗英诺森三世（Innocent Ⅲ，1198～1216 年在位）纠合法国贵族组成的十字军消灭阿尔比派异端之后，在土鲁斯召开宗教会议，正式成立宗教裁判所。1232 年，教宗格里高利九世（Gregory Ⅸ，1227～1241 年在位）强调只有罗马教会才有权解释教会法规和审讯异端。1252 年，教宗英诺森四世（Innocent Ⅳ，1243～1254 年在位）则允许在审讯过程中使用刑罚。①

　　在 15～16 世纪欧洲的宗教改革时期，罗马教会以强化宗教裁判所的办法来抵御新教的扩张。同时，在伊比利亚半岛的西班牙和葡萄牙两国的统一进程及随之而来的海外扩张事业中，宗教裁判所也被作为推进这两项事业的有力工具。在伊比利亚半岛首先设立的是西班牙宗教裁判所。1469 年西班牙的阿拉贡国王费迪南二世（Ferdinand Ⅱ of Aragon，1475～1504 年在位）与卡斯提尔公主伊莎贝拉（Isabella of Castile，1474～1504 年在位）结婚，开创了西班牙天主教君主独裁国家。为了达到由基督教会来统一国家精神生活的目的，费迪南和伊莎贝拉下令取消基督教以外的一切宗教，并向伊比利亚半岛内信奉伊斯兰教的地区和国家发动最后的攻击，于 1492 年征服摩尔人在半岛内的最后据点格拉纳达。开始时，费迪南对境内的犹太人还算宽容，他的朝廷里既有皈依基督教的犹太人，也有实际上的犹太教徒，但是随着时间的推移，那些真心皈依基督教的犹太人以及教会当局担心他们的社会地位受到威胁，觉得有必要在卡斯蒂尔设立宗教裁判所。1478 年，他们敦促罗马教廷在西班牙境内建立宗教裁判所，很快就得到罗马教宗西克图斯四世（Sixtus Ⅳ，1471～1484 年在位）的批准。② 在宗教裁判所的压力之下，当时有数十万犹太人和摩尔人出走北非，余下的犹太人也遭受虐待，他们中大部分人不得已被迫改宗，同时被要求随时表白对新的信仰的忠诚，西班牙帝国政府还借此机会榨取他们的财富用于海外扩张事业。③

　　葡萄牙设立宗教裁判所的时间比西班牙晚一些，它的起源也与葡萄牙本国政府及教会当局对犹太人的迫害有关。从很早的时候起，葡萄牙境内即有犹太

---

① K. S. Latourette, *A History of Christianity*, *Beginning to 1500*, New York: Happer & Row Publication, Vol. 1975, pp. 435 – 438. F. L. Cross, ed., *The Oxford Dictionary of Christian Church*, Oxford and New York: Oxford University Press, 1977, pp. 705 – 707.

② J. H. Elliott, *Imperial Spain*, *1469 – 1716*, England: Penguin Books, Clays Ltd. St Ives plc, 2002, p. 107.

③ J. Mocatta, *The Jews of Spain and Portugal and the Inquisition*, Oxford and New York: Oxford University Press, 1977, p. 137.

人居住。葡萄牙王室开始时并没有执行迫害犹太人的政策，尽管社会上歧视犹太人的现象是一直存在的。犹太人居住在葡萄牙，担任医生、占星家、收税的小官吏以及手艺人。一小部分犹太人贵族在葡萄牙朝廷有时还发挥着重要的作用，国王杜阿尔特（Duate I，1433～1438 年在位）就曾经在犹太医生和占星家的劝告之下推迟了加冕典礼。① 航海家亨利王子（Henry the Navigator，1394 - 1460）曾经雇用出身于犹太人后来皈依基督教的宇宙学家和制图师、马约卡岛人雅依梅（Jaimé or Jácome，1360～1410）为他服务。② 在这以后，葡萄牙还有三位早期的出版家也是犹太人，他们是埃利泽（Rabbi Eliezer of Lisbon）、阿布拉昂（Abraão Samuel d'Ortas at Leiria）以及加斯康（Samuel Gascon at Faro），有 11 部葡萄牙早期的古籍图书是以希伯来文印刷的。虽然在犹太人中富人也是少数，但是他们在手工业界的地位非常重要，里斯本的金匠以及珠宝行业的领袖由 6 名原本是犹太人后来皈依基督教的"新基督徒"以及 6 名"老基督徒"组成。③ 在葡萄牙国王若奥二世（João II，1481～1495 年在位）时期，王室像雇用基督徒一样随意雇用犹太人从事科学和贸易方面的工作，并没有像同时期的西班牙人一样将犹太人驱逐出境。当西班牙人大举驱逐犹太人的时候，若奥二世看出这是一个使王室和国家从中获利的机会，他下令开放边境，允许一些犹太人在交纳了过境费及 8 个克鲁扎多后居留下来，当然也有一些贫穷的犹太人被卖为奴隶。那时，有相当数量的犹太人在葡萄牙境内定居下来，使葡萄牙的犹太人有了显著的增长。④ 当时教会采用的办法是劝诱犹太人改宗成为基督教徒。许多犹太人改信了基督教，被称为"新基督徒"，用以区别"老基督徒"，即没有犹太人血统沾染的葡萄牙人。然而，即使在改变信仰之后，"新基督徒"这个身份还是会给一个家族几代蒙上阴影，使他们在基督教社会里得不到完全的承认。与此同时，社会各阶层中仍然弥漫着浓厚的反犹太人情绪，每逢反犹太人运动发生，总有一批人随声附

---

① H. V. Livemore, *A New History of Portugal*, London: Cambridge University Press, 1966, p. 126.

② Afredo Pínheiro Marques, "The Portuguese Cartography in the Era of Discoveries," in Maria Alagás and Mónica Mirõ, eds, *Atlas Universal*, *Diogo Homem*, M. Moleiro Editor, S. A. 2002, p. 32.

③ H. V. Livemore, *A New History of Portugal*, p. 127.

④ Charles E. Nowell, *A History of Portugal*, New York: D. Van Nostrand Company Inc., 1952, pp. 59 – 69; H. V. Livemore, *A New History of Portugal*, p. 126, p. 134, pp. 147 – 149.

和，起而响应。① 葡萄牙国王曼奴埃尔一世（Manuel I，1495～1521 年在位）
于 1495 年执政开始时也对犹太人表示宽容，但是后来因为要考虑与西班牙
费迪南和伊莎贝拉国王的长女伊莎贝尔公主（Isabella，Princess of Austrias，
1470～1498，这位公主具有强烈的反犹太人思想，她同意当葡萄牙国王的王
后，但她表示在进入葡萄牙以前，一切信奉犹太教的犹太人都得离开这个国
家）结婚，开始执行激烈的排斥犹太人的方针。1497 年，曼奴埃尔一世限
令犹太人要么改宗基督教，要么必须在 10 个月内离境，所有 14 岁以下的犹
太人孩子则必须留下，好让他们准备接受基督教的洗礼。② 历史学家诺埃尔
（Charles E. Nowell）指出："在国王所有可恶的敕令中，这一项是最可恶的。
这出毫无疑义的滑稽剧增加了几千个名义上改宗基督教的人，而付出的代价
却是诉说不尽的苦难和无数家庭的离散。"③ 1506 年 4 月，里斯本发生了瘟
疫，有人归因为犹太人在作祟，随之爆发了残酷的屠杀犹太人的事件，葡萄
牙整个社会的排犹情绪极其强烈。④

　　到了葡萄牙国王若奥三世（João Ⅲ，1521～1557 年在位）继位时，决
定将宗教裁判所和耶稣会士引入他的国家，而宗教裁判所主要目的就是对付
"新基督徒"。若奥三世为狂热的天主教徒，有"虔诚者约翰"之称。在他
的任期之内，葡萄牙王室以及教会当局极力贯彻特兰托大公会议的决议，抵
制新教思想，强化天主教会在国内的地位。而他的妻子即为宗教裁判所的狂
热支持者西班牙国王查理五世（Charles Ⅴ，1500～1558）的妹妹凯瑟琳
（Catherine of Austria，Queen of Portugal，1507～1578），当时有大批多明我
会士随她一同来到里斯本，她本人极端仇视犹太人。所以，在葡萄牙建立宗
教裁判所的事宜就提到了议事日程。罗马教宗对于葡萄牙宗教裁判所的设立
一方面乐观其成，另一方面则担心宗教裁判所的大权落入世俗政权之手。故
直到 1536 年 1 月 27 日罗马教宗才颁布谕令，任命方济各会士兼休达的主教
迪奥戈达·席瓦尔（Diogo da Silva）为葡萄牙宗教裁判所大法官，但后因葡

---

① H. V. Livemore, *A New History of Portugal*, p. 149.
② Steven Lowenstein, *The Jewish Culture Tapestry: International Jewish Folk Tradition*, Oxford: Oxford University Press, 2001, p. 36.
③ Charles E. Nowell, *A History of Portugal*, p. 69.
④ E. N. Adler, "Lea on the Inquisition of Spain and Herein of Spain and Portuguese Jews and Marranos," *The Jewish Quarterly Review*, Vol. 20, No. 3 (Apr., 1908), pp. 546–547.

萄牙王室与教廷的矛盾以及"新基督徒"向教宗请愿，一直没有正式生效。不过，1532 年，形势就已经十分紧张，已经皈依基督教的犹太人被禁止离开葡萄牙，葡萄牙船只的舰长们接到命令，不准将他们的黄金以及有价值的物品带到海外去。① 到 1536 年 5 月 23 日，教宗保禄三世（Paul Ⅲ，1534 ~ 1549 年在位）发布名为 *Cum ad nihil magis* 的通谕，任命休达、科英布拉和拉美戈三地的主教出任宗教裁判所的法官，恢复宗教裁判所在葡萄牙的活动。同年 10 月 5 日，教宗的通谕由国王的大法官蒙泰罗（João Monteiro）送到休达主教席瓦尔的手中。蒙泰罗向席瓦尔解释说，通谕先是送交国王陛下处，再由他本人代表国王交给主教。交接仪式是在埃武拉（Évora）的主教官邸举行的（当时葡萄牙朝廷设在埃武拉），主教双手接过教宗的通谕，虔诚地亲吻它并将它举过头顶，然后立即宣读了这份通谕。10 月 7 日，席瓦尔主教前往埃武拉总主教阿方索（Cardinal Afonso）的官邸，他要求教区的总主教支持宗教裁判所的活动，并在总主教座堂向全体神职人员以及公众公布这份通谕。总主教答应了席瓦尔的请求。10 月 22 日为主日，在埃武拉主教座堂，在国王、枢机主教、教堂参事员、宗教裁判所官员以及全体市民参加的情形下，席瓦尔正式公布了教宗的这份通谕。②

二　葡萄牙宗教裁判所的活动

如上文所述，1536 年教廷在葡萄牙设立第一个宗教裁判所。不过，第一任大法官休达的主教席瓦尔对于使用这方面的权力不太感兴趣。直到 1539 年，葡萄牙国王若奥三世的弟弟亨利（Cardinal Henry，1512 ~ 1580），即后来的埃武拉总主教以及枢机主教担任宗教裁判所大法官以后，情况才有了根本的变化。亨利也是一位宗教狂热分子，极力在葡萄牙贯彻反宗教改革的政策。其间，葡萄牙政府还与教廷为了宗教裁判所的权力问题发生了冲突。1544 年 9 月，教宗下令推迟葡萄牙宗教裁判所所有的宣判，若奥三世极为不满，下令驱逐了葡萄牙的教廷使节，后者则宣布绝罚宗教裁判所的官

---

① H. V. Livermore, *A New History of Portugal*, p. 147.
② Francisco Bethencourt, translated by Jean Birrell, *The Inquisition*, *A Global History*, *1478 – 1834*, pp. 44 – 45.

员。1548 年，教廷宣布恢复宗教裁判所的条件，即宽免以前所有案件的指控，此时亨利已经被升为枢机主教，他最后同意了教宗的条件，再次恢复了宗教裁判所在葡萄牙的活动，并再度出任宗教裁判所的大法官。① 1578 年8 月，年轻的葡萄牙国王塞巴斯蒂安（Dom Sebastian，1557~1578）率领军队远征北非的摩尔人，结果大败阵亡。由于国王无嗣，只得由年事已高的叔公亨利枢机主教继任为国王，其间亨利辞去宗教裁判所大法官的职务达 14个月之久。1580 年 1 月，亨利也去世了。不久以后，葡萄牙终于被西班牙菲利普二世（Philip Ⅱ，1556~1598 年在位，1581~1598 年统治葡萄牙）兼并，菲利普成为西班牙 – 葡萄牙王国的共同国王，在葡萄牙他被称为菲利普一世。不过，在接下来的 60 年时间里，原有的葡萄牙宗教裁判所并没有与西班牙的合并，它仍然由里斯本总主教管辖，独立地展开工作。②

宗教裁判所恢复活动伊始，首先就是干预和扼杀葡萄牙人文主义者的活动。1547 年，若奥三世在科英布拉大学建立了"王家学院"（Royal College or College of Arts and Humanities），它是以法国国王法兰西斯一世（Francis I，1515~1547 年在位）于 1530 年建立的"王家学院"（the Collège Royal）为样板创立的。应葡萄牙王室的邀请，葡萄牙人文主义学者戈维亚（André de Gouveia）被国王从法国的波尔多（Bordeaux）召回担任这所新的学院的院长。戈维亚出身于葡萄牙著名的教育世家，其家族成员大部分来自科因布拉和贝贾（Beja）。他遵从若奥三世的意愿，将他在法国波尔多的古椰奈学院（College de Guyenne）任教期间的一大批同事带到科英布拉。这些教师中有法国人、苏格兰人和葡萄牙人，他们精通艺术、数学、修辞、人文学科以及古典语言。新的学院吸引了许多学生前来。但是不久，戈维亚因病去世。新院长由其侄子迪亚哥·戈维亚（Diogo de Gouveia）担任。他曾经担任过巴黎的圣巴伯学院（College de Sainte-Barbe）的院长，又从巴黎带来了一批教师。来自波尔多与巴黎的两派教师不久就为了教义的解释发生了冲突。于是，刚刚恢复活动的宗教裁判所立即介入了调查争论。1550 年，由亨利枢机主教主持的宗教裁判所突然逮捕了学院的几名教师，其中包括苏格兰人文主义学者乔

---

① H. V. Livemore，*A New History of Portugal*，p. 147.

② E. N. Adler，"Lea on the Inquisition of Spain and Herein of Spain and Portuguese Jews and Marranos，" *The Jewish Quarterly Review*，Vol. 20，No. 3（Apr.，1908），p. 551.

治·布歇南（George Buchanan）以及学问渊博的葡萄牙学者迪奥戈·德·特维（Diogo de Teive）。布歇南在青年时代接受了一些新教的观点，1537 年受若奥三世的邀请来葡萄牙讲授希腊古典学问。宗教裁判所逮捕他们的名义是他们以前在别的国家发表的倾向新教的言论，不是他们在科英布拉大学讲课的内容。两年以后，由于找不到他们在葡萄牙犯过错的证据，宗教裁判所释放了他们。布歇南立即逃离了葡萄牙，特维暂时出任该学院的院长。1555 年，若奥三世突然让特维将学院的事务转交给与宗教裁判所有密切关系的耶稣会士。亨利枢机主教达到了在大学中清除异己的目的。从那时起，葡萄牙文艺复兴时代曾经相当活跃的人文主义思想受到了严重的抑制。①

在若奥三世时代的葡萄牙，先是有六座城市先后设立了宗教法庭，它们是里斯本、科英布拉、埃武拉、波尔图、拉美戈和托马尔。葡萄牙宗教裁判所总议会（General Council）的官员是在大法官与国王商量以后直接由前者任命的，王室一般不加干预。国王从不任命王室机构的官员出任宗教裁判所的法官。在 16 世纪有 3 名评议员（councillor），到 17 世纪的时候增加到 6 名，一般是从地方宗教裁判所有经验的裁判官中选拔，临时增加的名额总是从多明我会中选拔，因为多明我士有参加宗教裁判所工作的经历，特别是在检查书籍方面有丰富的经验。1570 年制定的宗教裁判所规则（regimento）从一开始就规定了总议会是地方宗教裁判所最后提出申诉的仲裁机构。② 最初教宗在通谕中提到宗教裁判所明令禁止的活动包括已经归化的"新基督徒"继续履行犹太教的礼仪，散布路德宗的新教的观点及伊斯兰教、离经叛道的见解如否认信条和圣事、符咒和巫术，重婚等，具体地说，将星期五（穆斯林）以及星期六（犹太人）作为安息日，在穆斯林的斋月禁食，赤脚举行祈祷，完全赤身裸体洗澡，拒绝吃烟熏猪肉和饮葡萄酒，拒绝承认天堂和地狱的存在，拒绝参加弥撒以及神父颁的赦免，拒绝圣母童贞感孕和其他信条，重婚，施行巫术，非法拥有葡萄牙文的《圣经》等，都属于被告发之列。③

到 1547 年时，后三个城市即波尔图、拉美戈以及托马尔的宗教裁判所

---

① Dauril Alden, *The Making of an Enterprise*, *The Society of Jesus in Portugal*, *Its Empire*, *and Beyond*, *1540 – 1750*, Stanford, California: Stanford University Press, 1996, p. 31.

② Francisco Bethencourt, *The Inquisition*, *A Global History*, *1478 – 1834*, pp. 102 – 103.

③ H. V. Livermore, *A New History of Portugal*, p. 147.

停止了活动，其他三个宗教裁判所则紧张而有效地工作着，它们俨然当地法律的象征，可以不经过任何主教区及主教的干预凌驾于民事当局和教会法庭之上。它们主要审理犹太人、新教徒和其他异端、巫术和魔法、重婚和鸡奸等案件，还要严格地审查所有的出版物。但 1536～1773 年，它最主要的精力花在搜索和揭发隐秘的犹太人上面。在宗教裁判所成立的初期，此种迫害特别严酷。从 1558 年开始，所有的"新基督徒"都被排除担任任何宗教的、军事的和行政的职务。担任律师和医生的"新基督徒"也遭到普遍的歧视。1547～1580 年，里斯本、埃武拉和科因布拉三个宗教裁判所将 34 人付诸火刑，释放 169 名人士，焚毁模拟像共 51 宗，共有 1580 人在压力之下表示悔改。[1] 1580 年菲利普二世吞并葡萄牙以后，派枢机主教阿尔伯特大公（Cardinal archduke Albert of Austria, 1559～1621）为葡萄牙的总督，他本人在名义上也是宗教裁判所的大法官，在此后的 19 年（1581～1600）中，上述三个宗教裁判所共判处火刑达 50 宗，焚毁模拟像 59 宗，2979 名人士被迫表示悔改。[2] 1623 年，葡萄牙政府再度颁布禁令，禁止"新基督徒"在所有的学校，包括学院和大学担任任何教职。许多"新基督徒"不堪忍受压迫和恐怖，纷纷逃到西班牙避难。1628 年以后，葡萄牙宗教裁判所掀起又一波迫害犹太人的浪潮，在葡萄牙的"新基督徒"向菲利普三世（Philip Ⅲ，1598～1621 年在位）支付了 80000 杜卡特（ducats）的巨款，请求允许他们离开葡萄牙前往西班牙。[3] 经历过葡萄牙和西班牙两个臭名昭著的宗教裁判所迫害的人士说，相比之下，葡萄牙的宗教裁判所更加严厉和高效。人们被带进宗教裁判所法庭时，从不告诉他们原告的名字，也不告诉他们被指控的罪名，而是用诱供、威胁和折磨的手段引出他们真实的或可疑的罪名，最重要的是引导他们牵出别的人，先从他们自己的家庭开始。

16 世纪中叶至 17 世纪，书籍也是宗教裁判所严格管制的对象。1547 年，葡萄牙宗教裁判所公布第一批禁书目录，这个书目以后不断补充，到 1624 年时，其涵盖面已经相当广泛。禁书不仅包括异端的和具有自由思想的作家的作品，甚至包括一些虔诚的天主教作家如维森特（Gil Vicente，

[1] Henry Kamen, *The Spanish Inquisition, A Historical Revision*, New Heaven: Yale University Press, 2014, p. 356.

[2] Henry Kamen, *The Spanish Inquisition, A Historical Revision*, p. 356.

[3] Henry Kamen, *The Spanish Inquisition, A Historical Revision*, p. 358.

1465－1536）、巴洛斯（João de Barros，1496～1570）以及多明我会士神学家格拉那达（Fray Luis de Granada，O. P.，1505～1588）的著作。[1] 1550 年以后，在葡萄牙不经过三道审查手续不能够出版任何书籍，这三个审查机构是：高等法院（Desembargo do Paço，or High Court of Justice）、教区当局和宗教裁判所。高等法院的检察官等在码头上检查从海外来到的每一艘船只，检查上面的每一本书籍；对书店和图书馆也要定期检查。16 世纪 90 年代以后，里斯本宗教裁判所的另一个重要任务就是严密监视和镇压新教的思想以及与新教接近的观念，还要严密监视居住在里斯本的外国人，沿海岸线搜寻那些传播"非法的"宗教以及政治宣传的外国船只。[2] 从 16 世纪中叶至 18 世纪初期，宗教裁判所、高等法院和教区当局三个机构互相配合有效和警觉地行动着，这种思想控制所形成的威慑能力，远远超过欧洲其他国家如英国、法国和荷兰。[3]

宗教裁判所最重要的活动就是"auto－da－fé or act of faith"，可以译为"信仰的行动或宣示"，它是通过对罪犯特别是死刑犯处以火刑的富于戏剧性的仪式来表达一种信仰和道德上的宣传和效应，起到对民众进行教育和警示的作用。整个过程就如同一部"戏剧"表演，罪犯是观看的对象，民众就是观众，还有一些不变的演员，他们就是宗教裁判所的官员。[4] 在反宗教改革时代，意大利以及伊比利亚国家的宗教裁判所进行此类活动时，在形式上和时间的选择上大同小异。但在葡萄牙，宗教裁判所对于"信仰的行动"的日期选择是这场"戏剧"的关键因素。从 15 世纪末期开始，西班牙宗教裁判所就在每年固定的场所——城镇的广场上举行此类仪式。葡萄牙宗教裁判所学习邻国的经验，除了罗马教宗在 1536 年至 1563 年偶尔对"新基督徒"宣布一些宽免以外，几乎每年都要举行"信仰的宣示"。最初，宗教裁

---

[1] 维森特，葡萄牙文艺复兴时期著名的剧作家和诗人，有"葡萄牙戏剧之父"的称号；巴洛斯，葡萄牙地理大发现时代伟大的历史学家，著有《亚洲旬年史》（*Decades of Asia*）；格拉那达，出生于西班牙的多明我会士神学家，由亨利枢机主教邀请来到葡萄牙，于 1557 年成为葡萄牙多明我会的会长，出版著作 49 种，1555 年出版的《罪人指引》（*La Guia de Decadores*，*The Sinner's Guide*）是其名著之一。

[2] H. V. Livermore, *A New History of Portugal*, p. 165.

[3] C. R. Boxer, *The Portuguese Seaborne Empire*，*1415－1812*, London: Middlesex, Penguin ed., 1973, pp. 267－268.

[4] Francisco Bethencourt, *The Inquisition*，*A Global History*，*1478－1834*, p. 253.

判所在此类仪式举行的时间上并不完全按照宗教年历安排。宗教裁判所的官员认为，就是要通过罕见的异乎寻常的方式和特别的时间的安排，吸引公众注意和参与此类活动。渐渐地，"信仰的宣示"的时间固定了下来，有时选在主日，有时选在一个特定的有禁忌的宗教节日，如在这一天神职人员不可以举行有音乐伴奏以及圣诗咏唱的弥撒或布道，世俗人不可以举行比武或者骑马出游。这样，整个城镇的人民就可以完全服从宗教裁判所的安排或控制参加其主办的火刑仪式。到后来，逐渐形成一些惯例。按天主教会的日历，每年最重要的时段当然是圣诞节期间，它始于基督降临节（Advent，圣诞节前第四个星期日），结束于主显节（Epiphany，1月6日）。复活节（Easter）前后是另外一个重要的时段，开始于大斋节（Lent，复活节以前为期四十天的斋戒），结束于圣灵降临节又称五旬节（Pentecost，复活节以后第七个星期日亦即第五十日）。研究近代早期宗教裁判所的著名学者贝森康特统计了在里斯本、埃武拉以及科英布拉举行的342个火刑仪式，基本上是在公共广场以及教堂前举行的，其中206场是在圣灵降临节和基督降临节之间举行的，其他大部分是在复活节前后举行的；在圣诞节前后举行的个案较少，只有22个案例，而在主显节只有15个案例。季节也是重要的考虑因素，大部分火刑仪式安排在春天，因为适合户外的大型活动——尤其在复活节前后较多，因为此时既是春天，又是人们经常纪念耶稣基督的奥迹的时刻。但是，葡萄牙宗教裁判所的官员故意不选在主要的宗教节日如圣诞节或复活节当天举行宣判仪式，因为他们不愿意人们因过大的宗教节日而转移或削弱对于宗教裁判所活动的注意力。在17世纪的时候，葡萄牙宗教裁判所特别喜欢选在大斋节的第五个星期天，这是圣周（Holy Week）前最为庄严的时刻，在这一天，葡萄牙许多地方的人们会把十字架和圣像用布遮盖起来。①

葡萄牙宗教裁判所还喜欢在具有神圣意义的宗教建筑物或宏大的世俗建筑物前面举行宣判仪式。在贝森康特统计的342个案件中，有234个案件选择在开阔的空间如城市的主要广场举行，108个案件选择在教堂前面的广场举行。在里斯本，判处罪犯的火刑架总是设在背靠王宫和市政厅的广场即当时名为"王宫广场"（Terreiro do Paço）的地方，它象征着宗教裁判所是王室支持的机构，是教会和国家结合的产物，它的神职人员是由王室挑选的而

---

① Francisco Bethencourt, *The Inquisition, A Global History, 1478 - 1834*, pp. 253 - 254.

非罗马教宗任命的，宗教裁判所直接对王室负责等重要意义。国王可以从王宫的窗口观看或者说是“参与”火刑仪式，因为国王的窗户就在宗教裁判所总裁判官的头顶上面。在科因布拉或者埃武拉，则是在市政厅广场举行。在举行公开的宣判仪式的时候，广场上还要进行某种装饰，国王的卫兵则控制着人流的涌动。游行队伍经过的沿街的房屋都由户主按照社会阶层的排列分配给不同社会阶层的人们占据，以便于他们观看，那些位置最好的窗户都由贵族和有身份的人占据以观看。除此以外，在火刑架的周围还搭建了许多临时性的木结构观众台，专门安排一些显贵观看。火刑架的形制一般很大：1629 年里斯本的火刑架长 44 米、宽 15 米；1634 年则为 31 米长、30 米宽；1704 年为 33 米长、22 米宽；它们一般建于高于地面 1.7 米至 4.8 米的地方。整个广场的中央可以划分为三个不同的区域：（1）宗教裁判所官员的座位；（2）正对面是被判刑的人站着的地方；（3）一座祭坛，有悔改意图的人可以站在它的面前宣布放弃自己的异端的观点。宗教裁判所官员的位置上有华丽辉煌的金色的和红色的华盖、地毯以及天鹅绒，象征这是一个“高贵者”的场所。还有一些则是神圣的象征物如十字架和圣像，特别在华盖的下方有圣灵的圣像，表明法官的判决是在圣灵的感动之下做出的。相反，被宣判者的位置上悬挂的装饰物都是廉价的、简单的和黑色的。火刑架两边的看台层层向上排列，被宣判的人直面审判官，使得这种宣判的仪式性以及法官的作用得以凸显。①

　　贝森康特就 1536 年至 1767 年里斯本、科英布拉、埃武拉和果阿四个城市葡萄牙宗教裁判所审判的案件做过初步的统计，他将葡萄牙宗教裁判所的时间分为四个时期：1536～1605 年，这四个城市审判的案件为 10194 件；1606～1674 年，共 22481 件；1675～1750 年，共 10551 件；1751～1767 年，共 1591 件。从 1536 年至 1767 年，这四个城市总共审判的案件为 44817 件，其中里斯本宗教裁判所审判的案件最多，共 9726 件，平均每年有 42 件，以 1536 年至 1605 年时段的频率最高，每年共 48 件。② 博克塞指出，1821 年葡萄牙宗教法庭最后趋于消灭。在它的里斯本的档案中，留下 36000 宗案卷，时间跨度在 1540 年至 1765 年。从这份不完整的记录中可以看出，约 1500

---

① Francisco Bethencourt, *The Inquisition*, *A Global History*, pp. 256 – 258.
② Francisco Bethencourt, *The Inquisition*, *A Global History*, *1478 – 1834*, p. 342.

人被判绞刑或在火刑柱上被处死。① 贝森康特则估计，从 1536 年至 1821 年，葡萄牙本国的里斯本、埃武拉、科因布拉以及果阿四个宗教裁判所正式审理的案件有 50000 件之多，与西班牙以及罗马的宗教裁判所相比，葡萄牙宗教裁判所审理案件的频率最高，葡萄牙和西班牙宗教裁判所判死刑的比例均为 6%，分别是 2510 件和 12100 件案件。② 按葡萄牙历史学家萨拉依瓦（António José Saraiva）的估计，整个葡萄牙宗教裁判所存在期间的受害者人数为 40000 人左右。③ 葡萄牙本国的宗教裁判所还向海外殖民地派遣巡视员视察工作，1591 年以后，它不断向巴西派遣巡视员。在巴西当地宗教裁判所逮捕的人士必须押送回里斯本受审，在葡萄牙的美洲殖民地，从不举行火刑宣判仪式。巴西的近代犹太人历史学家估计，在 1591 年至 1763 年，约有 400 名真的或被诬陷的有犹太人血统的人士被逮捕并用船只送回里斯本，他们中的大部分人被关押，其中有 18 人被判死刑。在 1647 年 12 月 15 日，其中一名叫伊萨克（Isaac de Castro）的人被判活活烧死，其他人则被绞死。④

根据宗教裁判所裁判官伪善的说法，他们是被"释放"以后交由民事当局处死的。博克塞说，如果将这个数字与希特勒"最后解决"相比较，这不过是冰山一角。但是宗教裁判所造成的损害绝不能仅仅从被判处死刑的人数上来判断。数以千计的人死在监狱里，或者发疯，他们甚至未经任何审判。任何人只要在宗教裁判所里待过一段时间，就不能被认为是清白无罪了。至少在众人看来他们是受到希伯来血统污染的或是有某种异端思想的。宗教裁判所收集证据的办法就是给那些告密者和诽谤者发奖金。在两个多世纪里，葡萄牙社会中弥漫着一种互不信任和互相怀疑的气氛。⑤

葡萄牙宗教裁判所在蓬巴尔侯爵（Sebastião José de Carvalho e Melo，

---

① C. R. Boxer, *The Portuguese Seaborne Empire*, *1415 - 1821*, p. 268.

② Francisco Bethencourt, *The Inquisition*, *A Global History*, *1478 - 1834*, pp. 443 - 444.

③ António José Saraiva, "Introduction to the English edition," in *The Marrano Factory*: *The Portuguese Inquisitionand Its New Christians*, *1563 - 1765*, The Brill Publication House, 2001, p. 9.

④ C. R. Boxer, *The Portuguese Seaborne Empire*, *1415 - 1825*, Pelican Books, 1973, p. 272.

⑤ Heaulican Alexandre, *History of the Origin and Establishments of the Inquisition in Portugal*, New York: Ktav Publishing House, 1972, pp. 74 - 76.

1st Marquis of Pombal，1750～1777 年执政）统治时期实际上被废止。1771
年，他已经开始酝酿改革宗教裁判所，在其王权至上和反耶稣会的思想
支配之下，他有意将宗教裁判所变成一个由王室支配的机构。1773 年，
蓬巴尔劝说国王约瑟夫一世（Joseph I，1750～1777 年在位）公布两份谕
旨，取消以所谓"血统的纯正"为理由禁止"新基督徒"担任官职，并
取消所有一切"新"与"老"基督徒之间的差别，禁止使用"新基督
徒"这个名词，否则予以重罚；宣布以前所有的歧视"新基督徒"的法
令和谕旨是无效的，而 1507 年与 1524 年的两份庇护"新基督徒"的王
室法令则得到重新承认。1774 年，埃武拉的枢机主教库尼亚（Cardinal da
Cunha）被授权重新编写宗教裁判所的章程（regimento），他严厉地批评
以往的宗教裁判所官员在王室没有同意的情况下编写出版的章程，严词
谴责以前历任宗教裁判所官员与耶稣会士勾结背叛王室。新的章程取消
了秘密审判程序，证人必须提供真实的姓名和地址，严禁单个证人的证
词，严禁刑讯逼供。蓬巴尔还废除了以前属于宗教裁判所职能范围的书
籍审查制度，同时建立了属于王室的审查部（Real Mesa Censória，or
Royal Board of Censorship），由枢机主教库尼亚担任大法官，查禁启蒙思想
家的一些作品。蓬巴尔还任命了他的一位兄弟保罗·德·卡瓦略（Paulo
de Carvalho）担任宗教裁判所的总裁判官。经过此番变动，葡萄牙宗教裁
判所往日的威风已经不再。① 此时，宗教裁判所已经与一般的民事法院相
同。1771 年，葡萄牙政府正式禁止举行任何形式的公共性的"信仰的宣
示"仪式活动，在 1821 年葡萄牙宗教裁判所最后被废止以前，它再也没
有做出过任何死刑决议。② 蓬巴尔政府同样明令禁止葡萄牙海洋帝国海外
殖民地宗教裁判所的活动。1774 年 2 月 8 日，葡萄牙政府决定强制解散
果阿宗教裁判所并释放所有的犯人，在审的案件则转交葡萄牙本国的宗
教裁判所处理。蓬巴尔在同年致信果阿的总督，严词谴责印度的宗教裁
判所官员行动迟缓，要求他们迅速落实葡萄牙政府的决定，否则以叛乱
罪论处，立即押上回里斯本的海船。1775 年 2 月 22 日，果阿当局写信向
里斯本报告，当地宗教裁判所已经停止活动，所有在押犯人已经释放，

---

① Francisco Bethencourt, *The Inquisition, A Global History, 1478 - 1834*, pp. 66 - 67.
② C. R. Boxer, *The Portuguese Seaborne Empire, 1415 - 1825*, p. 273.

宗教裁判所的财产已经编目、封存和充公；宗教裁判所规模巨大的宫殿
也已经改作他用。

三　葡萄牙宗教裁判所的历史影响

葡萄牙宗教裁判所持续了长达三个世纪之久，其本国以及海外殖民地的
各个地方的宗教裁判所根据不同时期、不同地点的政治、文化以及社会形势
履行其职能。如上所述，葡萄牙宗教裁判所主要的迫害对象是犹太人，它以
暴力强迫犹太人及其后裔改宗天主教，使他们成为"新基督徒"；它还要监
视他们的行为与思想，使之遵守教会的习俗和规矩，直到 18 世纪初仍然这
样做。里斯本宗教裁判所的职能更加宽泛一些，在整个 17 世纪，除了犹太
人以外，信奉路德宗的新教徒以及摩尔人的后裔也在它的监视与迫害之列；
在 17 世纪末至 18 世纪初，它还要对付那些离经叛道的"老基督徒"。[1] 宗
教裁判所的存在给葡萄牙社会带来极大的暴行、裂痕和互不信任，著名的葡
萄牙耶稣会士布道家安东尼奥·维埃拉（António Vieira，1608～1697）曾经
呼吁国王要限制宗教裁判所的活动，消除"老基督徒"和"新基督徒"之
间的差别和对"新基督徒"的歧视（他在神学思想方面基本上完全赞同犹
太人的预言传统，并且以十分宽容的态度说犹太人与基督徒之间"唯一的
区别"就是犹太人不承认耶稣就是弥赛亚，只要弥合这一点分歧就可以
了[2]）。但是他受到宗教裁判所的处罚，只得逃到罗马。他写了许多文章谴
责葡萄牙宗教裁判所"只会剥夺人们的财富、荣誉和生命，却不能分辨罪
恶与无辜：它只是在名义上是神圣的，而实际上它的做法则是残暴的和非正
义的"。[3]

在很长的一段时间里，在威胁和恐惧的驱使之下，"新基督徒"只得带
着自己的资本移民到海外，甚至去往葡萄牙在海外的殖民地避难，虽然葡萄
牙政府严格禁止这样做。有时，他们通过在里斯本的由"新基督徒"组成

---

① 　Francisco Bethencourt, *The Inquisition, A Global History, 1478 – 1834*, p. 442.

② 　Thomas Cohen, "Millenarian in the Writing of António Vieira," *Luso-Brazilian Review*, Vol. 28, No. 1 Messianism and Millenarianism in the Luso-Brazilian World (Summer, 1991), pp. 23 – 46.

③ 　E. N. Adler, "Lea on the Inquisition of Spain and Herein of Spain and Portuguese Jews and Marranos," *The Jewish Quarterly Review*, Vol. 20, No. 3 (Apr., 1908), pp. 554 – 555.

的商会向王室和政府支付巨额的贿赂来达到"移民"的目的。如国王塞巴斯蒂安准备远征摩洛哥的时候，"新基督徒"就曾支付很大一笔捐款。然而，王室常常在勒索到了很大部分钱以后就变卦反悔，所以这种办法没有持续很长的时间。尽管如此，仍然有许多"新基督徒"企业家商人想方设法带着部分或全部的存款逃往国外。博克塞认为，在后来与安特卫普、阿姆斯特丹以及伦敦的竞争中，葡萄牙失去了许多有犹太人背景的市民及其热忱、精力和资本，使得葡萄牙最终在与荷兰和英国的商业竞争中归于失败。① 在葡萄牙海外殖民地的情况同样如此。由于在巴西的宗教裁判所的活动比较温和，于是在 1580 年至 1640 年有数以千计的"新基督徒"移民到那里，他们视巴西为避难的港湾，其中还有一部分人在 1630 年至 1654 年荷兰人占据巴西东北部港口城市累西腓（Recife）期间移居到伯南布科（Pernambuco），公开地践行他们原有的犹太教信仰。但是当荷兰人离开以后，他们再度过起了移民的生涯——后来他们移居北美，成为美国纽约犹太人社团的起源。② 在葡属印度，建立于 1560 年的果阿宗教裁判所则非常严厉，许多当地的犹太人以及隐秘的印度教徒在逼迫之下逃亡到北方，他们中许多人后来成为孟买最初的织工和手艺人。③

　　宗教裁判所的活动严重地抑制了葡萄牙文艺复兴时期活跃的思想界。博克塞指出：从 1560 年至 1715 年，葡萄牙极端恐惧和排斥外来的所谓"异端"思想。在此以前的一百年，也就是葡萄牙地理大发现的初始时期，情况完全不是这样的。1483 年，当时的葡萄牙国王约翰二世授权两位法国的书商购买大量的图书，并给予免税进口的优待，国王认为"人类共同的财富在我国流通是一件好事"。④ 一个世纪以后，葡萄牙统治阶级的这种开明态度已经荡然无存。葡萄牙人曾经是一个勇于探索外部世界和未知世界的民族，但是到了此时，他们失去了这种宝贵的精神，变得懒散和僵化。历史学家库托（Diogo do Couto）在 1603 年指出："由于

---

① C. R. Boxer, *The Portuguese Seaborne Empire*, *1415 – 1825*, pp. 267 – 268.

② A. J. R. Russelll-Wood, *The Portuguese Empire*, *1415 – 1808*, *A World on the Move*, Baltimore: The John Hopkins University Press, 1998, pp. 144 – 145.

③ A. J. R. Russelll-Wood, *The Portuguese Empire*, *1415 – 1808*, *A World on the Move*, pp. 269 – 270.

④ A. J. R. Russelll-Wood, *The Portuguese Empire*, *1415 – 1808*, *A World on the Move*, pp. 349 – 350.

我们葡萄牙民族的卑贱以及缺乏好奇心，至今没有任何一位总督、舰长或是别的什么人试图揭示或者探索这些奥秘，这些奥秘是完全应该知道的。外国人就不是这样，他们比我们考虑得更加周到、更加谨慎、更加聪明；不仅在重要的事情上如此，在琐碎的事情上也是如此。他们不怕探索和调查，直到完全弄懂为止。"1670 年，英国驻里斯本的使节注意到葡萄牙人民"很少有好奇心，除了生活必需以外他们一无所知"。①

　　17 世纪是欧洲大陆启蒙思想以及近代科学发展的时期。这个世纪中欧洲的其他国家出现了伽利略、笛卡尔、帕斯卡、培根和牛顿。这个时期也是欧洲各国文学艺术繁荣的时期，许多优秀的绘画以及著作都是在 1600 年至 1700 年出现的，如伦勃朗、凡戴克的绘画以及莎士比亚、塞万提斯、高乃依、莫里哀、拉辛的戏剧。与外国文学艺术的辉煌与壮丽相比，葡萄牙则显得十分低沉和寥落——没有出现杰出的画家、作家以及思想家。这是葡萄牙在文化上的一个空白的时期。不过，在欧洲的伟大的文化人物中，有几个人与葡萄牙有着血缘关系。17 世纪伟大的启蒙思想家斯宾诺莎（Baruch de Spinoza，1632~1677）就是一个葡萄牙犹太人的儿子，由于当时宗教裁判所的迫害逃往荷兰。斯宾诺莎的父亲出生于葡萄牙阿连特茹省贝雅附近的小镇 Vidigueira，当斯宾诺莎还是孩子的时候，他的祖父伊萨克（Issac de Spinoza）就将家庭迁到了法国的南特。1615 年，他的家族又被法国当局驱逐，迁到了荷兰的鹿特丹。1627 年，伊萨克去世了。斯宾诺莎的父亲米格尔（Miguel）以及叔叔曼奴埃尔（Manuel）又将家庭迁到了阿姆斯特丹。他的父亲是一位成功的商人，是当地的犹太会堂和犹太人学校的看门人。当时的阿姆斯特丹是一个国际性的都市，由于早在 1579 年乌特勒支同盟已经公布了宗教信仰宽容法令，因此吸引了不同的思想信仰以及社会习俗的人来到这里。第一批葡萄牙犹太人也在 1593 年来到这个城市，他们来到这个城市以后立即恢复了原先的犹太教信仰。斯宾诺莎的思想就是在 17 世纪荷兰共和国自由的文化氛围中形成的。② 后来成为西班牙大画家的委拉斯开兹

　　① C. R. Boxer, *The Portuguese Seaborne Empire*, *1415 - 1815*, pp. 340 - 341.

　　② Jonathan. I. Israel, *The Dutch Republic*, *Its Rise*, *Greatness*, *and Fall*, *1477 - 1806*, Oxford: Clarendon Press, 1995, pp. 4, 677, 917.

（Diego Rodriguez de Silva y Velázquez，1599～1660）的父亲是波尔图人，为谋生计才到了塞维利亚。以上情况纯属偶然，但是这两件事说明了葡萄牙衰落的两个基本原因：宗教的迫害以及由此造成的文化活动与世隔绝和停滞不前；政治与经济的危机最终使国家丧失了独立，导致国家的衰亡与消沉。在此情形之下，文学艺术的光辉是无法焕发出来的。

在此严酷的和压抑的环境中，除了商人以外，外逃者中还有一些是具有人文主义思想的学者。加西亚·德·奥尔塔（Garcia d'Orta，1501/1502～1568）及其家人就是逃避葡萄牙本国以及果阿的宗教裁判所迫害的一个典型的例子。奥尔塔是一位具有西班牙犹太人血统而在葡萄牙以及海外殖民地果阿生活的学者、医生以及博物学家，他是早期热带医学的创立者之一。他的父母都是来自西班牙的犹太人，父亲名为费茂（Femão da Orta），母亲名叫雷奥诺·戈梅斯（Leonor Gomes）。他们都因为 1492 年西班牙光复以后当局加紧迫害犹太人而来到葡萄牙避难，后来接受强迫改宗而成为所谓"新基督徒"。奥尔塔有三个妹妹——沃特兰（Violente）、卡特琳娜（Caterina）以及伊萨贝尔（Isabel）。他早年在西班牙的阿尔卡拉大学（University of Alcalá）以及萨拉曼卡大学（University of Salamanca）求学，毕业以后于 1523 年回到葡萄牙，先在家乡行医，1526 年去了里斯本。可能是出于对葡萄牙国内日益增长的迫害犹太人的趋势的恐惧，1534 年，奥尔塔作为葡属印度的首席医官（Chief Physician）随同他的好友葡属印度总督索萨（Martin Afonso de Sousa，1500～1571，1542～1545 年在任）前往印度。奥尔塔先在印度北方西海岸居住，1538 年在果阿定居。其间，他研究印度的医学以及南亚植物的医药用途，经过长期的临床实验以及调查研究，写出了名著《关于印度草药以及药物的对话录》（*Colóquios dos simples e drogas ne cousas medicinas da Indía*，or *Colloquies on the Simples and Drugs of India by Garcia da Orta*），他还对一些特别的疾病如亚洲霍乱（Asiatic cholera）进行了研究。[1] 1549 年，奥尔塔的母亲和两个妹妹因为害怕里斯本宗教裁判所的迫害，逃到果阿投奔奥尔塔。1565 年，果阿成立宗教裁判所，奥尔塔则于 1568 年去世。他本人生前受到索萨等权贵的庇护，没有受到宗教裁判所的迫害。至于

---

[1] A. J. R. Russell-Wood，*The Portuguese Empire，1415 – 1808，A World on Move*，The John Hopkins University Press，1992，p. 169.

他的宗教信仰，根据他的亲戚在其去世以后向神父告解时说："奥尔塔私底下一直信奉摩西的律法才是真正的律法。"① 换句话说，他始终是一名隐秘的犹太教徒。不过，他的妹妹却没能逃过此劫，就在他去世的那年，卡特琳娜被宗教裁判所逮捕并烧死在火刑架上。1580 年，奥尔塔本人的遗骨也被宗教裁判所挖出焚毁。

葡萄牙宗教裁判所的官员拥有极大的权威，甚至王室也对他们有所顾忌。在 1640 年约翰四世（John Ⅳ，1640～1656 年在位）复国以后，他将参与支持西班牙菲利普四世（Philip Ⅳ，1621～1665 年在位）阴谋的宗教裁判所大法官扣押起来，但是两年以后，又将他从狱中释放，这位宗教裁判所大法官居然在原来的官位上又任职达十年之久，继续迫害那些为了葡萄牙反抗西班牙的事业而捐款的"新基督徒"。在 1673 年至 1674 年，当时葡萄牙王国的总督、以后的国王佩德罗二世（Pedro Ⅱ，1683～1689 年在位）起初支持"新基督徒"向罗马教宗请愿寻求宽免，后来则在宗教裁判所高级神职人员以及市政厅官员的压力之下收回了他对"新基督徒"的支持。② 葡萄牙宗教裁判所通过严厉的镇压活动，在葡萄牙树立了绝对的权威以及所谓"正统"的宗教价值观，通过一套戏剧性的壮观的仪式——特别是宣判火刑的仪式，向民众宣告它是凯旋的罗马天主教会的基石和干城，正是宗教裁判所，抵御住了在异端和异教的汪洋大海中的暴风骤雨，使罗马教会的堡垒在葡萄牙海洋帝国屹立不倒。葡萄牙历史学家萨拉依瓦（J. H. Saraiva）指出：在葡萄牙海洋帝国时代的盛期，"宗教裁判所的规定在葡萄牙得到了一丝不苟的贯彻执行。在我国，一切公共机构组织松散，办事效率低下，唯独宗教裁判所是个惊人的例外。在 16 世纪的一段时间内和整个 17 世纪，宗教裁判所操纵着葡萄牙的文化活动，使之没有卷入欧洲的思想运动。……事实上，宗教裁判所是国家衰败的表现，它继承了以前各个王朝执行的不允许异教存在的路线，例如，D. 曼奴埃尔统治时期的反对犹太人的政策。宗教裁判所的活动之所以没有激起国内的强烈反抗，这是因为葡萄牙国内没有一个经济

---

① C. R. Boxer, *Two Pioneers of Tropical Medicine，Garcia d'Orta and Nicolás Monardes*，London：The Hispanic and Luso-Brazilian Council, 1963, p. 10. 有关奥尔塔的事业，亦可参考董少新《奥尔塔〈印度香药谈〉与中西医药文化交流》，澳门《文化杂志》第 49 期，2003 年冬季刊，第 97～110 页。

② C. R. Boxer, *Two Pioneers of Tropical Medicine，Garcia d'Orta and Nicolás Monardes*, p. 447.

和思想上独立的中产阶级，这种情况也是在宗教裁判所成立之前就已存在的。因此，不能把宗教裁判所视为国家危机的起源，然而正是这个机构使不能容忍异教的思想公开化和合法化了，这是葡萄牙人气质上不好的一面。宗教裁判所组织告密活动和摧残民族文化的活动，并且为这些活动提供了精神基础。正是由于宗教裁判所的关系，这种告发异教活动和进行文化灭绝的思想情绪，就像一团尚未完全熄灭的火，只要遇到一点风向变化，就会立即死灰复燃，引起检举揭发、思想谴责和判处火刑的烈火"。①

［原文刊登于《华东师范大学学报》（哲学社会科学版）2017 年第 1 期］

---

① J. H. 萨拉依瓦：《葡萄牙简史》，李均报、王全礼译，花山文艺出版社，1994，第 175 ~ 176 页。

米兰 - 马德里 - 墨西哥城：西班牙帝国的全球城市网络

朱　明^{*}

　　城市是全球史和帝国史研究中的重要节点，以往研究主要关注人与物的跨区域流动，侧重于帝国内部或不同区域组织起来的整张网络，但对于联结起该网络的节点及其相互间的关联却缺乏关注。城市史研究或是对单一城市的历时性考察，或是探讨城市之间的经济交流，对城市本身在全球互动和比较研究中的角色还未给予足够重视。① 近年，圭利埃里从城市建筑的角度，展现了古典主义建筑样式在欧洲海外殖民城市的扩散，并阐释了如何通过古典主义建筑将殖民地世界联结起来；龙彼得通过建筑技术的流传将马尼拉城市放入全球网络中进行探讨；郑诚考证了欧洲防御型筑城术在中国的传播；蒲乐安从艺术史的角度探讨了锡耶纳在蒙古帝国时期全球流动中的地位。② 这些都是从新的角度进行的尝试，注重从宏观空间考察城市及其建筑元素的全球流动。西班牙帝国是世界上第一批真正意义上的全

---

* 朱明，华东师范大学历史学系副教授，主要从事欧洲城市史研究。
① 参见夏继果《全球史研究：互动、比较、建构》，《史学理论研究》2016 年第 3 期。
② P. M. Guerrieri, " World History through European Colonial Architecture," *World History Connected*, v. 1, 2014; P. Luengo, " Building Techniques in Baroque Manila as a Global Technical Transfer," *International Journal of Humanities and Social Science*, v. 6, 2014; 郑诚：《守圉增壮——明末西洋筑城术之引进》，《自然科学史研究》2011 年第 2 期; R. Prazinak, "Siena on the Silk Roads: Ambrogio Lorenzetti and the Mongol Global Century, 1250 - 1350," *Journal of World History*, v. 2, 2010。

球帝国和殖民帝国之一，但迄今未有从该角度对其城市网络及城市互动进行的研究。

15 世纪末，卡斯蒂利亚和阿拉贡的君主联合，成立了统一的西班牙王国。到 16 世纪初，他们的外孙卡洛斯一世（Carlos I，1519～1556 年在位）继承了西班牙王位，并入其父系一方的神圣罗马帝国，形成了一个庞大的哈布斯堡帝国。到 16 世纪中叶，这个帝国经历了一次分家，德意志部分由卡洛斯一世的弟弟费尔南多统治，继承神圣罗马帝国头衔，而包括低地地区、意大利广大地区和中美洲的西班牙王国由卡洛斯一世的儿子菲利普二世（1556～1598 年在位）统治，虽然卡洛斯一世和菲利普二世都被称作国王，[①] 但是他们所控制的这个辽阔的跨区域王国实际上是一个帝国。16 世纪 30 年代西班牙帝国在美洲又增建了新格拉纳达（今哥伦比亚）和布宜诺斯艾利斯，甚至还深入东方，1572 年在菲律宾建设马尼拉城，17 世纪 20 年代在中国台湾北部建造圣多明各和圣萨尔瓦多两个堡垒，此外还于 1580 年兼并了葡萄牙，接管了葡萄牙广阔的海外殖民地，从而形成了一个"日不落帝国"。在菲利普二世统治时期，西班牙帝国达到了巅峰，尤其对美洲的控制非常重要，这是其能够维持世界霸主地位的关键。[②]

16 世纪时，从米兰到墨西哥城，甚至远到马尼拉城，成为西班牙帝国的东西两翼，帝国边缘的这些城市与位居中心的马德里，共同组成了帝国的城市网络。这些城市的中心广场和城市形态有着惊人的相似性，这种相似性是西班牙帝国一统天下和实施同化政策的结果，还是在帝国的网络流动中相互影响而造成的？本文以西班牙帝国的三个城市——米兰、马德里、墨西哥城为个案，从全球史的角度对这些问题试做探讨。

---

① 西班牙当时并没有采取"帝国"之名，因为它在当时只是被看作服从于同一个王朝统治者的若干独立王国的联合体，包括阿拉贡、卡斯蒂利亚、那不勒斯、西西里等。因此，卡洛斯一世在担任日耳曼神圣罗马帝国皇帝的同时，还有着"阿拉贡、卡斯蒂利亚、莱昂等王国的国王"的头衔，到菲利普二世就不再有帝国皇帝的称号了，但保留各个王国的国王的头衔。西班牙往往被当作"哈布斯堡帝国"的一部分，是隶属于哈布斯堡王朝的国家联合体。卡洛斯一世尊重每个王国的自治，并不强求政治和财政上的统一。参见 H. Kamen, *Spain 1469 - 1714*, Longman, 2005, pp. 85 - 86。

② 雷蒙德·卡尔：《西班牙史》，潘诚译，东方出版中心，2009，第 145～148 页。

一　米兰：文艺复兴理想城市的试验场

米兰是欧洲文艺复兴时期城市规划的一个比较典型的案例，城市理论家构想的"理想城市"类型在这里得到了发展。16 世纪西班牙帝国统治这里时，米兰得到了更进一步的发展，"理想城市"的布局特征愈加明显。

米兰建于罗马时期，起初是一个东北—西南走向的矩形城市。4 世纪时，主教圣安布罗乔（Saint Ambrose）在四个城门处建造了四座教堂，394 年成为西罗马帝国的都城。12 世纪时，随着整个城市的扩建，老城东北部成为米兰城新的发展中心。这里原本是一块空地，1228 ~ 1233 年在此建造了商业大厅"理性宫"（Palazzo della Ragione），采用的是流行于意大利北部的市政厅样式，在"理性宫"周围辟出广场，有店铺、谷仓、公证人和货币兑换商的办公处，这个区域被称作"布罗列托"（Broletto），既是城市的商业中心，也是城市的政治中心，既负责管理商业活动，也行使城市的行政职能。[1]"布罗列托"外围建有封闭性的围墙和塔楼，从此处向周围延伸出六条大道，使城市中心与六个主要城门联结起来，米兰呈现放射状的城市形态。[2] 后来，"布罗列托"东边不远处、罗马时代矩形城市的东北角建造的泰克拉（S. Tecla）教堂被改造，1386 年开始修建了哥特式的大教堂（Duomo），逐渐发展成为新的城市中心，并在其正门前面发展起中心广场，广场南边即公爵宫。"理性宫"和大教堂两个区域成为城市的工商业中心和政治中心，大量富裕商人和手工业者居住在此，城市的公众活动一般也在此举行。[3]

14 ~ 15 世纪，米兰先后由维斯孔蒂家族和斯福尔扎家族统治，这时期城市的中心从大教堂广场转向了城市西北处的城堡（Castello Sforzesco）。此处原本是城墙上的一处城门，14 世纪中叶，维斯孔蒂公爵将其建成城堡，15 世纪中叶，斯福尔扎公爵弗朗西斯科（Francesco Sforza）将其改造成一个高墙环绕、戒备森

---

① A. Grohmann, *La Citta Medievale*, Laterza, 2003, p. 121.

② P. Boucheron, *Le Pouvoir de Batir: Urbanisme et Politique Edilitaire a Milan (XIVᵉ - XVᵉ Siecles)*, Ecole Française de Rome, 1998, pp. 102 - 106.

③ S. D'Amico, *Spanish Milan: A City within the Empire, 1535 - 1706*, Macmillan, 2012, pp. 20 - 22.

严的矩形城堡，并设为公爵府。意大利规划师菲拉雷特（Firalette，1400 - 1469）参与了城堡的建设，因而这座城堡也部分体现了他的规划理念。虽然统治重心已经转移到了城市边缘，但是斯福尔扎公爵一直想要清理昔日热闹的大教堂广场，以恢复广场的庄严肃穆。在整个 15 世纪，米兰公爵们都曾想要摧毁大教堂广场上的商业店铺，但直到 15 世纪末，这个广场仍然显得混乱不堪。① 可以看出，这一时期公爵们的城市改造计划是以城堡为主，清理其周边空间，拆除私人住宅，想要在城堡前开辟一个广场，使这里成为城市最核心的地方，从而彻底取代大教堂广场。达·芬奇也曾为此规划，主张在城堡前扩建一个矩形广场，并建造一条伸向大教堂广场的大道，作为城市的主轴线，但是这个改造没能成功。② 事实上，文艺复兴时期城市规划的思想就是将广场作为城市的核心，形成向心结构的城市布局，菲拉雷特和达·芬奇都是这种规划理念的倡导者。1464 年，菲拉雷特完成了著作《建筑论》（Trattato di Architettura），他在书中为公爵弗朗西斯科设计了一个理想城市——斯福尔扎城（Sforzinda），设想将城市中心从城堡迁回大教堂广场，并且将米兰的布局改成单中心和放射状，为此设计了长 180 米、宽 90 米的广场。③ 达·芬奇从 1482 年开始为公爵卢德维科（Ludovico Sforza）服务，还担任公爵的军事工程师。为了使米兰公国增强军事防御能力，他计划在米兰城外建造 10 个卫星城镇，以道路和运河与母城联结，运河也可以起到疏浚和交通的作用。④ 他建造城堡前的广场的计划其实也是为了实现从中心广场向外辐射的结构布局，只不过是想以城堡前的广场取代大教堂广场为城市的中心。但是，他们都没能说服米兰公爵，因为在斯福尔扎家族统治米兰时期，城堡代表着王朝的正统性，是权力的重要符号，因而是公爵们极力维护和打造的政治空间。

　　直到 16 世纪西班牙人占领米兰后，城市中心才重回大教堂广场，米兰的城市形态由此发生了重大变化。1535 年，米兰公爵弗朗西斯科二世

---

① P. Boucheron, *Le Pouvoir de Batir: Urbanisme et Politique Edilitaire a Milan*（*XIVe – XVe Siecles*），p. 555.

② P. Boucheron, *Le Pouvoir de Batir: Urbanisme et Politique Edilitaire a Milan*（*XIVe – XVe Siecles*），p. 569.

③ D. Calabi, ed., *Fabbriche, Piazze, Mercati : La Citta Italiana nel Rinascimento*, Officina, 1997, pp. 61 – 63.

④ N. Miller, *Mapping the City: The Language and Culture of Cartography in the Renaissance*, Chicago University Press, 2003, p. 182.

（Francesco Ⅱ Sforza）死亡，斯福尔扎家族在米兰的统治宣告结束。经过短暂的争夺后，米兰公国的主宰权旁落至西班牙帝国，西班牙国王同时担任米兰公爵。在帝国看来，米兰具有极其重要的战略意义，它是帝国在欧洲和地中海的主要节点之一，是通往德意志和佛兰德尔的门户，有助于控制意大利半岛，还能够防御土耳其人，支持帝国在北非的战争。① 西班牙帝国派出总督管理米兰，前几任总督的城市化政策就是改变斯福尔扎时代的城市格局，将城市建设的重心从斯福尔扎时代的城堡转向城市中心的大教堂、宫殿和市政厅一带。

1535 年起，城堡的军事功能被削弱，总督有意将大教堂广场变成城市中心，总督府设在老王宫（Corte Vecchia），元老院设在公爵宫（Palazzo Ducale），② 这两处宫殿都是在大教堂广场旁边，由此出现了政治权力在空间上的集中化。卡洛斯五世通过建造新的城墙试图打造出一个"新米兰"，以大教堂广场为中心的一座圆形城墙向外辐射，将一些郊区城镇扩进，将原来的米兰老城区包含在内，形成了一座圆形的城市，象征着统一。③ 到第四任米兰总督费朗特（Ferrante Gonzaga，1546～1554 年担任总督）上任时，致力于建造一个属于西班牙帝国的城市，试图将大教堂广场重新打造成为庄严的权力中心。④ 一方面通过建造新城墙将米兰建设成防御性城市；另一方面在城市中心改造一些地段，改变城市的面貌及其象征。⑤ 在大教堂前面扩建广场，将店铺、银行、体育场及聚集在这里的其他临时场所都拆除，排除一切商业和商贩的活动，以此改变广场的功能，重新创造中心广场。⑥ 这便是此前米兰公爵在位时的城市化政策在此时期的继续推广。但由于"布罗列托"和大教堂广场是米兰经济的心脏部位，因此在这个中心区域的周围仍旧聚居着大量的手工业者和商人，他们按照所属行会严格地生活在特定的街区，"理性

---

① A. Gamberini, ed., *A Companion to Late Medieval and Early Modern Milan*, Brill, 2014, p. 47.

② A. Spiriti, "La Corte dei Governatori Spagnoli a Milano," in *Il Rinascimento Italiano e L'Europa*, v. 6, *Luoghi, spazi, architetture*, Casamaca Foundation, 2010, p. 371.

③ P. Boucheron, M. Folin, eds., *I Grandi Cantieri del Rinnovamento Urbano*, Ecole Française de Rome, 2011, p. 126.

④ A. Spiriti, "La Corte dei Governatori Spagnoli a Milano," p. 373.

⑤ P. Boucheron, M. Folin, eds., *I Grandi Cantieri del Rinnovamento Urbano*, pp. 121 – 122.

⑥ N. Soldini, *Nec Spe Nec Metu: La Gonzaga: Architettura e Corte nella Milano di Carlo V*, Leo Olschki, 2007, p. 262.

宫"周围就有许多以行会名字命名的街道，代表着一种便于外来者和采购者识别的地景，并形成街道组织，使行会成员更容易被控制；在大教堂的东边和北边，也有很多纺织业的从业者聚居。① 他们集中起来居住，有利于政府控制。当然，更有钱的商人和贵族会选择到新旧城墙之间的新城区去居住，那里环境更好，也更安静。作为对比，斯福尔扎城堡周围则逐渐衰败，如城堡西边不远处的科马西纳门（Porta Comasina）附近则主要居住着社会底层的居民，圣卡普弗洛（St. Carpoforo）教区在 1590 年已有 1/4 是贫困人口，另外 3/4 的人口也都是不富裕的居民，而一个多世纪以后这里的贫困人口已占一半之多。② 可以看出，城市的中心已然回到了大教堂广场，城堡在做了一个世纪的中心后，便被放弃了。③

斯福尔扎时代没能完成的任务，在西班牙帝国统治时期完成了，城市形状更加规则。④ 菲拉雷特和达·芬奇理想中的向心型城市在此时期的米兰得到了体现，广场成为城市的中心。这个特征是通过这一时期的欧洲城市规划思想推动实现的，通过与下文讲述的马德里和墨西哥城相比较，可以发现同时期西班牙帝国的很多城市布局都是如此。作为西班牙帝国的一部分，米兰的城市形态因而体现了帝国的城市化趋势。

二　马德里：西班牙帝国缔造的首都城市

马德里最初是 9 世纪由阿拉伯人建造的一处堡垒，用于保护南边的托莱多和抵御北方基督徒的入侵，在整个中世纪都是默默无闻的小地方。直到 1561 年，西班牙国王菲利普二世将哈布斯堡王朝的首府从巴利亚多利德迁到了这里，才使其迅速崛起为帝国的中心。⑤ 这里是西班牙国土的地理中心。在布罗代尔看来，西班牙将首都从巴利亚多利德迁到马德里这个好强的、专横的和"几何图形的"城市是一个错误，菲利普二世本可以将里斯

---

① S. D'Amico, *Spanish Milan: A City within the Empire, 1535 – 1706*, pp. 23 – 24.

② S. D'Amico, *Spanish Milan: A City within the Empire, 1535 – 1706*, p. 26.

③ 参见安东尼奥·拉弗莱里（Antonio Laféry）绘制的 1573 年时的米兰城地图，米兰贝尔塔莱利藏品（Raccolta Stampe Bertarelli）。

④ N. Soldini, *Nec Spe Nec Metu: La Gonzaga: Architettura e Corte nella Milano di Carlo V*, p. 268.

⑤ D. L. Parsons, *A Cultural History of Madrid*, Berg Publishers, 2003, p. 13.

本建设成首都，那样的话将会像伦敦成就英帝国的辉煌一样，也将会成就西班牙帝国的辉煌。但他选择了埃斯科里亚尔宫（马德里附近），正如路易十四选择了凡尔赛宫（巴黎附近），这成为两个大陆帝国失败的根源。①

马德里的水资源供给很成问题，其主要靠王室行政命令发展起来。② 因而，这座城市一开始就与权力有着密切的联系。1560 年以后，马德里发展异常迅速。它从托莱多那里攫取了经济功能，从巴利亚多利德那里夺得了政治和行政功能，并且从周边乡村强求大量粮食供应，成为一个庞大的首都和消费城市。30 年后，马德里的人口为 6.5 万，而西班牙其他八个大城市人口总和才 20 万，到 1700 年，马德里人口已达 12 万，而其他城市则仅有 7.8万。③ 受到王室专宠的马德里，就像一个寄生性的消费城市，依靠从周围地区和城市获取资源而迅速膨胀起来，④ 与其中世纪的规模大相径庭。

帝国的新首都马德里虽然是一个新兴城市，但也继承了西班牙的本土传统和本地因素。由于此前是伊斯兰城市，因而马德里的道路非常曲折，并且混乱地缠绕在一起。9 世纪下半叶，穆斯林建立了马德里城堡（Alcazar）。但是在再征服运动中，于 1085 年被卡斯蒂利亚和莱昂王国的国王阿方索六世攻占，并以此为据点与来自北非的阿尔莫哈德穆斯林王朝斗争。到 12 世纪，马德里城堡周围建造了一圈新的城墙。14 世纪末，恩里克三世为这个城堡增建了塔楼，他的儿子胡安二世为其建造了圣礼拜堂。到 15 世纪末，这里成为农业和贸易中心，并且成为王室偶尔的驻扎地，地位日渐提高。⑤1537 年，卡洛斯一世首次对马德里城堡进行扩建，并想将首都迁至此处却未遂，直到其子菲利普二世在位时方得到实现。16 世纪中叶以前，马德里均是以这个城堡为中心发展的。

在成为都城后，这里急剧增加的人口和混乱的布局都促使国王对城市空间进行整顿，建立起威严的秩序来。因此，从 1561 年开始，王室建筑师胡

① 费尔南·布罗代尔：《菲利普二世时代的地中海和地中海世界》上卷，唐家龙等译，商务印书馆，1996，第 505 页。

② A. Boldó, F. Ilera, "Madrid: Agua, Corte y Capital en los Siglos XVI al XVIII," in *Boletín de la Real Sociedad Geográfica*, Graficalormo, 2004, pp. 188 – 192.

③ D. Nicholas, *Urban Europe, 1100 – 1700*, Palgrave, 2003, p. 59.

④ H. Kamen, *Golden Age Spain*, Palgrave, 2005, p. 53.

⑤ V. Minguez, I. Rodriguez, *Las Ciudades del Absolutismo: Arte, Urbanismo y Magnificencia en Europa y América durante los Siglos XV – XVIII*, UJI, 2006, p. 249.

安·埃拉拉（Juan de Herrera，1530 – 1597）就参与了马德里城市的改造，在此后的 20 多年里一直在进行规划。到 16 世纪末，城市的结构发生了变化，城市重心朝向城东的太阳门（Puerta del Sol）方向发展，从城堡到东边的圣杰罗尼姆修道院形成一条主干道（Calla Mayor），一些主要的广场都位于这条道路的两旁，如太阳门（Puerta del Sol）广场、瓜达拉哈拉门（Puerta de Guadalajara）广场和马约尔广场（Plaza Mayor），将其他主要道路联结到主干道上，形成了一张联结起城市与周围乡村的网络，并且将各个公共空间串联起来，使城市空间显示出整体性，国王下令将这些道路修得整齐、宽阔。①

太阳门最初是 15 世纪东边城墙处的一个城门，由于面朝东方，故得此名。当城市向东拓展后，这里成为城市的一个中心，也是西班牙的道路网络中心。在整合后的主干道上，广场成为国王着重建造的目标。1577 年，菲利普二世请胡安·埃拉拉在太阳门以内的区域设计一处广场，但胡安·埃拉拉只是拓宽了城市的主干道，使其联结起城西的城堡和城东的太阳门，构成东西交通主干线，沿着主干道兴起了商业区域，并建造了新的市政厅。此后，菲利普二世又于 1592 年任命弗兰西斯科·莫拉（Francisco de Mora）为公共清洁和装饰委员会的负责人，以改善城市的道路。他继承了胡安·埃拉拉的规划思想，使道路变得更加笔直宽阔，建造喷泉和水池，整顿市容市貌，建造中心广场。然而直到 1617 年菲利普三世（1598 ~ 1621）在位时，才在太阳门与城堡之间修建起中心广场，即马约尔广场。1617 ~ 1619 年，马德里城市最重要的建设当属马约尔广场，胡安·莫拉（Juan Gomez de Mora）继承了胡安·埃拉拉的事业，将其建成了一座矩形的大广场，有着统一的三层楼房的建筑，阳台都面朝广场，在石制支撑上向外突出。广场的形制非常统一，长 120 米，宽 94 米，构成黄金分割比例，显得对称、规则。在国王和几位规划师的经营下，马约尔广场成为城市中心的象征空间，也成为王室进行公共仪式和活动的重要场所。② 此外，1625 年又对 1567 年修造成的城墙进行了改造，城市形态便彻底突破了以往以城西的城堡为主的结

---

① C. Wilkinson – Zerner, *Juan de Herrera*: *Architect to Philip II of Spain*, Yale University Press, 1993, pp. 150 – 152.

② V. Minguez, I. Rodriguez, *Las Ciudades del Absolutismo*: *Arte*, *Urbanismo y Magnificencia en Europa y América durante los Siglos XV – XVIII*, pp. 250 – 253.

构，沿着笔直的道路向四处发展，① 形成了以广场为中心、放射状的城市布局。16 世纪中叶以后，西班牙的其他诸多城市也都开始有了较大的改变，均体现了这一时期西班牙帝国建造中心广场的独具特色的城市规划理念。②

马德里的这种规划特征很容易让人联想到米兰。二者都是以主干道为轴线，联结起城市边缘的宫殿和城市中心的广场，并且将广场置于城市的心脏部位。虽然西班牙帝国曾经直接统治过米兰，但是从时间上来看，中心广场的发展先起于米兰，后来才在马德里出现，可见这种影响是从帝国的"边缘"向"中心"传播的。意大利的规划思想影响着西班牙的城市布局，尤其是 1500 年后出生的几代西班牙人，他们很多是在意大利接受的教育，因此，更容易将意大利的规划思想应用到本国的城市建设中去。③ 同时，1526年出版的《罗马的测量》（*Medidas del Romano*，作者为 Diego Sagredo）一书，也极大地推动了维特鲁威（Vitruvius，公元前 1 世纪中叶）思想在西班牙的流行，从初版到 1608 年，这本书至少有 12 版之多，被当作城市规划的范例在西班牙推广。④ 由此可以看出意大利城市规划思想对西班牙的影响之大。

当然，西班牙的城市规划之所以有这样的特征，与其自身传统不无关系。从 11 世纪的再征服运动开始，基督徒在从伊比利亚半岛北部向南部驱逐穆斯林的过程中，不断在新征服的土地上建造新式的防御型城市（poblaciones），如纳瓦拉的蓬特拉雷纳（Puente de la Reina）、比亚纳（Viana），布尔戈斯的布里维耶斯卡（Briviesca），加的斯的圣玛利亚港（Puerto de Santa Maria），瓦伦西亚的王城（Villa-real）等。加泰罗尼亚人在 13 世纪时就提出了棋盘状城市的设想。13 世纪中叶，卡斯蒂利亚王国的国王阿方索十世编纂的《七法全书》（*Siete Partidas*）规定新城必须模仿古代罗马城市的矩形样式，主干道直角相交，交界处为行政中心。⑤ 阿拉贡国王在西班牙东部建造新城时也提出了这种要求。瓦伦西亚的方济各会士艾克斯

---

① D. Pesco, A. Hopkins, *La Citta del Seicento*, Laterza, 2014, pp. 43 – 44.

② A. E. J. 莫里斯：《城市形态史——工业革命以前》下册，成一农译，商务印书馆，2011，第 727 页。

③ G. Kubler, "Mexican Urbanism in the Sixteenth Century," *The Art Bulletin*, v. 2, 1942, p. 170.

④ Centre CulturelPortugais, *La Ville Reguliere: Modeles et Traces*, Picard, 2000, p. 81.

⑤ P. Lavedan, *L'Urbanisme au Moyen Age*, Rodz, 1974, p. 110.

梅尼克（Francesch Eximenic）甚至对此进行了理论归纳，提出城市应当为矩形，有两条主轴线垂直相交，在中心形成广场，并分成四个次级广场。广场上建立君主宫殿，旁边是大教堂。① 到 15 世纪末 16 世纪初，随着基督徒控制范围向南推进，在安达卢西亚也出现了这种类型的城市，如雷亚尔港（Puerto Real）、贝拉（Vera）、胡埃卡奥维拉（Huercal Overa）。② 15 世纪末攻克格拉纳达前夕，国王还在格拉纳达旁边建造了新城圣达菲（Santa Fe de Grenade），完全按照棋盘状规划和建设。这些城市都是以两条纵贯的街道和一条横贯的街道穿过城市，道路交叉处设有中心广场。因此，这时期出现的西班牙城市的中心广场也与其中世纪的传统相关。然而在 16 世纪，其规模和程度都还比较小，商业活动分散在各个广场甚至大街上，市政和宗教活动也分散在城内各处，大型的中心广场只是到 17 世纪初才出现。

马德里形成以广场为中心的城市形态，既是受到了来自意大利的影响，也有其本土长期以来的城市传统。但是这种形态的形成晚于其美洲殖民地，形成于其美洲殖民地城市建成之后。16 世纪时，中心广场作为权力和权威的集中体现，在美洲表现得最为明显，从墨西哥城到利马，中心广场上屹立的除了大教堂，就是王室宫殿，它们成为权力的象征。③

三　墨西哥城：欧洲思想和美洲传统交汇的产物

在形态结构方面，这时期的美洲城市与欧洲城市遥相呼应。西班牙人在美洲最早建立的城市是海地岛上的圣多明各（Santo Domingo），1502 年由西班牙总督尼古拉斯·德·奥万多（Nicolas de Ovando）命令建造，城市有规整的棋盘格状布局，广场位于城市中心处，与西班牙中世纪的新城有极其相似之处。因为尼古拉斯在来到这里担任总督之前也在圣达菲待过，并且参加过那里对格拉纳达的围攻战。由此可见，这种城市形态极有可能是从西班牙传播到美洲的。此后，美洲的殖民城市大都采取了这种棋盘格状布局，而中心广场则起到组织作用，带动城市向外呈网格状发展。

---

① O. Goerg, X. H. Lemps, eds., *La Ville Coloniale*, Seuil, 2012, p. 53.

② O. Goerg, X. H. Lemps, eds., *La Ville Coloniale*, p. 50.

③ B. Bennassar, *Le Temps de l'Espagne*, *XVIe - XVIIe Siecles*, Hachette, 1999, pp. 206 - 208.

　　墨西哥城的前身是特诺奇蒂特兰，1325 年由阿兹特克人建造，一个世纪后成为阿兹特克帝国的首府，人口多达 10 万，1519 年前夕达到 20 万。1520 年，西班牙人科尔特斯（Hernando Cortes）征服了阿兹特克人的首都特诺奇蒂特兰，建立了新西班牙殖民地。1522 年，他力排众议，决定在这个被破坏了的都城原址上重建城市。新城采用网格状道路的同时，也依照了当地传统的样式，尤其是保存了中央的神庙广场和四条笔直的大道。被称作"优秀的几何学者"的西班牙规划师布拉沃（Alonso Garcia Bravo）负责勘测，他在城中丈量土地，根据几何知识建造矩形的街区。① 西班牙人将这座城市建造得很规则，在原来位于中心的特诺奇蒂特兰神庙的基础上，建成了一个矩形广场，周围有 14 条主干道，构成了垂直相交的道路系统。中心广场的东边是大教堂，建于 1563～1565 年，对面是宫殿和商业大厅，广场的南边是总督府。②

　　对于美洲的城市建设，西班牙王室一直给予了较多的关注和指导。西班牙在美洲早期的城市经营就是建造简陋的城市，他们破坏了印第安人原有的城市组织，但又没有更为成熟的取代方式，最初的建城行为就是简单地建造军营，对劫掠到的土地进行集中式规划。16 世纪初期，西班牙国王费尔南多对于征服者的指令就是让他们"根据自己的判断进行城市建设"。③ 因此，西班牙人主要仿照欧洲中世纪的传统，建造带有塔楼和城垛的类似城堡的小屋，也建有混杂了西班牙伊斯兰风格的穆德哈尔式建筑。④ 从 16 世纪 20 年代起，西班牙王室便经常向美洲发布指令甚至法令，指导美洲城市的建设。其中，科尔特斯指导建设的墨西哥城就严格遵循了王室的规定。帝国皇帝卡洛斯一世曾于 1521 年发布"城市规划实践"法典。此外，西班牙王室还从欧洲广泛聘请军事设计师，如负责总体规划的意大利人巴蒂斯塔·安东奈利（Bautista Antonelli，1547－1616），以及专家克里斯托弗·罗达（Cristobal de

① D. Stanislawski, "Early Spanish Town Planning in the New World," *Geographical Review* v. 1, 1947, pp. 99－100.

② A. Wyrobisz, "La Ordenanza de Felipe II del ano 1573 y la Construccion de Ciudades Coloniales Espanolas en la America," *Estudios Latinoamericanos*, v. 7, 1980, p. 13.

③ D. Stanislawski, "Early Spanish Town Planning in the New World," pp. 94－95.

④ V. Minguez, I. Rodriguez, *Las Ciudades del Absolutismo: Arte, Urbanismo y Magnificencia en Europa y América durante los Siglos XV－XVIII*, p. 319.

Roda）、克劳迪奥·卢杰洛（Claudio Rugero）等到美洲参与城市建设。[①]

1573 年 7 月 13 日，西班牙国王菲利普二世在塞哥维亚发布了针对美洲殖民地的《关于印第安发现、人口与统治的法令》（*Ordenanzas de descubrimientos, nueva poblacion y pacificacion de las Indias*，以下简称《法令》），这堪称西班牙在美洲建设城市思想的集大成者。[②] 该法令共有 148 条款，其初衷是为了解决殖民地的各种问题，[③] 后来却成了美洲城市建设时严格遵循的标准。该法令并非原创，它不过是将之前大半个世纪的王室指令汇集起来，更加遵循古罗马规划师维特鲁威的思想。譬如，根据法令的第 114 条和第 115 条，规定广场大小应当与人口成比例，而且考虑到美洲城市人口还会增长，广场应当按照比例设计，宽度不应少于 61 米或多于 162 米，长度不应少于 91 米或多于 244 米，理想的比例是长 183 米、宽 122 米。广场应为矩形，四个角应当对着主要风向，避免使道路朝着风口。在广场中心直角相交的四条道路应当宽阔，便于人群进入广场。如果是港口城市，广场应当靠近港口，如果是内地城市，广场就设在城市中心。[④] 这些都与维特鲁威的《建筑十书》中的规定非常相似，只不过维特鲁威对广场的形制只是进行了大体上的规定，并没有确定非常详细的数据。维特鲁威的学说最核心的部分就是对称和比例，[⑤] 西班牙帝国对美洲的城市建设正好遵循了这一思想。

西班牙王室的介入，使意大利的城市规划思想影响到了美洲，但是它们之间也有不同。意大利人提倡向心型的城市规划，意在建造防御型城市，而这同西班牙和美洲的开放型的城市模式略有差距。[⑥]

虽然这一时期的美洲城市与欧洲城市格局非常相似，但是美洲自发产生的城市与欧洲城市存在很大的不同，并且它的本土传统也对墨西哥城的建设产生了一定影响。欧洲的文艺复兴城市讲究的是城市整体的防御功能，而美洲城市则强调位于中心的宗教性和纪念碑式的建筑。中世纪的欧洲城市并没

---

① O. Goerg, X. H. Lemps, eds., *La Ville Coloniale*, p. 48.

② 文本见 http://www.biblioteca.tv/artman2/publish/1573_382/Ordenanzas_de_Felipe_II_sobre_descubrimiento_nueva_1176_printer.shtml2017 - 03 - 13。

③ M. V. Mingo, "Las Ordenanzas de 1573, sus Antecedentes y Consecuencias," in *Quinto Centenario*, Complutense University Press, 1985, p. 84.

④ D. Stanislawski, "Early Spanish Town Planning in the New World," pp. 102 - 104.

⑤ 维特鲁威：《建筑十书》，高履泰译，知识产权出版社，2001，第五书、第一书。

⑥ O. Goerg, X. H. Lemps, eds., *La Ville Coloniale*, p. 54.

有大型的中央广场，直到巴洛克时期才被创造出来，从中世纪的不规则、崎岖多变的城市形态向巴洛克时期规则对称的、纪念碑式的空间格局过渡，是近代城市发展演变的一个重要过程。从这个层面而言，美洲城市早已存在的大型中央广场可以看作欧洲巴洛克城市的先驱。

墨西哥城的前身特诺奇蒂特兰的城市中心是个巨大的仪式场所，有一个大型神庙，四条大道从边缘通向中央，并且垂直相交。[①] 美洲的城市往往是整座城市拱卫中央的神庙，城市边缘地带缺乏防御，但在危难时其神庙会提供庇护。[②] 这个位于城市正中的神庙也被称作"大铁奥卡里"（Great Teocalli，即"大神庙"的意思），是一个由一组建筑构成、占据了边长为420 米的矩形广场。[③] 这里既是整座城市的重心所在，也是宗教中心，从这里向四周有大道通达，构成整个城市的主轴线，使其显得非常对称。[④] 根据科尔特斯的随行人员的记载，他们到过世界上许多地方，但"面积如此宽广、布局如此合理、大众如此之多、管理得如此井然有序的市场，他们尚未见到过"。[⑤]

美洲本土的传统可以追溯至公元前 1 世纪到 7 世纪的特奥蒂瓦坎，这座城市位于后起的特诺奇蒂特兰城以北 45 公里处，其影响远达东边的危地马拉一带的玛雅文化区域。特奥蒂瓦坎的布局也是网格状，广场是其重要节点。亡灵大道贯通城市南北，最北端是月亮金字塔，中间的东部是太阳金字塔，也是最大的建筑物，最南端的右侧是羽蛇神金字塔，位于南北大道与东西向大道的交会处，这些金字塔周围均有大型广场。[⑥] 与羽蛇神金字塔相对、位于亡灵大道左侧的也是一座广场，其规模最大，东西长 254 米，南北宽 214 米，西侧入口与西边的大道连接。[⑦] 可以看出，特奥蒂瓦坎城主要由广场和规则的道路构成，这种类型对后世影响极大，特诺奇蒂特兰在很大程

---

① 　D. Stanislawski, "Early Spanish Town Planning in the New World," pp. 98－99.

② 　G. Kubler, "Mexican Urbanism in the Sixteenth Century," p. 167.

③ 　J. E. Hardoy, *Pre－Columbian Cities*, Walker and Company, 2007, p. 190.

④ 　J. E. Hardoy, *Pre－Columbian Cities*, p. 173.

⑤ 　贝尔纳尔·迪亚斯·德尔·卡斯蒂略：《征服新西班牙信史》上册，林光等译，商务印书馆，1991，第 213 页。

⑥ 　S. Glassman, A. Anaya, *Cities of the Maya in Seven Epoche*, McFarland, 2011, p. 92.

⑦ 　G. L. Cowgill, *Ancient Teotihuacan: Early Urbanism in Central Mexico*, Cambridge University Press, 2015, pp. 81, 112.

度上便是延续了这种传统。此后兴起的特诺奇蒂特兰城，其城市形态、功能及分布与阿兹特克帝国的骤然兴起有很大关联。这座城市其实是一座移民城市，不断迁徙的阿兹特克人在特斯科科湖中间的岛屿上建造了这座城市。方位感和仪式感对于阿兹特克人而言非常重要，他们在此建城的依据便是坚信找到了正确的地方，城市的结构和布局体现了他们占有此地的合法性。到第八位王阿维索特尔（Ahuitzotl，1486~1502 年在位）时城市的布局已趋稳定，城市中心的大神庙进一步扩展，成为城市最神圣的区域，它所在的广场是封闭的，只有四座门供人们进出。这里成为阿兹特克帝国的核心，豪华而神圣的宗教仪式在此举行，它也是一个象征空间，成为帝国控制臣民和臣民认同帝国的权力符号。[1]

1522 年的墨西哥城规划依然主要是依靠西班牙人到来以前的城市的主轴线，虽然这时期棋盘格状特征还不够明显，[2] 但其中心广场恰是继承了此前阿兹特克人的神庙广场。

从时间顺序来看，美洲早已存在以中心广场为核心的规整的城市布局，西班牙人来到这里以后，虽然进行了大刀阔斧的建设，但更多的还是承继了当地的传统。米兰发展起中心广场结构是在 16 世纪中叶以后，而马德里则要到 17 世纪初。如此来看，这种城市形态似乎是从美洲传播到欧洲的。但是，美洲殖民城市整体的最终定型却又是在西班牙规划师乃至王室法令的强力影响及推动之下才形成的，而西班牙又受到意大利文艺复兴规划思想的影响。这就形成了一个悖论：在城市布局中，究竟是谁影响了谁？

四　不同空间的同一时间：文艺复兴城市规划思想的比较和联系

西班牙帝国在全球组建起了一个庞大的网络，而城市是这个网络中重要的节点，商品、货币、人员、思想在这个网络中任意流动，影响着帝国的各

[1] G. Gutiérrez, "Mexico – Tenochtitlan: Origin and Transformations of the Last Mesoamerican Imperial City," in N. Yoffee, ed., *The Cambridge World History*, v.3, Cambridge University Press, 2015, pp. 502 – 503, 508.

[2] O. Goerg, X. H. Lemps, eds., *La Ville Coloniale*, p. 43.

个部分，也改变着城市本身。米兰、马德里到墨西哥城、马尼拉，在 16 世纪都发生了重大的形态变化，一方面城市形态向矩形和棋盘格状转变，另一方面壮观的广场成为城市的中心。

这种格局传统一般追溯至 15 世纪的意大利思想家，一般而言可以分为三个要点：笔直的主街、棋盘格状的街区、以广场为主的封闭空间。① 15 世纪出现了新的城市建设方式，更加注重规则和秩序，监控和控制成为城市规划的重要目的。在意大利，出现了由领主主导规划的城市，如皮恩扎、乌尔比诺、费拉拉，都成为文艺复兴理想城市的典型。这些规划实践进一步推动了城市规划理论的总结。阿尔伯蒂（Leon Battista Alberti，1404－1472）在 1452 年完成《论建筑》，（De Re Aedificatoria，1485 年发表于威尼斯），他充分介绍了古代城市的对称性和规则性，② 推动古典城市形态的复兴。阿尔伯蒂认为，建筑和城市规划同等，城市规划就像建房子，需要将各个组成部分进行整合，合理配置街道、广场和建筑，以充分利用其功能，并显示出城市的尊贵。菲拉雷特在设计斯福尔扎城时，也注重向心性、对称和比例，他认为建筑的理论基础就是对称，而对称又决定比例，由此可以带来理性、强壮、审美的愉悦。③ 这时期的城市规划师推崇维特鲁威的理论，强调结构的对称和统一，要求建筑之间比例协调。这些理论早期主要用于单个建筑，后来扩展到建筑群乃至整个城市。④ 文艺复兴时期出现的理想城市，就是这种对对称和规则追求的结果。

意大利城市规划思想家的影响之大，以至于一般都认为这种思想是由殖民者从欧洲传往新大陆的。在征服美洲之初的 1513 年，西班牙国王费尔南多给佩德拉里亚斯·达维拉（Pedrarias Davila）的指令中就命其学习欧洲历史上的经验，在建立城市之前先建造街道，确立未来的广场和主要的建筑物，1519 年巴拿马城便如此建立起来。⑤ 新西班牙的第一任总督门多萨（Antonio de Mendoza，1535－1550）对阿尔伯蒂的著作很熟悉，他曾经为其

①　A. E. J. 莫里斯：《城市形态史——工业革命以前》上册，第 404 页。

②　D. Calabi, La Citta del Primo Rinascimento, Laterza, 2001, pp. 116－117.

③　D. Friedman, Florentine New Towns: Urban Design in the Late Middle Ages, Massachusetts Institute of Technology Press, 1988, p. 118.

④　G. C. Argan, The Renaissance City, G. Braziller, 1969, p. 21.

⑤　O. Goerg, X. H. Lemps, eds., La Ville Coloniale, p. 55.

《论建筑》作注解。1550 年，维特鲁威的著作开始在墨西哥流传。[①] 这些都推动了意大利城市规划思想在美洲的传播，但是，不能简单地将这种布局特色视为从欧洲向美洲的单线传播。

　　首先，各地的本土传统发挥了影响。譬如欧洲的传统、美洲的传统等，都会体现在各个城市中。这种形态结构的雏形是古罗马帝国建立的军营城市，之所以建造成东西向道路和南北向道路正交并在交叉处建有广场，是为了便于对新拓展的地区进行监视和军事化管理，当然也有出于便利实用的考虑。[②] 在欧洲，自 11 世纪、12 世纪的拓殖运动开始，也出现了矩形棋盘格与中心广场相结合的形态，并且流行于欧洲各地，如德国东部、法国南部、意大利中部、英格兰西部和威尔士一带，这些地方过去是人烟稀少的荒芜地区，被拓荒开发之后建造了大量的新城。[③] 法国西南部的艾格蒙特（Aigues-Mortes）、蒙帕济耶（Monpazier），德国东部的勃兰登堡，捷克的布杰约维采（Budejovice），意大利托斯卡纳地区的圣乔凡尼（San Giovanni）等新城，大都采取矩形和棋盘状街道格局，两条正交轴线的垂直相交处构成矩形广场。[④] 西班牙在美洲建造的一系列殖民城市可以看作中世纪新城的延续。但是，如果将视野放得更广，就会发现，美洲本土也有这种传统，特奥蒂瓦坎和特诺奇蒂特兰就是明显的例子，宽广的街道和大型广场的城市理念在这里也是根深蒂固。

　　其次，美洲比欧洲更早地表现出这种城市特征，并且影响到后者。就米兰、马德里、墨西哥城三座城市而言，米兰与马德里作为欧洲城市，在形态上的相似处是二者都曾以城堡为中心，并且城堡都位于城市的边缘区域，但这两个城市到 16 世纪中后期才转向以广场为城市中心的格局；在结构上，米兰与马德里最初都不规则，受到了中世纪早期欧洲有机生长的城市的影响。相比之下，美洲城市却在欧洲人到来之前就已经存在以广场为中心的规则形态和对称结构，很多城市表现出明显的矩形和棋盘格状。这种特征虽然在古罗马和中世纪新城早已出现过，但在欧洲并没有得到很大的推广，仅仅停留在思想层面，文艺复兴的城市建设理念是在美洲率先得到了发展。从 1502 年建造的圣

①　O. Goerg, X. H. Lemps, eds., *La Ville Coloniale*, p. 54.

②　L. A. Curchin, *Roman Spain: Conquest and Assimilation*, Routledge, 2014, pp. 107, 121.

③　L. Benevolo, *Histoire de la Ville*, Parenthese, 1983, p. 173.

④　K. D. Lilley, *City and Cosmos: The Medieval World in Urban Form*, Reaktion, 2009, pp. 49 - 50.

多明各，到 1511～1515 年建造的古巴圣地亚哥、哈瓦那，1519 年建造的巴拿马城、韦拉克鲁斯，1521 年的墨西哥城，1527 年的危地马拉、瓦哈卡，1532 年的基多，1533 年的利马……这些城市最早实现了文艺复兴的理念，即代表秩序的几何形的空间构造。另外，美洲本土传统中的巨大尺度的空间感也为这种理想模式的实现提供了历史的和现实的条件，如特奥蒂瓦坎和特诺奇蒂特兰的规则宏大的城市空间，就暗合了欧洲文艺复兴的理想城市理念。[1]

从时间上推断，马德里和米兰的城市建设主要从 16 世纪后期开始，晚于美洲城市建设半个世纪。在这半个世纪中，美洲殖民者亦不断将筑城经验介绍到欧洲。他们对美洲城市的秩序感和纪念碑式的建筑感到震惊，以至努力避免破坏当地的金字塔，从而使古代城市的宏伟气势传承下来，他们所做的记录也影响到了大西洋彼岸的欧洲，丢勒之所以提出理想城市的设想，就是由于接触到纽伦堡制作的一幅版画，而这幅版画恰恰受到了科尔特斯绘制的地图的影响。[2] 西班牙建筑师胡安·埃拉拉曾参与 1573 年西班牙针对美洲殖民地的《法令》的制定，将自己设计埃斯科里亚尔、瓦拉多利德广场和阿兰胡埃斯的经验加入其中。[3] 但是，胡安·埃拉拉在建造过程中受到菲利普二世的频繁指示，不得不按照国王的意思去设计，譬如建造埃斯科里亚尔时国王基本上全程参与了设计和建造。[4] 他对美洲建城情况的了解也影响到他对马德里城市规划的设想，因为美洲城市空间中体现出来的秩序和威严，恰好与西班牙君主加强权力的目标一致。在美洲的城市建设实践，激发了欧洲人的想象，使其以大手笔改造欧洲的城市。马德里的马约尔广场就仿照了 1573 年《法令》中对美洲城市广场的要求，虽然尺寸更小，但是结构和形态上完全遵守《法令》的要求。[5] 因此，可以推断出马德里的城市建设应当受到过美洲的影响。有的学者甚至认为，网格状城市规划先是在美洲复兴，然后才在欧洲被接受，因而这也是美洲对城市规划史的贡献。[6]

---

[1] 吉恩·弗朗索瓦·勒琼：《拉丁美洲"文明之城"的秩序愿景》，赵纪军译，《新建筑》2015 年第 6 期。

[2] S. Gruzinski, *Histoire de Mexico*, Fayard, 1996, p. 170.

[3] C. Wilkinson – Zerner, *Juan de Herrera: Architect to Philip II of Spain*, pp. 146 – 148.

[4] H. Kamen, *The Escorial: Art and Power in the Renaissance*, Yale University Press, 2010, p. 77.

[5] C. Wilkinson – Zerner, *Juan de Herrera: Architect to Philip II of Spain*, p. 156.

[6] R. C. Smith, 'Colonial Towns of Spanish and Portuguese America,' in *Journal of the Society of Architectural Historians*, v. 4, 1955, p. 3.

事实上，之所以在不同区域出现这种相似的情况，与帝国的跨区域统治以及不同区域之间的流动密切相关。从空间的维度看，正是由于帝国提供了跨区域流动的保障，相似的城市形态和规划思想才得以在不同地区传播，这种传播既可以是从西班牙到殖民地，也可以是从殖民地到西班牙。这表明宗主国在采纳某种规划思想时，不一定先在其国内施行，而是先放到殖民地去实施和检验，然后才在本国国内推广。因而，在跨区域的流动中，并不是从中心向边缘的单向流动，有时候也是一种反向流动。西班牙作为中心，可以从其帝国境内各个地方获得资源，美洲的财富和欧洲的传统都会纳入帝国中心。如建于 1563 年的埃斯科里亚尔皇室修道院就使用了美洲的木材、米兰的钢铁工艺技术以及佛兰德尔的挂毯作为其奢华的装饰，[1] 充分展现了西班牙开创的全球化时代使其获益颇丰，各地的经验都能够通过帝国的网络进行流动，通过城市空间可以表现出早期的全球化趋势。

事实上，帝国网络内的这种流动之所以成为可能，与西班牙帝国的政治体制有一定的关系。由于西班牙是 15 世纪末通过卡斯蒂利亚和阿拉贡等王国的联合发展起来的，原有的自治因素在国家体制中占有非常重要的地位。由于帝国极其辽阔，特别是美洲被纳入以后，管理不可能做到面面俱到，因此帝国采取了一套自治与集权兼容的制度。[2] 在卡斯蒂利亚以外的区域，王权的主要代理人是以卡斯蒂利亚贵族出身为主的总督，代表国王对意大利（西西里、那不勒斯、撒丁）和美洲（新西班牙、秘鲁）进行管理，他们通过王权的命令同地方特权斗争，尤其是联合国王的法庭同自治传统很强的地方势力博弈。[3] 在帝国内部，总督与宫廷中管理相关地区的委员会有密切的联系，如西印度委员会就监督新西班牙总督，防止其僭越国王的权力，同时也会就地方问题做出及时的反馈，以此创造出一个高效集权的帝国。[4] 在这个帝国中，虽然有中央集权，但也会充分照顾到地方利益。西班牙帝国的城市享有很大的自治权和自由，国王并不直接干涉，而是派代表列席城市自治会议，将地方事务交给地方精英去处理，给予足够的自治权，尤其是大城市，基本上都是通过城市管理者（corregidor）进行全权管理。

---

① 乔尔·科特金：《全球城市史》，王旭译，社会科学文献出版社，2010，第 102 页。

② J. H. Elliott, *Imperial Spain*, *1469 – 1716*, Edward Arnold, 1963, p. 157.

③ H. Kamen, *Golden Age Spain*, p. 30.

④ J. H. Elliott, *Imperial Spain*, *1469 – 1716*, pp. 166 – 167.

这种以城市为单位行使帝国权力的管理方式减少了冲突，也进一步增强了王权。① 譬如在米兰，西班牙仍是沿袭米兰公爵的传统，给予米兰很大的自治权。② 这就导致地方对帝国的中心会产生很大的反作用，地方的经验也会被介绍到帝国中心。城市作为物质文明的一种类型，帝国为其形态和结构的变迁提供了可能性。帝国的中心与边缘的关系应当被重新审视。一般而言，君主意志会强调从中央向边缘的辐射和渗透，表现在宫廷、都城对地方城市的影响。但是，中心城市对边缘城市施加影响的同时，也会受到边缘城市的反作用。帝国网络中的流动也会出现"回流"（counterflow）现象，边缘也会以某种方式反作用于中心。③ 故此，本文在考察欧洲的城市化时也与美洲进行比较，充分考虑到美洲因素对欧洲可能产生的影响。

五　结语

就城市发展的历程而言，虽然以广场为中心的棋盘格状的城市格局在古罗马帝国时期就已经出现，但是到古代晚期就都荒废了，城市在中世纪早期大大收缩，基本上是崎岖蜿蜒的道路构成了城市的网络。这一方面是集权力量的缺席使得城市可以自由发展，另一方面也是由于城市发展的动力在于商业，因地制宜和地形便利成为城市生长的因素。到 12 世纪以后，欧洲城市经历了从有机生长向秩序型发展的转型，出现了一批人为规划的新城，老城也开始被君主扩张和建设，正是在这个基础上，出现了关于城市空间规划的思想，文艺复兴时期恰恰是这种规划思潮风起云涌的时期。城市规划与权力因素相结合，为后来巴洛克时代的高度秩序感奠定了基础。但是，这种融合了秩序、理性的乌托邦模式在美洲才得到了最大程度的实现，甚至可以说，美洲大陆成为文艺复兴和巴洛克这些新文化的试验场。④ 在欧洲，从中世纪

---

① H. Kamen, *Golden Age Spain*, pp. 14 - 16.

② A. Gamberini, ed., *A Companion to Late Medieval and Early Modern Milan*, p. 49.

③ 格鲁津斯基提出了与"回流"类似的"反作用"（effets en retour）这个概念，他认为 16 世纪伊比利亚半岛的扩张不仅是从西方向世界各地的流动，同时也增加了"反作用"，信息、文本、翻译、证据都从世界各地汇聚到欧洲。参见 S. Gruzinski, *Les Quatre Parties du Monde*, Points, 2004, p. 71。

④ A. Rama, *The Lettered City*, Duke University Press, 1996, pp. 9 - 10.

到文艺复兴时期，尽管大量城市规划思想设想了理想城市的模式，但囿于现实条件而未能付诸实施，但这些宏大的设想在美洲得以实践，大尺度的、规则对称的、宏伟的建筑、广场、街道都最先在美洲殖民地建造起来，然后又影响到欧洲，与欧洲此时强大起来的君主权力结合，共同推动了新的城市样式的流行。在欧洲，文艺复兴时期又被看作走出了中世纪的现代性，因此，毋宁说这种带有现代性的城市理想是与美洲传统交汇后才得以实现的。①

在帝国与城市的关系方面，帝国将原本不相关的地方联系起来，意大利的米兰和美洲的墨西哥城竟是在西班牙帝国的统治下相遇的，并影响到了马德里。这种早期全球化带动了帝国内部的流动。正是在西班牙君主的统治下，意大利的文艺复兴城市规划思想才能够在帝国内部自由流动，另外也将美洲经验带到欧洲，本土的传统也都汇聚到这股早期全球化的洪流中，在君主的强制推行下，这时期的城市形态趋同。人们一般会认为帝国的统治将某种意识形态推广到无远弗届，从而表现出帝国的大一统或一致性，但是，各个地方的不同传统也对帝国起到反作用，为帝国的治理和统治提供了地方经验，从而使帝国表现出多元一体的特征。

本文所探讨的三个城市也反映了东西方之间的辩证关系。从全球史的视角可以看出，全球史中的流动和影响并非单向的，而是双向的。19 世纪起，民族国家和帝国的历史书写注重西方对世界的征服和扩张，强调西方的优势地位及其对外部世界的影响，强调单向输出，很少关注同步发展或回流的情况。到 21 世纪初，随着全球史的流行，欧洲以外的部分越来越受到人们的关注。② 研究葡萄牙帝国在东方扩张的苏布拉曼亚姆提倡"联结的历史"，他认为在看待跨区域的帝国时，不应只关注从中心向边缘的流动，而应当重视不同帝国和区域之间的接触、互动，以及它们的相互影响、改变。③ 研究西班牙美洲帝国的格鲁津斯基则将这种"联结的历史"进一步发展为复数，

---

① 吉恩·弗朗索瓦·勒琼：《拉丁美洲"文明之城"的秩序愿景》，赵纪军译，《新建筑》2015 年第 6 期。

② 剑桥大学出版社 2015 年出版的七卷本《剑桥全球史》（The Cambridge World History）就代表了这种研究最新趋势。亦参见朱明《城市与空间——欧洲中世纪城市史研究的新进展》，《史学理论研究》2017 年第 1 期。

③ S. Subrahmanyam, "Par‑de là L'Incommensurabilité : Pour Une Histoire Connectée des Empires aux Temps Modernes," *Revue d'Histoire Moderne et Contemporaine*, n. 54, 2007, pp. 50 – 53.

指出从局部到世界、从全球到地方，世界各地之间有多种流动方式。① 祛除了东方与西方对立的二分法，就会发现近代早期世界各地的历史进程有颇多相似之处，因此在"联结的历史"的基础上又会形成"共有的历史"（history shared，histoires partagées），这就进一步超越了以西方为主导的征服和扩张史的范式。② 只有着眼于全球视野，才会克服以西方为中心的等级性，破除欧洲的中心地位和神话色彩，才能更加客观、全面地认识帝国城市或全球城市的发展。

（原文刊登于《世界历史》2017 年第 3 期）

---

① S. Gruzinski, "Les Mondes Mêlés de la Monarchie Catholique et Autres 'Connected Histories'," *Annales*, *HSS*, v. 1, 2001, pp. 100 – 108.

② N. Canny, P. Morgan, eds., *The Oxford Handbook of The Atlantic World*, *1450 – 1850*, Oxford University Press, 2013, p. 2.

"新历史学家"对以色列传统史学的挑战

李晔梦[*]

20 世纪 80 年代中后期，以色列的大学校园里出现了一批知识精英，他们吸取了当代西方史学的一些新观念、新方法，对大量解密的档案文献和相关史料进行挖掘，结合以色列国家的现状和阿以长期冲突的实际情况，对犹太复国主义定格下的传统历史学进行了解构，这一群体被称为"新历史学家"（New Historians）。[①]"新历史学家"作为以色列历史学的一个新学派，不仅拓宽了学术研究的视域，而且体现了以色列社会文化的多元化发展趋向。对"新历史学家"进行分析与探讨，可以为我们研究后犹太复国主义思潮[②]、理解当代以色列社会提供一个特别的视角。

---

[*] 李晔梦，华东师范大学历史学系讲师，研究领域为犹太 – 以色列史、中以关系。

[①] 国内学者在介绍后犹太复国主义思潮时都对"新历史学家"有所涉猎，但缺乏系统研究，关于该主题目前尚无专著、专文出现。

[②] 犹太复国主义（Zionism，又译为锡安主义）兴起于 19 世纪中后期的欧洲犹太社会。一些犹太精英受欧洲民族主义的影响，率先提出犹太复国思想，代表人物是西奥多·赫兹尔（Theodor Herzl）。犹太复国主义是一种民族主义文化模式与政治运动，也是犹太人把宗教思想、自身的文化传统与"以色列地"紧密联系起来的一种意识形态，目标是在巴勒斯坦重建犹太民族家园。1948 年以色列建国后，犹太复国主义一直作为主流意识形态存在，也是工党制定内外政策的主要依据。后犹太复国主义（Post-Zionism）是 20 世纪 80 年代末期在以色列社会出现的一种新的社会文化思潮，以"新历史学家"为代表。他们围绕着以色列建国历史、犹太复国主义使命以及以色列的国家属性等方面进行审视与反思，呼吁通过修正犹太复国主义来解决以色列社会日益尖锐的族群分裂与政教冲突问题。

一

自 1897 年第一次世界犹太人代表大会在瑞士巴塞尔召开至今，犹太复国主义已经发展了一百多年，经历了多次的修正与融合，最终成为被多数犹太人所接受的主流意识形态，在以色列国家的建立和发展过程中发挥了不可替代的作用。然而，1948 年匆匆建立的以色列国家没有也不可能解决所有的问题，正如 1962 年英联邦大拉比伊曼纽尔·雅各博维奇（Immanuel Jakobovits）所指出的："以色列当然没有'已经解决犹太问题'……今天反犹主义的危险和以色列建国前一样巨大……犹太问题仍然没有解决，在可以预见的未来里也将仍然保持这样。犹太国家性并没有使流散世界的犹太生活'正常化'。相反，在某些方面，以色列给犹太人增加了过去从未存在过的许多新问题。"[1]

必须承认，即便是建国的狂喜之情也未能真正掩盖以色列社会本质性的差异与分歧，如何确立国家的性质，如何认定公民的身份等无不困扰着这个根基未稳的国家。尤其当独立战争尘埃落定，犹太多数派如何对待以色列阿拉伯公民，如何看待巴勒斯坦阿拉伯人的存在，既是民族问题、政治问题，又成了不可回避的国际问题，当时围绕这一问题形成了"拒绝派""安抚派""融合派"等多种观点。此后，这个国家经历的每一个重要的发展节点，都会激起一轮新的思想文化论争。随着理想主义热情的消解，一个个现实问题更加凸显，犹太复国主义的神圣光环也渐渐褪去。"在她的公民眼里，这个犹太国家正在从最初创建时的完美和奋进状态，逐渐恢复到一个世俗主权国家应有的状态中去。她在残酷的国际政治中的利益博弈，以及国内政治生活中不可避免的一系列不尽如人意之处，也渐趋暴露无遗。"[2] 旷日持久的巴以冲突加剧了以色列社会的分裂，围绕着边界、安全、定居点、耶路撒冷的归属等一系列问题，犹太人内部的争执也越来越尖锐。

20 世纪 80 年代，紧张的地缘政治环境与以色列国内的各种矛盾相互交

---

[1] Immanuel Jakobovits, *If only My People Zionism in My Life*, D. C: B'nai B'rith Books, 1986, p. 160.

[2] David M. Gordis, *Towards a Post-Zionist Model of Jewish Life Events&Movements in Modern Judaism*, New York: Rapheal Patai&Emanuel Goldsmith, Paragon House, 1995, p. 51.

织，一些知识分子对现实的不满情绪与日俱增，期望能从根本上找到停止冲突、化解危机的途径。与此同时，来源于西方的"多元文化主义"（Multiculturalism）浪潮也深刻影响到以色列，"美国与西欧政治文化不断增强的影响推动了以色列社会的自由趋势与民间组织的发展。对正常化——使以色列成为一个正常国家——的追求在不断增长，即与邻国实现和平相处，根据市场准则发展经济，将个人权利与自由作为最重要的价值，并成为代表境内所有公民的国家"。① 多元文化主义对以色列现行的文化熔炉政策构成了挑战，也正是在这样的历史背景下"新历史学家"学派应运而生。

"新历史学家"这个术语最早是由一些记者提出的，正式的引用与阐释始于本尼·莫里斯（Benny Morris）。② 他提出"旧史学"特指犹太复国主义主流的历史叙述，而"新史学"则是在挖掘新史料的基础上建构新的历史框架与叙事语境。1987年莫里斯在自己的一篇随笔《新史学：以色列面对其过去》（The New Historiography：Israel Confronts its Past）中第一次使用了"新史学"这个词语，并对新旧史学的不同之处进行了如下界定：旧的传统史学常常歪曲或者忽略事实，不利于年轻的犹太国家，新的史学就是要揭开政府的宣传面纱，重新呈现更真实的1948年巴以冲突和以色列建国时的历史场景，提醒人们应该从更理性的角度关注巴勒斯坦难民问题。③

"新历史学家"的奠基人物除了本尼·莫里斯之外，还有西姆哈·弗拉潘（Simha Flapan）、艾兰·佩普（Ilan Pappé）、阿维·斯拉姆（Avi Shlaim）、汤姆·塞格夫（Tom Segev）、希勒·柯亨（Hillel Cohen）等。西姆哈·弗拉潘是新史学的先驱性人物，他自1954年起担任左翼犹太复国主义政党"马帕伊"（Mapai）的全国领袖以及阿拉伯事务办公室的主任，并创办了中东研究季刊——《新展望》（New Outlook），该杂志后来成为"新历史学家"与其他学者争论的主阵地。他于1987年出版的《以色列的诞

---

① Angelika Timm，"Israeli Civil Society：Historical Development and New Challenges"，in Amr Hamzawy，ed.，Civil Society in the Middle East，Berlin：Schiler，2003，p. 87.

② 本尼·莫里斯，1948年出生于以色列的艾因·哈豪瑞（Ein HaHoresh）基布兹，他的父亲是信奉马克思主义的英国犹太移民。他从希伯来大学毕业后考取了剑桥大学的欧洲历史博士。1967年六日战争时，他入伍担当伞兵，还作为战地记者参加了以色列入侵黎巴嫩的战争。

③ 详见 Nur Masalha，New History，Post-Zionism and Neo-colonialism：A Critique of the Israeli "New Historians"，Edinburgh：Edinburgh University Press，2011。

生：神话与现实》（*The Birth of Israel*：*Myths and Realities*，New York：Pantheon Books，1987）一书是系统体现新史学的最早论著。艾兰·佩普①是“新历史学家”中最激进的学者，他强烈要求公正地描述以色列建国过程中巴勒斯坦的真实历史与阿拉伯群体的现实状况，认为以色列在战争中对阿拉伯人进行了种族清洗，并始终坚持应该在巴勒斯坦地区建立一个由犹太人和阿拉伯人共同生存的国家的方案。② 阿维·斯拉姆③于1988年出版了《跨过约旦河的共谋：阿卜杜拉国王、犹太复国主义运动和巴勒斯坦分治》（*Collusion across the Jordan*，*King Abdullah*，*the Zionist Movement and the Partition of Palestine*），该书重新审视了犹太复国主义者与约旦国王阿卜杜拉之间的长期接触，以及他们在巴勒斯坦难民问题中扮演的不光彩角色。④ 西姆哈·弗拉潘公开承认自己有亲巴勒斯坦的倾向，并长期致力于促进和解，反对冲突。“新历史学家”相似的成长经历在一定程度上影响了他们的思想，对阿拉伯语言与文化的了解是他们的共同点，基于理解之上的同情与关切成为他们树立新的历史意识的出发点，尽管这样的做法对于仍处在民族国家建构中的以色列来说无疑是有悖主流的。“新历史学家”认为以色列传统历史学说混杂了过多的意识形态色彩、学术种族中心论和经验记述，缺乏基本的客观性。

　　“新历史学家”的主张推动了在以色列社会中早已存在的修正犹太复国主义的倾向。此后，以其为代表的“后犹太复国主义”思潮逐渐进入了公众视野。从某种意义上讲，“新历史学家”是年轻的中产阶级利益的代言人，他们主要集中在沿海发达地区，生活条件较为优越，并未经历过大流散、反犹主义的迫害。对他们来说，以色列国是既定的事实，他们不愿意承

---

① 艾兰·佩普，以色列社会学家和历史学家。1954年出生于海法，18岁加入以色列国防军。退役后于1978年毕业于耶路撒冷希伯来大学，1984年获牛津大学历史学博士学位。1984~2007年任以色列海法大学政治学高级讲师，同时兼任海法埃米尔·多马巴勒斯坦和以色列研究所所长（2000~2008）。后因公开号召抵制以色列学术界而受到威胁，被迫辞职到英国埃克塞特大学担任历史学教授和民族政治研究中心主任。

② 艾兰·佩普：《现代巴勒斯坦史》，王健等译，上海人民出版社，2010，译者序，第2页。

③ 阿维·斯拉姆，著名英以关系教授，2006年被选为英国科学院院士，作品大多涉及以色列和邻国关系，出版了《铁壁——以色列和阿拉伯世界》（*The Iron Wall*，*Israel and the Arab World*，London：Penguin Books，2001）等著作。

④ Avi Shlaim，*Collusion across the Jordan*，*King Abdullah*，*the Zionist Movement and the Partition of Palestine*，New York：Columbia University Press，1988.

载祖辈们的精神重荷，更愿意接受一个与欧美模式相似的世俗社会，更多地关注个体的发展而不是仅把集体主义作为一种福祉。"新历史学家"不仅是后犹太复国主义思潮在学术界的重要体现，也为后犹太复国主义思潮提供了学术依据与理论支撑。

二

"新历史学家"把质疑的矛头直接指向以色列传统史学与传统犹太复国主义的核心价值体系，围绕以色列国家的合法性、国家属性以及官方历史阐释等方面展开了批判，并就如何形成民主国家的基础，如何建构新的国民身份认同，如何从根本上消解巴以矛盾等方面提出了自己的建议与主张。"新历史学家"从一出现就伴随着一系列的学术论争，并很快上升为政见纷争，引发分歧的关键点是：以色列仅仅是犹太人的安居所还是应该成为所有公民的稳定家园？以色列是否可以成为具有宗教性与民主性双重属性的国家？阿以冲突是不是一场非黑即白的冲突，持续冲突的责任是否应该单方面落在阿拉伯一方？以色列是否尽了最大努力争取和平？"新历史学家"的主要观点可梳理如下。

（一）

"新历史学家"与传统史学第一个交锋点是如何定位 1948 年战争，如何看待巴勒斯坦人的历史遭遇。以色列传统历史学一直把犹太复国主义运动的兴起、委任统治时期巴勒斯坦犹太社团的壮大，以及 1948 年战争是犹太人通过自身努力获得拯救、实现民族复兴的历史进程，作为主流话语。然而在"新历史学家"看来，以色列传统史学的目标一直聚焦于"制造国家"而非阐述事实。他们认为历史的真相是：以色列为了建国并改变巴勒斯坦地区的人口状况，不惜代价鼓励大批犹太移民进入，同时把以色列版图之内的非犹太人赶出去。在犹太复国主义史学的主流叙述中，对巴勒斯坦曾经的主人——巴勒斯坦人只字不提，体现了典型的"一族政治"（Ethnocracy）。他们指出：以色列政府拒绝承认 1948 年对巴勒斯坦难民的驱逐，主流历史学家所声称的巴勒斯坦人是受命于他们的领袖或者自愿离开，这完全是一种粉饰历史的说法。不可否认，以色列建国之后的几十年间，犹太人和巴勒斯坦人的历史书出现了两种截然不同的叙述。巴勒斯坦人把以色列描述成强权主义者、灾难的制造者；以色列的主流舆论则把巴勒斯坦人看作缺乏教养的敌对者，而把以色列定位为"公平和正义的新生国家"，是"被迫佩戴上剑的鸽子"。[①]"新历史学家"深切同情巴勒斯坦人的遭遇，斥责以色列政府拒绝承认错误、拒绝对难民进行赔偿的行为。他们进一步指出，很长一段时间内，主流历史学家的任务被定义为重现犹太复国的"神圣经历"，展示"民族奇迹"，并尽力避免把"巴勒斯坦人的遭遇视为一场人道主义灾难和民族悲剧，其叙述也大多聚焦于战争前后巴勒斯坦以外的阿拉伯世界的政治与军事动态"。[②]

为了使民众了解建国时期的历史，"新历史学家"从不同视角否定犹太复国主义为了凝聚国民认同而塑造出来的独立战争神话。阿维·斯拉姆把后犹太复国主义与以色列主流的历史编纂学的差异，归纳为以下五个方面。

第一，主流观点认为英国试图阻止犹太国的建立，而"新历史学家"则表示英国试图阻止的是巴勒斯坦国的建立。

第二，主流观点认为是巴勒斯坦人自愿逃离家乡，而"新历史学家"认为难民是被赶走或被驱逐的。

第三，主流观点认为当时巴勒斯坦地区的权力平衡有利于阿拉伯人，而"新历史学家"则指出，以色列无论在人力还是武器方面都占有优势。

第四，主流观点认为，阿拉伯人有一个摧毁以色列的协作计划，而"新历史学家"则强调，阿拉伯世界是分裂的，没有统一的计划。

第五，主流观点认为，阿拉伯人的不妥协阻碍了和平的实现，而"新历史学家"则认为以色列对和平困境应负主要责任。[③]

"新历史学家"把目光聚焦于建国时期巴勒斯坦社区被毁灭、建国之后阿拉伯人被强行驱逐的历史事实，并用三次驱逐事件来证明自己的观点。第一次是1948年建国时引发的"大灾难"（相对于巴勒斯坦人而言），强调以色列在建国过程中暴力驱逐了联合国分治决议所划定版图之内的巴勒斯坦人，从而出现了大量的巴勒斯坦难民，仅1948年以色列军队就驱逐了约一

---

①　Anita Shapira, *Land and Power*: *The Zionist Resort to Force*, *1881 - 1948*, Stanford : Stanford University Press, 1991.

②　杨阳：《以色列的后锡安主义思潮及其影响》，《西亚非洲》2010年第8期。

③　艾兰·佩普：《现代巴勒斯坦史》，译者序，第5页。

半的巴勒斯坦人，留下来的"巴勒斯坦人在自己的家园内转而成为受军事当局管制的少数民族"。[1] 第二次是 1967 年的六日战争，以色列闪袭阿拉伯邻国，占领了约旦河西岸和加沙地带，再次导致大量巴勒斯坦人流离失所。第三次是 1982 年以色列入侵黎巴嫩，占领了黎巴嫩三分之一的领土，其间还发生了臭名昭著的"贝鲁特难民营大屠杀"事件。本尼·莫里斯在 1988 年出版的《巴勒斯坦难民问题的产生，1947 ~ 1949》（*The Birth of the Palestinian Refugee Problem*，*1947 - 1949*）一书中指出，难民问题的产生源于犹太人的强行驱逐，以色列政府在建国过程中扮演了不光彩的角色，给巴勒斯坦人带来了灾难，应当对阿以冲突负主要责任，并以此认定犹太国家的建立就是原罪（Original Sin）。[2] "新历史学家"强调战争期间的驱逐大部分是通过暴力手段实施的，并认定在利达（Lida）、萨萨（Sasa）、拉姆拉（Ramla）等地都发生了屠杀事件，还伴随着抢劫和没收财产等暴行。这些事件究竟是事先预谋的还是战争造成的意外？对此"新历史学家"内部也有分歧。本尼·莫里斯等认为这些罪行源于战争氛围，是战争带来的负面后果；但艾兰·佩普等人更倾向于认定驱逐计划是犹太复国主义领导层在战前就做出的决定。总之，"新历史学家"一致认为以色列国的建立及其战争给巴勒斯坦人造成了严重的灾难，所不同的是对造成灾难的动因有不同的解读。

在"新历史学家"看来，虽然任何事物都有两面性，但犹太复国主义似乎更加深刻和明显地体现了事物两极的矛盾和对立。对于犹太民族来说，长达 1800 年的离散生活使犹太人饱受欺凌，没有家园、没有祖国的痛苦在一代又一代犹太人的心灵上刻下了沉重的烙印。犹太复国主义运动带领犹太人重回故地，重建国家，为犹太人赢得了一个赖以休养生息的家园。从这个意义上看，犹太复国主义毫无疑问是一场逃脱歧视、追求自由的民族自救运动。但是"硬币的反面"所反映的是巴勒斯坦人的痛苦和眼泪。对于世代定居的巴勒斯坦人而言，犹太人的大批进入意味着自由的失去、家园的失去、民族权利的失去。因此，从他们的角度看，犹太复国主义运动无疑是一

---

[1]　王铁铮：《后犹太复国主义评析》，《西亚非洲》2006 年第 2 期。

[2]　Benny Morris, *The Birth of the Palestinian Refugee Problem*, *1947 - 1949*, Cambridge：Cambridge University Press, 1988.

场剥夺其他民族权利的运动，在很大程度上是一场"殖民运动"，而以色列国家在其政治设计与组织形式上也体现了"殖民国家"的特点。① "新历史学家"的这种认识构成了对传统史学最根本的挑战，他们把以色列现在面临的冲突危机从根本上归结为犹太复国主义的殖民性与种族性，因此"它在道义上应受到责难，并带有先天性的弊病"。②

（二）

传统犹太复国主义的历史叙述把整个犹太人的历史划分为三大时期：古代时期、流散时期和民族复兴时期。而犹太复国主义的使命就是摒弃散居犹太人的劣根性，培育现代国民人格，塑造"新希伯来人"（New Hebrew）；以启蒙理性与现代化思想荡涤落后的巴勒斯坦地区，最终实现建成民族家园的梦想。以色列建国后利用犹太复国主义神话鼓励犹太人在贫瘠的荒漠上建造"沙漠绿洲"，用发展奇迹来激活民族热情，凝聚新的集体记忆。总之，犹太复国主义成了民族国家建构的强大动力，成了民族集体记忆的核心内涵。正如当代以色列历史学家诺亚·卢卡斯（Noah Lucas）所说的："以色列是一个新民族。像许多亚洲的政治共同体一样，它是一个植根于以宗教为形式的古老文化遗产的新民族。像今天许多其他新民族一样，以色列是用欧洲的手术在亚洲的腹部用剖腹产的方法诞生的国家。……从根本看，以色列是由一场民族运动聚集起来的移民人口组成的，这场民族运动决定了他们移民的基本原则，也决定了他们在定居社会中融为一体的意识形态结构。以色列成为一个国家的过程，给民族意识的发展方向带来了根本性的变化。犹太复国主义为了建立一个犹太国家，精心创造了一个犹太民族的神话。国家一建立，马上就成了创造以色列人这个新民族的工具。"③

"新历史学家"认为犹太复国主义在道德上缺乏合法性，因此必须予以

---

① 参见杨阳《以色列的后锡安主义思潮及其影响》，《西亚非洲》2010 年第 8 期。

② Ilan Pappé, *The Square Circle: The Struggle for Survival of Traditional Zionism*, in Ephraim Nimni, ed., *The Challenge of Post-Zionism*, London & New York: Zed Books, 2003, pp. 46 - 47.

③ 诺亚·卢卡斯：《以色列现代史》，杜先菊等译，商务印书馆，1997，第 402 ~ 403 页。

消解。① 他们认为，二战期间当希特勒实行"最后解决"政策时，犹太复国主义没有给予欧洲犹太人以应有的关注，"伊休夫"② 也没有投入应有的人力、物力采取积极的营救措施。灾难发生后，犹太复国主义运动的领导人却充分利用了国际社会对犹太人的同情，不断强化自身的"受害者"角色以继承大屠杀的"遗产"。在他们看来，犹太复国主义一方面继续滥用大屠杀，使之政治化、民族化，成为集体记忆的一个符号和建构认同的一种催化剂，另一方面又对幸存者采取了无视的态度，使他们在遭受失亲之痛后又面临着被自己梦寐以求的民族国家所边缘化、冷漠化的苦楚。"新历史学家"还强调说犹太复国主义在 1948 年建立时已经完成其意识形态使命，以色列社会进入新的历史阶段后，解构并超越犹太复国主义已成为新的时代要求，而他们"所做的一切就是为后犹太复国主义思想和观念提供引导"。③

在建国以后半个多世纪的发展历程中，犹太复国主义也经历了分化与重组的过程，新犹太复国主义（Neo-Zionism）的出现标志着犹太社会的深度分裂。新犹太复国主义是对传统犹太复国主义的极端化诠释，支持者主要是犹太教正统派、极端右翼民族主义者，大多来自右翼或极右翼党派，把建立神权政体作为以色列国家的最佳选择。新犹太复国主义兴起于 60 年代末期，其代表是"信仰者集团"（Gush Emunim）。④ 该集团主张对巴勒斯坦和阿拉伯采取强硬措施，并狂热推动在被占领土上的定居点建设。1973 年赎罪日战争的爆发导致执政近 30 年的以色列工党倒台，右翼反对党利库德集团赢得了大选。"大以色列计划"的支持者贝京内阁与新犹太复国主义理念不谋而合，不断在被占领土上制造既成事实，极大地激化了阿以矛盾，并最终导致了 1987 年 12 月的"因提法达"（Intifada）⑤ 运动的发生。新犹太复国主

---

① Ilan Pappé, "Post Zionist Critique on Israel and the Palestinians, Part1: The Academic Debate", *Journal of Palestine Studies*, Berkeley: University of California Press, 1997, p. 30.

② 伊休夫（Yishuv）的希伯来语原义为"居住""定居"，自 1882 年开始使用至今，后来引申为以色列建国前居住在巴勒斯坦的犹太社团。

③ Ilan Pappé, "Post Zionist Critique on Israel and the Palestinians, Part 1: The Academic Debate", p. 32.

④ "信仰者集团"是具有强烈原教旨主义和极端民族主义色彩的犹太右翼、极右翼集团，其精神领袖是以色列首任阿什肯那兹拉比亚伯拉罕·以撒克·库克（Abraham Isaac Kook）的小儿子兹维·耶胡达·库克拉比（Zvi Yehuda Kook）。

⑤ "因提法达"阿拉伯语字面意思为"摆脱""驱逐"，后特指 1987～1993 年巴勒斯坦人反抗以色列占领的武装起义。

义兴起后，以色列社会固有的宗教与世俗、传统与现代的矛盾更加凸显，犹太人内部弥漫着挥之不去的困顿与迷茫。实质上，宗教人士代表的新犹太复国主义与"新历史学家"代表的后犹太复国主义都是对社会现实的一种回应。所不同的是，前者尊崇的是宗教维度，而后者强调的是世俗维度，这恰恰构成了他们各自的特质，也预示着以色列社会固有的集体认同的分裂。

"新历史学家"及其代表的后犹太复国主义在兴起的过程中，始终把对犹太复国主义和新犹太复国主义的批评作为定格自我的参照物。"新历史学家"反对新犹太复国主义对犹太教中"神选子民"（Chosen People）和"应许之地"（Promised Land）① 历史观念的极度强化，认为这一观念恰恰导致了种族优越的心理，犹太人把非犹太人视为上帝拒绝拣选的人，后者也就因此成了道德上和精神上的次等人种。"新历史学家"强调，正是在神选论的特别语境下，长期遭遇种族主义歧视与迫害的犹太民族，恰恰成了种族主义的承载者与实施者，这种"大以色列主义"跟数千年来其他民族对犹太人的排斥如出一辙，这种做法无疑背叛了犹太人在历史上的惨痛经历。

（三）

以色列国家属性与公民认同问题是"新历史学家"又一关切点。1948 年，以色列国成立之时开国总理大卫·本－古里安（David Ben-Gurion）所宣读的《独立宣言》中明确表示："以色列国将按照以色列先知所憧憬的自由、正义与平等原则作为立国基础，将保证全体公民，不分宗教、信仰、种族和性别享有最充分的社会和政治平等权，将保证宗教、信仰、语言、教育和文化的自由，将保证保护所有宗教的圣地，并将恪守联合国宪章的各项原则。"② 以色列建国之时也赋予了国内近 20%

---

① "神选子民"和"应许之地"是犹太教的核心理念。"神选子民"出自《旧约·出埃及记》，犹太人认为自己（希伯来人）是上帝所拣选的人。而"应许之地"出自《旧约·创世纪》，据记载以色列人祖先亚伯拉罕由于虔敬上帝，上帝与之立约，让其后裔将拥有"流奶与蜜之地"——迦南（指的是约旦河以西地区，包括加利利海以南和死海以北地区）。

② *Encyclopedia Judaica*, Jerusalem：Keter Publishing House Ltd., 1971, Vol. 5, p. 1454.

的阿拉伯人以公民权。但实际上，犹太人在以色列国内是具有绝对统治力的主体民族和特权群体，犹太文化也成为以色列国家所传承的主要传统，犹太教成了以色列事实上的国教。因此，在"新历史学家"看来，20 世纪成长起来的以色列国家最根本的特征就是"犹太人的国家"，而这一属性表明以色列已经与《独立宣言》中所宣称的公正与平等原则渐行渐远，已经越来越背离"民主国家"的正常发展轨道，也是导致国内矛盾与冲突的根源性因素。

随着"新历史学家"与主流学者的论战逐渐从政治历史延伸进宗教文化领域，"后犹太教"（Post-Judaism）思想逐渐出现并进入公众视野，得到了一些世俗犹太人的拥护，支持者也包括巴勒斯坦裔的以色列公民、东方犹太人[1]以及一些不受重视的弱势群体。"后犹太教"时代是指走出犹太身份的羁绊，摆脱犹太教信仰的束缚，用"以色列人"的观念来代替传统的"犹太人"概念。在"新历史学家"看来，"以色列人"应该是一个具有开明思想、民主意识与国际认知力的国家公民，而不是一个狭隘的、封闭的、与现代世界格格不入的"犹太宗教信仰者"；以色列国家应当是一个自由、民主、和平的西方国家，而不是一个愚昧、落后的东方神权，而眼前的现实是"犹太国家的特点十分令人反感，也不合时宜"。[2]"新历史学家"强调，以色列的发展方向背离了早期建立现代世俗国家的目标，[3] 尤其是犹太教正统派的一贯主张就是把以色列改造成一个像伊朗一样的神权国家。在这片"祭司化"的国土上，恺撒与上帝并没有清晰的界限，宗教不仅影响着国民文化的塑造，还严重干预国家政治。如果以色列依旧作为犹太国家而存在，那么国民的挫败感和割裂感就无法弥合。20 世纪末在以色列流传着

---

① 东方犹太人移民指来自北非和中东而其祖先未曾居留德国或西班牙的海外犹太人，总数约有 150 万人。

② Meyrav Wurmser, "Can Israel Survive Post-Zionism?" *Middle East Quarterly*, Vol. 6, No. 1 (March 1999), pp. 3 – 13.

③ 在以色列建国之前，围绕着国家性质问题展开了激烈的争论，犹太复国主义运动的大部分流派主张未来的犹太国应以世俗国家的面貌出现。因此，《独立宣言》规定的基调是：公民不分宗教信仰，都可享受社会和政治平等；以色列人的目标是建设世俗国家而非神权国家；政府也没有从立法上明确规定犹太教为国教。详见张倩红《以色列史》，人民出版社，2008，第 258 页。

这样一本书——《弥赛亚①的驴》（*Messiah's Donkey*），作者施特菲·拉赫雷夫斯基（Seffi Rachlevsky）在书中描述道：在这个国家里，大多数世俗犹太人像驴子一样为虔诚的犹太教徒建设和看管这个国家，而犹太教徒们在为弥赛亚的到来做准备，世俗犹太人的地位随时会被取代。在他看来所有宗教极端思想的追随者都可以被认定为拉宾遇刺案的嫌疑人，因为他们"密谋接管以色列并把它变成一个落后的神权国家"。②"新历史学家"强调自身的存在就是为了阻止以色列国家继续逆转到黑暗的神权时代。

在公民身份认同问题上，"新历史学家"认为犹太复国主义的核心价值观无法使少数族裔形成真正的国家认同，以色列国家的象征符号也需要做相应的改变。事实上，以色列把象征犹太民族经历的大卫星旗作为国旗，把东欧犹太人渴望回归故土的《希望之歌》作为国歌，也的确很难想象以色列的非犹太信仰公民在这样的国旗和国歌下能产生多少民族自豪感；《回归法》欢迎散居世界各地的犹太人回归以色列，而一个1948年逃离海法的阿拉伯人却永远不能回到他们世代居住的城市。因此，以色列国家必须用博大的胸怀改变这一切。以色列的犹太人必须超越自己的宗教信仰和犹太认同，摒弃狭隘的民族主义和种族优越论，形成一种更加现代化的新的身份与价值认同，建设一种既保留犹太教的感召力，又能适应世俗化潮流的政治文化，从根本上缓解世俗与宗教的矛盾，这个国家才会获得新生与活力。因此在谈到以色列国家未来的走向时，"新历史学家"强调，以色列当前面临的问题不仅是国家认同，也包括宗教和文化的身份认同，主流意识形态所维系的是一个事实上的宗教国家，而作为一个宗教国家，在处理现代国家建构、阿以冲突以及国内民族关系时，无疑会陷入一个死循环。以色列的发展方向必须从单一民族的宗教国家，走向多元化的世俗国家；必须建立后现代的公民社会与现代化制度体系，只有这样才能真正实现自由民主的政治理想。

---

① "弥赛亚"指受上帝指派来拯救世人的救主。圣经预言有一位出自大卫的后代——名叫"弥赛亚"的领袖将来拯救犹太人。所以犹太教始终坚信并等待弥赛亚的降临，并带领以色列全民回归耶路撒冷。一些极端正统派犹太人认为现代以色列国的建立是犹太复国主义者人为干涉的结果，不是期待中的弥赛亚的自然降临，与犹太教的教义不符，所以他们拒绝接受世俗的以色列国家。

② Meyrav Wurmser, "Can Israel Survive Post-Zionism?" pp. 3 – 13.

表 1　"新历史学家" 的核心思想

	"新历史学家"		"新历史学家"
成员概念	公民	时间认同	当下与很近的未来
身份认同	以色列人	文化取向	普遍主义
价值认同	个人主义	政治文化	实用主义
空间认同	以色列国	政治表现	有限（边界）运动[①]

资料来源：Uri Ram，"Postnationalist Pasts：The Case of Israel"，*Social Science History*，Vol. 22，No. 4，Special Issue：Memory and the Nation（Winter 1998），p. 527。

此外，"新历史学家" 还就美以关系提出了建议，认为现存的美以特殊关系 "绑架" 了以色列，以色列不得不在美国的中东战略与反恐需要之下谋划自己的内政与外交，从而在很大程度上损害了以色列作为中东地区唯一民主独立国家的形象。未来的以色列必须建立与美国的新型关系，重新评判构成中东地区稳定与发展、动荡与破坏局面的诸多因素，重新营造一种能够给犹太人、巴勒斯坦人带来共同福祉的地缘政治环境。

三

"新历史学家" 及其代表的后犹太复国主义观点一出现就引起了轩然大波。以色列传统历史学家勃然大怒，指控 "新历史学家" 肆意编造历史，丑化犹太复国主义。在大学校园、学术界乃至整个社会引发了一场持续的大论战。支持者与反对者在媒体报刊上 "激烈战斗"。英国伦敦大学国王学院的犹太裔教授埃弗拉伊姆·卡什（Efraim Karsh）在《中东季刊》（*The Middle East Journal*）上撰文称："新历史学家" 通过严谨且系统地扭曲档案证据来编造以色列的历史，目的是制造自己的形象。海法大学历史学教授约阿夫·盖尔博（Yoav Gelber）认为后犹太复国主义的追随者并未真正地了解这个犹太国家的历史和阿以冲突的根源，其观念只能是昙花一现，最终必

[①]　有限（边界）运动（Yesh-Gvul）是 1982 年黎巴嫩战争期间由以色列退伍军人发起的和平运动，反对以色列扩张领土，他们的口号是："我们不再枪杀，不再哭泣，不在被占领土上服役！"（We don't shoot, we don't cry, and we don't serve in the occupied territories！）

将走向消亡。① 更有学者认为"新历史学家"是为了迎合逐渐复苏的反犹太主义，想最终成为以色列国家的瓦解者、以色列社会的掘墓人。

　　然而，支持者认为"新历史学家"在以色列国内掀起了一场前所未有的"史学革命"，他们没有盲目地迎合主流传统史学，给沉闷的以色列社会带来了一股清新的空气，是以色列学术自新与社会进步的希望，同时也给以色列的学术界带来了巨大的警示：应当更加冷静和理性地看待犹太复国主义，更加公正地评价和阐述以色列的历史。巴勒斯坦裔美籍学者爱德华·赛义德（Edward Said）在《新历史，旧思想》（*New History, Old Ideas*）一文中赞赏了"新历史学家"严谨的调查研究和破除旧习的勇气，同时批评巴勒斯坦和阿拉伯历史学家未能重视后犹太复国主义的研究方法，也呼吁巴勒斯坦和阿拉伯史学家应当更深入地探索类似的研究，即对自身神话和国家理念的批评性研究。英国新马克思主义历史学家佩里·安德森（Perry Anderson）则认为"新历史学家"及其引发的后犹太复国主义思潮成为颇受欢迎的学术新进展，同时肯定了"新历史学家"对传统的质疑和对权威的不妥协。但无论赛义德还是安德森都指出"新历史学家"勇于提出质疑和研究问题，但面对现实问题时不擅长做出具有建设性的结论。

　　"新历史学家"的某些主张已经跨出大学校园蔓延到以色列社会，并产生了潜移默化的影响力。越来越多的文学、艺术、影视作品百花齐放，不再局限于千篇一律的民族宗教题材，舆论与社会媒体也竞相报道持不同意见者的观点，反映了以色列社会正在向更现代、更开放的方向发展。在以色列政界，"新历史学家"的一些建议与主张也获得了认同。例如，拉宾政府时期的教育部副部长米莎·戈德曼（Micha Goldman）就曾建议更换以色列的国歌和国旗。② "新历史学家"所属的后犹太复国主义阵营与以色列国内的和平主义运动相互推动，给以色列历届政府造成了不得不面对的压力，迫使领导人采取一定的措施软化矛盾。2003 年 12 月，当中东和平路线图计划停滞不前、巴以暴力局势恶化之时，巴勒斯坦和以色列的一批民间人士发出了

---

① 参见 Yoav Gelber, *Nation and History*: *Israeli Historiography between Zionism and Post-Zionism*, London: Vallentine Mitchell, 2011。

② Meyrav Wurmser, "Can Israel Survive Post-Zionism?" pp. 3 – 13.

《日内瓦倡议》，以方的发起人是"奥斯陆协议的设计师"、副外长约西·贝林（Yossi Beilin），一些被贴上"新历史学家"标签的专家学者参与了该倡议书的起草。

20 世纪末的十多年时间是"新历史学家"所引发的后犹太复国主义思潮的黄金时期，跨入新的千年以后，舆论导向出现了一些明显的变化。2000年 7 月，美国、巴勒斯坦和以色列三国领导人在戴维营历经了 15 天的艰难谈判，最终一无所获，导致巴以和谈严重破裂。同年 9 月，鹰派人物阿里埃勒·沙龙（Ariel Sharon）强行进入伊斯兰圣地阿克萨清真寺，导致了新一轮旷日持久的巴以流血冲突。2001 年 3 月，沙龙当选以色列总理，随即对巴勒斯坦采取了一系列强硬措施，巴勒斯坦激进组织也针对以色列实施了多起恐怖活动作为报复，极大地影响了以色列社会的稳定。至此巴以矛盾再次尖锐，宗教极端主义者和新犹太复国主义重新占据上风，鼓吹以牙还牙，严厉制裁巴勒斯坦，得到了民众的极大支持。同年，时任教育部长利莫尔·利夫纳特（Limor Livnat）决定取缔教育体统中有受后犹太复国主义影响之嫌的所有教科书，以色列议会联盟领导人也呼吁将后犹太复国主义学者赶出大学。[1] 以色列社会中的和平主义者、后犹太复国主义者、力主以"土地换和平"的温和人士遭受了极大的挫败情绪，"新历史学家"也饱受官方的排斥与同行的非议。但时至今日，他们所提出的问题依然是以色列社会最棘手、最敏感的问题。2014 年 5 月 1 日，以色列总理内塔尼亚胡（Netanyahu）表示要将"以色列是犹太人的民族国家"这一说法写入宪法。6 月，以色列 3 名犹太青年遭到巴勒斯坦极端组织哈马斯绑架并杀害，巴以冲突再度升级。7 月，以色列对巴勒斯坦发动"防务之刃"军事行动，巴以冲突持续激化，也坚定了内塔尼亚胡强化以色列"犹太属性"的决心。11 月 23 日，内塔尼亚胡提出的"犹太国家"法案获得内阁批准，该法案要求将以色列的定义从"犹太民主国家"改为"犹太民族国家"，还包括以犹太法律为立法基础、取消阿拉伯语的官方地位等内容。该法案的出现使以色列有关国家属性的争论又一次甚嚣尘上，引起了以色列少数族裔及和平人士的极大不满。

本文认为，以色列以"新历史学家"为代表的社会精英用多元文化主

---

[1]　艾兰·佩普：《现代巴勒斯坦史》，第 248 页。

义作为武器，提出了一系列批判性的观点。从实质上看，作为对传统犹太复国主义的一种异质性表达，"新历史学家"的本意不是要推翻先辈们历尽艰辛建立起来的犹太国度，不是为了开始新的历史，"不是为了创造一个新的不受任何意识形态倾向影响的历史编撰，而是为了寻求在其中注入反面的叙述，最终目的是以色列的重建而不是毁灭"。① "新历史学家" "迫使传统犹太复国主义者变更或更加清楚地重新界定他们对以色列人和犹太复国主义者的理念，同时对以色列政治制度的地位及其特征做出新的评价"，② 这也是对以色列当时日益恶化的地缘政治环境和国民身份认同所做出的积极回应。"新历史学家"打破了以色列学术界的许多禁忌，致力于梳理巴以冲突的根源与责任，重述巴勒斯坦历史，关注阿拉伯人的生存状况，质疑以色列建国的合法性，希望以色列能够正视历史，以一种更加务实、诚恳的态度解决巴以和阿以冲突。他们所表现出来的人道主义与和平主义情怀获得了广泛的好评，也在一定程度上慰藉了以色列阿拉伯人的精神世界，对于化解冲突、软化矛盾起到了积极的作用，也有助于增强以色列阿拉伯公民的国家归属感。"新历史学家"对和平运动的执着，使世人看到了巴以和解、中东和平的一线希望，同时也反映了以色列社会部分精英急于摆脱"犹太特殊论"的羁绊，渴望以色列成为正常公民国家的良好愿景。作为以色列社会中的一个少数群体，"新历史学家"及其倡导的后犹太复国主义，尚不具备与主流社会抗衡的经济与政治实力，也没有对"主导文化"（Dominant Culture）构成现实的威胁，但确实加大了社会的开放程度。

不能否认的是，"新历史学家"低估了民族国家建构的复杂性以及以色列社会的特殊性，对犹太复国主义核心理念的否定注定其无法获得多数民众的支持；"新历史学家"过多地致力于批评与质疑，缺乏必要的理论建构与现实措施，致使其一直没有形成完整的思想体系。"新历史学家"对多元文化主义的推崇增加了以色列社会的不稳定因素，一定程度上弱化了公民的国家认同，加剧了族群分裂，也对少数年轻人产生了负面影响。例如，1988年海法大学的文学硕士泰迪·卡茨（Teddy Katz）在其硕士论文中采用口述史的方式编造国防军第三旅在1948年战争中屠杀阿拉伯村民的罪行，引起

---

① 转引自 Meyrav Wurmser, "Can Israel Survive Post-Zionism？" pp. 3 – 13。
② 王铁铮：《后犹太复国主义评析》，《西亚非洲》2006年第2期。

了该旅老兵的控告，成为轰动一时的事件。① 不仅如此，一些"新历史学家"为了表达自己的诉求，对一些重大历史问题的评判往往因矫枉过正而走向极端。如艾兰·佩普就简单地把犹太复国主义运动定义为殖民主义运动，认为"没有什么能与锡安主义者带来的殖民力量相比"。② "新历史学家"还提出了关于大屠杀的伦理质疑，从而触动了以色列社会最敏感的神经。汤姆·塞格夫在自己的作品中声称：犹太复国主义利用大屠杀来推进自己的政治目标，他们期望更多被驱逐的犹太人流亡至巴勒斯坦，从而推进"伊休夫"的建设。③ 这些观点显然是值得商榷的。极左翼"新历史学家"的过激主张无疑大大伤害了犹太人的民族感情，也给以色列社会增添了诸多的不安定因素。

（原文刊登于《史学理论研究》2015 年第 2 期）

---

① 这名学生在被起诉后，先是撤回了研究报告并承认伪造，又于次日否认了前日的决定，引发了以色列学术界和法律界的极大争论。详情参见艾兰·佩普《现代巴勒斯坦史》，第 248 页。

② 艾兰·佩普：《现代巴勒斯坦史》，第 35 页。

③ 有关以色列建国初期对大屠杀的政治化利用参见 Tom Segev, *The Seventh Million：The Israelis and the Holocaust*, New York：Hill and Wang, 1993。

德国史

中国学术界对德国历史的若干认识误区

郑寅达[*]

德国在当今世界，尤其在联合起来的欧洲中，正在起着独特的作用。从历史上看，自中世纪以来，德国在欧洲的发展进程中也起过非常重要的作用。然而受诸种因素的影响，中国学术界对德国历史存在若干认识误区。这些认识误区不仅干扰了国人对德意志前人的理解，还会影响对当今国际形势的把握。前阶段，笔者借独立写作德国通史著作的机会，对德国历史做了一次较为全面的梳理，产生了一些想法，借此文与学者们共同探讨。

一 关于神圣罗马帝国

德国在工业化和民族国家形成方面，落后于英法两国。我们正确地把它归入后起资本主义国家的行列，并认为正是这一"后起"性，推动它在瓜分世界的热潮中具有一定的疯狂性，在完成统一后不到 20 年，即放弃了俾斯麦的"大陆政策"，改而推行"世界政策"，追求"阳光下的地盘"，导致第一次世界大战爆发。在 19 世纪末期以前，德国一直落后于英法等国吗？它的"世界政策"仅仅导源于后起国家的疯狂性，或者是帝国主义国家追求原料产地销售市场乃至殖民地的具体表现吗？这牵涉到对神圣罗马帝国的

* 郑寅达，华东师范大学历史学系教授，中国德国史学会会长，主要从事纳粹德国史研究。

认识。

中国学术界经常把神圣罗马帝国同伏尔泰的评价联系在一起：既不神圣，也非罗马，更非帝国。中世纪的德意志人同这样的"怪胎"联系在一起，似乎必定会处于落后状态。其实，伏尔泰作为 18 世纪的启蒙人士，他所处的环境是欧洲民族国家正在崛起，评价的对象是处于末期的神圣罗马帝国，使用的标准是反对天主教会的启蒙思想。

实际上，神圣罗马帝国在形成初期，由于基督教和上帝而"神圣"，由于承袭古罗马的光辉而"罗马"，由于地位高于一般王国、具有国际性威权而成为"帝国"。其最早的源头，可以追溯至 800 年查理一世被罗马主教利奥三世戴上恺撒的金色冠冕，并获得刻有"罗马帝国再生"字样的帝玺，其正式称号为："上帝所祝圣的最和蔼的奥古斯都，罗马人民伟大而爱好和平的皇帝，上帝恩赐并为之祝圣的法兰克和伦巴德国王"。到 962 年，奥托一世（旧译"鄂图一世"）以德意志国王的身份接受皇冠，得正式称号"皇帝奥古斯都"时，德意志人的欧洲霸主地位就更加明确了。以后，皇帝及国家的名称继续发生变化。奥托二世逐渐推出"帝国"的概念。奥托三世为了对抗拜占庭政权要求代表整个罗马帝国的主张，使用了"罗马皇帝"的称号，并经常在正式文件中使用"罗马帝国"的名称，在帝玺侧面刻上"复兴的罗马帝国"铭文。巴巴罗萨执政时期，为了同"神圣教会"抗衡，从 1157 年开始，使用了"神圣帝国"的名称。此后"神圣帝国"和"罗马帝国"两个名称合并，成为"神圣罗马帝国"。

当时使用的"皇帝"称号，同中国秦朝开始使用的称号，以及 18 世纪以后欧洲等地使用的称号，含义是不同的。当时的皇帝并不一定同帝国的领土捆绑在一起，从理论上说，神圣罗马帝国的帝冕可以为一个在世界上没有一寸土地的骑士所获得。皇帝是"世界之主"，但是"就所有权而言，他就不是了"。① 皇权没有固定的地域范围，其行使权力的对象不是万物，而是上帝所创造的人。普天之下只能有一个皇帝，他是上帝的代理人，又是全人类的代表。皇帝在法理上具有三大任务：代表着宗教的统一；是国际仲裁者和调停者，有责任和义务维持世界和平；是法律和正义的象征。从理论上说，欧洲各国君主都可以成为神圣罗马帝国的皇帝，但实际上，皇冠经常戴

---

① 〔英〕詹姆斯·布赖斯：《神圣罗马帝国》，孙秉莹等译，商务印书馆，1998，第 169 页。

在德意志君主的头上。

德意志人通过神圣罗马帝国，获得了普天之下最神圣的权力。按照当时的说法，耶稣基督曾经把权力授予彼得，而彼得又把权力传给教皇，教皇通过加冕授予了世界之主。由于加冕典礼在罗马举行（以后则转到亚琛等地），皇帝又能据此获得来自罗马的权力，这一权力直接来自上帝，因为上帝曾授权罗马人统治世界。然而，辉煌的背后是各种负面因素，正是这些负面因素，给以后德国的历史带来很多麻烦。其一，德意志人通过神圣罗马帝国，在发展初期就获得了"世界第一国"的地位，造就了强烈的民族优越感，缺乏危机意识，易于沉湎于内部打斗，尤其容易为了争夺皇位而在德意志人内部纵横捭阖。在近代形成民族国家的浪潮中，原先偏安一隅的英国和法国逐渐占据领先地位，德国反而落后，其根源与此有关。其二，巨大的荣耀往往伴随着巨大的义务，德意志国王兼领了神圣罗马皇帝，就不能仅仅专注于德意志的事务，必须经常奔波于罗马和其他各国之间，不时出兵平息意大利的动荡，甚至需要率领整个基督教世界实施"东征"，时间一长，疲于奔命，掏空了自己的基础。其三，神圣的皇冠由教皇加冕，将罗马教会的势力引进了德意志的政治生活，造成绵延数百年的政教之争，严重损害了双方的威望。同时，由于皇冠必须由罗马教皇加冕，同德意志王国相关联的是整个天主教世界，因而它不可能像日后的英法那样，把国内的教会势力置于王权之下，德意志国王必须永远同天主教势力平起平坐。其四，德意志国王为了有效地抗衡教皇，常常向国内的邦君让步，使诸侯势力逐渐坐大，甚至造成尾大不掉之势。

二 关于德意志特色

中国史学界普遍认为德国在历史发展进程中具有自己的特色，那就是重秩序守纪律、专制独裁、尚武好战。正是这些特色，导致了它在完成统一并发展壮大后，就急切地向世界霸权伸手，导致了第一次世界大战，又在第一次大战后，导致了法西斯的孕育发展，最后悍然发动第二次世界大战。至于这一特色的来源，则同德国统一的道路有关：普鲁士用王朝战争的手段统一了德国，把普鲁士的特色推广到全德国。在笔者参与编著的《德国史纲》中，曾引用了马克思对普鲁士精神的描述："你每迈一步，甚至只是走动一下，都要受到万能的官僚制度这个纯粹普鲁士土生土长的第二天神的干涉。没有《oberigkeitliche Erlaubnis》，即没有当局的许可，你不能生、不能死、不能结婚、不能写信、不能思想、不能出版、不能做买卖、不能教书、不能学习、不能集会、不能开工厂、不能迁徙，什么都不能做。至于科学和宗教自由、取消领主裁判权、废除等级特权……都纯粹是瞎说。"[1]

我们对普鲁士精神的这种解读，引起了国内部分学者的反对，出现了几篇重新解读普鲁士特点的文章。[2] 部分德国学者，如歌德学院中国总院院长米歇尔·康·阿克曼（Michael Kahn-Ackermann）在 1990 年的中德学者双边讨论会上一再强调，普鲁士人与其他德意志人没有什么两样。

就普鲁士特色来说，笔者经过考察和思索，认为是不容否定的，尤其在发展道路和国家精神方面。当然，这里所指的普鲁士，应该是弗里德里希大王执政前后的普鲁士，既不是早期的普鲁士人，也不应该包括领土急剧扩大后原属西部的地区。普鲁士具有高效的官僚制度、浓厚的尚武精神，重视履行职责和义务，等等。"开明专制主义"尽管在德意志其他邦国也逐渐显现，但是在普鲁士表现得更为明显。形成这些特色的原因，既同普鲁士的地理位置和发展进程有关，也受到了普鲁士开国初期三代君主（弗里德里希·威廉、弗里德里希·威廉一世和弗里德里希大王）的个性、理念和治国方略的影响。普鲁士地处神圣罗马帝国的东北边陲，远离德意志的发展中心，地广人稀，荒蛮穷困，被称为神圣罗马帝国"铁罐里的一只陶罐"。日耳曼人刚登上欧洲舞台时，社会结构上实行军事民主制，作战在部落生活中占据重要的地位。神圣罗马帝国的主体部分，在先进的罗马文化的间接影响下，并由于自身的发展逻辑，逐渐改变了祖先的生活方式，缓步进入中世纪后期，而偏远的普鲁士，则比其他地区更多地保留着祖先的生活方式。此外，普鲁士邦国的发展不是由民众融合所推动的，原先彼此分散的领土，通过统治者的长年征战，逐渐组合起来，统治者需要不断强化绝对主义王权，以遏制地方主义势力。

---

[1] 孙炳辉、郑寅达编《德国史纲》，华东师范大学出版社，1995，第 28 页。

[2] 任国强：《关于普鲁士历史评价的重新思考——对盟国管制委员会第 46 号令的驳正》，《德国研究》2004 年第 3 期；《对普鲁士历史评价中主流观点的反思》，《德国研究》2006 年第 1 期。

　　然而，在普鲁士精神和德意志特色两者之间，似乎不能画上等号。古代中国由秦始皇完成统一，但秦国的精神并没有成为华夏文明的精髓。不少德国人所津津乐道的"不东不西"的德意志特色，正在引起我们的关注和思考。也许德意志特色不是几句话所能概括的，但以下内容似乎必须包含其中：根深蒂固的"世界意识"或"世界情怀"，"敢为天下先"的精神和霸主意识；在国家的层面上（而不是邦国层面上）强调联合而不是融合，更反对形成铁板一块式的统一，强调地方分权（这与普鲁士精神相悖）；共同体意识，强调内部协调而不是斗争，其中又可以派生出其他特色——基于古代军事民主制的日耳曼民主，强调统治者既要身先士卒，又要当一个好家长，而被统治者要当一个好下属；等等。在这方面，德意志人更多地保留了人类发展早期的军事民主制传统，而在近代的发展中，由于很长时间没有形成统一的民族国家，因而缺乏在国家层面上加强融合的条件。然而，在国家没有实现融合的同时，各邦国内部却出现了"小邦专制主义"。由此可见，随着时间的推移，当德意志人拥有了融合的条件时，他们也会进一步凝聚在一起。

　　与德意志特色相关的还有两个问题。第一个问题是，谁是德意志人的代表？1871年普鲁士统一德国，甚至1866年普鲁士战胜奥地利以后，答案无疑是普鲁士。在此之前呢？国人对奥地利有一些认识误区，忽视了它在相当长时间里曾经是德意志大帝国的领袖。自1438年到1806年神圣罗马帝国消亡这368年中，除了为时三年的插曲，都是由奥地利君主担任神圣罗马帝国的皇帝。即使在1815年以后存在的"德意志联邦"中，为首者也是奥地利。从神圣罗马帝国末期起，德意志人中存在三股较为强大的势力，即奥地利、普鲁士和紧邻法国的"第三德意志"。第三股势力，由于直接追随法国，在民族情感方面是失分的。而普鲁士在相当长的时间内，实力和影响都不能同奥地利相比。在普奥争雄初期，普鲁士的领土仅为奥地利的1/6，人口仅为奥地利的1/3。只要奥地利愿意，它可以长时间地充当德意志的领袖。它的困境，在于控制范围远远超出了德意志的范畴。当时的奥地利大公国，2/3的领土在德意志王国之外，包括匈牙利、波希米亚和勃艮第。它的梦想，是以大公国（以后改称奥地利帝国、奥匈帝国）为基础，稳坐德意志皇帝的宝座，再以两者为基础，成为欧洲霸主（这种设计具有浓厚的德意志特色，但相悖于普鲁士精神）。然而这一设计，不符合当时组建民族国家的欧洲潮流，当以普鲁士为首的其他德意志人要求它在两者之间做出抉择时，它竟选择了自己的帝国，从此离开了德意志的主体。笔者在访德期间，曾经同 Gerhard Schildt 教授讨论过此事，一致认为如果德意志的统一由奥地利来实施，近现代德国的对外形象将大为改观。对德国历史涉足不多的读者，如果回味一下电影《茜茜公主》三部曲所反映的哈布斯堡王室的形象，以及莫扎特、贝多芬时代的维也纳，也许也会产生同感。

　　与德意志特色相关的第二个问题，是德意志民族的两重性问题。不少人认为，德意志民族在善和恶两方面都爱走极端。从一个侧面看，他们思想深刻，崇尚理性，守纪律，讲秩序，做事认真，有为天下人勇挑重担的世界情怀；但从另一个侧面看，他们崇尚权威和武力，经常会在世界上成为"问题民族"，一有机会就会发动对外战争，给周边国家乃至世界带来灾难。对这一现象，一种解释是强调该民族在历史发展中继承了两种遗产：一种是军国主义和集权主义的，主要表现就是普鲁士精神，以后被俾斯麦、威廉二世、希特勒所继承和张扬；另一种是以歌德、席勒为代表的人文主义精神，追求民主、自由和人道。[①] 但是真理再向前走一步，就可能变成谬误。有学者认为这两种遗产分别由两种人承载着，"这个国家的历史就像一辆双层公共汽车，文化生活和政治生活有着各自的发展道路，上面一层乘客极目远眺，饱览美丽风光，但不能影响汽车的方向，因为坐在下层的掌握方向盘的司机根本无暇顾及他们"。[②] 这一比喻是生动而形象的，但经不起深究：某个德国人作为个体，要么坐在上层，要么坐在下层，不可能两层都坐，也没有中间层。这样是否会陷入"好人坏人"的绝对化思维？也许更可能的是，与世界上其他人群一样，德意志民族的各个成员也都具有两重性，"一半是天使，一半是魔鬼"，不过彼此之间两者所占的比重有所不同而已。

三　分治与分家

　　德、法、意三国的前身都是法兰克王国，该王国经过长期运转，逐渐

---

① 张沛：《凤凰涅槃：德国西占区民主化改造研究》，上海世纪出版集团，2007，第 242 页。
② 〔德〕艾米尔·路德维希：《德国人：一个民族的双重历史》，杨成绪等译，东方出版社，2006，第 2 页。

走向分裂。在这一过程中，843 年签订的《凡尔登条约》①起了较为特殊的作用。然而国内史学界在论述这一问题时，存在两个倾向：一是叙述过于简单，忽视了分治与分家的区别；二是过于强调《凡尔登条约》的作用，似乎一切都是它惹的祸。②其结果是引起国人对法兰克人治国能力的怀疑。

　　古代日耳曼人中，只有汪达尔人实行"长子继承权"，而包括法兰克人在内的其他各部族，都实行一种起源于氏族制度的亲属所有制原则。人们普遍认为，包括国王在内的首领们具有某种神性和魔力，这种神性和魔力会均等地遗传给他的每一个儿子，他们只要在田间行走一趟，谷物就会丰产，他们能够听懂鸟语和兽言，他们在战场上是不可战胜的，前提仅仅是他们不要剪断自己的头发。③因此，为了国家的繁荣与发展，王族应该兴旺发达，同时具有神性和魔力的人应该全部参与统治。如果其中的一个或几个儿子被他的兄弟杀死，那只能证明他们的魔力还有所欠缺。需要指出的是，法兰克人均分王国的原则，是暂时的分治，而不是永久的分家。其实际运作方法是：国王死后，王国领地平均地分给几个儿子治理；其中某个儿子死后，他所分治的区域再分给活着的兄弟，这样可以保证王国在最后一个儿子独自统治时重新恢复完整；最后一个儿子死后，已经恢复完整的王国再在他的儿子中间平均分配。如果仅仅站在王族的角度来看待这种继承制度，也许有其合理之处。在交通和通信水平较低的当时，该制度诉诸国王的每个儿子，动用全家的力量来维护王族的利益。然而它也有内在的脆弱性，一旦中间某些环节出现断裂，整个国家就会分裂。

　　脆弱点之一是各个分治区会形成运作惯性，逐渐出现纽斯特里西亚（Neustrien，意即"新西区"，以后成为法国）、奥斯特拉西亚（Austrasien，意即"东区"，以后成为德国）和勃艮第等地区概念。查理大帝的父亲小丕平曾经意识到这一点，所以在临终交权时，不按照传统的东西划分法，改用南北划分法，将纽斯特里西亚和奥斯特拉西亚都拦腰切断，交给两个儿子分别管理。可惜的是，长子卡洛曼在领到分治权三年后即去世，他的分治区被取

---

①　Louis L. Snyder, *Documents of German History*, New Brunswick：Rutgers University Press, 1958, p. 28.

②　《中国大百科全书·外国历史》第 1 卷，中国大百科全书出版社，1990，第 439 页。

③　〔加〕马丁·基欣：《剑桥插图德国史》，赵辉等译，世界知识出版社，2005，第 13 页。

消，南北分割的作用未能体现。与此同时，王国内的语言分离现象却日益明显，新西区同罗马化的高卢人融合，较多地继承了罗马的文化传统，将拉丁语作为自己的母语，形成了古法语，而东区却坚持使用传统的日耳曼土语，并且将口语发展成书面文字，逐渐形成了德意志语言。语言的分离成为国家分裂的重要推动因素。

脆弱点之二是王国的可分治性和皇冠的不可分割性之间存在矛盾。自800 年查理一世加冕称帝后，王国运行中加入了新的因素，即诸多继承人中只能有一人成为皇帝，此人同其他兄弟的地位差距也相应拉大，王族内部的争斗更加激烈。同时，我们不可忽视王族周围的利益集团，对他们来说，一旦自己的主子先于其他兄弟死去，自身就会沦为"丧家之犬"，而帝位的出现，进一步激励他们鼓吹分治区的可继承性。

843 年签订的《凡尔登条约》，除了继续划分分治区外，一个很重要的区别是，规定三兄弟在各自的王国内，可以将相关权益传给自己的儿子。然而在实际运作中，旧的传统仍在起作用。885 年以后，包括西区在内的整个法兰克王国又重新统一在"胖子"查理三世皇帝手中。然而，卡罗林王朝似乎气数已尽，暂时的统一也无法使它中兴。888 年查理三世去世后，王国瓦解，在废墟上产生了各个后续国家。

四　关于《金玺诏书》

《金玺诏书》是神圣罗马帝国中期一份重要的文件，它确定了皇帝选举法，规定了诸侯的权限。存在于我国史学界的疑问有二。

其一，译名问题。汉语的"玺"，秦朝以来专指皇帝的印。"金玺"应该是黄金制作的帝印。《中国大百科全书》以"因诏书上盖有黄金印玺，故名"来表述，其他史书则直白地表示"用金制的印章盖印"。[1] 笔者在搞清真相前，曾经对德国古人的做法感到疑惑：诏书的印，是用金玺还是石玺甚至木玺盖的，一般能分辨出来吗？至于有些书上表示是"用金印盒里的印章盖印"，读后就更感疑惑了。直到在德国看到一些类似的实物和图片，才解除了疑惑。在当时的德国，单张文件上盖印，一般是在相

---

[1] 丁建弘、陆世澄主编《德国通史简编》，人民出版社，1991，第 95 页。

应的位置上浇上火漆，将冷未冷时盖上印玺，多张的文件，则用短绳串起，用盖印的火漆封缄；特别重要的文件，则用黄金封缄（状如金币）。《金玺诏书》的德文为 *Golden Bull*，译成"黄金诏书"比较符合原意，但容易使人望文生义，认为是写在（或刻在）金板上的诏书。"金封诏书"是一个值得考虑的选项，但"封"字难以包容上述盖上火漆印的单张文件。

其二，也是最重要的，是该文件的作用。它规定皇帝由权势最大的七个选侯选举产生，而选侯在自己的领地内拥有各种政治经济主权。该文件表明了当时德意志皇权下降、各邦国地位上升的状况，这是没有疑义的。但是，不少书上强调："它把推举国王和皇帝的权力交给选侯，而拥有独立王国的选侯，是不会拥戴一个强有力的君主的。事实上，选侯们为了维护自己的利益，往往选举势力较小、无力危害自己权益的家族为王为帝。这样的皇帝为了能与诸侯抗衡，在位时总是把主要精力放在夺地、夺权等事情上，无力顾及整个德意志的大业。"这种描述值得进一步思考。

从以后的历史发展进程来看，自 1438 年（《金玺诏书》正式颁布于 1356 年）到 1806 年神圣罗马帝国消亡的 368 年中，除了为时三年的短命的维特尔斯巴赫王朝外，都是由强大的哈布斯堡王朝担任皇帝。真正出现如书中描述的这种状态，至多在前面 82 年。而且深究下去，这 82 年中的皇帝，也不是个个属于弱势。神圣罗马帝国的皇帝，权力与义务不够对称。加冕典礼就是一个"烧钱"的仪式，皇帝除了要向各邦来宾提供接连数日的狂吃海喝外，客人临走时还要赠送贵重的礼品。帝国没有首都，皇帝带着二三百人的统治集团，常年在 20 余个行宫城市之间巡视，颇有"马上办公"的意味。各地也不上缴一般意义上的税收，只是让常年处于流动状态的统治集团免费吃住几天而已。而当国家甚至基督教世界面临外敌入侵或内部反叛时，又必须亲自率领大军出征。这样的皇帝，不仅身体要好，还必须以强大的邦国为基础。如果说其他地方的皇帝是权力带来了资源，德意志皇帝则是资源迎来了权力。

五　关于马丁·路德翻译《圣经》

在宗教改革运动的热潮中，马丁·路德利用政治避难的机会，开始从事翻译《圣经》的工作，取得显著的成果。《圣经》的成功翻译，不仅深化了宗教改革，而且统一和美化了德语。然而，国内各种史书对马丁·路德的工作环境和工作方法的描述差别很大，向读者提供了两幅截然不同的图景。有的强调路德处境的恶劣，在瓦特堡，在萨克森选侯弗里德里希的保护下工作，而且翻译的速度很快。有的则强调他在统一德语方面的贡献，强调翻译工作的繁杂以及路德在工作方面的细致："几乎耗费了毕生的精力，翻译时冥思苦想，字斟句酌，有时为了寻找一个恰当的词要花数周的时间，而为了了解不同身份和不同职业的人怎样讲方言土语，则注意路人和市场上的人如何相互谈话。"这两幅图景，使读者很难在脑海里重合起来。

其实，马丁·路德在两个阶段中翻译的是《圣经》的不同部分。在瓦特堡的两年中，翻译的是《新约全书》，重点是翻译，既要保护自己，不可能抛头露面去招惹是非，又要赶时间，为正在展开的宗教改革运动提供武器，因此统一和美化德语的成分不占主导地位。在这个阶段，他还请来梅兰希顿等其他宗教改革神学家共同参与。以后他回到维腾贝格，开始翻译《旧约全书》。这时候，他在时间和政治处境上，都有了一定的条件。为了在本身不统一的德语方言中找出合适的词，他经常与民众交谈，问问家里的母亲和胡同里的孩子，也会为此走街串巷听路人发音说话，谨慎地从高地德语、低地德语和中部地区德语中选用词语。有时为了寻找一个含义清晰读音爽口的词，苦思冥想，字斟句酌，花去很多时间，多至数天甚至三四周。

另一个相关的问题，是马丁·路德翻译的范本。《圣经》的原版是希伯来文，后被译成希腊文。4 世纪时，教皇曾委托学者将希伯来文《圣经》译成拉丁文，但该译本的口碑不佳，文采较差，其中还有译误。直到 1516 年，伊拉斯摩斯花了四年时间，将《圣经》从希腊文本译成拉丁文本，宗教界才感到满意。此外，当时还有一些地方版本，如 12 世纪在法国南部的摘译本，14 世纪末在英国出现的英译本，以及 15 世纪捷克宗教改革家胡斯翻译的捷克文本。德语的译本也已出现，但是由于当时德语本身还没有统一，粗略地划分，就有南德高地德语、北德低地德语和中部地区德语，所以出现了 14 种南德高地德语译本和 3 种北德低地德语译本，译文的质量也不是太高。马丁·路德的选用原则是没有经过后人篡改的版本，《新约全书》主要译自希腊文本,《旧约全书》主要译自希伯来文本。由于路德掌握多种语言,在翻译时总是同时参考希腊文本、希伯来文本和拉丁文本,造成学术界对范本的语种有各种说法。

（原文刊登于《探索与争鸣》2009 年第 9 期）

"新史学"还是"历史通俗文学"?

——试论魏玛德国的历史传记争议及其史学启示

孟钟捷[*]

20 世纪 20 年代的魏玛德国,以历史传记作家埃米尔·路德维希(Emil Ludwig)为一方,以职业历史学家——其中包括罗斯托克大学教授威廉·舒斯勒(Wilhelm Schüßler)、维也纳大学教授海因里希·里特·冯·苏比克(Heinrich Ritter von Srbik)、柏林大学教授汉斯·德尔布吕克(Hans Delbrück)和哥廷根大学编外教授威廉·蒙森(Wilhelm Mommsen)——为另一方,围绕着"历史传记"的目的、写法及其本质,爆发过一场著名笔战。其焦点问题是:"历史传记"(Historische Biographie)究竟是一种被路德维希自诩为历史研究的"新学派"(或"新史学"),还是一种被专业史学排斥在外的"历史通俗文学"(Historische Belletristik)?

在很长时期内,这场历史传记争议都被史学界视而不见,零星研究散见于有关路德维希个人文学成就的讨论中。[①] 20 世纪 80 年代后,随着社会文

---

[*] 孟钟捷,华东师范大学历史学系教授,中国德国史学会秘书长,主要从事德国现当代史研究。

① 同时代研究也大多出于文学家之手,且主要关注这场争议的政治动因或影响,如 Carl von Ossietzky, "Die Historiker sind ernstlich böse", in *Die Weltbuehne*, XXIV., Bd. 2, 1928, S. 877 – 879; Niels Hansen, *Der Fall Emil Ludwig*, Oldenburg: Gerhard Stalling, 1930; Siegfried Walter Fischer, "Emil Ludwig-der Dichterhistoriker", in *Radio Wien*, 24. 1. 1931。左翼 Eckart Kehr 是唯一一位评论该争议的专业史学家,他虽然看到了该争议的史学影响力,却仍然把注意力投于路德维希的"民主思维结构"如何"激怒了"专业学术圈。参见 Eckart Kehr, "Der （转下页注）

化史的蓬勃发展，一些欧美历史学家开始关注它如何作为"魏玛德国精神史的组成部分"来反映当时的政治文化危机。[1] 进入 21 世纪以来，特别是最近两三年，德国历史学界进一步把这场笔战置于魏玛民主体制下公共历史文化建构的视角中，思考路德维希在"历史学家"与"政论家"两种身份之间的历史书写理念及其问题。[2]

　　在最新一本相关研究论文集中，主编施耐德（Thomas F. Schneider）坦

（接上页注①）neue Plutarch. Die 'historische Belletristik', die Universität und die Demokratie", in ders, *Der Primat der Innenpolitik. Gesammelt Aufsätze zur preußisch-deutschen Sozialgeschichte im 19. Und 20. Jahrhundert*, herausgegeben und eingeleitet von Hans-Ulrich Wehler, Berlin: Walter de Gruyter, 1970, S. 269 - 278。从 20 世纪 30 年代到 60 年代，没有出现过一篇讨论该争议的学术论文。70 年代起，一些文学研究者在"语言学转向"的思潮中，把这场争议连同路德维希个人视作以文学作品来表达政治诉求的例证，如 Michael Kienzle，"Biographie als Ritual am Fall Emil Ludwig", in Annamaria Rücktäschel / Hans Dieter Zimmermann (Hrsg.), *Trivialliteratur*, München, 1976, S. 230 - 248；Johanna Roden, "Stefan Zwig und Emil Ludwig", in Marion Sonnenfeld (Hrsg.), *Stefan Zweig. The World of Yesterdays Humanist Today*, Albany 1983, S. 237 - 245。这样的一种分析倾向直到今天仍然存在，例如 Christopher Meid 就详细分析了路德维希在《威廉二世》（*Wilhelm der Zweite*）这本传记中所使用的语言结构和技巧，参见 Christopher Meid, "Biographik als Provokation. *Wilhelm der Zweite* (1925) von Emil Ludwig", in Christian Klein & Falko Schnicke (Hrsg.), *Legitimationsmechanismen des Biographischen. Kontext - Akteure - Techniken - Grenzen*, Bern, u. s. w.: Peter Lang, 2016, S. 223 - 244。

[1] 美国史学家 Franklin C. West 得到了路德维希的大量档案材料后，发表了第一篇史学研究成果 "Success without Influence: Emil Ludwig during the Weimar Years", in *Year Book of the Leo Baeck Institute* 30 (1985), pp. 169 - 189；他还编辑出版了 *Emil Ludwig: Für die Weimarer Republik und Europa. Ausgewählte Zeitungs-und Zeitschriftenartikel 1919 - 1932*, Frankfurt a. M.: Peter Lang, 1991。德国史学家紧随其后，解剖了这场个案的来龙去脉，如 Hans-Jürgen Perrey, "Der 'Fall Emil Ludwig'-Ein Bericht über eine historiographische Kontroverse der ausgehenden Weimarer Republik", in *Geschichte in Wissenschaft und Unterricht*, 43 (1992), S. 169 - 181；特别是 Christian Gradmann 以此完成了第一本史学专著 *Historische Belletristik. Populäre historische Biographien in der Weimarer Republik*, Frankfurt a. M.: Campus Verlag, 1993；魏玛史专家 Eberhard Kolb 也加入讨论中，"'Die Historiker sind ernstlich böse'. Der Streit um die, 'Historische Belletristik' in Weimar-Duetschland", in ders., *Umbrüche deutscher Geschichte* 1866/71 - 1918/19 - 1929/33, München 1993, S. 311 - 329。总体而言，这些讨论主要立足于政治文化史，对争议背后的史学问题并未展开。

[2] 这一时期的最大特点是专业史学家们都开始承认路德维希超越"作家"或"政论家"的历史书写者身份。这一点是公共历史热潮出现后的产物。人们由此回溯这场历史传记争议，试图重新发掘它在德国历史编纂学发展中的意义，参见 Sebastian Ullrich, "Im Dienste der Republik von Weimar. Emil Ludwig als Historiker und Publizist", in *Zeitschrift für Geschichtswissenschaft* 49 (2001), S. 119 - 140；Sebastian Ullrich, *Ernst H. Kantorowicz und Emil Ludwig: Two Critics of Weimar Historiography and the "Crisis of Historicism"*, M. Phil. Arbeit, Cambridge 2003；Sebastian Ullrich, "Der Fesselndste unter den Biographen ist heute nicht der Historiker. Emil （转下页注）

言，"路德维希研究才刚刚开始"。① 本文正是在最新研究浪潮中的一次探
索。笔者试图把这场轰动一时的事件置于德国历史编纂学的发展史中，以揭
示 19 世纪后有关历史书写和历史研究之间的纠葛关系在德国学界内外的展
演历程，进而为观察和思考愈演愈烈的当代公共历史文化热潮提供一种批判
性理解路径，同时也尝试回应专业史学界"为谁著书、为谁立说"的重大
时代挑战。②

在下文中，笔者首先描述这场笔战的来龙去脉，重点分析其中涉及的主
要文献，总结双方立场，突显对峙要点；其次，从 19 世纪以降德国历史编
纂学中有关历史书写和历史研究之间关联性的认知变迁出发，详细厘清这场
笔战发生的学理机制；最后，通过反思 1945 年后这场争议的后续发展及其
原因，进一步探讨它的当代史学启示。

一　1928 年历史传记之争

历史传记是西方历史书写中的常见形式。上至古罗马作家普鲁塔克的
《希腊罗马名人传》，下至 19 世纪末历史学家路德维希·奎德（Ludwig
Quidde）的《卡利古拉传》③，都曾是魏玛时代德国民众所喜爱的历史传记。

（接上页注②）Ludwig und seine historischen Biographien", in Wolfgang Hardtwig / Erhard Schütz
　　（Hrsg.）, *Geschichte für Leser. Populäre Geschichtsschreibung in Deutschland im 20. Jahrhundert*,
　　Stuttgart: Franz Steiner Verlag, 2005, S. 35 - 56; Christopher Meid, " Biographik als
　　Provokation. *Wilhelm der Zweite* (1925) von Emil Ludwig", in Christian Klein & Falko Schnicke
　　（Hrsg.）, *Legitimationsmechanismen des Biographischen. Kontext - Akteure - Techniken - Grenzen*,
　　Bern, u. s. w. : Peter Lang, 2016, S. 223 -244; Thomas F. Schneider (Hrsg.), *Emil Ludwig*,
　　11. Jahrgang 2016 Heft 1/2, Erlangen: Wehrhahn Verlag, 2016。

① Thomas F. Schneider, " Erfolg ohne Einfulss? Emil Ludwig: Politisierender Schriftsteller oder
　　schriftstellernder Politik. Eine Anhäherung", in ders (Hrsg.), *Emil Ludwig*, S. 11 – 33, 此处是
　　S. 33。

② 在这一领域中，笔者曾做过部分前期研究，参见孟钟捷《魏玛德国的公众史学争议》，《文
　　汇报》2014 年 5 月 13 日；Meng Zhongjie, " Debates on Public History in Weimar Germany-
　　'Controversy of Historical Belles-Lettres' in 1928 as A Case", in *Jounal of East China Normal
　　University*（*Philosophy and Social Science*）, 2016。

③ Ludwig Quidde, *Caligula. Eine Studie über römischen Cäsarenwahsinn*, Leipzig: Friedrich, 1926。
　　这本只有 20 页的小册子初版于 1894 年，到 1926 年已推出了 32 版。作者奎德是《德意志
　　历史科学杂志》（*Deutsche Zeitschrift für Geschichtswissenschaft*）的创始人。该书以罗马皇帝为
　　幌子，讽刺批评了威廉二世。

德国专业史学界也不排斥这种形式，海因里希·冯·特赖奇克（Heinrich von Treitschke）便强调过"人物决定历史"。[①] 然而正是在这种看上去雅俗共赏的历史书写类型上，1927~1929 年却爆发了一场尖锐冲突。

冲突的一方是被誉为"魏玛共和国在国际上最具影响力的德语作家"[②]埃米尔·路德维希。路德维希出生在一个上层犹太改宗家庭，从小与先锋派艺术家接触，对文学情有独钟。在获得法学博士头衔后，他转行从事剧本创作。一战前后，他作为左翼报刊的记者，奔走在各国，逐步形成了共和主义的政治立场。1920~1933 年，他成为高产作家，不仅出版了歌德、伦勃朗、拿破仑、威廉二世、俾斯麦、耶稣、米开朗琪罗、林肯、施利曼等 9 本传记，还出版了讨论一战原因的《1914 年 7 月》，关涉文艺创作的《天才与性格》和《艺术与命运》，自传《生命的馈赠》，游记《地中海》，以及一系列剧作和政论性文章。据不完全统计，他的作品在其生前就被翻译为 25 种语言，总销量超过 130 万册。[③]

在路德维希看来，从第一次写历史传记[④]开始，他便使用了一种新的写作范式："我从没有雄心壮志去发现新材料；更多的是借助业已发现的所有材料，去重新和逼真地塑造人物形象，让人们相信这个人就是站在马路边上的那个人。更美好的事情是，通过个案，向青年人展示伟大人物，告诉他们，所有人都会遭遇困难和挫折，但他们仍然能够达到巅峰！"在此基础上，他立志去提升历史传记的史学价值："如果没有普鲁塔克，拿破仑不会成为拿破仑。我的挑战是历史小说，因为它已经沉沦了——用歌德的话来说，小说和史学变得一样了；我的理想更多是去表现那种不可侵犯的、档案

---

① Bernd Faulenbach, "Deutsche Geschichtswissenschaft zwischen Kaiserreich und NS-Diktatur", in A. Dorpalen u. s. w. (Hrsg.), *Geschichtswissenschaft in Deutschland. Traditionelle Positionen und gegenwärtige Aufgaben*, München: Verlag C. H. Beck, 1974, S. 66 – 85, 此处是 S. 80。

② Magrit Ketterle, "Emil Ludwig", in Wolfgang Benz / Hermann Graml (Hrsg.), *Biographisches Lexikon zur Weimarer Republik*, München: Beck, 1988, S. 213 – 214, 此处是 S. 213。

③ 路德维希的个人经历可参见他的自传 *Geschenke des Lebens*, 1931。上述作品是: *Goethe. Geschichte eines Menschen* (1920); *Rembrandts Schicksal* (1923); *Napoleon* (1924); *Wilhelm II.* (1925); *Bismarck. Geschichte eines Kämpfers* (1926); *Der Menschensohn* (1928); *Michelangelo* (1930); *Lincoln* (1930); *Schliemann. Geschichte eines Goldsuchers* (1932); *Genie und Charakter* (1924); *Kunst und Schicksal* (1927); *Am Mittelmeer* (1927)。所有作品都由柏林的 Ernst Rowohlt 出版。到目前为止，有关路德维希作品的最详细清单收录于 Thomas F. Schneider, *Emil Ludwig*, S. 209 – 230。

④ Emil Ludwig, *Bismarck. Ein psychologischer Versuch*, Berlin: Fischer, 1911.

式的真实，但运用一种戏剧化的讲述来进行启示。"① 他甚至直言不讳地写道："今天，在传记中最吸引人者，不是历史学家。"②

在 1926 年为第二本俾斯麦传记所撰写的前言中，路德维希进一步阐述了他的想法。首先，在他看来，俾斯麦的内心世界缺少"合情合理的解释"，而他在战后所获得的俾斯麦档案正好可以帮助他"对［俾斯麦的］精神历史做一些深入细致的研究"；其次，研究俾斯麦，是为了把一个具有复杂性格的历史人物描绘为"情感与行为互相关联、公私如影随形"的具体形象，以此来"作为世人的榜样或警告"；最后，他不打算使用专业方法，不进行许多注解，但他仍然是依据更为充分的事实材料，"来做一个新颖而更为批判的描写"。③

这些话自然不是无的放矢的。战后德国出现过一轮俾斯麦热潮，④ 但专业历史学家们的作品似乎缺乏市场。兰克的学生、著名的历史学家海因里希·冯·聚贝尔（Heirnich von Sybel）在其名著《德意志帝国创建史》中便曾描述过俾斯麦。然而在法国同行看来，他的描述"一切都那么平淡、苍白、琐碎"，"他关于俾斯麦的话也许能被拿来形容任何人。没有任何独具个性的特征、没有一个生动而富有表现力的词语能使读者透视这个非同凡响的人物的性格本质"。⑤ "新兰克学派"的埃里希·马克斯（Erich Marcks）也曾推出过两卷俾斯麦传。它们虽在学界颇受赞誉，可在社会层面却反响平平。⑥ 相对而言，文学专业出身的路德维希显然更擅长于书写历史。正如他在序言中所言，在他笔下，"变换了视角后的俾斯麦，形象愈发显得丰满"。

---

① Emil Ludwig, "Emil Ludwig", in *Pragr Tagblatt*, 1. Oct. 1930. 在这里，"历史小说"被路德维希等同于"历史传记"。

② Emil Ludwig, "Charaktre und Biographien", in ders, "Der" *Künstler. Essays*, Berlin: Fischer, 1914, S. 204 - 213, 此处是 S. 208。

③ Emil Ludwig, *Bismarck. Geschichte eines Kämpfers*, Berlin: Ernst Rowohlt, 1926. 中文版可参见韩浩等译本《俾斯麦》，国际文化出版公司 2009 年版。作者名字被译为"艾密尔·鲁特维克"。

④ Lothar Machtan, "Bismarck", in Etienne François und Hagen Schulze (Hrsg.), *Deutsche Erinnerungsorte*, Bd. II, München: C. H. Beck, 2001, S. 86 - 104。

⑤ 安托万·基扬：《近代德国及其历史学家》，黄艳红译，北京大学出版社，2010，第 168 页。

⑥ Erich Marcks, *Bismarck. Eine Biographie 1815 - 1851*, Stuttgart: Dt. Verlag - Anst., 1909; *Otto von Bismarck - ein Lebensbild*, Stuttgart: Cotta, 1915. 关于这两本传记的市场反应，参见 Jens Nordalm, *Historismus und moderne Welt. Erich Marcks (1861 - 1938) in der deutschen Geschichtswissenschaft*, Berlin: Duncker & Humblot, 2003。

或因如此，此书不过几年时间，再版 83 次，销售量超过 15 万册。① 一些历史学家也承认，该书"写作技巧独特，把当下放在特定时刻，让人不能忘怀"。《新评论》（*Die Neue Rundschau*）的编辑表示："至今为止没有一部学术性的历史著作可以通过如此阐述和解释来获得人们的关注，而路德维希的聪慧填补了这样的空白。"②

路德维希的其他作品无一不反映着上述特点。在文学评论界看来，这种风格开创了所谓"新传记"类型。③ 同时代文学家茨威格（Stefan Zweig）也称赞他"是今天全世界最为人所熟知的德国作家；他复兴了历史传记；他见证并记录了所有当代的荣耀"。④

然而在历史学家那里，路德维希及其作品在 1928 年却突然成了批判对象。该年夏天，被视作"学界顶尖杂志"之一的《历史杂志》（*Historische Zeitschrift*）推出了一本 50 多页名为《历史通俗文学：一份批判性文献报告》的小册子。⑤ 有关该书出版过程中的众多纠葛，学界已有研究，此处不赘。⑥ 值得关注的是，该书虽然牵涉到其他三位历史传记作家，但其火力明显集中于路德维希及其三部作品。正因如此，三篇书评连同主编舒斯勒的导言反映了专业史学家的主要看法。

苏比克坦言，路德维希在《拿破仑传》中宣称"用能够戏剧化地描述历史事件的艺术家来取代历史学家"的自信让他"感到震惊"，因为这一点牵涉到"历史究竟是科学还是艺术"的老问题。在他看来，"任何建立在严格科学基础上的作品，都必须接受专业人士的批判；而专业历史学家也有能力对客体的艺术层面进行评价"。相反，路德维希的作品既忽略了前人的研

---

① Wolfgang Hardtwig und Erhard Schütz（Hrsg.），"Geschichte für Leser. Populär Geschichtsschreibung in Deutschland im 20. Jahrhundert", S. 11 – 34, 此处是 S. 14。

② 转引自 Emil Ludwig, *Im Urteil der deutschen Presse*, Berlin: Ernst Rowholt Verlag, 1928, S. 16 – 17。

③ Franklin C. West, "Success without Influence: Emil Ludwig during the Weimar Years", p. 169。

④ Johanna Roden, "Stefan Zweig und Emil Ludwig", S. 242。

⑤ Schriftleitung der Historischen Zeitschrift（Hrsg.），*Historische Belletristik. Ein kritischer Literaturbericht*, München und Berlin: Oldenbourg, 1928。

⑥ 参见 Hans Schleier, "Die Historische Zeitschrift 1918-1943", in Joachim Streisand（Hrsg.），*Studien über die deutsche Geschichtswissenschaft*, Band 2, *Die bürgerliche deutsche Geschichtsschreibung von der Reichseinigung von ober bis zur Befreiung Deutschlands vom Faschismus*, Berlin（O）: deb, 1965, S. 251 – 302, 此处是 S. 278 – 280; Eberhard Kolb, "'Die Historiker sind ernstlich böse'. Der Streit um die, 'Historische Belletristik' in Weimar-Duetschland", S. 319 – 321, 特别是注释 28。

究成果，也离开了时代背景，充满了"盲目的自信"，完全缺乏"严格的历史基础"，"事实上，路德维希只是把人物写得栩栩如生，有吸引力。但这种艺术手法让读者不清楚全部事实，即便具有艺术底子的读者也会产生疑问"。①

威廉·蒙森列举了路德维希在《俾斯麦传》中的一系列常识错误，指责他没有引用内阁档案，且"过于简单和单方面地看待俾斯麦"，"没有从整个政治背景出发来认识俾斯麦"。但他也思考了"为什么这种著作居然受到欢迎"这样的问题。在他看来，公众之所以对路德维希"过于信任"，除了作者的确比较熟悉史料，而且"比其他作者更认真"外，更在于"大多数媒体喜欢他"，而且"他的书确实比较容易让人激动兴奋"，其写作方式让"他笔下的人物就像电影一样"。②

德尔布吕克直截了当地说路德维希的《威廉二世》"挑起了一场历史人物的战争"。在他眼中，如此"不好笑的漫画"本不应该在《历史杂志》这样的专业期刊上加以评论。他用 5 页篇幅一一列举了路德维希的常识性错误，更表示"他的心理分析也让我很难接受"。③

舒斯勒在导言中说得更直白尖锐。他承认，"历史热"正出现在德意志，而历史学必须承担起愈合由战争和革命所带来之伤口的使命。正因如此，仅仅以追究战争罪责为目标的历史传记，试图"用一种更有意义的、有色彩的、精神上更为神化的观点来代替原来无聊的、单调的历史书写，以便完成把真实的历史知识加以扩散之使命"，实际上"没有理解历史政治进程无穷无尽的复杂性"。他说，"假如路德维希们……不那么自信，也不在公众中传播这些信仰……那么我们专业学术界也可以继续保持冷静"，因为"我们不希望继续对历史学的学科特性这样一个既古老又永恒的问题进行新的争论，也不想讨论客观性的可能性与否问题"，"历史具有两重性：只要它同描写有关，它就是艺术；只要它处理材料，它就是科学"。问题在于，流行中的历史传记"带着笨拙的政治倾向"，属于"业余爱好与毫无功底的无考证特性的五彩斑斓之混合物"，以"不公正的、缺乏理解的、充满仇恨

---

① *Historische Belletristik. Ein kritischer Literaturbericht*, S. 9 – 16.
② Ibid., S. 30 – 37.
③ Ibid., S. 37 – 43.

的态度对待俾斯麦建立的帝国"。它们是"有倾向性的小说"，不过是"历史通俗文学"而已。①

与其他受到批判的历史传记作家不同，路德维希在看到这本小册子后，没有保持缄默，除了收集出版各方对其作品的赞誉性书评②外，他还抛出了《史学与诗学》的雄文，把这场笔战推向了新阶段。这篇文章开门见山地引用了雅各布·布克哈特（Jakob Burckhardt）的名言："我是从历史角度加以建构的，不是考证与怀疑之结果，而是希望填补见解之空白的幻想。"在他看来，诗人与历史学家完全可以合而为一，从普鲁塔克到特奥道尔·蒙森（Theodor Mommsen）都是榜样，"在那个时代，我们今天很难想象，在没有写作艺术的情况下去书写历史"。他对史学的"科学性"诉求表示质疑，"随着文件增多，对于考证细节的作者而言，出现了越来越多的遗漏危险"，因而所谓"客观历史"并不存在，而是如歌德所言"世界史必须随着时间的推移而被不断改写"，"这样一种必要性之所以出现，并非因为我们后来发现了许多作品，而是因为出现了新的视角"。兰克学派的传人们也认识到，"历史学家的个人性格不断地决定着原始材料的挑选……这也对收集原始材料产生了既定的而且不可避免的负面影响……实践中的价值判断总是拥有一种主观内核"。由此，他认为自己不仅没有摧毁史学本身，反而进一步塑造了史学研究中的"新学派"。这种"新史学"以传记为载体，把史学的理性与诗学的情感结合在一起——而这才是"合法的历史书写"。③

路德维希的态度引发了威廉·蒙森的强烈反弹，他在政治立场上虽然更偏向共和国，④但路德维希的史学认识让他更感到担忧。他承认专业历史学家的历史书写能力在倒退，也不再能够扮演社会前进的指挥官；但德语表达能力与历史解释的合法性毫无关系。历史解释与历史研究相关，它不能完全依靠"自觉"，而应该通过实证分析。更为重要的是，"每个时代都会有自己独特的历史形象。每一种真实的历史书写不是去统治过去，而是从自我批

---

① Ibid., S. 5 – 8.

② Emil Ludwig, *Im Urteil der deutschen Presse*, Berlin: Ernst Rowholt Verlag, 1928.

③ Emil Ludwig, "Historie und Dichtung", in *Die Neue Rundschau*, Jahrgang 40, Band 1, 1929, S. 358 – 381.

④ 在政治光谱中，蒙森属于自由派，德尔布吕克属于理性共和派，舒斯勒和苏比克是温和右翼。

判的角度出发来找到当下问题，其目的是……跨越过去天真和病态的现象，从当代更为坚实的基础上走向未来"。但路德维希只希望通过不断地破坏历史神话，来为民主与共和国创造支持者，却没有"同一种朝着更远大目标的精神和信仰联系起来"，未能"具备历史学家的使命感"。蒙森在结语中表示，好的历史学家"反对政治化的历史书写"，但也必须"从接触过去中获得当下与未来的使命，从而更好地为今天的国家服务"。①

　　在此之后，双方不再继续正面交锋。在上述回合中，我们可以看到两大阵营内部及其之间的同异性。他们都承认历史研究与历史书写多多少少存在某种关联性；史学与政治之间的联系颇为紧密，但又极为微妙。不过双方的分歧在于：第一，路德维希对专业史家的书写能力极为鄙视，而历史学家们对路德维希的研究能力极尽攻击；第二，路德维希与蒙森都明确承认史学的政治功能，并对魏玛共和国心存好感，而舒斯勒则以价值中立为名，始终用"历史通俗文学"这一当时看来略带贬义的概念，实际表达了敌视民主的右翼史观；第三，路德维希与蒙森看到了史学进行跨学科研究的可能性，而其他专业历史学家则坚持学科本位的思想。

二　德国史学发展视野下的两种历史文化及其纠葛关系

　　这些以历史为生计和梦想的人，为什么会产生如此大的分歧，进而在魏玛德国的公共空间内摆出了非此即彼的对立姿态？事实上，这场笔战正是公共历史争议的一次呈现，只不过它的焦点问题不是某个历史事件，而是史学本身。若我们进一步分析其论辩话题，便会发现，两大阵营表面聚焦于历史传记的目的、写法与本质，其实指向了历史研究（Geschichtsforschung）和历史书写（Geschichtsschreibung）之间的纠葛关系。进一步而言，它是 19世纪以降史学发展中两种观念相互碰撞的结果：重视"历史书写"的前历史主义观念与重视"历史研究"的历史主义观念之间的较量。

　　一般认为，"历史主义"（Historismus）观念诞生于 18 世纪末 19 世纪初。在此之前上溯到 16 世纪的史学观念被称为"前历史主义"，因它与人

---

① Wilhelm Mommsen, *"Legitime" und "Illegitime" Geschichtsschreibung. Eine Auseinandersetzung mit Emil Ludwig*, München, Berlin: Verlag von R. Oldenbourg, 1930.

文主义思潮联系紧密，又被命名为"人文主义 – 修辞式历史书写"（humanistische-rhethorische Geschichtsschreibung）。这种观念认为"史学"（Historia）就是"叙述事实"（narratio reigestae sei）。这些历史事实是所谓"三位一体训练"（语法、修辞和辩证）的组成部分。根据西塞罗的名言，"历史是生活的导师"（Historia magistra vitae），讲述历史者的任务就是运用修辞来更好地提供历史经验。1504 年，美因茨大学设立了德意志境内的第一个历史学教席，但其使命如诗学或辩论学那样，乃"传播历史书写的技能"。① 18 世纪启蒙运动兴起后，史料考证业已被视作史学家的必备技能，但史学本身仍具有强烈的文学色彩，一些史学家的作品便被视作文学史上不可忽略的对象，如温克尔曼（Johann Joachim Winckelmann）的《古代艺术史》（Geschchte der Kunst des Altertums，1763）。② 简言之，"前历史主义"的观念把史学理解为"叙述事实"，因其目标是传播亘古不变的历史经验，故书写技巧或美学功能显得尤为重要。

自 18 世纪后半叶起，西欧社会经历了一系列事件，如快速发展的工业化与层出不穷的革命体验，人们逐步放弃了停滞的时间观，对神秘未来产生了憧憬，以至对历史的认识连同史学本身都出现了重大转型。③ 其结果就是"历史主义"的史学观念。这种观念一方面如梅尼克（Friedrich Meinecke）所言，在哲学层面建构了一种特定的思维方式，旨在"深入理解个性、个别特征与超个性的人类形象"及发展理念，它是一种包罗万象的生命哲学；④ 另一方面又具体而微地推动了史学作为一门现代学科的形成，这种学

---

① Wolfgang Hardtwig，"Die Verwissenschaftlichung der neueren Geschichtsschreibung"，in Hans-Jürgen Goertz（Hrsg. ），Geschichte. Ein Grundkurs，Reinbek bei Hamburg：Rowohlt Taschenbuch Verlag，3. Auflage，2007，S. 296 – 313，此处是 S. 297 – 299。另可参见 Ulrich Muhlack，"Die humanistische Historiographie：Umfang，Bedeutung，Probleme"，in ders. ，Staatensystem und Geschichtsschreibung. Ausgewählte Aufsätze zu Humanismus und Historismus，Absolutismus und Aufklärung，Hrsg. von Notker Hammerstein und Gerrit Walther，Berlin：Duncker & Humblot，2006，S. 124 – 141。

② Rudolf Vierhaus，"Geschichtsschreibung als Literatur im 18. Jahrhundert"，in Karl Hammer & Jürgen Voss（Hrsg. ），Historische Forschung im 18. Jahrhundert. Organisation. Zielsetzung. Ergebnisse，Bonn：Ludwig Röhrscheid Verlag，1976，S. 416 – 431，此处是 S. 425。

③ Reinhart Koselleck. "Vergangene Zukunft der frühen Neuzeit"，in ders（Hrsg. ），Vergangene Zukunft. Zur Semantik geschichtlicher Zeiten，Frankfurt a. M. ：Suhrkamp，1979，S. 17 – 37.

④ Friedrich Meinecke，Die Entstehung des Historismus，München：Oldenbourg，1936，S. 577 – 579.

科化尤其体现在以下四方面。[①]

第一，在自我界定上，把社会导向需求转变为科学认知兴趣，并将之精准化。史学不再被仅仅视作"叙述事实"，以满足人们的好奇心，还扩大到知识本身，成为"科学"（Wissenschaft）[②] 认知的对象。由此，大量偶然性或延续性事件被归纳起来，人们从中得出具有普遍性和本质性的"历史本体"。在德语语义学上，这一进程鲜明地体现在"历史"一词从复数（Geschichten）转向单数（die Geschichte）中。[③]

第二，在方法上，创立历史研究的系统性路径。这一方面体现在从史料收集、考证到论文撰写的一整套科学研究机制上；另一方面也表现为历史研究者的职业图景越来越清晰（进入大学或研究所），学术交往的平台日益专业化（期刊、协会），培养模式也不断得到巩固（讨论班）。这一切都再次表明史学对"科学性"的诉求。这一点后来被人们视作历史主义的核心内涵，以至 20 世纪 30 年代卡尔·豪斯（Carl Heussi）在讨论"历史主义的危机"时，主要针对的正是这种"经验主义－实证主义的历史书写"。[④]

第三，在旨趣上，把针对过去的视角转向当下和未来，用理解的方式来建构认同。聚贝尔在 1859 年《历史杂志》的创刊词中写道："我们不想成为好古的机构。我们也希望首先处理那些与当下生命有着鲜活联系的史料及其与史料之关联。假如历史观察的最高使命是去认识所有事物和生命的法则及其统一性，那么这样一种认识只能更为明确地表现在过去仍然当下化的证明之中。"[⑤] 历史主义作为"正在上升中的德国

---

① 以下概括基于 Horst Walter Blanke, *Historiographiegeschichte als Historik*, Stuttgart: Stuttgart-Bad Cannstatt, 1991, S. 143 – 144; Wolfgang Hardtwig, "Die Verwissenschaftlichung der neueren Geschichtsschreibung"。

② "科学"的概念在该阶段也完成了从复数向单数的转变。参见 Waltraud Bumann, "Der Begriff der Wissenschaft in deutschen Sprach-und Denkraum", in Alwin Diemer (Hrsg.), *Der Wissenschaftsbegriff. Historische und systematische Untersuchungen. Vorträge und Diskussionen im April 1968 in Düsseldorf und im Ocktober 1968 in Fulda*, Meisenheim am Glan: Hain, 1970, S. 64 – 75。

③ 参见 Reinhart Koselleck, "Geschichte", in Otto Brunner, Werner Conze, Reinhart Koselleck (Hrsg.), *Geschichtliche Grundbegriffe. Historisches Lexikon zur politisch-sozialen Sprache in Deutschland*, Band 2, Stuttgart: Ernst Klett Verlag, 1975, S. 593 – 717, 此处是 S. 711。

④ Karl Heussi, *Die Krisis des Historismus*, Tübingen: Mohr, 1932, S. 20。

⑤ Heinrich von Sybel, Vorwort, in *Historische Zeitschrift*, 1859, S. IV。

资产阶级的世界观"，便致力于探求如民族和国家这样的重大时代问题。①

第四，在书写上，告别修辞性，强调叙事化（narratisierung）。由科学认知带来的"研究"（forschung）概念取代了此前流行的"术"（artes），让史学摆脱了归属于修辞术的命运，从而得以与诗学或艺术学分离。"描述"（darstellung）更大程度上不过是重现了研究（forschung）结果而已。到 19世纪末，在贝恩海姆（Ernst Bernheim，旧译"伯伦汉"）看来，继续强调史学的文学或艺术特征的观点已经成为"偏见"，因为"它损害到历史的严格科学特性"。②

总而言之，在历史主义的史学观念下，"人文主义－修辞式历史书写"对于书写技巧或美学功能的重视消失了，"历史书写"或者与"历史研究"分道扬镳，或者演变为"科学化的历史书写才是历史研究"这样的认识。到 20 世纪初，此类观念甚至还走出象牙塔，被一些通俗作家所接受，在大众杂志《园亭》上所刊登的多数历史文章，也十分重视所谓"科学性的凭据"。③ 德国社会民主主义思想家伯恩斯坦（Eduard Bernstein）也曾努力"把自己乔装打扮为真实事件的编年史记录者，从而让自己的工作接近于'科学的'历史写作"。④ 历史小说家弗雷塔格（Gustav Freytag）曾多次要求出版社为他寄去"科学性的"最新史学著作，而他的这种态度连同支持"小德意志方案"的政治立场，也得到了专业历史学家的认可，如特赖奇克

① Wolfgang J. Mommsen，"Der Historismus als Weltanschauung de aufsteigenden Buergertum"，in Horst Walter Blankd / Friedrich Jaeger / Thomas Sandkuehler（Hrsg.），Dimensionen der Historik. Geschichtstheorie，Wissenschaftsgeschichte und Geschichtskultur heute. Joern Ruesen zum 60. Geburtstag，Koeln/Weimar/Wien，1998，S. 383 – 394，此处是 S. 387。

② Ernst Bernheim，*Lehrbuch der historischen Methode und der Geschichtsphilosophie. Mit Nachweis der wichtgsten Quellen und Hilfsmittel zum Studium der Geschichte*，Leipzig：Verlag von Duncker & Humblot，1889，S. 88.

③ Sylvia Paletschek，"Popular Representations of History in the Nineteenth Century：The Example of Die Gartenlaube"，in ders.（eds.），*Popular Historiographies in the Nineteenth and Twentieth Centuries. Cultural Meanings*，*Social Practices*，Oxford：Berghahn Books，2011，pp. 34 – 53.

④ Thomas Welskopp，"Clio and Class Struggle in Socialist Histories of the Nation：A Comparison of Robert Grimm's and Eduard Bernstein's Writing，1910 – 1920"，in Stefan Berger / Chris Lorenz（eds.），*Nationalizing the Past：Historians as Nation Builders in Modern Europe*，Basingstoke：Palgrave Macmillan，2011，pp. 298 – 318.

便多次肯定和称赞其作品。①

正是在上述认识下，历史传记之争中的专业历史学家们找到了批判的武器：他们指责传记作家们只是为了满足公众对历史的兴趣，但其作品不过是一种"工厂制品"（Fabrikate）而已；这些著作引证错误，缺乏考证，在方法上是不科学的；它们试图"显现出民主和社会主义的政治倾向"，但都是"笨拙的"，而且未能"理解"老帝国；至于它们在书写上的成功，更被形容为"用汽水来冒充窖藏红酒"，并不足以重新燃起"史学是科学还是艺术"的讨论。②

然而，如此这般对于科学性的"历史信仰"③，既忽视了 19 世纪历史主义史学从未完全放弃过诗学或美学追求的事实，又对同时代"前历史主义"史学观念的续存及延伸视而不见。恰是在这一意义上，路德维希的出现及反攻绝不是空穴来风。

首先，在书写功能及其美学认知上，历史主义史学并未与先辈截然分离。事实上，历史主义的一些重要代表也曾在不同场合表达过他们对于"历史书写"的重视。

1821 年，洪堡（Wilhelm von Humboldt）在其著作《论历史书写者的使命》中特别指出了史学家与诗学家在创造性幻想方面的相似性："历史书写者的使命是描写事件。他越是纯粹而完整无缺地实现这一点，他便越完美地完成这一使命……前者根据此前发生的事情，通过描写来达到事件的真相；在这一过程中，他补充和联系直接观察所未能看到的及碎片化的东西，如同诗人一样，靠的不过是幻想而已。"当然，史学家不同于诗人的是，他把幻想置于"体验与勘察真相"之下。即便如此，"历史描写，如同艺术描写那样，是对自然的模仿。两者的基础都是认识真实形象，找到重要之处，凸显偶然部分"。或因如此，洪堡坚持使用"历史书写者"（Geschichtschreiber）而非"历史研究者"（Geschichtsforscher）或"历史科

---

① Martin Nissen, *Populäre Geschichtsschreibung. Historiker, Verleger und die deutsche Öffentlichkeit* (1848 – 1900), Köln: Böhlau, 2009, S. 289.

② *Historische Belletristik. Ein kritischer Literaturbericht*, S. 5 – 8.

③ 参见 Wolfgang Hardtwig, "Geschichtsreligion-Wissenschaft als Arbeit-Objektivität. Der Historismus in neuer Sicht", in *Historische Zeitschrift*, Nr. 252, 1991, S. 1 – 22.

学家"（Geschichtswissenschaftler）来称呼史学家。①

　　兰克终其一生，致力于把史学塑造为一门联结科学和艺术的学科。早在1814 年，他便写道："人们曾经说过，古人完全是艺术性地处理史学，而在这种历史书写的艺术中，存在人们无法企及的贡献……在这里，艺术和科学之间的矛盾如此之少；也是在这里，两者必须结合在一起：因为科学勘察究竟发生了什么，而艺术则把这件事刻画出来，并将之表现在眼前。"② 30 年代，他又一次强调"史学区别于其他科学的地方在于，它同时还是艺术"。③1872 年，他再次谈及"历史书写的艺术"。在他看来，历史书写的科学特点使之有别于历史的哲学建构与历史资料的诗性加工，但历史书写仍然需要遵从语言学和文学的规则。④ 不过，这位历史主义的鼻祖比洪堡更清晰地区分了史学的认知功能与描述功能，强调了历史书写的工具意义。在这种背景下，兰克表扬过一些历史小说家体现了"诗性描写的好处"，⑤ 而其个人也是把书写与研究有机结合的绝佳范例，如他的《16～17 世纪罗马教皇史》在 30 年间重版 6 次，《宗教改革史》到 20 世纪初已有 4 版。⑥ 在他身上，人们看到了历史主义作为"美学性历史书写"的特征。⑦

　　德罗伊森（Johann Gustav Droysen）部分接受了兰克的历史书写观。在

① Wilhlem von Humboldt, "Ueber die Aufgabe des Geschichtschreibers［1821］", in *Werke*, Band 1, *Schriften zur Anthropologie und Geschichte*, Hrsg. von Andreas Flitner & Klaus Giel, Darmstadt: Wissenschaftliche Buchgesellschaft 1960, S. 585 – 606, 此处是 S. 585 – 586, 591。需要说明的是，洪堡使用了"Geschichtschreiber"的拼写，而非"Geschichtsschreiber"。

② Leopold von Ranke, *Aus Werk und Nachlass*, Band 1, *Tagebücher*, Hrsg. von Walther Peter Fuchs, München / Wien: R. Oldenbourg Verlag, 1964, S. 102 – 103.

③ Leopold Rankd, "Idee der Universalhistorie", in *Aus Werk und Nachlass*, Band 4, *Vorlesungseinleitungen*, Hrsg. von Volker Dotterweich / Walther Peter Fuchs, München / Wien: R. Oldenbourg Verlag, 1975, S. 72 – 89, 此处是 S. 72。

④ Leopold von Ranke, "Rede zur Eröffnung der XII. Plenarversammlung am 27. September 1871", in Leopold von Ranke, *Abhandlungen und Versuche*, Hrsg. von Alfred Dove und Theodor Wiedemann, Leipzig: Verlag von Dunker & Humblot, 1888, S. 567 – 577, 此处是 S. 573。

⑤ Rudolf Vierhaus, "Leopold von Ranke: Geschichtsschreibung zwischen Wissenschaft und Kunst", in *Historische Zeitschrift*, Bd. 244, H. 2 (1987), S. 285 – 298, 此处是 S. 288。

⑥ Ulrich Muhlack, "Leopold von Ranke: Die römischen Päpste, ihre Kirche und ihr Staat im sechzehnten und siebzehnten Jahrhundert; Deutsche Geschichte im Zeitalter der Reformation", in Volker Reinhardt (Hg.), *Hauptwerke der Geschichtsschreibung*, Stuttgart: Alfred Kröner Verlag, 1997, S. 503 – 510, 此处是 S. 506, 510。

⑦ Wolfgang Hardtwig, "Historismus ald ästhetische Geschichtsschreibung: Leopold von Ranke", in *Geschichte und Gesellschaft*, 23. Jahrgang, H. 1, 1997, S. 99 – 114.

其名著《历史知识理论》中，他探讨了"幻想"（illusion）的作用。由于
"我们的知识片段和历史知识都是不完整的"，所以历史学家（Historiker）
不得不制造一种"事件、动机和目的的封闭式链条"，来提供"一种完整历
史进程的幻想"。他称之为"历史的教育式描写"（didaktische Darstellung
der Geschichte）。但与兰克不同的是，他试图严格区分"历史学家"和"诗
人"或"小说写作者"。历史学家所处理的"幻想"首先是"置于人类教
育视角下的整体"，其"是为了用业已得到论证的人类精神发展延续性的知
识，来丰富和提高我们的思想世界，让我们现在还活着的人去看看这一连串
的发展，并去接受它，在理解这种联系后去参与发展"。① 由此，他把书写
功能嵌入研究功能中，如其手稿所言，"历史学家越是根据实际的、现实主
义的在事实中进行思考，他就越能够更好地讲述"。②

　　特奥道尔·蒙森正是历史主义学派中把书写艺术完美嵌入研究主旨的杰
出代表。他最开始接受的是法学训练，但自觉跟上了历史主义的步伐。其
《罗马史》基于十分严格的实证基础，如采用了大量新发现的铭文，同时还
运用了丰富的表达形式和高超的语言技巧。这使他不仅受到了专业史家们的
尊重——德罗伊森特别称赞了他的作品③——而且让该书颇为畅销，到 20
世纪初已出了 10 版。④ 他还获得了第一届诺贝尔文学奖。1874 年，他曾用
充满敬意的口吻说"历史书写者"（Geschichtsschreiber）"或许更多属于艺
术家，而不是学者"。⑤ 然而到晚年时，他的研究意识逐渐增强，"写诗是一
种放纵，诗人们如此说；历史书写的内涵则更多。因为史学家必须知道所有

---

①　Johann Gustav Droysen, *Historik. Vorlesungen über Enzyklopädie und Methodologie der Geschichte*,
　　Hrsg. von Rudolf Hübner, 7. Unveränderte Auflage, Darmstadt：Wissenschaftliche Buchgesellschaft,
　　1972, S. 144, 306, 27.

②　Johann Gustav Droysen, *Historik. Rekonstruktion der ersten vollständigen Fassung der Vorlesungen*
　　（1857）, *Grundriß der Historik in der ersten handschriftlichen*（1857/1858）*und in der letzten*
　　gedruckten Fassung（1882）, Textausgabe von Peter Leyh, Stuttgart-Bad Cannstatt：frommann-
　　holzboog, 1977, S. 234.

③　Johann Gustav Droysen, *Historik. Vorlesungen über Enzyklopädie und Methodologie der Geschichte*,
　　S. 144.

④　Martin Nissen, *Populäre Geschichtsschreibung. Historiker*, *Verleger und die deutsche Öffentlichkeit*
　　（1848 – 1900）, S. 114.

⑤　"Rede bei Antritt des Rektorates. 15. Oktober 1874", in Theodor Mommsen, *Reden und Aufsätze*,
　　Berlin：Weidmannsche Buchhandlung, 1905, S. 3 – 16, 此处是 S. 11。

一切，而独特艺术存在于它不需要考虑对立面的地方"。① 在研究者看来，正是由于"历史研究的精神行动把历史书写排斥在外"，即便蒙森这样拥有极高结合两者能力的学者，也面临写作困境，而这一点成为他最终未能完成《罗马史》第4卷的重要原因。②

简言之，19世纪历史主义史学对人文主义－修辞式历史书写的模仿与延伸，远比20世纪初的那些专业历史学家理解得更为复杂。历史研究与历史书写之间的二分法也从来不是"不言自明的"。正如哈特维希（Wolfgang Hardtwig）所言："这样一种无意的、与表面占据统治地位的科学思潮抗衡的历史主义理论中的诗学和美学部分，应被我们牢牢记住。"③

其次，进一步来看，即便在职业圈中，历史主义观念也不是"一统江湖"的。与德罗伊森同时代的不少历史学家并未接受所谓"科学性史学"的"学科矩阵"（disziplinäre Matrix），④ 而是继续旗帜鲜明地坚持人文主义－修辞式历史书写。哥廷根大学历史教授格维努斯（Georg Gottfried Gervienus）便是其中之一。他坚持认为："如同艺术家之于身体原型、诗人之于一种特征的理想类型那样，历史学家也应该学习认识已发生之事的纯粹形式，以便冷静而确切地从相关偶然性中提取真正重要的因素。"⑤ 在多卷本的文学史中，他便用诗学理论来思考历史书写作的旨趣与方法。⑥

布克哈特及其文化史或许是19世纪历史主义思潮的最大对立面。他反

① 转引自 Ludo Moritz Hartmann, *Theodor Mommsen. Eine biographische Skizze*, Gotha：Perthes, 1908, S. 149。

② Helmut Berding, "Theodor Mommsen. Das Problem der Geschichtsschreibung", in Peter Alter, Wolfgang J. Mommsen, Thomas Nipperdey (Hrsg.), *Geschichte und politisches Handeln. Studien zu europäischen Denkern der Neuzeit. Theodor Schieder zum Gedächtnis*, Stuttgart：Ernst Klett Verlag, 1985, S. 243 – 260, 此处是 S. 254。

③ Wolfgang Hardtwig, "Formen der Geschichtsschreibung：Varianten des historischen Erzählens", in Hans-Jürgen Goertz (Hrsg.), *Geschichte. Ein Grundkurs*, S. 218 – 237, 此处是 S. 223。

④ Georg G. Iggers, "Ist es in der Tat in Deutschland früher zur Verwissenchaftlichung der Geschichte gekommen als in anderen europäischen Ländern?", in Wolfgang Küttler, Jörn Rüsen, Ernst Schulin (Hrsg.), *Geschichtsdiskurs*, Band 2, *Anfänge modernen historischen Denkens*, Frankfurt a. M.：1994, S. 73 – 86, 此处是 S. 75。

⑤ Georg Gottfried Gervinus, *Grundzüge der Historik*, Leipzig：Engelmann, 1837, S. 65.

⑥ "'Aussichten auf Reformen und Revolutioen in Europa'. Georg Gottfried Gervinus und die Revolution von 1848", in Gangolf Hübinger, *Gelehrte, Politik und Öffentlichkeit. Eine Intellektuellengeschichte*, Göttingen：Vandenhoeck & Ruprecht, 2006, S. 29 – 45, 此处是 S. 32 – 34。

对过程性的、目的性的历史描述，因为"鲁莽地参与到这样一种世界方案中，将会导致错误，它是从错误的假设出发的"。在他看来，历史研究的中心是"那些有忍耐力的、奋斗着的与行动着的人"，是把"那些不断出现的、稳定的、典型的东西视作在我们这里能够回忆起并且得到理解的东西"。① 正因如此，艺术才是"真正的真实性"的承载者，是一种"内在世界的永恒"。历史学家应该"感谢诗歌，因为它认识到人类之本质，认识到有关时代与民族的丰富启示"，"对于历史而言，诗歌是民族中永恒之物的图景"。②

这样的思想后来被兰普莱希特（Karl Lamprecht）所继承，进而引发了 20 世纪初的"文化史之争"。兰普莱希特认为，倘若史学是一种科学，那么它就必须阐述一般性的发展规律，进而必定超越政治史而扩展到文化史、经济史、法律史和思想史。在他看来，"某种艺术化的研究方法比科学本身能够产生对于历史过程更为'科学的'理解"。③

同样在 19 世纪末 20 世纪初，职业圈外的人文学者也陆续对历史主义观念提出了批评，特别是尼采、狄尔泰及李凯尔特。尼采对整个 19 世纪的历史书写进行了反思。他认为，历史书写存在"纪念"、"好古"和"批判"三种途径。这实际上已经颠覆了史学作为科学的自我界定。在尼采看来，倘若史学未能如歌德所言，"通过高贵的实践影响外边的世界"，那么它便不过是一种"死的知识"。④ 狄尔泰从一开始就否认史学是一种科学："因此我们就不能通过理性来理解客观精神，而是得返回到那在各个共同体中有其连续性的生命单位的结构性关系的系统之中。我们不能将客观精神嵌入一个观念系统，而是必须到历史中去寻找其实在性的基础。"⑤ 李凯尔特进一步指出历史研究的主观特征："历史概念的构成问题就在于：能不能对直观的现

---

① Jakob Buckhardt, "Über das Studium der Geschichte（1868/1873）", in Wolfgang Hardtwig（Hrsg.）, *Über das Studium der Geschichte*, München: Deutscher Taschenbuch Verlag, 1990, S. 120 – 152, 此处是 S. 121 – 122。

② 转引自 Wolfgang Hardtwig, *Geschichtsschreibung zwischen Alteuropa und moderner Welt. Jacob Burckhardt in seiner Zeit*, Goettingen: Vandenhoeck & Ruprecht, 1974, S. 255。

③ 格奥尔格·G. 伊格尔斯：《德国的历史观》，彭刚、顾杭译，译林出版社，2006，第 267 页；Franziska Metzger, *Geschichtsschreibung und Geschichtsdenken im 19. und 20. Jahrhundert*, Bern/Stuttgart/Wien: Haupt Verlag, 2011, S. 194。

④ 尼采：《历史对于人生的利弊》，姚可昆译，商务印书馆，2000，第 11、23 页。

⑤ 格奥尔格·G. 伊格尔斯：《德国的历史观》，第 183 页。

实作出一种科学的处理和简化，而又不至于像在自然科学的概念中那样，在处理和简化中同时失掉了个别性，而且经过处理和简化所得到的并不是一个还不能视为科学表述的单纯事实'描述'"，"认为在历史科学上有时也能持一种绝对摆脱价值的观点，即不仅避免做出褒或贬的价值判断，而且还要避免使用理论上的价值联系，这乃是自欺之谈"。[1]

最后，正如20世纪20年代特勒尔奇（Ernst Troeltsch）指出的那样，历史主义观念作为"有关人、文化及其机制的所有思想的本质历史化"，一种"有关历史、国家和社会的特殊德国思维"，其危机并不仅限于学界内部。[2]事实上，在整个19世纪，学界之外公共领域中的历史书写，同样充满着"前历史主义"色彩，只不过到20世纪初，这样的色彩伴随着路德维希们的自我意识强化而变得更为耀眼。

在19世纪以降的德国，参与历史书写的人自然远远超过专业史学家的数量。[3] 他们有些自学成才，有些则接受过专业培训。[4] 他们以历史小说、历史剧本甚至简史等体裁，进入商业市场。其中不少著作颇受欢迎，如上文提到的历史小说家弗雷塔格的《借方与贷方》（Soll und Haben，1855）到1918年推出了94版，[5] 一本有关东哥特人争夺罗马的历史小说（1876年初

---

[1] 亨利希·李凯尔特：《历史上的个体》，白锡堃译，张文杰编《历史的话语：现代西方历史哲学译文集》，中国人民大学出版社，2012，第18、45页。

[2] Ernst Troeltsch, "Die Krisis des Historismus", in *Die Neue Rundschau*, XXXIII. Jahrgang der freien Bühne, Hrsg. von Oskar Bie, S. Fischer, S. Saenger, Band 1, Berlin u. Leipzig：S. Fischer Verlag, 1922, S. 572 – 590.

[3] 据统计，德国大学的"历史教席"数量从1830年的29个增加到1875年的54个，到1900年达到64个。参见 Ilaria Porciani and Lutz Raphael, *Atlas of European Historiography. The Making of a Profession 1800 – 2005*, Palgrave Macillan, 2010, p. 160. 若加上学术助手等，到1910年，可以被贴上"职业历史学家"标签的人也不过只有185人；到1920年，增加到206人；1931年为236人。参见 Bernd Faulenbach, *Ideologie des deutschen Weges. Die deutsche Geschichte in der Historiographie zwischen Kaiserreich und Nationalsozialismus*, München：Verlag C. H. Beck, 1980, S. 4.

[4] 19世纪末，文化工业出现了第一次大规模扩张与分化。职业作家和记者的数量增加了50%，大约有5000人。参见 Wolfgang Hardtwig und Erhard Schütz, "Einleitung", in Wolfgang Hardtwig und Erhard Schütz（Hrsg.）, *Geschichte für Leser. Populär Geschichtsschreibung in Deutschland im 20. Jahrhundert*, S. 25。

[5] Martin Nissen, *Populäre Geschicchtsschreibung：Historiker, Verleger und die deutsche Öffentlichkeit（1848 – 1900）*, S. 276.

版）到 1918 年重印了 110 次。①

这些面向公众的历史书写有意继承了传统的修辞性描写策略，如：
（1）去除注释，一位历史小说家表示，"作者特别删除了注释；假如该
书不是写给德意志青年人，而是为评论家写的，他会补上的"；（2）改
变研究动态的呈现位置与功能，大部分著作把相关研究书目从开头移至
附录中，而且不加评述；（3）直接引用研究成果而不加考证，大部分的
写作重点在于美化而非证实；（4）把繁杂的学术语言简化，以取悦读者
的休闲需求，如一本 1858 年的帝国简史开门见山地说，"我们希望一本
应该取悦自己的历史著作做点什么事呢？首先就是吸引和迷惑"。为此，
多数作者会举例证明、主观评价、栩栩如生地描写。一位畅销作家坦言：
"对于描写而言，最有保障的手段……更热烈的兴趣，在我看来，就是历
史名人，连同其在最准确情势之下所有方向上所起到的独特的进步作
用。"②

部分策略也被那些愿意面向公众写作的专业史学家所分享。慕尼黑大
学的中世纪史专家波罗西恩（Hermann Brosien）在其有关查理大帝的传记
中也删去了所有注释，还如此解释说："由于这是以普及形式来撰写查理
大帝传记的尝试，删除与史料相关的引证以及最近研究中相互冲突的观
点，并非鲁莽而毫无意义的事情，因为有关这一时代的研究实际上已经完
结。"③

进一步而言，19 世纪出现的大众读者群是上述"充满着前历史主义"
色彩的著作能够流行的重要前提。正如不少研究者已经指出的那样，历史主
义观念是被所谓"受过教育的资产阶级"（Bildungsbürgertum）所分享的，
但他们的人数始终有限。据估算，此类人在 1850 年左右大概有 23 万人，到

① Wolfgang Hardtwig, "Die Krise des Geschichtsbewußtseins in Kaiserreich und Weimarer Republik und der Aufstieg des Nationalsozialismus", in *Jahrbuch des Historischen Kollegs*, 2011, S. 47 – 76, 此处是 S. 48。

② 参见 Martin Nissen, *Populäre Geschicchtsschreibung*：*Historiker，Verleger und die deutsche Öffentlichkeit*（1848 – 1900），S. 235 – 267。

③ 参见 Martin Nissen, *Populäre Geschicchtsschreibung*：*Historiker，Verleger und die deutsche Öffentlichkeit*（1848 – 1900），S. 237。

1870 年增加到 30 万人，一战爆发前最多只有 68 万人。[1] 与此相反，随着识字率的提高和义务教育的推广，更多人拥有了阅读历史的能力。一些人并不关注历史主义观念所强调的"科学研究"，甚至对某些属于资产阶级的民族观念也抱着敬而远之的态度，特别是在世纪之交时对普世史的话题表现出更大兴趣。[2]

在上述背景下，路德维希在魏玛时代的崛起，除了其个人努力外，实际上也是此前一百年间公共领域内实践人文主义-修辞式历史书写的延续。他在传记中使用的那些描写策略，多半与前辈们相似。更为重要的是，他还在《史学与诗学》一文中自觉梳理了这一传统，点出了从布克哈特到老蒙森的实践。进一步来看，他的读者群几乎覆盖了所有阶层，如在波莫瑞州，读者中的工人比例高达 40%；而在法兰克福市，76% 的读者来自资产阶级；其作品中的戏剧氛围和叙述结构甚至还得到了资深剧作家的称赞。[3]

言而总之，当我们把这场历史传记之争置于 19 世纪以降的德国史学观念发展史中加以观察，便会发现，专业历史学家们与路德维希的矛盾，实际上源于更长时间、更大范围内的观念纠葛。在历史书写与历史研究之间形成的光谱中，历史主义观念越来越偏向后者，而人文主义-修辞式的历史观念更关注前者。但无论是专业圈，还是学者群体或公共领域，还存在大量兼及两者的实践。问题在于：当舒斯勒们与路德维希爆发笔战时，他们都毫不犹豫地站在了两端，实则过度放大了历史书写与历史研究之间的对立关系。

三 史学范式转型下的新释读
及其对公共历史文化机制建设之启示

威廉·蒙森的回击，未能得到路德维希的进一步应答。为时三年的历史

---

[1] Hans-Ulrich Wehler, *Deutsche Gesellschaftsgeschichte*, Bd. 3, München: C. H. Beck, 1995, S. 732.

[2] Martin Nissen, *Populäre Geschicchtsschreibung: Historiker, Verleger und die deutsche Öffentlichkeit* (1848–1900), S. 200.

[3] Sebastian Ulrich, "'Der Fesselndste unter den Biographen ist heute nicht der Historiker', Emil Ludwig und seine historischen Biographien", S. 51.

传记之争，在经历了两轮笔战后，似乎以不了了之的方式落下帷幕。其实不然。

在接下去的数十年间，路德维希连同他所自豪的"新史学"不断走下坡路。随着 1929 年末世界经济大萧条爆发，路德维希的大部分读者迅速流失，他的新传记《林肯》及其自传不但未能延续销售奇迹，反而连累出版社亏损倒闭。不久，当右翼出版社兼并《福斯报》后，路德维希进一步失去了发表政论的舞台。[1] 1932 年，灰心丧气的路德维希在纳粹夺权前夕宣布入籍瑞士。次年 5 月 10 日，其著作毫无意外地被列入"焚书"对象，纳粹官员指责他的传记"误解我们的历史，轻视我们历史中的伟大人物"。[2] 此后逃往美国的路德维希虽然成了罗斯福的德国政策顾问，并继续从事历史书写，[3] 但他在德国的声望一落千丈。二战后，当路德维希回国时，德国民众都自觉或不自觉地同他保持距离。[4] 他的著作大部分不再被翻印，唯一的全集是在西班牙出版的。当 1975 年《明镜》（Der Spiegel）周刊做传记作品排行榜时，居然已找不到路德维希的身影。[5]

与此相反，专业历史学家围攻"历史通俗文学"的努力显得更为成功。1931 年，《大布罗克豪斯百科全书》（Der große Brockhaus）增加了"历史通俗文学"这一词条，以此指代"历史传记"，且如此写道："它不要求严格的学术特征，其影响主要在于运用艺术性的手段和精神方面的描述，时常带有一种强烈的个人或政治世界观倾向……在德国，世界大战后，取得巨大成功的历史通俗文学和历史专业学术之间便形成了尖锐的对抗。"它在参考文献上还列举了《历史杂志》特刊与威廉·蒙森的反击论文。[6] 类似表述一直

---

[1]　这家右翼出版社是 Ullstein。在《福斯报》被它兼并之前，路德维希曾发表过 50 多篇政论文章；1931 年后，路德维希的名字便在该报消失了。参见 Christian Gradmann, *Historische Belletristik. Populäre historische Biographien in der Weimarer Republik*, S. 165, 注释 343。

[2]　Franklin C. West, "Success without Influence: Emil Ludwig during the Weimar Years", p. 189.

[3]　如埃米尔·路德维希《德国人——一个民族的双重历史》，杨成绪、潘琪译，东方出版社，2006。

[4]　Friedrich Stampfer, "Herr Emil Ludwig", in *Sozialdemokratischer Pressedienst*, 1947（11），H. 10, S. 5. 作者曾是魏玛时期社民党党刊《前进报》的主编，但在该文中写道："这位路德维希先生又想在德国宣扬他自己和他的著作，我告诉他，不可能。德国民众在过去所经历的一切，是他没有经历过的……他没有少误导公共观念。"

[5]　Michael Kienzle, "Biographie als Ritual. Am Fall Emil Ludwig", S. 245, 注释 3。

[6]　*Der große Brockhaus. Handbuch des Wissens in 20 Bänden*, Bd. 8, Leipzig: Brockhaus, 1931, S. 536.

保持到 1979 年版。① 在 80 年代前，他的名字没有出现在任何有关魏玛文化史的重要著作中。即便有所讨论，作者们大多持批判态度，认为其作品对读者产生了负面影响，"是法西斯主义的前兆"。②

当然，路德维希并没有被完全忘却。1950 年，路德维希的对手之一威廉·蒙森在回溯俾斯麦的形象演变时，曾以无奈的口吻写道："在更为广阔的范围内，俾斯麦形象根本不是由学术界来确立的，而是由埃米尔·路德维希这位从老普鲁士将军到左翼激进文学家都能吸引到读者的作家所确立的。我们无法成功地应对他的观点。他把流传下来的观点逼到了守势。"③ 在这里，路德维希继续被视作历史研究者的敌人，但其历史书写的能力已经受到了认可。

在以往讨论中，政治因素总是被视作上述发展曲线的主要动力，如贝格尔（Stefan Berger）所言，"路德维希个案再次向人们表明，'专业的'和'大众的'（历史学）之间还在政治上存在鲜明的分界线"。④ 的确，倘若路德维希不是共和派，他就不会在魏玛时期如此受到攻击和排斥。然而，为什么历史学家们在二战后仍然不能接受路德维希呢？事实上，在政治因素之外，还存在往往被人们所忽视的学术发展惯性。换言之，舒斯勒等人的历史主义观念并未随着战争终结而烟消云散。相反，大部分成长于魏玛时期的专业史学家都在战后保住了自己的教席，在德国和奥地利 110 个历史学专业教职占有者当中，只有 20 人受到了非纳粹化措施的制裁。⑤ 另外，召聘流亡科学家返回德国的举措，在历史学界也没产生多大效果。没有一位在希特勒统治时期被从大学和德国驱赶出去的自由派和民主派历史学家最终返回德

① 在 1969 年版上，"历史通俗文学"被视作介于历史小说与学术性历史编纂之间的类型（Bd. 8, S. 529）；1979 年版的内容大致类似，但篇幅缩减（Bd. 5, S. 337）；1989 年版已不再收入该词条。

② Helmut Scheuer, *Biographie. Studien zu Funktion und zum Wandel einer literarischen Gattung vom 18. Jahrhundert bis zur Gegenwart*, Stuttgart: Metzler, 1979, S. 217.

③ Wilhelm Mommsen, "Der Kampf um das Bismarckbild", in Lothar Gall (Hrsg.), *Das Bismarck-Problem in der Geschichtsschreibung nach* 1945, Köln, Berlin: Kiepenheuer & Witsch, 1971, S. 164 - 170.

④ Stefan Berger, "Professional and Popular Historians, 1800 - 1900 - 2000", in Barbara Korte, Sylvia Paletschek (eds), *Popular History. Now and Then. International Perspectives*, Bielefeld: transcript Verlag, 2012, pp. 13 - 29, 此处是 p. 21。

⑤ Schulze, Der Neubeginn, S. 19.

国。只有一些受种族主义迫害的保守派历史学家，如汉斯·赫茨菲尔德（Hans Herzfeld）、汉斯·罗特菲尔斯（Hans Rothfels）、汉斯–约阿希姆·肖普斯（Hans-Joachim Schoeps）等人返回了德国。[①] 从 19 世纪末 20 世纪初便处于危机中的"历史主义"一直到 60 年代初仍然是德国历史研究的主要范式。

"费舍尔之争"一般被视作德国历史学启动第二次范式转型的标志性事件。身为职业历史学家的费舍尔（Fritz Fischer）通过传统的研究路径（外交文献解读），得出了不同于其他同行的结论（德国才是一战爆发的罪魁祸首）。[②] 该事件造成的政治冲击力，连同当时方兴未艾的社会科学研究浪潮，最终汇聚成一种新的研究范式，即"历史社会科学"（Historische Sozialwissenschaft）。[③]

在新范式的观察下，路德维希及其历史传记一方面得到了新的认识。1965 年，费舍尔（Fritz Fischer）的学生盖斯（Imanuel Geiss）促成了路德维希的《威廉二世》再版，并在再版导言中称之为"该主题最好、可读性最强的著作"，因为它"扫除了最根深蒂固的君主主义传统"。[④] 很明显，编者不仅认可了路德维希的历史书写能力，还肯定了他的历史研究价值。

另一方面，当历史社会科学着力批判与反思历史主义观念在纳粹兴起中的责任时，历史研究与历史书写之间的传统纠葛关系也被赋予了新的品质。约恩·吕森（Jörn Rüsen）在他的"学科矩阵"理论中指出，史学作为一门科学，拥有"三位一体"的矩阵结构，即任何一种史学范式都包含"政治"、"认知"和"审美"三种维度。政治维度指的是集体认同策略；认知维度指的是历史知识生产策略；审美维度指的是历史表达的诗学与修辞策

① Georg G. Iggers, Neue Geschichtswissenschaft. Vom Historischen Sozialwissenschaft, Goettingen 1978, S. 106.

② Imanuel Geiss, " Die Fischer-Kontroverse. Ein kritischer Beitrag zum Verhältnis zwischen Historiographie und Politik in der Bundesrepublik ", in ders, *Studien über Geschichte und Geschichtswissenschaft*, Frankfurt a. M.：Suhrkamp, 1972, S. 108 – 198.

③ 参见孟钟捷《"独特道路"：德国现代历史研究的范式转变与反思，《历史教学问题》2009 年第 4 期。

④ Emil Ludwig, *Juli 14. Vorabend zweier Weilkrieg*, Hamburg：Rütten & Loening, 1961, S. 331.

略。这三种维度的每一次组合，都会构成一种特别的"历史文化"（Geschichtskultur）。[①] 在人文主义 - 修辞式的史学观念中，审美维度高于其他两种维度，因而历史书写的功能得到了凸显；而在历史主义的史学观念中，认知维度与政治维度压制了审美维度，以至历史研究及其背后的政治取向成为人们首要关注的对象；但到历史社会科学的史学观念中，三种维度之间的平衡格局成为新的追求目标——吕森强调，维度平衡的"历史文化"才是一种"好的"历史文化。[②] 由此，这场历史传记之争可被进一步界定为两种"历史文化"之间的竞争，但它最终被归于二战前"病态"德国文化的一种表现。这正是 90 年代以来众多研究的结论指向，如魏玛史专家科尔伯（Eberhard Kolb）在文末将之称作"魏玛共和国时期历史编纂学的一次危机特征"；[③] 迈德（Christopher Meid）指出这是"魏玛意识形态分裂的一个典型特征"。[④]

当然，这场公共历史争议的史学释读或许还能延伸得更长，超越魏玛文化史的范畴，直面后现代史学的一些认识。丹托（Arthur C. Danto）曾说："针对'历史书写是艺术还是科学？'这一问题的唯一答案……就是什么都不是！"[⑤] 在这些分析历史哲学家看来，所有历史书写在本质上都受到了叙事结构的影响。而在这种"叙事性理论"（Narrativitätstheorie）中，历史书写与历史研究之间的纠葛关系似乎突然被重置了，因为"叙事形式的认知

---

① 有关"历史文化"与"学科矩阵"的概念，可参见斯特凡·约尔丹主编《历史科学基本概念辞典》，孟钟捷译，北京大学出版社，2012，第 89～92、42～44 页；Jörn Rüsen, "Geschichtskultur", in Klaus Bergmann（Hrsg）, *Handbuch der Geschichtsdidaktik*, Kallmeyer: Seelze-Velber, 1997, S. 38 – 41。

② 参见 Jörn Rüsen, "Auf dem Weg zu einer Pragmatik der Geschichtskultur", in Ulrich Baumgärtner（Hrsg.）, *Geschichts-Erzählung und Geschichts-Kultur, zwei geschichtsdidaktische Leitbegriffe in der Diskussion*, München: Utz, 2001, S. 81 – 98; Jörn Rüsen, "Was ist Geschichtskultur?" in Klaus Füßmann, H. T. Grütter, Jörn Rüsen（Hrsg.）, *Historische Faszination, Geschichtskultur heute*, Köln u. a: Böhlau, 1994, S. 3 – 26。

③ Eberhard Kolb, "'Die Historiker sind ernstlich böse'. Der Streit um die, 'Historische Belletristik' in Weimar-Duetschland", S. 329;

④ Christopher Meid, "Biographik als Provokation. *Wilhelm der Zweite*（1925）von Emil Ludwig", S. 237.

⑤ Arhur C. Danto, *Analytische Philosophie der Geschichte*, Frankfurt am Main: Suhrkamp, 1974, S. 232.

功能……就是把一整套解释向外展示为……单一整体"，① 由此历史书写与历史研究毫无关系——甚至如保加拿（Hans Michael Baumgartner）所言，作为讲述过程的历史书写在知识逻辑和研究实践上都不同于历史研究。② 在此解释框架下，路德维希的"新史学"与专业历史学家眼中的"历史通俗文学"实际上是两列沿着不同轨道前行的火车，它们遵循着各有特点的研究规范及书写方式。争议之所以发生，正是因为它们都企图征服对方，尝试建立历史研究和历史书写的"正统"秩序。而路德维希的败退及历史主义观念的最终谢幕，都表明非此即彼的传统观念无助于解开公共历史传播中的扭结。

正是在上述两层史学释读的基础上，这场发生在 90 年前的德国公共历史争议，拥有了当下化的潜质。特别是当中国也日益面对一个繁荣的公共历史文化市场，同时又不得不见证一次又一次的历史争议时，这里解剖的个案至少让专业历史学家们在重估历史书写的重要性及其与历史研究的平衡关系中，思考以下两点启示。

第一，如何积极应对史学成果普及化的时代要求？在当前愈演愈烈的"历史热"背后，弥漫着多种迷茫、游移、混乱的历史意识。全社会范围内自觉或不自觉形成的公共历史文化仍然是不清晰的，缺少对过去的清醒认知、对当下的准确判断以及对未来的激情期待。③ 在这种情况下，专业历史学家们与其置之不理或斥之荒谬，倒不如行动起来。习近平总书记在哲学社会科学工作座谈会上曾重点谈及"我国哲学社会科学为谁著书、为谁立

---

① Louis O. Mink, "Narrative Form as a Cognitive Instrument", in Louis O. Mink, *Historical Understanding*, edited by Brain Fay edc., Ithaca: Cornell University, 1987, pp. 182 – 203, 此处是 p. 198。

② Hans Michael Baumgartner, "Erzählung und Theorie in der Geschichte", in Jürgen Kocka und Thomas Nipperdey (Hrsg.), *Theorie und Erzählung in der Geschichte*, München: Deutsche Taschenbuch-Verlag, 1979, S. 259 – 289, 此处是 S. 260。

③ 笔者曾在有关一本流行公共历史杂志的封面调查中发现，捕捉读者的猎奇心理往往成为商业性期刊的惯用策略，而"与正统历史教育抗衡"的口号反而成为卖点之一。参见 Meng Zhongjie, "Populäre Geschichtsmagazine in China. Die Entwicklung am Beispiel des Magazins NATIONAL HISTORY", in Susanne Popp/Jutta Schumann/Fabio Crivellari/Michael Wobring/Claudius Springkart (Hrsg.), *Populäre Geschichtsmagazine in internationaler Perspektive. Interdisziplinäre Zugriffe und ausgewählte Fallbeispiele*, Frankfurt am Main: Peter Lang, 2016, S. 537 – 552。

说，是为少数人服务还是为绝大多数人服务，是必须搞清楚的问题"。①
由此推及，即便史学日益成为专业性极强的学科，但其成果绝不能局限于
小圈子中的问古之意，而应面向广大人民群众不断增长的精神需求。当
然，普及读物的历史书写也非易事，陈述结构、描写技巧与传播策略都是
值得推敲的问题。史学前辈苏双碧就曾总结说："历史研究是'实事求
是'，历史剧创作是'失事求似'；史学家是'挖掘历史的精神'，而历史
剧家是'发展历史精神'。"② 不管怎样，若能由此形成新一轮"大家小
书"的风尚，应不失为历史文化建设的重要途径。

　　第二，如何正确看待公共历史传播中的"路德维希现象"？正如前文所
言，90 年前的历史传记之争展示的是两种历史文化之间的抗衡，但其结果
证明，"历史传记"既不能被捧为"新史学"，也不能被贬为"历史通俗文
学"，它应被视作一种集聚着文学之美、政治教育之责的历史书写。尽管它
在认知维度上存在各种疏漏，但其受欢迎的事实，特别是抗衡"专业历史
书写"的挑战姿态，却足以让专业历史学家们在指摘"常识错误"外，进
一步思考这些现象背后更为复杂的文化动因，如德国学者勋内曼（Bernd
Schönemann）所建议的那样，③ 把历史产品生产的机构（大学还是商业公
司）、写作者（专业还是业余研究者）、媒介（学术期刊还是公共平台）与
受众（专业圈还是普罗大众）等四个因素结合起来，进而探讨这样一种历
史文化形成机制的特点及其问题，从中发现应对与解决之策。

（原文刊登于《历史研究》2017 年第 3 期）

---

① 习近平：《在哲学社会科学工作座谈会上的讲话（2016 年 5 月 17 日）》，人民出版社，
2016，第 12 页。
② 转引自钱茂伟《中国公众史学通论》，中国社会科学出版社，2015，第 332 页。
③ Bernd Schönemann, "Geschichtsdidaktik, Geschichtskultur, Geschichtswissenschaft", in Hilke
Günther-Arndt（Hrsg.）, *Geschichtsdidaktik. Praxishandbuch für die Sekundarstufe I und II*,
Berlin：Cornelsen Scriptor, 2014, S. 11 - 22, 此处是 S. 18 - 20。

联邦德国人纳粹记忆中的受害者意识

范丁梁[*]

对于德国人而言，纳粹主义和二战是至今尚无法被完全克服的最为沉痛的创伤记忆。战争一结束，就出现了两种很大程度上对立的受害者话语或者说两类受害者群体：一方是出于种族、政治或宗教理由而受纳粹政权各种手段直接迫害的受害者(Verfolgte)①，其中包括犹太人、波兰人、吉卜赛人等，也包括抵抗运动中的德意志斗士；另一方则是这个民族剩下的大多数，他们曾经在昏昏沉沉和麻木不仁中给希特勒提供了广泛的支持，如今则自视为受害者（Opfer）②。在西占区和之后的联邦德国，这种受害者意识经历了曲折的发展，其中有低谷，亦有高潮。有时它是对抗外部仇视的安慰剂，有时它是进行自我拷问的催化剂，有时它是塑造民族认同的凝固剂，有时它则是争夺历史话语权的着色剂。这种

---

* 范丁梁，华东师范大学历史学系讲师，中国德国史学会理事，主要从事德国史学史研究。

① 1956 年生效的《纳粹主义迫害之受害者联邦赔偿法》（ *Bundesgesetz zur Entschädigung für Opfer der nationalsozialistischen Verfolgung* ）明确指出："纳粹主义迫害的受害者是指，由于反纳粹的政治立场或者由于种族、信仰和世界观而受到纳粹主义暴力手段迫害，并因此在生命、肉体、健康、自由、财产、能力、职业前途或者经济前景上遭受损失之人（受迫害者）。"虽然该法律在名称中使用了"受害者"（Opfer）一词，但在具体条文中均采用"受迫害者"（Verfolgte）一词（参见 http://www.gesetze-im-internet.de/beg/BJNR013870953.html#BJNR013870953BJNG000200328，2017-7-25）。

② "受害者"（Opfer）一词在德语中有两种不同的内涵，它可以指无辜遭受不幸之人（相当于英语中的"victim"），也可以指在狂热实践中献身的牺牲品（相当于英语中的"sacrifice"）。这种在其他语言中很少见的双义性使得德国人的受害者意识在最初有着非常模糊的指向。

面貌的转化，始终与联邦德国国内外的政治局势和历史文化氛围紧密相关。

一　防御性的受害者意识

1945 年 5 月 8 日，德国人无条件投降。他们首先感受到的，不是"被解放"的欢愉，而是"被战胜"的痛苦。战争末期的经历让他们迅速地将自己摆上了纳粹主义受害者的位置。尤其是盟军对汉堡、德累斯顿、卡塞尔等德国城市的空中轰炸战（Bombenkrieg），战争结束前苏联红军战线的逼近而导致的东普鲁士居民大逃亡（Flucht），1945 年前后东欧国家尤其是波兰和捷克对德国居民的驱逐（Vertreibung）[①]，以及盟军占领德国全境时对普通德国民众实施的枪杀、强暴等暴行，都对德国人的身心造成了巨大的创伤。战后艰难的生活条件更是让他们认为自己成了希特勒及其帮凶的"替罪羔羊"。因此，战后初年，虽然德国人已经意识到纳粹主义导致了数百万受害者，但是他们认为自身的受害者身份最为重要。在德国人的受害者名单上，第一位是战争阵亡士兵的遗孀和遗孤，第二位是空中轰炸战的伤残者，第三位是东部的被驱逐者，第四位是抵抗运动人士，然后才是犹太人。

这种受害者意识是战后初期西占区和之后新生的联邦德国的社会共识与政治认同。《南德意志报》（*Süddeutsche Zeitung*）1945 年 10 月 16 日的头条就是《750 万德国人是战争的受害者》。[②]《时代周报》（*Die Zeit*）同样立场鲜明："无数人经历了最为艰难的时日。怎么重复都不为过的是，德国人是恐怖统治最初的囚徒并且直至痛苦的终点日益是暴力的受害者。"[③] 1945～1946年讨论对纳粹受迫害者的赔偿计划时，西战区的民调显示，仅有 60% 的受访者同意归还受害者的个人财产，几乎所有人都反对进一步的补偿措施，因为他们认为，毕竟所有的德国人都曾受希特勒之苦。[④] 1949 年 9 月

---

① 这项政策在《波茨坦协议》等政治文件中被称为"迁移"（Aussiedlung），不过现在则普遍使用"驱逐"（Vertreibung）的说法。

② "7 $\frac{1}{2}$ Millionen Deutsche als Opfer des Krieges", in *Süddeutsche Zeitung*, 16. 10. 1945.

③ "Zum 20. Juli: Helden und Dulder", in *Die Zeit*, 17. 7. 1947.

④ Constantin Goschler, *Schuld und Schulden. Die Politik der Wiedergutmachung für NS-Verfolgte seit 1945*, Göttingen: Wallstein Verlag, 2005, S. 63.

7 日，在联邦议院第一次会议上，曾任魏玛共和国国民议会总统的社民党政治家保罗·罗贝（Paul Löbe）仅仅对德国受害者表达了纪念之情："我们面对的是从奥得－尼斯河边界的另一边被驱逐的百万德国人，是因战争致残或丧亲之人，他们当然是纳粹主义的一类受害者；那些在轰炸战争中失去家产之人，是纳粹主义和多次货币措施的另一类受害者。"① 直到 9 月 21 日联邦议院的第七次会议上，才由社民党主席库尔特·舒马赫（Kurt Schumacher）第一次提及了犹太受害者。②

　　战争带来的伤痛尚未平息，同盟国的非纳粹化政策（Entnazifizierung），尤其是初期对纳粹分子的"逮捕运动"（Internierung）和大规模的"审查问卷"（Fragebogen），又令德国人既感到恐惧，又觉得受辱。为了清除纳粹党成员，1945 年 7 月 7 日，美占区下令所有相关人员必须填写一份由 131 个问题组成的关于其在纳粹时期所作所为的审查问卷，被调查者因此被分为五类：第 I 类必须解除公职，第 II 类和第 III 类被劝退，第 IV 类可以无异议复职，第 V 类则被推荐任职。至 1946 年 3 月，一共收回约 140 万份问卷，其中有一半得到了处理。因为耗费的时间和人力成本太过巨大，美国人最终决定将这个任务交给德国人自己来完成。1946 年 3 月 5 日，《清除纳粹主义和军国主义法》（Gesetz zur Befreiung vom Nationalsozialismus und Militarismus）颁布，该法令规定所有 18 岁以上的德国成年人都必须填写一份登记表，然后交由当地专门的非纳粹化审判庭（Spruchkammer）审查，从而对其身份归类：主犯、罪犯、从犯、追随者或者无罪者。因为这种身份界定与生活物资的分配和就业机会紧密相连，所以仅在美占区就马上收到 1300 万份登记表。在非纳粹化庭审过程（Spruchkammerverfahren）中，举证责任被倒置了，被审判者需要自己寻找证人为其做无罪证明。这种做法最后导致了朋友、同事、邻居之间互相做证。他们把这类为自己"洗白"的证词嘲讽性地以德国知名的洗衣粉品牌帕西尔（Persil）命名，称之为"帕西尔证明"（Persilschein）。

　　非纳粹化的众多举措都基于一种"集体罪责"的假设，这使德国人认为其"造成了许多不幸和伤害"。③ 在纽伦堡审判时，美国首席检察官罗伯

---

① *Protokoll des Deutschen Bundestages*, 7. 9. 1949, S. 1.

② *Protokoll des Deutschen Bundestages*, 21. 9. 1949, S. 36.

③ *Protokoll des Deutschen Bundestages*, 20. 9. 1949, S. 27.

特·H. 杰克逊（Robert H. Jackson）尚把大多数德国民众与少数纳粹战犯区分开来："我们想要明确澄清，我们并未打算控告整个德意志民族。我们知道，纳粹党在选举时并不是凭借多数票而夺权的。……纳粹时代的梦魇给了德国人在全世界的名声一种新的、阴暗的含义，这会让德国倒退一百年。的确，德国人——他们的人数不比外部世界少——得与被告做一清算。"① 但之后的非纳粹化放弃了这种立场，转而推行无差别的政治肃清政策。于是，随着非纳粹化的逐渐推进，绝大多数德国人"急遽地将自己视为'受害者'"。②

德国人在战后初期的这种受害者意识，最大的特点就是"防御性"的，或者说是"辩护性"的。正如罗贝所言："我们……何时都不否认罪责的巨大程度，这种程度是罪恶的体制加诸在我们民族肩头的。不过外部的批评者不要忽视一件事：德意志民族遭受了双重的苦难。它曾在自己暴君的脚下呜咽低诉，也曾在外国势力击败纳粹统治的战争和复仇举措下痛苦呻吟。"③ 显然，德国人在与纳粹历史做彻底切割时，把"纳粹体制"与"德意志民族"区分开来。由此，罪犯和帮凶逐渐转变为受害者。直至 20 世纪 50 年代早期，将自己视为受害者以对抗集体罪责论是这一时期联邦德国纳粹记忆的主基调。对当时的德国人而言，创伤性的纳粹历史只有在这种防御性的受害者意识中才能被谈论。在这一语境下，"受害者"身份被一般化了。整个德意志民族都是受害者，直接受迫害者、反对希特勒的抵抗者和"被引诱"的民众与战士之间有一种"命运的共性"。④

二　批判性的受害者意识

随着舆论转向、代际冲突和政权更替，德国人纳粹记忆中的受害者意识在 20 世纪 60 年代和 70 年代开始出现大幅度的变化。首先，从 50 年代末期

---

① Nürnberger Prozeß. Der Prozeß gegen die Hauptkriegsverbrecher vor dem Internationalen Gerichtshof Nürnberg 14. November 1945 – 1. Oktober 1946. Amtlicher Wortlaut in deutscher Sprache, Nürnberg, 1947, S. 120f.

② Norbert Frei, 1945 und wir. Das Dritte Reich im Bewußtsein der Deutschen, München: dtv, 2009, S. 83.

③ Protokoll des Deutschen Bundestages, 7. 9. 1949, S. 2.

④ Protokoll des Deutschen Bundestages, 16. 3. 1950, S. 1611.

开始的围绕纳粹罪犯之审讯与追诉而展开的大讨论，逐渐把德国民众的注意力导向了纳粹主义的骇人罪行及其受害者。1961 年在耶路撒冷举行的艾希曼审判，第一次将"受害者"与"罪犯"的形象鲜明地呈现在公众面前，并且完全置于对立的境地。1963～1965 年在法兰克福举行的第一轮奥斯维辛审判，史无前例地将纳粹罪行全面而细节化地揭露出来。尤其是奥斯维辛幸存者的叙述，更是让大屠杀和纳粹灭绝政策以一种前所未有的强度成为德国社会舆论的焦点。

其次，代际更替和激烈的代际冲突将联邦德国与纳粹历史的交锋带入了一个全新的时期。从 20 世纪 60 年代下半叶开始，1930～1940 年出生之人逐渐成为德国社会的生力军。他们虽然无须为希特勒政权的运作背负责任，却在命运的推动下成了帮凶，同时也是受害者。这种双重角色使得他们不再以回避和排挤的态度对待纳粹历史，而是试图在了解的基础上"清理"（aufarbeiten）这段历史。1968 年的学生运动更是推动整个联邦德国社会对纳粹历史加以拷问。二战后出生的这一代德国人完全无须背负纳粹主义的个人罪责，所以他们能够更加"轻装上阵"直面自我的负罪感和受害感。他们激烈地批判自己的父辈面对纳粹罪行无动于衷，面对非纳粹化的不公却群情激愤。为了更深刻地承认纳粹罪行，为了更彻底地认可受纳粹迫害者，他们公开反对德国人的自我受害者化。

再次，社会民主党于 1969 年主政后，批判性的"德意志特殊道路理论"作为阐释纳粹历史的话语体系得到了官方认可，并成为 70 年代联邦德国历史政策的基础共识。在这种导向下，德国社会的纳粹记忆被画上了一条从俾斯麦帝国、一战、魏玛共和国到第三帝国的连续线。德国人仍然认为自己是战争和暴政的受害者，时任总理维利·勃兰特（Willy Brandt）曾言："由希特勒发动的战争造成了数百万的受害者，其中有儿童、妇女和男子，有许多国家的俘虏和士兵。我们怀着崇敬之情纪念他们所有人。"[①] 但是他们开始从自己民族的历史中去寻找这种受害的根源，所以这种受害者意识带有"自我批判性"。完全的受害者身份在政治上逐渐被认为是不正确的。与此同时，在"新东方政策"的导向下，人们开始接受把东普鲁士地区领土

---

① *Protokoll des Deutschen Bundestages*, 8. 5. 1970, S. 2565.

的丧失视为对纳粹罪行的公正惩罚。① 越来越多的德国人意识到，对东部地区被驱逐者的回忆可能暗含着复仇的心态，这会严重阻碍与东欧国家的和解。在这种历史政策的引导下，德国人自身的受害者意识不再强调"谁"受害，而是追问"为什么"受害，并由此推进对德国历史的批判阐释。

随着德国人批判性的自我受害者意识的成功塑造，犹太人的受害者身份在 70 年代末得到了再一次强化。1979 年 1 月，美国电视迷你剧《大屠杀》（Holocaust）在德国上映，有超过 2000 万人次观看了该剧（当时联邦德国人口约为 6000 万人），并引发了全社会的大讨论。由此开始，犹太人作为纳粹受害者最重要的代表进入了德国社会的话语中心。虽然有媒体批评该剧试图将受害者分级化，过分抬高犹太人的受害者地位，但毋庸置疑的是，这部剧成功地将历史叙述情绪化了。当对犹太人的迫害和屠杀通过家庭悲剧的形式场景化地展现出来时，德国观众对受害者的同情和认同达到了历史的最高点。当原本无名的、抽象的、数字化的犹太民族悲惨命运变成生动的历史故事时，它就变得可以被个体所理解，变得格外"真实"了。这不是一场受害者话语的争夺战，因为德国人由始至终未曾以自身的受害者形象去对抗犹太人的受害者形象。经历了从辩护性向批判性的纳粹历史认知的转变后，德国人的受害者意识在 70 年代末暂时沉寂了下来。

三　建构性的受害者意识

从 80 年代初开始，对"第三帝国"时代日益增多的回忆诉求逐渐成为一种广泛的社会趋势。1982 年，基民盟/基社盟－自民党联盟在选举中胜出，赫尔穆特·科尔（Helmut Kohl）当选为联邦总理。联邦德国再一次面临历史政策的大动荡。科尔竭力推行"精神与道德转折"（geistig-moralische Wende），希望德意志民族摆脱纳粹主义的阴影，从而在联邦德国塑造一种全新的历史意识和历史认同。相应地，"究竟谁能够以何种话语得到纪念"这一问题成了纳粹记忆的争论焦点。

---

① Edgar Wolfrum, "Die beiden Deutschland", in Volkhard Knigge u. Norbert Frei (Hrsg.), *Verbrechen erinnern. Die Auseinandersetzung mit Holocaust und Völkermord*, München: C. H. Beck, 2002, S. 133 - 149, hier S. 139.

1985 年是德国二战投降 40 周年，当时一种对犹太人的抵触情绪在联邦德国又有升温。有德国民众抱怨，几十年过去了，犹太民族在国际上不但不愿与德国人真诚和解，反而鼓动对德国的"憎恨与复仇"。《法兰克福汇报》更是控诉，在美国有一个"强有力的新闻机构"对德国人穷追不舍，抓住一切机会"重新挖掘出面目可憎的德国人的讽刺画并且撕开陈年伤疤"。① 莱茵兰－普法尔茨州州长伯恩哈德·福格尔（Bernhard Vogel）和比特堡市市长特奥·哈勒特（Theo Hallet）则力邀科尔前往比特堡的阵亡将士公墓悼念，其中安葬有 2000 多名二战中牺牲的德国国防军士兵。因为这两位基民盟的政治家反对一种对"阵亡者的挑选"，他们认为这些士兵在 40 年前成为战争生死选择中的牺牲品，如今不应该在纪念文化中再一次成为犹太人－德国人选择中的牺牲品。② 恰好美国总统里根计划在 5 月初赴波恩参加七国峰会，科尔因此邀请里根同赴比特堡。科尔政府将此举视为 1984 年德法两国首脑在凡尔登共同拜谒一战阵亡军人墓之后，德国与西方再次展现和解姿态的机会。但是，不久之后就披露在墓地中还葬有 49 位③武装党卫军（Waffen-SS）成员，使得该造访计划遭到了各方势力的强烈反对。

尤其是在联邦德国国内，左翼和右翼在政治和公共领域就此爆发了大规模争论。作为从党卫军中分离出来的相对独立的作战单位，武装党卫军后期不断扩招改编，吸纳了许多年轻成员，这一批人与属于纳粹顽固分子的普通党卫军不同。于是，双方先是争论武装党卫军是否有权得到纪念。④ 随之，左翼警告人们警惕保守主义将纳粹历史"正常化"的策略；右翼则指责左翼的罪责情结让德国人丧失了行动力。然而，比特堡之行不仅是一场单纯的纪念仪式，更是一场德美关系的政治秀。因此，考虑到与科尔之间的关系⑤，里根最后还是不顾反对在 5 月 5 日前往比特堡公墓。双方只在公墓中

---

① Fritz Ullrich Fack, "Ein Scherbenhaufen", in *Frankfurter Allgemeine Zeitung*, 29. 4. 1985.

② " ' Wir sind Freunde der Amerikaner, nicht ihre Vasallen. ' Der rheinland-pfälzische Ministerpräsident und der Bitburger Bürgermeister appellieren an Kohl", in *Frankfurter Allgemeine Zeitung*, 30. 4. 1985.

③ 这一数据现在被纠正为有 59 位。

④ 无论是左翼还是右翼，都认为应该在罪恶的党卫军和英勇的国防军之间做一区分。对德国士兵的纪念是合法的，这一点各方人士都毫无异议。

⑤ 作为美国欧洲政策特别是对苏政策的中坚力量，作为里根政府的亲密盟友，科尔先是抵住了反对党的压力做出了在联邦德国本土部署美国中程导弹的决定，接着又率先支持里根的"星球大战"计划。

停留了 4 分钟，献上花圈，仪式性地握手后就匆匆离去。

比特堡事件的真正关键之处并不在于两国首脑最后有否成行，而在于科尔政府的辩解之词：纳粹政权的执行者同样应该被视为纳粹主义的受害者，所有的阵亡士兵都应该有权得到同样的悼念。在这里，德国人受害者身份统摄的对象达到了最大范围。时任基民盟/基社盟议会党团主席的阿尔弗雷德·德莱格尔（Alfred Dregger）的态度是对科尔政府的这种纪念话语的最好脚注。在一封致 53 位试图阻止里根比特堡之行的美国参议员的公开信中，他这样写道：

> 战争的最后那天，1945 年 5 月 8 日，当时 24 岁的我与大部队一起在西里西亚的马克里撒（Marklissa）抵御红军的进攻。我唯一的兄弟沃尔夫冈 1944 年在库尔兰保卫战的东线战场上遇难，具体情形我并不知晓。他是一位正直的年轻人，我绝大多数的同伴亦是如此。当你们敦促你们的总统放弃其计划的在比特堡阵亡将士公墓中的高贵表态时，我不得不将这视为对我兄弟和我的阵亡同伴们的侮辱。我想问问你们，人们是否应该拒绝给予死去的战士们——他们的躯体已经腐烂——最后的尊敬？我问你们，这样一种态度是否符合我们关于礼节、人类尊严以及对死者的敬重的共同愿景？我问你们，你们是否把虽曾在纳粹政权下屈服 12 年之久但 40 年来站在西方世界一边的德意志民族看作盟友？①

在德莱格尔的表述里，我们看到了一位纳粹主义参与者的受害者诉求。他强调德意志民众遭受的苦难，强调德国士兵不是为了支持希特勒而战，而是为了抵抗苏联人而战。而其中隐含的价值判断是：即便在错误的、犯罪的观念中也存在宝贵的爱国主义精神。所以，大多数普通德国士兵是"正直"的，应该被给予"尊敬"。在这种受害者话语体系里，它的要求已经不满足于帮助德国人摆脱"集体罪责"的束缚，它被注入了建构性的新因素——德意志的民族性中也有其值得称道之处。即便科尔政府仍然对德国人的"历史罪责"供认不讳，但它更深层的诉求是"我们德国人又回来了

---

① Alfred Dregger, "Ein Brief an 53 amerikanische Senatoren, die Reagan vom Besuch des Soldatenfriedhofs in Bitburg abhalten wollten", in *Frankfurter Rundschau*, 23. 4. 1985.

（Wir sind wieder wer），而这必须得到承认"。①

　　这种诉求无疑迎合了德国人的情感需求。大多数德国人在战后出生，再要强迫他们接受对纳粹罪行的负罪感困难重重。1984 年 4 月的一次民意调查显示，68% 的受访者认为拜访比特堡是"和解的一个好信号"，只有 12% 的受访者认为这"不合时宜"。②而在 5 月 8 日的民调中，比例几乎没有发生变化。③虽然从最终结果来看，科尔政府的保守主义历史政策并没有通过比特堡事件成功夺取文化阐释上的主导权，但是它唤起了普通民众心中不同的历史图景，而德国各大媒体上的唇枪舌剑显然没有动摇他们的立场。

　　正如基民盟总书记海纳尔·盖斯勒（Heiner Geißler）所言，战争结束 40 年后不应该再掀起"第二次人为的非纳粹化浪潮"，而是应该"将目光朝前"。④对于 80 年代的联邦德国政府来说，面向未来要比回忆纳粹历史重要得多，纳粹历史只是战后时代的反面衬托。因此，这种语境下的受害者意识是建构性的，它指向一种德国人新的自我认同，一种通过消解纳粹记忆的特殊性而重建德国人身份的尝试。这种建构当然充满着争议，遗憾的是，相关争论被两德统一打断了。德国的重新统一从某种意义上阻碍了对纳粹记忆的深入讨论，因为人们的目光转向新的民族国家，转向民主德国的历史，而暂时从纳粹历史上移走了。

四　攻击性的受害者意识

　　从 20 世纪 90 年代尤其是从 21 世纪初开始，伴随着"历史热"的到来，伴随着纳粹历史研究的"历史化"（也就是像研究其他历史时期一样地去对待纳粹历史，客观地呈现纳粹历史的全景），德国人的受害者意识开始复苏并经历了新的膨胀。早在 1992 年，《时代周报》就观察到在德国有一种"推翻历史、改写历史"的"新的肆意作为"，"德国人重新开始以一种受害

① Klaus Naumann, "Versöhnung", in *Blätter für deutsche und internationale Politik*, 30 (1985), S. 517 – 524, hier S. 520f.
② Elisabeth Noelle-Neumann u. Renate Köcher (Hrsg.), *Allensbacher Jahrbuch der Domoskopie*, Bd. 9: *1984 – 1992*, München: De Gruyter Saur, 1993, S. 976.
③ "Bitburg-Besuch positiv gewertet", in *Frankfurter Allgemeine Zeitung*, 22. 5. 1985.
④ Jan-Holger Kirsch, »*Wir haben aus der Geschichte gelernt*«. Der 8. Mai als politischer Gedenktag in *Deutschland*, Köln: Böhlau, 1999, S. 83.

者的风格来表述自我",这是"德国人自我形象悄悄改变的征兆"。^① 从 90 年代中叶开始,德国人已经变成了一个受害者民族,他们只是争论自己是谁的受害者。大量的出版物涌现,它们从德国人的受害者视角出发,探讨二战末期轰炸、逃亡、驱逐的个人体验。

在这种新的受害者话语中,德国电视二台(ZDF)发挥了不可忽视的作用。它在 1984 年成立了由古多·克诺普(Guido Knopp)领导的专门的"当代史部"。从 1995 年起,当代史部制作了一系列以纳粹为主题的历史纪录片。^② 克诺普一改以往历史纪录片在 22 点后播出的惯例,将这些影片在 20：15 的黄金时段投放,获得了巨大的成功。单集的平均观看达 400 万人次,最高达 680 万人次。这些影片的主旨是将德国人的罪责固定在一个以希特勒为中心的罪大恶极而又蛊惑人心的领导集团身上,并由此减轻德国人的集体负罪感。克诺普的艺术手法,尤其是影片中普遍存在的亲历者采访环节,深刻地影响了德国观众尤其是年轻一代的历史观。克诺普不是将亲历者作为历史展现的视角补充,而是赋予他们叙述的权威,因为他认为,只有这些亲眼所见之人才知道历史的真相到底如何。于是,这些证人摇身一变成了"纳粹史专家",他们的叙述往往不是反思自身的作为,而是展现自身的受害。他们的言辞又得到一些影像资料的支持。因此,观众们欣然接受了这种证言证据,并且当它们与影片中展现的历史学学术观点相冲突时,选择认同前者。这种将纳粹记忆个人化、将个人体验权威化的策略,成功地强化了普通德国民众纳粹记忆中的受害者意识。

2002 年,关于德国人受害者形象的自我阐释出现了一个高潮。这一整年,德国的公共舆论都笼罩在一种"为德国哀悼"的氛围中。先是君特·格拉斯(Günter Grass)围绕"古斯特洛夫号"海难展开的小说《蟹行》出版。^③ 这本书首次叙述了二战末期满载着德国士兵、难民和儿童的古斯特洛夫号被苏联潜艇击沉,致使近万人丧生的惨剧,掀起了一场对在战争

---

① Volker Ulrich, "Die neue Dreistigkeit", in *Die Zeit*, 30. 10. 1992.
② 包括《希特勒的帮手》(*Hitlers Helfer*, 1997, 1998)、《希特勒的战争》(*Hitlers Krieg*, 1998)、《希特勒的儿童》(*Hitlers Kinder*, 2000)、《大屠杀》(*Holokaust*, 2000)、《希特勒的妇女》(*Hitlers Frauen*, 2000)、《大逃亡》(*Die grosse Flucht*, 2001)、《斯大林格勒战》(*Stalingrad*, 2002)、《轰炸战》(*Der Bombenkrieg*, 2003)等。
③ 〔德〕君特·格拉斯:《蟹行》,蔡鸿君译,上海译文出版社,2008。

中受害的德国人的回忆热潮。《明镜》周刊随之在 2002 年 3 月至 2003 年 1 月推出了关于 "东部地区德国人的逃亡和被逐" 和 "轰炸德国人" 的系列文章。2002 年底，耶尔格·弗里德里希（Jörg Friedrich）出版了《大火：1940～1945 年德国本土的轰炸战》。[①] 在书中，作者将轰炸战的历史描述为手无寸铁的德国平民与摧毁一切的炸弹之间的斗争，轰炸亦是一种无人生还的灭绝。他的潜台词是：因白磷弹窒息而死的德国人与集中营里被毒气杀害的犹太人，有何区别？

由此开始，德国人的受害者意识越来越具有攻击性，它试图在纳粹政权的受迫害者与战争的受害者这两种话语之间营造一种竞争。它一方面不断加固着许多德国人既是加害者又是受害者的双重身份特征，另一方面越发凸显盟军的加害者身份。为此，德国人开始试图揭露苏、美、英、法等国的军人对德国平民的 "施暴"。[②] 2015 年 5 月，二战结束 70 周年纪念周里，德国电视二台播放了题为《解放者的罪行》（Die Verbrechen der Befreier）的纪录片。由此可见，德国人正在试图利用自身的受害者身份部分消解盟军战争行为的正义性，从而为德国人的历史阐释争夺更多的话语权。

在 21 世纪日益高涨的受害者情绪中，虽然从内容上来看，德国人又开始热衷于谈论轰炸、驱逐和逃亡，与战后初期相比，一切似乎都是熟悉的主题。但是从目的上来看，这种受害者意识已经完全脱离战后初期辩护性的目的，德国人正以一种控诉者的基调来诉说受害的伤痛。在他们的纳粹记忆中，德国人的罪责看来几乎已经 "偿清" 了，现在更需要被感知的是德国人的创伤。

五　德国人的经验与问题

回顾二战后德国人面对创伤记忆的历程，尤其是面对 21 世纪德国人受

---

① Jörg Friedrich, *Der Brand. Deutschland im Bombenkrieg 1940 – 1945*, München：Propyläen, 2002.

② 关于苏军相关暴行的研究可参见 Ingo von Münch, "*Frau Komm！*" *Die Massenvergewaltigungen deutscher Frauen und Mädchen 1944/45*, Graz：ARES, 2009。关于美、英、法军相关暴行的研究可参见 Miriam Gebhardt, *Als die Soldaten kammen：Die Vergewaltigung deutscher Frauen am Ende des Zweiten Weltkriegs*, München：Pantheon, 2015。

害者意识的复苏时，首先需要注意的是，对创伤的回忆无论如何都是重要且合法的。根据某种"政治正确"的原则来压制这种受害者意识是无意义的，而且极有可能产生相反的效果。受害者主题的禁忌化，必然引起更大的反弹。只要保证纳粹记忆的基本框架——德国人的罪责和战争肇始者身份——不被改变，德国人就有权记忆本民族因为战争所遭受的伤痛，即便这是一场由其发动的非正义之战。正如社民党政治家彼得·格罗兹（Peter Glotz）所言："当我们……回忆起被驱逐的受害者时，并不是为了以任何方式遗忘德国人的罪责或者更严厉地说遗忘德国人的罪行。数百万德国人被从其家乡驱逐这件事的发生，是因为德国人在此之前驱逐了几百万其他民众离开故土……今天，我们并不想为了忘却侵略战争的受害者而谈论驱逐的受害者；我们谈论他们，是因为我们想要并且必须谈论全部的真相及其各个方面。"①

其次，受害者记忆需要在公共领域被讨论。虽然我们把记忆区分成个人记忆、集体记忆、社会记忆、文化记忆等各种形式，但总的来看，社会创造出了记忆和遗忘的框架。国家的掌权者在很多时候有权决定记忆什么、如何记忆——虽然他们的这种权力本身处于复杂的权力网中。普通民众往往会顺应国家权力的这种导向。在 70 年代的联邦德国，对纳粹记忆的讨论主要在上层的政治领域进行，个体回忆曾让步于国家政策，对历史罪行所进行的个体回忆不被允许。而从 90 年代起，当讨论空间大面积地转移到以大众媒体为代表的中层公共领域和地方性平台上时，对纳粹历史的记忆突破了话语禁忌，激活了个体记忆的活跃性，这就使得社会无法再就此达成单一的共识。时至今日，绝大多数轰炸、驱逐和逃亡的幸存者已逝去，在与之相关的历史争论中占据主导地位的不再是亲历者的原初记忆，书籍、电视、电影等各种媒体或者被驱逐者联盟等机构成为记忆的承载者和表述者。在这种情况下，只有允许和鼓励在公共领域中对创伤记忆展开深入的讨论和交流，才能突破单一主体表述的主观局限，并且进一步认清这种记忆活动所谋求的现实利益和未来指向。

---

① Thorsten Eitz u. Georg Stötzel, *Wörterbuch der »Vergangenheitsbewältigung«. Die NS-Vergangenheit im öffentlichen Sprachgebrauch*, Bd. 2, Hildescheim: Georg Olms Verlag, 2009. S. 317f.

再次，需要对受害者意识有反思的自觉。德国人的受害者意识长期以来受到质疑的最核心理由是，这是一种用（德国人的）痛苦清算（犹太人的）痛苦，用（盟军的）罪责清算（纳粹的）罪责的做法。这无疑是令人警醒的。无论是将纳粹的奥斯维辛与苏联的古拉格相比，还是将德国人的创伤与犹太人的创伤相比，其中都潜藏着一种将两者"等量齐观"的危险，以及为了达到这种效果而对对象的大肆渲染。我们可以在《大火》中很明显地看到这一点。为了避免由此导致的对纳粹罪行的淡化，需要德国政治家、历史学家、评论家、文学家等始终保持批判和反思的态度。

最后，德国人的受害者意识需要跳出民族国家的框架，实现欧洲化。德国著名的文化理论家阿莱达·阿斯曼（Aleida Assmann）曾提出"面对创伤记忆的四种模式"，其中之一是通过对话而回忆（Dialogisches Erinnern）。[①]国家记忆形成的常规不是对话，而是自说自话，这就很容易导致过分强调自身的受害经历。而只有通过不同参与者之间的对话，才有可能形成共识性的、制约性的、彼此谅解的创伤记忆。因此，在面对德国人的受害经历时，需要将其置于欧洲的大背景下。尤其是当德意志民族的被驱逐经验与欧洲其他民族的被驱逐经验有着无法割裂的关系时，建立一个类似法国佩罗讷的一战纪念馆（Historial de la Grande Guerre）那样的全欧洲的"记忆之场"，是值得预期的目标。[②]创伤记忆的去民族化当然需要时间。欧洲人曾经等待了70多年，才有了一个共同回忆一战的场所。现在可能需要等待更长时间，才能不再继续蜷缩在各自的民族国家史里，去创建一种能够将更多面相的创伤记忆纳入其中的、更包容的记忆话语。

总之，二战后，德国人的受害者意识经历了从防御性、批判性、建构性到攻击性的转变。从中既可以看到国家在引领社会成员共同澄清和回忆历史事件时的引导力，也可以看到不同的个人经历如何被挑选出来

---

① Aleida Assmann, *Das neue Unbehagen an der Erinnerungskultur. Eine Intervention*, München: C. H. Beck, 2013, S. 195 – 203。另外三种模式是：通过对话而忘却（Dialogisches Vergessen）、回忆以便永不忘记（Erinnern, um niemals zu vergessen）和回忆以便忘却（Erinnern, um zu überwinden）。

② Ute Frevert, "Geschichtsvergessenheit und Geschichtsversessenheit revisited. Der jüngste Erinnerungsboom in der Kritik", in *Aus Politik und Zeitgeschichte*, B 40 – 41 (2003), S. 6 – 13, hier S. 13.

用于全社会的认同塑造和政治自洽。我们不必将之丑化甚至妖魔化，重要的是如何批判而又不僵化地看待这一问题，并且从中看到记忆形塑的巨大力量。

［原文刊登于《华东师范大学学报》（哲学社会科学版）2017 年第 5 期］

缓和的倒退？ 1966 ~ 1968 年联邦德国的 "新" 东方政策

葛　君[*]

1969 年 10 月，维利·勃兰特（Willy Brandt）出任联邦德国新一届政府总理，其随即开始倡导的新东方政策（New Ostpolitik）致力于加速推进同社会主义阵营内各国关系的缓和。自此，波恩（Bonn）的外交事业便呈现一番新气象。1970 年 8 月 12 日，联邦德国同苏联签署《莫斯科条约》（the Moscow Treaty）；同年 12 月 7 日，又同波兰签署《华沙条约》（the Warsaw Treaty）。这两个条约构成了新东方政策条约体系的基础，对于东西方关系的缓和、欧洲的一体化，乃至以后德国的重新统一都具有重大的影响与意义。故而，对于大多数人而言，新东方政策总是同维利·勃兰特这个名字紧密地联系在一起。但同样不可否认的是，任何一项政策，从其发起到形成直至最终实施，总存在更为复杂而又深厚的背景，也必定有一段长期的实践过程。在这点上，新东方政策亦不例外。

所谓新东方政策，从宽泛的定义上讲，就是联邦德国摆脱自 1949 年建国以来处理与东欧社会主义阵营国家（苏联除外）僵硬的外交方针，即"哈尔斯坦主义"（Hallstein Doctrine），进而开始采取和善的外交姿态，冀以此与东欧国家恢复并建立全面而正常的和平外交关系，以便达成东西方关

---

* 葛君，华东师范大学历史学系讲师，中国德国史学会会员，主要从事 1945 年后德国史研究。

系的彻底缓和。对于这项政策是究竟从何时起步的，研究者们众说纷纭，各持不同的观点。①

　　而其中，来自当时苏联方面的说法是值得注意的。1968 年 11 月，在一次苏共与意共代表团关于捷克斯洛伐克事件的会谈中，苏联代表明确谈道："众所周知，在最近一年半至两年来，联邦德国企图实行所谓的'新东方政策'。众所周知，苏联及其他一些社会主义国家对这一项政策采取了非常克制的态度，即不妄加评论。……捷克斯洛伐克事件完全证明，当时我们对波恩的'新东方政策'持不信任的态度是正确的。"②

　　若按以上苏联代表的表述来做一推算，苏联方面认为联邦德国开始推行所谓"新"东方政策的时间应该在 1966 年 11 月前后，差不多恰好是在基督教民主联盟（CDU）/基督教社会联盟（CSU）与社会民主党（SPD）组成大联合（Grand Coalition）政府之际。事实上到 1968 年 8 月，苏联及华约成员国对捷克斯洛伐克采取了武装干涉行动，使得 1966 年以来联邦德国同东欧国家的缓和进程被打断了；而其新东方政策则成了以苏联为首的东方集团所指责的对象。

----

① 关于各方观点简述如下：（1）有学者认为，当 1955 年联邦德国加入北约以及华约成立之后，两个德国就分属于两大对立的军事集团，东西方的持续冲突从而使德国失去了统一的最后机会，就必须采取新的东方政策。参见 Peter Bender, *Die „ Neue Ostpolitik "und ihre Folgen： Vom Mauerbau bis zur Vereinigung* （München： Deutscher Taschenbuch Verlag, 1996）, S. 29。（2）也有学者认为，新东方政策源于 1961 年 8 月 13 日开始修建的柏林墙。在新旧政策转变之间，应有几年政策的重新定位时期，而这一重新的定位便就是从修建柏林墙之后开始的。参见 Timothy Garton Ash, *In Europe's Name： Germany and the Divided Continent* （London： Vintage, 1994）, pp. 35 – 36, Arne Hofmann, *The Emergence of Détente in Europe： Brandt, Kennedy and the formation of Ostpolitik* （London and New York： Routledge, 2007）, p. 3。（3）同样，1966 年 3 月 25 日的和平照会也可以被视作新东方政策起步的一个标志："该照会详细阐述了德国东方政策的原则并强调了波恩在缓和方面的义务。联邦德国提出了一个共同放弃使用武力宣言的换文。这份照会，尤其是它所采用的语调表明，波恩摆脱了此前僵硬的立场……"见〔德〕海尔加·哈甫藤多恩《多边框架下的德国东方政策》，詹欣译，李丹慧主编《冷战国际史研究·5》，世界知识出版社，2008，第 89 页。（4）还有学者认为，虽然新东方政策是在勃兰特政府时期实现的，但"东方政策"的议程是在大联合政府时期就已经设计好了。参见 Julia von Dannenberg, *The Foundations of Ostpolitik： the Making of the Moscow Treaty between West Germany and the USSR* （New York： Oxford University Press, 2008）, p. vii。这些观点作为观察问题的不同视角，都有其一定的合理性，并不能以简单的对错区分之。

② 《苏共与意共代表团关于捷克斯洛伐克事件的会谈记录》（1968 年 11 月 13～14 日），沈志华主编《苏联历史档案选编》第 30 卷，社会科学文献出版社，2002，第 261 页。

　　那么从库特·格奥尔格·基辛格（Kurt Georg Kiesinger）政府成立前后直到爆发捷克斯洛伐克危机这两年不到的时间内，联邦德国到底实行的是怎样的一种东方政策？它为联邦德国在这个阶段同东欧国家关系的发展起着怎样的作用？在何种意义上可以说它是一项"新"东方政策？在"布拉格之春"期间，它又到底扮演着何种角色？苏联最终对捷克斯洛伐克的武装干涉是否标志着它的失败？本文试图通过对这一阶段联邦德国东方政策的具体历史研究来回答这些问题。

一　"和平照会"

　　联邦德国在与东欧国家的关系中主要存在四大症结：（1）关于德国重新统一以及联邦德国作为德意志国家的"唯一代表权"问题；（2）关于承认奥得－尼斯（Oder-Neisse）河的边界问题；（3）关于东西柏林（Berlin）问题；（4）关于承认 1938 年慕尼黑协定无效的问题。① 而要真正改善与东欧国家的关系，具体而言就是要在这四个重大问题上摆脱以往所坚持的那种固执而僵化的政治姿态。

　　1966 年 3 月 25 日，以路德维希·艾哈德（Ludwig Erhard）为总理的联邦德国政府向各个国家递交了一份外交照会②，史称"和平照会"（Peace Note）。其中表达了其努力改善同苏联与东欧国家关系的意愿，指出联邦政府正尝试以各种方式来改善与东欧国家和人民的关系，其中特别提到了同波兰和捷克斯洛伐克两国的关系：对于波兰，表示如果条件允许，双方可以就边界问题进行谈判，以寻求达成协议的方式；对捷克斯洛伐克则意图与其建立正式的外交关系，对于 1938 年的慕尼黑协定，联邦政府认为不再具有领土上的意义，不会对捷克斯洛伐克有任何领土上的要求。总体而言，这个照会致力于达成一个公正的欧洲秩序，或者为诸项和平协定奠定基础。③ 用艾

---

① 潘琪昌：《走出夹缝——联邦德国外交风云》，中国社会科学出版社，1990，第 4 ~ 15 页。
② 哈甫藤多恩称联邦德国向所有与其建交的国家递交了这份照会，实际上这份照会还递交给了没有同其建交的东欧国家和阿拉伯国家，但没有递交给阿尔巴尼亚、中国、古巴、朝鲜、越南民主共和国。参见〔德〕海尔加·哈甫藤多恩《多边框架下的德国东方政策》，李丹慧主编《冷战国际史研究·5》，第 89 页。U. S. Dept. of State（ed.），*Documents on Germany, 1944 - 1985*（Washington：Dept. of State，1985），Notes 1 in p. 914.
③ U. S. Dept. of State（ed.），*Documents on Germany, 1944 - 1985*，pp. 914 - 915.

哈德自己的话来说，"1966 年 3 月 25 日的和平照会是我们为达成谅解而准备的基础性尝试"。[①]

　　艾哈德政府"和平照会"中的东方政策的聚焦点是东欧各国，更确切地说，其所关心的主要还是解决本国的东方边界问题，即主要谋求与波兰和捷克斯洛伐克进一步改善关系，使德国的边界在和平条约中能最终确定下来。然而，"和平照会"避开了其在德国问题上的立场，表明波恩实际上仍然坚持自己有关德国问题的一贯立场。波恩一向认为只有解决了德国统一的问题，欧洲东西方之间的紧张关系才能缓和。和平照会把德国问题的解决暂时搁置，以图能够更好地解决边界问题。[②] 这其实是一种有意的回避，无助于边界问题的解决。

　　此外，虽然"和平照会"致力于同苏东国家改善关系，但其中所表达出来对苏联的姿态仍然带有怀疑，认为"苏联政府不断表示其不谋求战争。联邦政府也假定苏联本意如此，但是苏联的保证被其自身经常做出的那些许多非常明显是针对联邦德国的威胁给削减掉了"。[③] 对这样的怀疑态度，苏联方面自然很不满意。1966 年 5 月 9 日，苏联驻民主德国大使阿勃拉西莫夫（Abrasimov）在会见西柏林市长勃兰特时，就批评波恩的政策是"怀有敌意的"，"和平照会并没有促进和平事业"。[④] 同样，波恩还总是听到来自华沙（Warsaw）的最为尖刻的批评，波兰对于 3 月的和平照会以最严厉的回应，这更加使得联邦德国对于和解的可能性感到失望。[⑤]

　　但波恩方面还是向苏联做出了一些试探。特别是在任命驻苏大使的人选上，当保守的汉斯·克罗尔（Hans Kroll）行将退休之时，波恩继而委任经验丰富的格布哈特·冯·瓦尔特（Gebhardt von Walter）为新一任大使，以希望通过此举能增进双方的关系；而苏联在派遣驻波恩大使一事上，却正好

① Doc. 155："Letter From Chancellor Erhard to President Johnson"（Bonn, July 5, 1966），in James E. Miller（ed.），*Foreign Relations of the United States*, *1964 – 1968*, Volume XV, *Germany and Berlin*（Washington: Dept. of State, 1999），p. 375.

② 〔德〕海尔加·哈甫藤多恩：《1966～1967 年北约危机：德国面对政策选择的矛盾》，郭洁译，李丹慧主编《冷战国际史研究·5》，第 51 页。

③ U. S. Dept. of State（ed.），*Documents on Germany*, *1944 – 1985*, p. 915.

④ Doc. 147："Telegram From the Mission in Berlin to the Department of State"（Berlin, May 9, 1966），in Miller（ed.），*FRUS*, *1964 – 1968*, Vol. XV, p. 357.

⑤ Doc. 177："Memorandum of Conversation"（Washington, September 26, 1966, 1 p. m.），in Miller（ed.），*FRUS*, *1964 – 1968*, Vol. XV, p. 432.

做出了相反的举动，颇具经验的安德烈·谢苗诺夫（Andrei Smirnov）被在德国事务方面相对少的西蒙·察拉普金（Semyon Tsarapkin）所取代。在赫鲁晓夫下台之后，新的苏联领导层采取了更为保守的外交政策，他们否认艾哈德的政策比起他的前任来有什么不同，所谓的"新纪元""新东方政策""中间道路政策""互信"等都只是空谈罢了，而把联邦德国视作华约最主要的敌人，实际上也是有利于苏联维持阵营内部的"团结"的一种外交姿态。①

"和平照会"所表现出来的只能是波恩意图向东欧国家采取积极政策的一种征兆。② 但实际上，联邦德国的行动并不见得为人所接受，美国在 9 月对此给出的评判是，"施罗德（Schröder）的东方政策傲慢自大"。仅仅几周之后，联邦外交部国务秘书卡尔·卡斯滕斯（Karl Carstens）就不得不承认这一东方政策的惨败，同时他也十分现实地分析了波恩 1966 年秋的政策走进死胡同的原因：联邦政府的德国政策一直倚赖的基础仍旧是 50 年代的"强烈地"回击政策。"虽然 16 年来坚持追随这一政策，但我们并没有更接近重新统一的这个实际目标。"结果反而削弱了自己"重新统一的意愿"，以及"磨损"了盟国的良好愿望。③

而这个阶段的东方政策其实也并非毫无成效，联邦德国在与一些东欧国家的关系或多或少地得到了改善。比如，与罗马尼亚的关系就非常好，同匈牙利和捷克斯洛伐克的关系在许多方面也是良好，和保加利亚的关系不尽如人意但也不坏，与波兰的关系十分艰难但在民间往来方面亦有改观。④ 在施罗德的任期内，就已经开始了同罗马尼亚就建立外交关系的谈判，⑤ 可最终

① Angela Stent, *From Embargo to Ostpolitik: The Political Economy of West German-Soviet Relations, 1955－1980* (New York: Cambridge University Press, 1981), pp. 129－130, and Notes 6 in pp. 278－279. 冯·瓦尔特曾在 1937～1941 年在纳粹德国驻莫斯科大使馆工作，同苏联上层仍保持着良好的联系。
② Doc. 156: "Telegram From the Embassy in Germany to the Department of State" (Bonn, July 7, 1966), in Miller (ed.), *FRUS, 1964－1968*, Vol. XV, p. 380.
③ Oliver Bange, „Kiesingers Ost-and Deutschlandpolitik von 1966 bis 1969", in Günter Buchstab/Philipp Gassert/Peter Lang (Hrsg.), *Kurt Georg Kiesinger 1904－1988－Ebingen ins Kanzleramt* (Freiburg, 2005), S. 455－500. 所引文见 http://www.ostpolitik.net/csce/publications/download/articel6.pdf., Bl. 2。
④ Doc. 169: "Memorandum of Conversation" (New York, September 19, 1966, 3: 30 p.m.), in Miller (ed.), *FRUS, 1964－1968*, Vol. XV, p. 412.
⑤ Bange, „Kiesingers Ost-and Deutschlandpolitik von 1966 bis 1969", Bl. 4.

成果却被下一任政府所"攫取"，并成为其"新"东方政策的首次重大"胜利"。

二　进入"大联合"的第一年

1966 年 12 月组成的大联合政府可被视为联邦德国自 1949 年建国以来的一座里程碑，长期处于反对党地位的社会民主党第一次进入执政联盟，党首勃兰特出任副总理兼外交部长。12 月 8 日，在勃兰特正式上任外交部长的第一天，他便会见了美国驻德大使乔治·麦吉（George McGhee）。当谈及新政府的对外政策构想及其东方政策时，勃兰特表示："现在新政府对东欧采取什么样的政策尚不明朗。但他与总理都同意，他们应该表示愿意扩大既有成果。……总理将会在国会发表讲话，其中会特别提到关于波兰和捷克斯洛伐克的内容，会比 3 月 25 日的和平照会走得更远些。"[1]

基辛格在 12 月 13 日就外交政策在联邦议会发表讲话，强调要继续执行目前推行的"和平、安全和联盟"政策，同时也打算对东方邻国在经济、文化、政治关系方面采取新的做法。[2] 在对苏关系中，基辛格表示："有关德国重新统一的问题，似乎对苏联人而言是目前最难解决的，政治的智慧和富有远见的决心应提升为全面的谅解，而这将肯定克服这些困难。我今天仍然坚信这一点。"但有趣的是，在同波兰和捷克斯洛伐克紧密相关的那些重要问题上，基辛格的表态其实并没有如勃兰特所说的那样比起"和平照会"有更大的突破。他没有提到奥得－尼斯河边界问题，仅表示边界协定只能在一个全德政府的基础上方能通过；对于慕尼黑协定，则表示其"不再具有法律效力"，但又表示不能拒绝对苏台德（Sudeten）地区的德意志人民的关心。[3] 可见总理在这两个关键问题上仍趋保守。

而与此同时，波恩政府却提出了"先天缺陷理论"（Geburtsfehlertheorie）以代替之前僵化的"哈尔斯坦主义"。这一理论认为那些东欧国家在只承认

---

[1]　Doc. 188："Telegram From the Embassy in Germany to the Department of State"（Bonn, December 8, 1966）, in Miller（ed.）, *FRUS, 1964 - 1968*, Vol. XV, pp. 457 - 458.

[2]　丁建弘主编《战后德国的统一与分裂（1945～1990）》，人民出版社，1996，第 207～208 页。

[3]　U. S. Dept. of State（ed.）, *Documents on Germany, 1944 - 1985*, pp. 936 - 937.

民主德国而不承认联邦德国的问题上，不得不听从苏联的指示，没有任何其他的选择余地。这是因为二战结束后，这些东欧社会主义国家是在苏联的占领下建立起来的，存在"先天缺陷"。① 波恩如今对这些具有"先天缺陷"的国家不再以强硬的立场去要求它们，也正是有了这样的政策理论作为前提，波恩开始了同东欧各国关系正常化的步伐。1967 年 1 月 31 日，联邦德国便先同罗马尼亚正式建立了外交关系。

匈牙利在获知这个消息后，也表示愿意继布加勒斯特（Bucharest）之后尘，以同样的方式与波恩建立外交关系。② 这种情况打破了之前整个东欧阵营对联邦德国的共同方针，为波恩进一步施展其东方政策打开了一个缺口。而这自然会引起苏联的极大担忧。1967 年 2 月 8 日，莫斯科在就联邦德国同罗马尼亚建交一事回复给波恩的照会中指出：联邦德国宣称自己有权代表全德国人民，这是同欧洲现存的实际情况相违背的。要求联邦德国以存在两个德国这一事实为出发点，放弃修改欧洲边界的要求，放弃想要获得独自代表全德国的权利。③ 同年 4 月，在卡尔斯巴德（Karlsbad）举行的东方集团会议上，苏联对集团内所有其他国家在与联邦德国的关系上规定了一个复杂的限制条件。④ 莫斯科此时还感受到了西德新纳粹（neo-Nazi）的复兴和右翼政治势力的扩张所带来的威胁，对德国国家民主党（NPD）于 1966～1968 年在选举上所取得的成果感到惊愕。⑤ 可就在此时，莫斯科却又同波恩开始了就关于放弃使用武力协定的谈判，但在整个大联合政府时期一直被拖延着，且毫无结果。⑥

苏联的这些举动对于基辛格 – 勃兰特的东方政策来说都是重大的挑战。联邦德国外交部政治司司长吕特（Ruete）曾在 1967 年 5 月的一份备忘录中

---

① Stent, *From Embargo to Ostpolitik*, p. 128.
② Doc. 197: "Telegram From the Embassy in Germany to the Department of State" (Bonn, January 27, 1967), in Miller (ed.), *FRUS*, *1964 - 1968*, Vol. XV, p. 486.
③ U. S. Dept. of State (ed.), *Documents on Germany*, *1944 - 1985*, pp. 946 - 947.
④ Hans-Peter Schwarz,„ Die Regierung Kiesinger und die Krise in der ČSSR 1968 ", in *Vierteljahrshefte für Zeitgeschichte* (Jahrgang 47, Heft 2, 1999), S. 160；另参见 U. S. Dept. of State (ed.), *Documents on Germany*, *1944 - 1985*, pp. 961 - 963。
⑤ Andrey Edemskiy, "Dealing with Bonn: Leonid Brezhnev and the Soviet Response to West German Ostpolitik", in Carole Fink and Bernd Schaefer, *Ostpolitik*, *1969 - 1974: European and Global Responses* (New York: Cambridge University Press, 2009), p. 16.
⑥ Dannenberg, *The Foundations of Ostpolitik*, p. 29.

这样写道："我们同东面的邻居建立外交关系并由此改善我们同他们的关系的努力正陷于停顿。"但同时他提出建议，在与东欧国家改善关系的过程中要认清并利用好联邦德国主要的经济优势。① 毋庸置疑，强大的经济优势确实为波恩贯彻并成功推行其东方政策奠定了基石。

这最为明显地反映在联邦德国与捷克斯洛伐克建立外交关系的努力中。1967 年初，捷克斯洛伐克党仍处在保守的安东尼·诺沃提尼（Antonín Novotný）的领导之下，布拉格（Prague）对于波恩与布加勒斯特建立的外交关系反应消极，再一次向联邦德国提出强烈要求，认定慕尼黑协定"自始无效"，而在此前他们对这个要求的提法更为和缓，也更能让西德人接受，这样如此强硬的表态显然是一种紧跟克里姆林宫（Kremlin）的表现。对此勃兰特似乎并不担心，他认为捷克人仍然对改善同联邦德国的关系有着很强的倾向性。②

勃兰特的信心有一部分来自联邦德国在经济上的吸引力。从 1961 年开始的 6 年间，捷克斯洛伐克从联邦德国的进口总额已经翻了一番。③ 即使是尚属保守的诺沃提尼政府也看到，同波恩关系的正常化所带来的第一个巨大利益就是可以获得来自西德的投资。④ 但波恩在布加勒斯特和布达佩斯（Budapest）都驻有贸易代办处，这为外交关系的正常化提供了一个谈判基础，然而在布拉格却没有这样的组织，困难自然也就更大些。⑤

故而，波恩在布拉格首先要解决设立贸易代办处的问题。1967 年 6 月和 7 月，两国先就双方的贸易关系展开谈判，领导德国方面谈判的则正是日后新东方政策的重要推手埃贡·巴尔（Egon Bahr）。最终他们先达成了一个建立贸易关系的协定。⑥ 而其他方面的交流也同时有所开展，首先在 1967～1968 年，两国的新闻媒体之间的联系为布拉格消除对波恩的恐惧帮助巨大；

① Schwarz, „ Die Regierung Kiesinger und die Krise in der ČSSR 1968 ", in *VfZ*, S. 172.
② Doc. 199："Memorandum of Conversation"（Washington, February 8, 1967, 11：30 a. m. – 1 p. m. ）, in Miller（ed. ）, *FRUS, 1964 – 1968*, Vol. ⅩⅤ, p. 489.
③ Doc. 251："Memorandum From Nathaniel Davis of the National Security Council Staff to the President's Special Assistant（Rostow）"（Washington, March 8, 1968）, in Miller（ed. ）, *FRUS, 1964 – 1968*, Vol. ⅩⅤ, p. 643.
④ Schwarz, „ Die Regierung Kiesinger und die Krise in der ČSSR 1968 ", in *VfZ*, S. 160.
⑤ Doc. 197, in Miller（ed. ）, *FRUS, 1964 – 1968*, Vol. ⅩⅤ, p. 486.
⑥ Schwarz, „ Die Regierung Kiesinger und die Krise in der ČSSR 1968 ", in *VfZ*, S. 162.

而在这方面, 德意志学术交流中心 (DAAD) 和亚历山大·冯·洪堡 (Alexander von Humboldt) 基金会的学术交流计划也发挥了重大作用。①

在与南斯拉夫的关系方面, 贝尔格莱德 (Belgarde) 对于波恩最先选择布加勒斯特恢复外交关系而不是自己感到有些沮丧, 因为它同联邦德国的经济联系更为紧密, 且南斯拉夫在西德有着大量的移民工人。但从联邦德国方面来说, 最大障碍在于自己的 "先天缺陷理论" 并不适用于南斯拉夫, 因为它不属于在苏联控制下建立起来的社会主义国家。继在布拉格设立了贸易代办处之后, 勃兰特重申了同南斯拉夫恢复外交关系的愿望。1968 年 1 月 23 日, 两国在巴黎 (Paris) 举行双边谈判, 尽管面临苏联方面所施加的压力, 然而仅仅 8 天之后, 联邦德国就恢复了同南斯拉夫的外交关系。② 这是基辛格 - 勃兰特政府的东方政策又一大突破性胜利, 从这之后两人为了能成为第一个非正式访问贝尔格莱德的领导人而相互间进行的暗斗中,③ 即可看出此次胜利对波恩的东方政策可谓意义非凡。

然而, 在与波兰的关系问题上则遭遇到不小的困难。1968 年 1 月 9 日, 埃贡·巴尔作为勃兰特的助手在维也纳 (Vienna) 同波兰使馆参赞耶日·拉茨科夫斯基 (Jerzy Raczkowski) 举行了一次秘密会谈。双方主要谈论的自然是边界问题, 这耗费了会谈一半的时间, 从会后各自的报告中看, 巴尔认为由于现存的实力对比, 对奥得 - 尼斯河边界的承认, 会被视为对联邦德国是否放弃领土主权要求的一种试探, 波恩不想在这方面示弱, 所以认为时机尚不成熟, "因此现在什么都不做"; 而拉茨科夫斯基自然对此感到失望, 认为巴尔的态度顽固不化。④ 因为华沙认为, 只有通过对边界承认问题的讨论, 才能看出波恩对两国外交关系正常化是否真有诚意。在双方长达数年的多次谈判后, 波兰领导层最终决定终止同巴尔的秘密会谈。⑤

---

① Schwarz,„ Die Regierung Kiesinger und die Krise in der ČSSR 1968 ", in *VfZ*, S. 172.
② Milan Kosanović, "Brandt and Tito: Between Ostpolitik and Nonalignment", in Fink and Schaefer, *Ostpolitik*, *1969 – 1974*, pp. 234 – 235.
③ Bange,„ Kiesingers Ost- and Deutschlandpolitik von 1966 bis 1969 ", Bl. 8.
④ Hansjakob Stehle,„ Zufälle auf dem Weg zur neuen Ostpolitik. Aufzeichnungen über ein geheimes Treffen Egon Bahrs mit einem polnischen Diplomaten 1968 ", in *Vierteljahrshefte für Zeitgeschichte* (Jahrgang 43, Heft 1, 1995), S. 159, 166, 169.
⑤ Krzysztof Ruchniewicz, "Ostpolitik and Poland", in Fink and Schaefer, *Ostpolitik*, *1969 – 1974*, pp. 39 – 40.

　　大联合政府的东方政策差不多就这样度过了它的头一年岁月，可以说到 1967 年末 1968 年初的时候，总体上收获颇丰，这使得波恩自信满满。随着在东方政策上的不断斩获，作为联邦德国盟友的美国发现，基辛格－勃兰特政府的成立标志着美德间关系历史的一个转折点。在美国看来，大联合政府比起之前的几届联邦德国政府来说，主要的政策创新表现在追寻更为灵活的东方政策上，它旨在同苏联进行对话，改善同东欧国家的关系，并寻求扩展与东德除了承认其主权以外的其他方面的联系。①

　　美国对这项东方政策的最大隐忧，莫过于认为西德可能会步法国之后尘，脱离北约军事一体化，为求独立而向苏联靠拢。对此，勃兰特在 1967 年 12 月时曾向迪安·腊斯克（Dean Rusk）明确表示，他认为苏联人并不会希望联邦德国脱离北约，并希望继续得到盟国的信任。而腊斯克则说，给予信任当然没有问题，但当牵涉到有关盟国的利益时，“我们必须紧密地站在一起”，他担心联邦德国所做这些努力会引起更深层次的柏林问题，“我们当然不能拒绝这些会谈，但是我们应该知道我们将往何处去”。②

三　面对“布拉格之春”时的抉择

　　可以说，腊斯克的这些担心并不是毫无道理的。当大联合政府刚开始与波兰接触之际，其“新”东方政策在东欧所要遭遇到的种种困难就逐渐显现。进入 1968 年后，随着“布拉格之春”所引起的东西方关系的新一轮紧张，波恩在某种程度上没能提高警惕，而将此当作进一步推进其东方政策的契机，而事态的发展使波恩的东方政策进退失据。

　　1968 年 4 月 5 日，捷共中央全会通过《捷克斯洛伐克通向社会主义道路》的改革纲领，即《行动纲领》，这标志着捷克斯洛伐克正式进入“布拉格之春”的改革阶段。“布拉格之春”在联邦德国公众中间引起了巨大的反响，有些人认为这可能成为缓和政策的突破口，至少应该小心地支持捷克斯

---

①　Doc. 262："Paper Prepared in the Department of State"（Washington，May 5，1968），in Miller （ed.），*FRUS，1964-1968*，Vol. XV，p. 662.

②　Doc. 241："Telegram From Secretary of State Rusk to the Department of State"（Brussels，December 13，1967），in Miller （ed.），*FRUS，1964-1968*，Vol. XV，pp. 641-642.

洛伐克的改革运动，同其保持联系。①

就基辛格－勃兰特政府而言，当面对"布拉格之春"时，他们所持的是一种矛盾的心理：一方面，他们希望能够利用已经变化了的形势，加快与捷克斯洛伐克关系正常化的步伐，目标是同其建立全面的外交关系；但另一方面，他们已经意识到，布拉格的改革者们处境艰难，在这个时候绝对不应该再去加速实现某些愿望。② 勃兰特 5 月 2 日在海默茨海姆（Heimerzheim）举行的外交部会议上表示："在捷克斯洛伐克国内可能会出现某种反弹。我们无论如何必须考虑到这一点，新政府在外交上的行事可能会是很保守的。应当等他们掌握住政权后，才能同他们谈论有关慕尼黑协定的事。在经济援助方面，我们也不必表现得积极主动。"但同时他又认为捷克斯洛伐克正在经历其历史上最佳的发展时期。③ 而面对苏联可能的对捷克斯洛伐克的干涉，则是力图避免牵涉其中，正如外交部第二司主管东西方关系的扎姆（Sahm）所要求的那样：联邦德国必须要避免卷入捷克斯洛伐克的内部事务，并且美国不应该在德国领土上采取任何针对捷克斯洛伐克的行动。④

波恩对"布拉格之春"虽然存有不少焦虑，但其实信心更大于担忧。到了 6 月的时候，联邦德国各银行开始讨论关于正式向捷克斯洛伐克提供贷款的各项事宜，⑤ 证明此时波恩仍旧是想要通过经济援助来恢复同布拉格的关系。6 月 21 日，在波恩驻捷代办处官员汉斯·约尔格·卡斯特尔（Hans Jörg Kastl）的记录中，当时负责对布拉格政策做全局规划的吕特表示："对于我们而言，捷克斯洛伐克发展的新方向已经确定。因此我们不想捷克斯洛伐克在国内外政治方面受到外交关系中棘手问题的催逼与挤压。但我们应该慎重而恰当地利用好时机，为建交做好准备。"⑥

但事实上这只是波恩的一厢情愿，捷克斯洛伐克并没有想要马上同西德建立外交关系，反而打算将其推迟一到两年。其中的缘由主要是出于对自身

---

① Schwarz,„ Die Regierung Kiesinger und die Krise in der ČSSR 1968 ", in *VfZ*, S. 168.

② Ebenda, S. 163.

③ Ebenda, S. 166.

④ Doc. 61: "Telegram From the Embassy in Germany to the Department of State" (Bonn, May 10, 1968), in James E. Miller (ed.), *Foreign Relations of the United States*, *1964 - 1968*, Volume XVII, *Eastern Europe* (Washington: Dept. of State, 1996), p. 195.

⑤ Stent, *From Embargo to Ostpolitik*, p. 135.

⑥ Schwarz,„ Die Regierung Kiesinger und die Krise in der ČSSR 1968 ", in *VfZ*, S. 163.

利益的考虑。杜布切克（Dubček）政府之所以总是在同西德或者其他西方国家的关系中尽最大努力避免采取某些"独立自主"的政策，目的是避免让苏联找到可以批评其外交政策的借口，进而对捷克斯洛伐克国内正在进行的自由化改革横加指责。[1] 而联邦德国对捷克斯洛伐克的经济援助自然容易使苏联回想起1947年的马歇尔计划（the Marshall Plan），如果布拉格再进一步被牵扯其中的话，必然要承受来自苏联方面更大的压力，而受到苏联的压力越大，其立场则必然会变得越保守。[2]

进入7月后，"布拉格之春"的局面已经显得岌岌可危。然而，7月11日至13日，联邦银行行长布莱辛（Blessing）无视基辛格的劝告前往布拉格，商讨向捷克斯洛伐克提供500万美元贷款的可能性问题。[3] 同样值得注意的是，布莱辛向捷克斯洛伐克国家银行行长建议，请他不要指望能够获得联邦德国的公开贷款，布拉格不如直接向西德的银行财团借款，而且也不要仅仅以德国的财团为目标，而是要包括其他欧洲银行。[4] 可见联邦德国在紧要关头其实是想避免给人以这样的印象，即联邦德国是以国家名义在向捷克斯洛伐克施以援助，而是希望能够通过非官方的途径达成援助目标。但这还是会被莫斯科视为资本主义向布拉格的渗透与侵蚀，以至事后仍对此耿耿于怀，认为这给"捷克斯洛伐克的反革命势力以很大的物资和财政支持"。[5] 事实上，这些援助并不见得使捷克斯洛伐克失掉了经济独立而变得依赖于联邦德国。两国之间就合作所进行的积极对话更加坚定了莫斯科对布拉格施加干涉的决心。[6]

随着事态向更为严重的方向发展，双方也就愈表现得谨小慎微。7月23日，基辛格总理要求把已经计划了一年的，本应该在巴伐利亚与捷克斯洛伐

① Oldřich Tůma, "The Difficult Path to the Establishment of Diplomatic Relations between Czechoslovakia and the Federal Republic of Germany", in Fink and Schaefer, *Ostpolitik, 1969 – 1974*, pp. 60 – 61. Doc. 262, in Miller (ed.), *FRUS, 1964 – 1968*, Vol. XV, p. 665.

② Schwarz, „Die Regierung Kiesinger und die Krise in der ČSSR 1968", in *VfZ*, S. 169, 163 – 164.

③ Stent, *From Embargo to Ostpolitik*, p. 135. 《苏共与意共代表团关于捷克斯洛伐克事件的会谈记录》，沈志华主编《苏联历史档案选编》第30卷，第261页。

④ Schwarz, „Die Regierung Kiesinger und die Krise in der ČSSR 1968", in *VfZ*, S. 169.

⑤ 《苏共与意共代表团关于捷克斯洛伐克事件的会谈记录》，沈志华主编《苏联历史档案选编》第30卷，第261页。

⑥ Stent, *From Embargo to Ostpolitik*, p. 135.

克边境举行的"黑狮"军事演习，转移到联邦德国的西南地区进行。[①] 第二天，捷克斯洛伐克的经济部长在布拉格接见联邦德国贸易代表团时就表示："加深同联邦德国的工业合作对于目前捷克斯洛伐克工业的技术发展是至关重要的。但顾及来自苏联势力范围的强大压力，未来的合作必须尽可能悄无声息地进行。"[②] 东方政策与德国政策相互关联，最终目的是解决德国问题，所以基辛格反对实行一揽子的解决方案，而是赞同稳妥的"小步走"政策。[③] 虽然如此，波恩在这期间始终没有放弃继续改善同捷克斯洛伐克关系的努力，直到苏联最终采取武装干涉行动。[④]

莫斯科对杜布切克的自由化改革颇为担忧，在 3 月 26 日的德累斯顿（Dresden）会议之后，便产生了一旦局势变得更糟，就动用军队采取武装干涉的想法。[⑤] 而波恩这些欲盖弥彰的举措只会增加苏联的怀疑，在更大程度上则是引起了民主德国和波兰的高度警惕。因为一旦捷克斯洛伐克自由化改革成功，并同联邦德国建立了全面的外交关系，直接就会威胁到民主德国和波兰的国家安全利益。

从 5 月初开始就一再有关于华约成员国会对捷克斯洛伐克采取军事干涉的消息出现，5 月 8 日，瓦尔特·乌布利希（Walter Ulbricht）代表民主德国在莫斯科的秘密会议上第一次提出要求采取军事行动。[⑥] 此外，东德确已感受到波恩东方政策的成功所带来的压力，施以回击的最佳方法便是利用柏林通道施压。1968 年 3 月 11 日，东德政府发布命令，规定西德公民中凡是右翼国家民主党的成员，或者"从事新纳粹性质的活动者"，不得到柏林和民主德国境内旅行。4 月 13 日，东德内务部再实行一项限制，"暂时"禁止西德官员通过民主德国领土前往西柏林。到了 6 月 11 日，又宣布联邦德国的公民赴西柏林必须申请过境签证；从 7 月 1 日起，对前往柏林的旅客和货运

---

① Schwarz, „ Die Regierung Kiesinger und die Krise in der ČSSR 1968 ", in *VfZ*, S. 171.

② Ebenda, S. 169.

③ Ebenda, S. 166.

④ Central Intelligence Bulletin: West Germany-Czechoslovakia: West Germany continues to exercise extreme caution in its efforts to improve relations with Czechoslovakia, CIA-RDP79T00975A01190 0020001 – 7.

⑤ CC BCP Plenary Meeting on the Situation in Czechoslovakia, 29. 03. 1968, in Source: CDA, Sofia, Fond 1 – B, Opis 58, A. E. 4, l. 96 – 99.

⑥ Schwarz, „ Die Regierung Kiesinger und die Krise in der ČSSR 1968 ", in *VfZ*, S. 170.

将征收特别运输税。① 对签证的要求其实就是要让所有国家看到，民主德国只是在行使一个正常的主权国家的权力。②

相较于民主德国，波兰对捷克斯洛伐克同联邦德国的热络表现，反应也同样敏感，因为这两个国家接近将会直接威胁到波兰西、南两面的边境安全，故而瓦迪斯瓦夫·哥穆尔卡（Władysław Gomułka）一直是对捷克斯洛伐克进行军事干预的最有力的倡导者。③ 在 1968 年 4 月同苏联大使的谈话中，他就表示出一种极其强硬而又急切的姿态："我们不能失去捷克斯洛伐克，因为这对于整个社会主义阵营来说将是个巨大危险。如果我们失去捷克斯洛伐克，也就不能排除在失去捷克斯洛伐克之后我们也可能失去其他国家如匈牙利和民主德国的可能性。所以我们甚至应当进行武装干涉。我以前就有过这种想法，现在看来除了派遣包括波兰军队在内的华沙条约国的部队进驻捷克斯洛伐克之外别无他途。或许有必要就这个问题征求一下捷克斯洛伐克党中央委员会和政府的意见。这件事最好现在就做，晚了我们会付出更多的代价。"④

无法忽视的一点是，在之后处理"布拉格之春"的问题上，苏联得到了民主德国和波兰的强力支持（特别是波兰），而这两个国家之所以会对捷克斯洛伐克的局势持这样的态度，除了对于阵营内部自由化的担忧外，波恩在这个阶段的东方政策使他们的切身利益（"唯一代表权"之于东德；奥得－尼斯河边界之于波兰）受到了威胁，也是促使他们下定决心，愿意支持武装干涉捷克斯洛伐克的原因之一。所以无论是苏联、民主德国还是波兰，它们无疑认为联邦德国的东方政策至少是对捷克斯洛伐克的发展情势产生了重要影响。⑤

---

① 托马斯·沃尔夫：《苏联霸权与欧洲 1945～1970》，上海人民出版社，1976，第 437 页。

② Doc. 270："Memorandum of Conversation"（New York, June 14, 1968）, in Miller（ed.）, *FRUS, 1964 - 1968*, Vol. XV, p. 682.

③ Tůma, "The Difficult Path to the Establishment of Diplomatic Relations between Czechoslovakia and the Federal Republic of Germany", in Fink and Schaefer（ed.）, *Ostpolitik, 1969 - 1974*, p. 60.

④ 《苏共中央联络部关于东欧四国对捷克斯洛伐克事态反应的报告（摘录）》（1968 年 4 月 26 日），沈志华主编《苏联历史档案选编》第 31 卷，社会科学文献出版社，2002，第 269 页。

⑤ Doc. 94："Telegram From the Embassy in the Soviet Union to the Department of State"（Moscow, September 23, 1968）, in Miller（ed.）, *FRUS, 1964 - 1968*, Vol. XVII, p. 279.

四　缓和的倒退？

1968 年 8 月 20 日下午 5 点，联邦德国外交部收到一份驻布拉格代办处参赞维尔纳·鲁格特（Werner Rouget）的电报，其结尾处引用了捷克斯洛伐克外交部长在 8 月 17 日记者会上所说的一句话：布拉格同波恩若"要建立全面的外交关系，仍尚需时日"。[1] 这可以看作在苏联采取武装行动干涉捷克斯洛伐克之前，对两国之间关系的一个最终定论。

8 月 21 日上午，基辛格政府就发表了一个明确声明，对苏联及其华约盟国的军事行动表示遗憾，认为这一行径是对捷克斯洛伐克内政的非法干涉。[2] 相比较于美国方面的踟蹰，基辛格向美国驻德大使卡伯特·洛奇（Cabot Lodge）表示他们发表的是一个清晰而尖锐的声明，这话暗含着对美国软弱的不满；但同时又向洛奇保证，他会控制出现过激的言论，并已经做出安排，杜绝来自捷克斯洛伐克政治家的访问，请勃兰特以社会民主党主席的身份进行接待。同时他还表达了自己对苏联宣传的无奈："联邦德国必定是一再地被当作替罪羊，肯定又是说我们试图策划一场阴谋。"[3]

8 月 21 日下午 2 点，基辛格同苏联驻德大使察拉普金进行了约 20 分钟的会谈。察拉普金同样呈上一份声明，表示苏联是接到捷克斯洛伐克政府的要求而采取的干涉行动，以证明行动的合法性。基辛格则表达了联邦德国政府坚持不干涉他国内政的原则，这点实则暗含着对苏联行动的批评与指责。但与此同时，他又对 300 多名学生在苏联大使馆门前集会并向内投掷西红柿这一事件进行了谴责，表示不能因此而损坏了同苏联的关系。[4]

北约在危机爆发之际及之后几乎是毫无作为的，对苏联的干涉行动没有任何的预告，基辛格认定美国人在 8 月 20 日 23 点就已经得知这一消息，但

---

① Schwarz,„ Die Regierung Kiesinger und die Krise in der ČSSR 1968 ", in VfZ, S. 164.

② Boris Meissner (Hrsg.), *Moskau-Bonn: Die Beziehungen zwischen der Sowjetunion und der Bundesrepublik Deutschland 1955 – 1973 Dokumentation* (Köln: Verlag Wissenschaft und Politik, 1975), S. 1141.

③ Schwarz,„ Die Regierung Kiesinger und die Krise in der ČSSR 1968 ", in VfZ, S. 170, 175, 177.

④ Schwarz,„ Die Regierung Kiesinger und die Krise in der ČSSR 1968 ", in VfZ, S. 177.

是北约没有发出任何声音。① 这不得不让人产生这样的一种想法，美国可能已经抛弃欧洲的盟友而单独同苏联就捷克斯洛伐克事件达成了某些妥协。华约成员的行动，给联邦德国的东方政策提了一个大大的问号。此外，苏联在没有做出任何明确警告的前提下，迅速地采取了这一行动，也动摇了波恩在危急时刻对北约战略观念原则的自信。故而基辛格迫切希望召开一个北约领导人峰会。②

在此后腊斯克写给勃兰特的一封信中，对于北约在危机爆发时的作用问题做了一个解释：在入侵初期的几天，我们感到此时北约的活动应该避开公众的视线。这种姿态绝不会阻碍加强北约内部的军事、情报以及政治层面的协调，而是很好地为这一目的服务。根据苏联入侵捷克斯洛伐克所造成的新的局势，可能会在 10 月底或 11 月初在布鲁塞尔（Brussels）召开北约部长会议，我们不应放弃采取措施以加强北约机构的机会，但是我们也不应该在某种程度上造成毫无意义的结果，或者可能危及已经很危险的局势。我认为这个问题我们要好好考虑。③

由于美国在捷克斯洛伐克危机问题上的态度如此模糊且保守，联邦德国的态度也不得不有所克制和收敛。9 月 2 日，基辛格再次同察拉普金进行了一次时长约 1 小时 40 分钟的会晤。这次会晤中基辛格对苏联态度的两面性消失了，而是完全采取了一种防御性的姿态，表示联邦政府从来没有试图通过军事或政治上的某种方式来影响社会主义国家（包括罗马尼亚和南斯拉夫）来反对苏联。但察拉普金对此颇不以为然，认为西德在捷克斯洛伐克国内安插了反革命势力，以便充分利用社会主义国家之间的分歧；波恩应当最终放弃改变目前欧洲的边界格局，不侵犯社会主义国家领土的安全，不干涉社会主义国家的内政，不干扰社会主义国家彼此之间的关系。④

1968 年 11 月 20 日，即苏联干涉捷克斯洛伐克 3 个月后，美国国务院中苏联集团政治军事事务特别顾问雷蒙德·加特霍夫（Raymond Carthoff）

---

① Schwarz,„ Die Regierung Kiesinger und die Krise in der ČSSR 1968 ", in *VfZ*, S. 176.

② Doc. 92："Paper Prepared in the Department of State"（Washington, undated）, in Miller（ed.）, *FRUS, 1964 – 68*, Vol. XVII, pp. 270 – 271.

③ Draft letter to Willy Brandt on NATO alliance response to the Soviet invasion of Czechoslovakia, Department of the State, Sept. 4, 1968, in Declassified Documents Reference System, CK3100071010, pp. 1 – 3.

④ Schwarz,„ Die Regierung Kiesinger und die Krise in der ČSSR 1968 ", in *VfZ*, S. 177 – 178.

在一份备忘录中指出：

> 缓和倒退了。但是什么是缓和，缓和"倒退"了是什么意思？
>
> 苏联粗暴干涉捷克斯洛伐克粉碎了关于苏联致力于缓和的任何幻想。有些人过分着急、过分乐观地指望早日改善东西方关系。实际上，我们在北大西洋理事会偶然听到有些话似乎反映了这种不切实际的指望。毫无疑问，这些幻想还会复活。
>
> 在我看来，情况似乎是这样，对缓和最普遍的幻想是，倾向于把缓和与有关各方的热情和友好等同起来。从这种观点出发，自然会用惊奇的眼光来看待受苏联人蒙骗的危险。……①

加特霍夫的这些观点很能代表在捷克斯洛伐克危机之后，美国对于东西方缓和的态度。他们认为波恩过分着急、过分乐观地对早日改善东西方关系的指望是不切实际的，最终受到了苏联人的蒙骗。而苏联对捷克斯洛伐克的武装干涉确实给了基辛格－勃兰特政府的东方政策当头一棒。就此似乎可以认为，捷克斯洛伐克危机之后的一个时间段内，东西方的缓和进程确实出现了止步不前甚至"倒退"的局面。

但是这当头一棒也敲醒了勃兰特等人，"和平照会"以来的东方政策注定会是失败的，因为它总是试图绕过莫斯科，直接去同东欧国家建立联系。② 这很大程度上是由于波恩存在一个认识上的误区，认为其东方政策的实质是恢复同东欧各国的外交关系，在这个层面上就不存在同苏联恢复外交关系的问题，便认为自己与其他东欧国家建立外交关系似乎也与苏联无关。而通过这次危机，其意识到此前自己严重地疏忽了莫斯科；波恩只要同任何东欧国家加深关系都会让苏联产生警觉，更不用说是那些同其关系已经出现裂痕的罗马尼亚、南斯拉夫和捷克斯洛伐克等国。勃兰特在此之后就已经非常明白，西方的每一步都应事先告知苏联大使。1968 年 10 月初，从一份外交部高层的记录中可以发现，波恩的东方政策开始偶尔从三个层面（苏联、

---

① 〔美〕雷蒙德·加特霍夫：《冷战史：遏制与共存备忘录》，伍牛、王薇译，新华出版社，2003，第 233 页。

② M. E. Sarotte, *Dealing with the Devil: East Germany, Détente, and Ostpolitik, 1969 - 1973* (Chapel Hill & London: the University of North Carolina Press, 2001), p. 13.

欧洲、民主德国）平行地开展实施。① 而继 1958 年苏联同联邦德国进行第
一次部长级接触之后，1969 年 4 月双方恢复了部长级层面的联络。②

早在 1966 年 9 月，腊斯克就曾做出过这样的分析，认为在东欧有着南
北两个集团，北方集团是苏联、波兰和民主德国，他们对西方态度冷淡；南
方集团是罗马尼亚、匈牙利、捷克斯洛伐克和保加利亚，他们对西方态度开
放。③ 而值得注意的是：捷克斯洛伐克是其中唯一同联邦德国有领土接壤的
国家。倘若观察从"和平照会"以来的东方政策所取得的成效，主要也都
表现为与这些所谓"南方集团"国家恢复外交关系，这从客观上造成了分
化东欧集团的现实。而对于苏联而言，只允许存在一个完全受其领导并控制
的东欧社会主义阵营，任何可能会造成"分化"的行为都应予以扼杀。

对捷克斯洛伐克的干涉更大程度上是由于莫斯科对于社会主义阵营内部
难以稳定的那种不安全感；哥穆尔卡和勃列日涅夫（Brezhnev）都认为干涉
行动保证了苏维埃阵营的完整，让西方相信，如有需要，苏联有能力采取坚
定的措施维护欧洲的现状。苏联通过采取扑灭"布拉格之春"的行动，使
这一现状得到了确认，而此后同西德的谈判反倒具有了可能性。④ 苏联领导
层在完成干涉捷克斯洛伐克的行动后不久便做出暗示，即完全承认民主德国
和奥得－尼斯河边界，不再会成为同联邦德国谈判的先决条件。且不论这是
不是在干涉行动之后的一种故作姿态，也至少表达了苏联要同西德缓和关系
的意向，这使德方感到苏联人似乎还没有和自己离得非常远。⑤

五　简短的结论

通过以上对 1966～1968 年联邦德国东方政策具体历史进程的叙述，本
文基本的观点是：若以波恩在其东方政策上是否遵循"哈尔斯坦主义"为

① Schwarz,„ Die Regierung Kiesinger und die Krise in der ČSSR 1968", in *VfZ*, S. 182 – 183.
② Sarotte, *Dealing with the Devil*, p. 13.
③ Doc. 177, in Miller（ed.）, *FRUS*, *1964 – 1968*, Vol. XV, p. 432.
④ Tůma,"The Difficult Path to the Establishment of Diplomatic Relations between Czechoslovakia and the Federal Republic of Germany", in Fink and Schaefer（ed.）, *Ostpolitik*, *1969 – 1974*, pp. 61 – 62.
⑤ Doc. 300："Telegram From Secretary of State Rusk to the Department of State"（Brussels, November 14, 1968）, in Miller（ed.）, *FRUS*, *1964 – 1968*, Vol. XV, p. 777.

标准，大联合政府确实采取了一项"新"的东方政策。因为正是在这一时期内，基辛格－勃兰特政府提出了"先天缺陷理论"，并同罗马尼亚和南斯拉夫恢复全面的外交关系；这标志着波恩在理论和政策实践这两个层面上都完全放弃了"哈尔斯坦主义"，从而促进了联邦德国与罗马尼亚、匈牙利、南斯拉夫这些东欧社会主义国家的缓和。

　　虽然大联合政府的东方政策取得了不小的成功，但由于联邦德国在这一阶段的东方政策是以恢复同东欧各国的外交关系为其主要的政策目标，从而产生了一个最大的困境，即同捷克斯洛伐克、波兰、民主德国关系的缓和呈现一个比一个困难的现象，这是因为如果要同上述三国建立外交关系，则必须依次处理好有关承认 1938 年慕尼黑协定无效，承认奥得－尼斯河的边界，以及"唯一代表权"这三个重大问题。鉴于基辛格政府在这些关键问题上的保守立场，联邦德国很难与这些更关乎自身利益的国家建立外交关系。而其中同捷克斯洛伐克恢复外交关系的努力本来是最有希望的，最终也随着苏联对"布拉格之春"的武装干涉而夭折。所以在某种程度上可以认为这一阶段的东方政策确实是失败的。

　　缓和的倒退并不就等于缓和的终结。两年之后，美国人所谓的"不切实际的指望"还是被"有些人"实现了。1969 年 10 月，在社民党－自民党联合政府成立之后，东西方的缓和终于由总理勃兰特以真正的"新东方政策"之名予以推进，从而使欧洲的缓和进程向前迈出了坚实的一大步。这也印证了基辛格曾在 1968 年 5 月所说过的一句话："所设想的冷战的终结，不只是对外的政治形势发生了改变，更是国内的政治局势产生了变革。"①

（原文刊登于《德国研究》2011 年第 2 期）

---

① Schwarz，„ Die Regierung Kiesinger und die Krise in der ČSSR 1968 "，in *VfZ*，S. 165.

融入与记忆：二战后德国城镇化浪潮中的"被驱逐者"

——以巴伐利亚的"难民城镇"为例

王琼颖[*]

二战结束伊始，一面是战败德国与波兰的边界改划，一面是曾经遭纳粹德国占领并奴役的中东欧国家在复国后明确表示不欢迎德国人（也包括世居于此的德意志族人），致使上千万中东欧德语人口被迫离开家园。在1945～1950年首波迁移及驱逐浪潮中，总计有1245万德语人口沦为难民。[①]1950年9月13日的联邦德国人口普查显示，当时已有797.7万遭驱逐的中东欧德意志人生活在西德——其中56.9%来自原属德国的东部地区，24%来自捷克斯洛伐克。[②]随后，在德国司法体系中，这部分来自波兰（主要是划归波兰的前德国领土）、捷克斯洛伐克、爱沙尼亚、拉脱维亚、立陶宛、匈牙利、罗马尼亚、保加利亚、南斯拉夫、阿尔巴尼亚和苏联的德意志难民

---

* 王琼颖，华东师范大学历史学系博士后，苏州大学社会学院讲师，中国德国史学会会员，主要从事德国城市史研究。

① Gerhard Reichling, *Die deutschen Vertriebenen in Zahlen. Teil Ⅰ: Umsiedler, Verschleppte, Vertriebene, Aussiedler 1940 – 1985*, Bonn, 1986, S. 34.

② Reichling: *Die deutschen Vertriebenen in Zahlen. Teil Ⅱ: 40 Jahre Eingliederung in der Bundesrepublik Deutschland*, Bonn, 1989, S. 14. 1950年以后"被驱逐者"的数量仍在不断增加：1970年为959.8万人；1985年达到1075万人，但这一时期的"被驱逐者"绝大多数来自苏联和罗马尼亚。

被明确定义为"被驱逐者"（Vertriebener）。[①] 随着难民人数不断增加，并作为"新公民"融入社会，在联邦德国境内甚至出现了一类被称为"难民城镇"（德语为 Flüchtlingsgemeinden 或 Flüchtlingsstädte）的新型城镇。起初，"难民城镇"只是对聚集被驱逐者地区的一种通俗称呼，因为在一些第三帝国遗留下来的军事保留地或原军工厂厂区内，收容了大量从 1945/1946 年起通过官方或非官方渠道涌入德国境内的德语人口，这些地方也因此被当地居民称为"难民城镇"。随着这些难民定居点逐步发展壮大，从 20 世纪 50 年代开始，一些区位优势显著的地方陆续获得独立行政地位，有些甚至保留至今。[②] 由于以南部联邦州巴伐利亚所接收的被驱逐者居西德各州之首，再加之它在战后开启了高速工业化和城镇化进程，因此在全部六座德国"难民城镇"中一举占据了五座。这些城镇分别是：位于上巴伐利亚大区的瓦尔德克莱堡（Waldkraiburg，1960）、格雷特斯里德（Geretsried，1950/1970[③]）和特劳恩罗伊特（Traunreut，1960）；位于上普法尔茨大区的新特劳布林根（Neutraubling，1951/1986）；位于施瓦本大区的新加布隆茨（Neugablonz，1952）。[④]

从绝对数量来看，难民城镇在德国总城镇数中的占比可用微乎其微形容，但它的出现和发展，首先见证了作为这部分从难民转变为"新公民"的人口在经济、政治和文化上融入德国的曲折历史过程；其次，这一城镇模

---

① 1953 年《被驱逐者及难民事务法》（也称《联邦被驱逐者法》）有如下明确定义："被驱逐者"指"具德国国籍或德意志民族身份者，居于当前属外国政府管辖的德意志东部地区，或于 1937 年 12 月 31 日的德意志国界线以外的地区，后因第二次世界大战遭驱逐——尤因被驱逐出境或流亡而丧失住所"。需要指出的是，该法同时明确被迫从"苏联占领区或柏林苏联占领部分"出逃到联邦德国的德国人，被单独列为"苏占区难民"（Sowjetzonenflüchtling），以示与"被驱逐者"的区别。参见 § 1 - 4，Teil 1，*Gesetz über die Angelegenheiten der Vertriebenen und Flüchtlinge von 19. Mai 1953*，BGBI 1953，S. 203，https：//www. bgbl. de/xaver/bgbl/start. xav? start = % 2F% 2F ∗ % 5B% 40attr _ id% 3D% 27bgbl153022. pdf%27%5D#_ _ bgbl_ _ % 2F% 2F ∗ % 5B% 40attr _ id% 3D% 27bgbl153022. pdf% 27%5D_ _ 1504710733218（06. 09. 2017）。

② Karlheinz Witzmann,„ Die neuen Städte und Gemeinden in Bayern und ihre Entwicklung seit 1963 ",Akademie für Raumforschung und Landesplanung, ed. ，*Die neuen Städte und Gemeinde in Bayern und ihre Entwicklung seit 1963*，Hannover，1986，S. 5.

③ 除了城镇之外，还有一些难民定居点取得了次一级的行政地位，如新瓦尔德弗莱肯（Neuwildflecken）1951 年成为乡镇。

④ Otto Schütz，*Die neuen Städte und Gemeinden in Bayern*，Hannover，1967，S. 2.

式是伴随德国战后复兴而出现的"新事物"，尤其是南部德国战后快速推进城镇化与现代化进程的重要体现。因此这一议题始终在德国当代史研究领域和现实政治层面具有相当的意义。① 国内有关德国难民问题的研究，首先是从社会学角度切入，山东大学宋全成教授在对欧洲移民问题进行深入研究时，率先对二战后突出的德国难民——尤其是回迁德意志人问题形成的原因、分布情况以及政府具体安置策略进行了系统梳理。② 而随着当前欧洲难民危机愈演愈烈，难民政策演变的历史也部分进入国际政治学的研究视野之中。③ 然而，这些研究并未过多涉及难民融入及其与德国战后社会的互动关系。在史学研究方面则仅有西北师范大学巴为江同学的论文专门以二战结束初期德意志难民为研究对象，但这篇论文仍主要侧重战后初期这一难民问题产生的背景、症结与解决，并且是基于全德普遍情况所做的分析，④ 亦未有

---

① 围绕"被驱逐者"融入巴伐利亚，仅笔者所见，巴伐利亚政府已分别在"流亡与驱逐"40周年和50周年之际组织当代史学者开展系统研究，相关成果包括：Friedrich Prinz, ed., *Integration und Neubeginn* (2 *Bände*), München, 1984；Bayerischer Staatsministerium für Arbeit und Sozialordnung, Familie, Frauen und Gesundheit ed., *Die Entwicklung Bayerns durch die Integration der Vertriebenen und Flüchtlinge*, München, 1995。进入21世纪之后，还以"被驱逐者和难民融入过程中的巴伐利亚发展"为题出版了一系列专著，例如：Judith Holuba, *Zwischen Identitätsbewahrung und Anpassung. Die sprachliche Integration der Heimatvertriebenen im raum Kaufbeuren/Neugablonz im Spannungsfeld zwischen Dialekt und Hochsprache*, München, 2000；Bernhard Piegsa, *Die Umsiedlung der Heimatvertriebenen und der Freistaat Bayern. Eine statistische Analyse*, München, 2009。此外，巴伐利亚州州长霍斯特·泽霍夫 (Horst Seehofer) 2014年、2015年和2017年在纪念被驱逐德意志人时发表演讲，在2015年出席"苏台德德意志人日"时特别强调被驱逐德意志人对于德国的文化与价值认同之于共同家园建设及未来发展的重要性。参见 *Rede des Bayerischen Ministerpräsidenten Horst Seehofer*, MdL, anlässlich des 66. Sudetendeutschen Tags am Sonntag, 24. Mai 2015, um 11.00 Uhr in Augsburg, http://www.bayern.de/ministerpraesident – horst – seehofer – beim – 66 – sudetendeutschen – tag – in – augsburg – vierter – stamm – ein – herzstueck – bayerns – gute – nachbarschaft – mit – tschechien – auch – durch – zukunftsarbeit – der – sudetendeu/ (05.09.2017)。

② 宋全成：《欧洲移民研究——20世纪的欧洲移民进程与欧洲移民问题化》，山东大学出版社，2007；《论"二战"后初期德国的难民问题》，《求是学刊》2008年第6期。

③ 涉及当前欧洲难民危机及处置历史背景分析的论文试列举如下：唐艑《德国难民问题历史与现状》，《德国研究》2015年第2期；宋全成《欧洲难民危机：结构、成因及影响分析》，《德国研究》2015年第3期；郑春荣、周玲玲《德国在欧洲难民危机中的表现、原因及其影响》，《德国研究》2015年第12期；黄雨竹《二战后德国难民政策研究》，硕士学位论文，外交学院，2016。

④ 巴为江：《第二次世界大战后德意志民族难民问题研究》，硕士学位论文，西北师范大学，2014。

进一步讨论战后难民融入与发展。

综上，考虑到国内对二战后德国难民收容政策已有较系统论述，因此本文拟从"难民城镇"的产生、发展着手，在城镇化进程中考察回迁德意志难民之融入德国社会，主要涉及两方面的内容：一是难民在德国战后复兴背景下的城镇化与工业化进程中所扮演的角色，以及其重建家园所被赋予的政治意义；二是探讨难民在融入战后德国社会的过程中，如何处理其新身份认同与故国家园记忆之间的关系，这一关系如何呈现在城市公共空间之中。

巴伐利亚不仅是当时西德难民数量最多的州，同时也是德国在二战后实现经济腾飞的突出典型，而且该州内很多城镇正是在 20 世纪 50～70 年代才迅速完成所谓"在乡村土地上的工业化"。有鉴于此，本文将以巴伐利亚为具体研究对象展开对上述问题的讨论。

一　被驱逐德意志人进入巴伐利亚

在两德分裂渐趋不可逆的背景下，巴伐利亚因其与捷克斯洛伐克及苏占区（后来的民主德国）直接接壤的特殊地理位置，从一开始就成为西占区/联邦德国直面来自中东欧国家德意志难民的最前站。事实上，在战争最后阶段的 1945 年 1 月，已有 1.5 万余名来自奥得－尼斯河沿岸的德国居民出于对即将兵临城下的苏军的恐惧而逃离家园，经长途跋涉后抵达巴伐利亚北部和东部的边境地带，成为进入巴伐利亚的首批来自德国东部地区的难民。至当年 12 月已有 73.4 万德意志人以这种方式自发进入巴伐利亚，其中 22 万人来自德国以外地区。[①] 而按照 1945 年夏波茨坦会议达成的协议，以及此后 12 月盟国管制委员会最终确立各占领区接收被驱逐人员配额方案，美占区总计要接收 225 万来自捷克斯洛伐克和匈牙利的德意志难民，巴伐利亚作为美占区最大的地方行政单位，按计划要接纳其中一半的人口（54.5%）。因此，如何接收如此庞大的迁入人口就成为美占区当局及巴伐利亚（临时）政府必须重点解决的问题。

从 1946 年 1 月起，美占区开始启动以铁路有组织地接收主要来自捷克

---

① Franz J. Bauer, *Flüchtlinge und Flüchtlingspolitik in Bayern 1945 - 1950*, Stuttgart, 1982, S. 22 - 23.

斯洛伐克和匈牙利的被驱逐德意志人，当年共有 764 趟列车从捷克斯洛伐克开往巴伐利亚，运送被驱逐德意志人累计 78.6 万人次；此外，另有 17.6 万人因各种原因以个人形式进入巴伐利亚。[①] 1946 年 10 月底的巴伐利亚人口普查表明，就在官方启动系统接纳"被驱逐者"行动十个月之后，巴伐利亚净流入人口已近 220 万人，占巴伐利亚常住人口 1/4 有余。[②] 尽管战后最初的几年德国国内人口流动性极高，但至 1950 年时，生活在巴伐利亚的"被驱逐者"人数仍超过 192 万人。其中超过半数来自捷克斯洛伐克；[③] 另有近 60 万人来自原东部地区，拥有德国国籍，其中以西里西亚人为主（45.8 万人）。

二　巴伐利亚战后城镇化浪潮中的"难民城镇"

尽管战胜国的难民接收方案均希望避免出现同籍贯的德意志难民聚居的情况；巴伐利亚当局在 1945/1946 年时也担心如果对难民加以特殊处置，会致其面临被隔离在公共生活之外，即所谓"隔都化"（Ghettoisierung）的风险。[④] 然而，摆在地方政府面前的却是这样的现实：盟国的大规模空袭不仅摧毁了德国城市生产及基础设施，也将大量民房夷为平地，尤其是大城市中的房屋战损情况极为严重，住房短缺问题突出。[⑤] 与此同时，由于第三帝国

[①] Franz J. Bauer, *Flüchtlinge und Flüchtlingspolitik in Bayern 1945 – 1950*, S. 25.

[②] Peter Claus Hartmann, *Bayerns Weg in die Gegenwart. Vom Stammesherzogtum zum Freistaat heute*, Regensburg, 2004, S. 532, 536, Abbildungen.

[③] 其中有近 103 万人是来自波西米亚、摩拉维亚以及归属奥地利的西里西亚地区的苏台德德意志人，以及来自斯洛伐克及喀尔巴阡地区（今属乌克兰）的所谓"喀尔巴阡德意志人"。参见 Franz J. Bauer, *Flüchtlinge und Flüchtlingspolitik in Bayern 1945 – 1950*, S. 26; Walter Ziegler, "Der Beitrag Vertriebenen zu Wiederaufbau und Wirtschaftswunder", Christoph Daxelmüller, Stefan Kummer, Wolfgang Reinicke, eds., *Wiederaufbau und Wirtschaftswunder. Aufsätze zur bayerischen Landesausstellung 2009*, Augsburg, 2009, S. 148。

[④] Friedrich Prinz, *Die Integration der Flüchtlinge und Vertriebenen in Bayern. Versuch einer Bilanz nach 55 Jahren*, Augsburg, 2000, S. 11. 需要说明的是，所谓"隔都"，当代的普遍理解是 1939～1944 年纳粹政权在波兰等地设立，集中安置被驱逐德国犹太人的定居点，它实际上是德国犹太人在被送入集中营之前的中转站。

[⑤] 据巴伐利亚官方数据显示，巴伐利亚各大城市在战时被摧毁的住房总计 17 万间，占整个巴伐利亚毁损房屋的 3/4 以上。参见 Franz J. Bauer, *Flüchtlinge und Flüchtlingspolitik in Bayern 1945 – 1950*, S. 28。

服务于战争经济和纳粹意识形态的市政规划思想与产业布局，例如巴伐利亚当时的工业定位是"从农业地区转型为军事训练场及飞机制造、炸药工业的核心生产地"，[1] 因此在许多小城镇建成或规划出一定的军事用地及军工厂区域。这些已经具备基本基础设施的区域或因未遭打击，或因停止生产，而在战后成为巴伐利亚当局设立难民营的主要场地。如此一来，大批难民不得不进入中小城镇和乡村地带，这在巴伐利亚表现得尤为突出：1946 年时生活在 5000 人以下行政区的难民占总难民人口的 74% 以上，至 1950 年时，这一比重仅有小幅下降，为 68.6%。[2] 从难民角度来说，由于最初的难民营（或过渡营）居住条件颇为艰苦，他们中的许多人并不愿意在难民营中过集体生活；但即使没有待在难民营，许多籍贯相同的难民仍倾向于在同乡聚集或相邻地区找寻落脚点：多数西里西亚人定居在上巴伐利亚地区，苏台德德意志人则集中分布在上巴伐利亚和施瓦本地区，如生活在施瓦本大区考夫博伊伦（Kaufbeuren）县的难民中，苏台德人比重就高达 75%。[3] 难民的大量涌入，也使得巴伐利亚乡村及小城镇的外来人口与本地居民比进一步缩小。仍以考夫博伊伦为例，1953～1971 年，被驱逐者占考夫博伊伦市居民人数的比例始终维持在 40% 以上，1956 年一度达到 48%。

　　这样一种难民分布状况，改变了战后巴伐利亚的城乡关系，中小城镇和乡村出现了高度同质化的外来人口增长。而在经济与难民政策的双重推动下，这些"被驱逐者"逐步融入当地经济和社会生活，并开辟出巴伐利亚战后工业化与城镇化发展的一条特殊道路。

　　二战结束之初的巴伐利亚，无论是在当时的政治人物眼中，还是在当代史学者的研究中，都是一个几乎可以用"毫无希望"[4] 来形容的贫困地

---

① Winfried Nerdinger, ed, *Bauen im Nationalsozialismus：Bayern 1933 – 1945*, München：Klinkhardt & Biermann, 1993, S. 14.

② K. Erik Franzen, *Der vierte Stamm Bayerns. Die Schirmherrschaft über die Sudetendeutschen 1954 – 1974*, München, 2010, S. 41, Tabelle 2.

③ Walter Ziegler, "Der Beitrag Vertriebenen zu Wiederaufbau und Wirtschaftswunder", S. 148.

④ 这是 1978～1988 年担任巴伐利亚州州长的弗朗茨·约瑟夫·施特劳斯（Franz Josef Strauß, 1915 – 1988）所形容的 1947 年巴伐利亚经济状况与政治形势。参见 Franz Josef Strauß, "Hanns Seidel-Ein Leben für Bayern'. Ansprache des bayerischen Ministerpräsidenten bei der Gedenkfeier zum 25. Todestag des ehemaligen bayerischen Ministerpräsidenten und CSU-Parteivorsitzenden Dr. Hanns Seidel am 5. August 1986", Hanns – Seidel – Stiftung e. V., ed. „ *Hanns Seidel – Ein Leben für Bayern* ", Wildbad Kreuth, 1987, S. 23。

区：由于巴伐利亚工业化起步较晚，工业化程度相比德国其他地区较低，工业生产又高度依靠资源输入，因此直到二战结束时仍有 30.6% 的人口从事农业生产；而既有的大工业体系与基础设施或在战时遭到严重打击，或在战后因属于受管制行业而面临停产、制裁乃至拆解。① 因此，直到 1949 年时，巴伐利亚的人均 GDP 仍仅为西德人均 GDP 的 85%——位列倒数第二，仅高于北部的石勒苏益格－荷尔施泰因。② 为了改变这一相对落后的局面，以汉斯·赛德尔（Hanns Seidel，1901－1961）③ 为代表的基民盟政治家提出一项旨在推动巴伐利亚经济转型的经济政策。这一被称为"中等规模政策"（Mittelstandpolitik）的主要目标是在巴伐利亚建成一个"基本由中小企业组成，协调区域发展的混合型产业结构"，④ 它与针对"科技导向""具上升潜力"的大工业扶持政策一起，奠定了战后巴伐利亚从农业地区向发达工业州转变的基本政策基础。来自马歇尔计划的贷款，州立建设资助银行（Landesanstalt für Aufbaufinanzierung，LfA）贷款、担保或者入股，以及德国赔偿基金的资金投入，是州政府所能给予中小企业落户巴伐利亚（尤其是经济欠发达地区）的资金支持。举例来说，1951～1965 年州立建设资助银行就为"中等规模政策"涉及的欠发达地区及企业提供了总计 12 亿马克的资金；而州政府在 1952～1963 年为这些企业贷款提供的担保金也高达 8.63 亿马克。⑤

在接受州资金的中小企业中，由难民开设的企业是重要资助对象。由于大批中东欧被驱逐者本身是具有资质的熟练工人甚至是专业人士，虽然他们背井离乡，并且到德后的最初境遇也颇为艰辛，甚至有些人因为方言差异而沟通不畅；但适逢德国国内因战俘离开及针对当地居民的去纳粹化审查而人

---

① 例如奥格斯堡的飞机制造企业梅塞施密特、机械公司 MAN，克虏伯公司位于班贝格的工厂，慕尼黑的宝马公司等大型企业当时均濒临解散。

② Mark S. Milosch, *Modernizing Bavaria: The Politics of Franz Josef Strauß and the CSU, 1949 – 1969*, New York, 2006, S. 13.

③ 赛德尔历任巴伐利亚经济部长（1947～1954）、州长（1954～1960）。

④ Richard Winkler, "Die Bayerischer Landesanstalt für Aufbaufinanzierung 1951 – 1964", Christoph Daxelmüller, eds., *Wiederaufbau und Wirtschaftswunder. Aufsätze zur bayerischen Landesausstellung 2009*, S. 163.

⑤ Richard Winkler, "Die Bayerischer Landesanstalt für Aufbaufinanzierung 1951 – 1964", S. 164.

手不足，从 1946 年 1 月至 10 月底，近 2/3 有求职意愿的难民得以重新入职，[①] 在一些特殊的岗位上，难民的人数甚至超过了当地居民。德意志难民逐步成为推动巴伐利亚经济发展的重要人力资源，他们中的一部分人也开始希望能重操旧业，开办企业。但在这方面，首先需要克服的是资金问题。按照 1949/1952 年《经济援助与赔偿法》（*Soforthilfe-und Lastenausgleichsgesetz*, 1949/1952），被驱逐者可以拿回相当于个人财产一定比例的赔偿，这部分赔偿金主要被难民用于建造住房，但也被他们用于成立小型企业的启动资金：早在 1947 年底，巴伐利亚当局便启动针对"难民生产贷款"的担保。虽名为"担保"，实际上难民申请的贷款 90% 是由政府负担，因此难民个人只要承担 10% 的银行贷款。[②] 而从 1951 年开始，这一面向难民的经济援助由更为专业的州立建设资助银行接收。至 1953 年底，该机构除为 30 笔主要贷款提供总计 2000 万马克的资助，同时还以参股形式为 11 家工业企业提供总计 590 万马克的启动资金。正是在政府资金的援助下，巴伐利亚在 50 年代出现超过 2000 家由被驱逐者开设的企业，其中雇佣工人数少于 10 人的"小微"企业 1281 家，10 人以上的企业 877 家，主要集中在纺织、玻璃制品和皮具行业。其中亦不乏一些知名品牌，例如位于今天捷克境内卡罗维发利（德语名为"卡尔斯巴德"）的衬衣及内衣公司沃那（Wohner）与小苏打公司穆勒（Müller），分别在维尔茨堡和新特劳布林根重新开张；原先位于西里西亚的玻璃工厂菲尼克斯（Phoenix）在上巴伐利亚的埃兴施塔特成立；阿尔高地区伊门施塔特则成为原先波西米亚的制袜厂库纳特（Kunert）重新走向世界的基地。[③] 这些大大小小的企业在 1953 年总计提供约 5.1 万个工作岗位，创造营业额达 8370 万马克，[④] 直接促进了当地（尤其是一些非工业地区）的经济发展。

正是由于难民人口的不断增加，其经济融入速度加快，部分区位条件较有优势的难民聚集地区率先取得独立的行政地位。以 1950 年率先取得乡镇地位的新特劳布林根为例：1951 年时，新特劳布林根的苏台德德意

---

① 需要指出的是，"被驱逐者"从事农业劳动的比重逐年下降，至 1950 年时已经降至 12%。参见 Walter Ziegler, "Der Beitrag der Vertriebene zu Wiederaufbau und Wirtschaftswunder", S. 151。

② Richard Winkler, "Die Bayerischer Landesanstalt für Aufbaufinanzierung 1951 – 1964", S. 160.

③ Walter Ziegler, "Der Beitrag der Vertriebene zu Wiederaufbau und Wirtschaftswunder", S. 152.

④ Walter Winkler, "Die Bayerischer Landesanstalt für Aufbaufinanzierung", S. 162.

志人占到地区总人口的 61%，至 1961 年时虽有明显下降，但苏台德和西里西亚德意志人仍分别占 40% 和 21%，而巴伐利亚当地居民仅有 16%，俨然一座新兴的"移民"城镇。① 这座"新"乡镇坐落于过去的上特劳布林根机场内，起初一部分原机场设施被直接用于安置"被驱逐者"，作为临时过渡之所；随后部分希望以较低廉成本开始经营和生产的企业（主要是中小企业），开始在机场区域内大片被摧毁的营房上进行重建并开张营业，② 再加上新特劳布林根距离雷根斯堡市仅 10 公里，它很快就成了以农业为主的雷根斯堡独树一帜的工业乡镇，居民主要从事工业生产。1986年，新特劳布林根被提升为城镇。

从难民聚集地到基层自治单位，位于施瓦本北部阿尔高地区的新加布隆茨是一个典型。新加布隆茨名字中的"加布隆茨"（Gablonz）原是北波西米亚（今属于捷克）尼斯河畔的一座县城。1945 年时全县德意志人接近 10万人，③ 但由于战后遭到驱逐，大批加布隆茨德意志人被迫离开故土。他们中的一部分人搭乘难民专列进入巴伐利亚，其中就有将近 1.8 万人聚居在考夫博伊伦县——当地难民署于 1946 年 5 月将原本属于迪那米特炸药公司工厂的 200 余公顷土地以极其优惠的价格长期租借给这些被驱逐者作为生活、工作的区域，这里后来成为新加布隆茨的核心区域。④ 和其他难民城镇一样，在政策和资金的扶持下，在巴伐利亚重新开始生活的加布隆茨人一方面着手重建家园，另一方面则致力于引进波西米亚"老家"的产业——加布隆茨以玻璃制品、金属与首饰加工著称。1951 年，在州立建设资助银行和州政府的直接支持下，一家生产玻璃制品的公司成立，并在 1953 年更名为"南巴伐利亚苏台德玻璃制品有限公司"。随着玻璃和首饰制造等产业的发展，加布隆茨的人口与城区规模也逐渐扩大：1947 年 9 月居民人口为 872 人，并拥有 151 家以此为主营业务企业；一年之后人口超过千人。而随着 1952 年它被并入考夫博伊伦并成为后者

① Otto Schütz, *Die neuen Städte und Gemeinden in Bayern*, S. 115.

② Otto Schütz, *Die neuen Städte und Gemeinden in Bayern*, S. 114.

③ Susanne Rössler, "Der Sonderfall Neugablonz. Sein Entstehen aus den Wirrnissen deutscher Geschichte", Jürgen Kraus, Stefan Fischer ed., *Die Stadt Kaufbeuren* (Bd. 1: *Politische Geschichte und Gegenwart einer Stadt*), Thalhofen: 1999, S. 175.

④ Susanne Rössler, "Der Sonderfall Neugablonz. Sein Entstehen aus den Wirrnissen deutscher Geschichte", S. 174.

下辖的一个城区，其人口和企业数量进一步增长，至 1958 年 6 月居民人口已超过 1 万人。在经历了艰苦创业之后，新加布隆茨成为以玻璃、人造材料和非贵金属加工为主业的地区，成为"联邦德国的时尚首饰中心"。这里分布着 130 家首饰生产企业，共拥有约 1200 名从业人员；新加布隆茨的非贵金属制成品和半成品（包括首饰、机械零部件等）超过 40% 在德国以外地区（如中国和美国）销售，2007 年时这一行业生产总值达到 2.6 亿欧元，成为以旅游业和农业为主的阿尔高地区小城镇中一匹以工业生产为主的黑马。①

三 交织融入经历与故乡记忆的城市空间

很多中东欧德意志难民在进入德国之初就清醒地认识到，回归故土已无可能；但强行消弭这一丧失家园的痛苦则既无意义也不人道。② 正因为如此，这些难民身上体现出作为"新公民"逐步融入德国与坚持原来的身份认同相交织的双重表现。作为"新公民"的融入主要体现在公共生活当中，除了经济上的融入外，融合与适应也体现在政治生活中：尽管 1950 年在石-荷州成立的"被驱逐者及被剥夺权利者联盟"（Bund der Heimatvertriebenen und Entrechteten，BHE）一度在巴伐利亚获得大量的支持，但到六七十年代这一难民政党就几乎在政坛销声匿迹。③ 相比公共领域，私人生活融入则相对缓慢，对于身份的坚持首先突出表现在语言方面。语言学家朱迪斯·霍鲁巴对考夫博伊伦及新加布隆茨"被驱逐者"语言融入所做的研究发现，虽然接受问卷调查的难民均表示自己会使用加布隆茨方言，但他们具体使用的语言大相径庭。一个较为合理的解释是，不同村庄之间存在方言差异，但霍鲁巴同时引述了一名 62 岁受访者的话，他表示自己生活在加布隆茨市时根本不会说方言，只能用高地德语（即标准德语）沟通，而直到来到新加布隆茨才重新学习所谓的"方言"，以便于沟通，因为

---

① 参见考夫博伊伦市官网上有关新加布隆茨发展现状的介绍，https：//www. kaufbeuren. de/Stadtleben/Stadtportrait/Chronik - Neugablonz. aspx；以及新加布隆茨工业协会官网，http：//www. gablonzer - industrie. de/industrie/verbundindustrie/technische - produkte（10. 05. 2017）。

② Walter Ziegler，"Der Beitrag der Vertriebene zu Wiederaufbau und Wirtschaftswunder"，S. 155.

③ Walter Ziegler，"Der Beitrag der Vertriebene zu Wiederaufbau und Wirtschaftswunder"，S. 153.

"我对面那人也是个加布隆茨人，他也说我的方言"。① 在这个例子中，方言是维系家园记忆与乡土感情的重要媒介，原来的难民甚至能以此为目的重新掌握一门"语言"，足见其身份认同的取向。问卷调查结果同样指向类似的结论，直到 20 世纪 90 年代初，在一份针对"被驱逐者"乡土认同的问卷中，仍有 41% 的人选择将自己的故土和巴伐利亚并列为家乡，而21% 的人则更是直接选择了故乡。② 考虑到代际更替所导致的认同缺失，一些"被驱逐者"团体还专门发行儿童绘本以传承这一对故国家园的记忆。③

　　然而，不可否认的是，在由巴伐利亚快速工业化与城镇化所触发的现代化进程中，难民城镇与普通德国城镇差异越来越小，在其城区空间还多少留有一些与其艰辛的迁移、定居历史相关的纪念性建筑。比较特殊的例子则是新加布隆茨，它从建镇伊始就有意识地强调和保留它的"难民"属性。首先，新加布隆茨是"唯一一座以德语名称命名的德国境外城镇"的行政区，1952 年这一命名才正式获得巴伐利亚内政部的许可状。其次，在其主城区的空间设计中也着重贯彻这一宗旨：除了贯穿城区的主干道被冠以"苏台德大街"（Sudetenstraße）的名字外，其余街道也多以捷克小城加布隆茨的城区或乡村命名。再有，以伊泽山博物馆/加布隆茨之家（Isergebirge Museum/Gablonzer Hause）为圆心，以苏台德大街为主轴的核心区构成了一个"记忆场所"，试图在这个空间重构当地居民遭驱逐与重建家园的历史。首先是分布在苏台德大街道路两侧，由纪念性建筑（如博物馆、被驱逐者纪念雕塑、基督教圣心教堂）组成的对当地居民被驱逐历史的重构，其中最重要的是历时十六年（1954 ~ 1970）才从捷克购入的青铜雕塑"骑士吕迪格"。1931 ~ 1945 年，捷克加布隆茨成为德国城镇新加布隆茨的乡镇。其次，伊泽山博物馆以北保留了十处迪那米特工厂建筑遗存，例如用于烘干火药的地堡，用于运输

①　Judith Holuba, *Zwischen Identitätsbewahrung und Anpassung. Die sprachliche Integration der Heimatvertriebenen im raum Kaufbeuren/Neugablonz im Spannungsfeld zwischen Dialekt und Hochsprache*, München: iudicium, 2000, S. 88 – 89.

②　Walter Ziegler, "Der Beitrag der Vertriebene zu Wiederaufbau und Wirtschaftswunder", S. 156.

③　例如，一本名为《走，我们去苏台德咯!》的故事书就讲述了狮子爷爷带领孙辈前往捷克，探寻他们的苏台德"根"的故事。Bernhard Krebs, *Komm, wir fahren ins Sudetenland!* Franziska Oelke (Illustrator), Burglengenfeld: Der kleine Krebs Verlag, 2016.

水泥的轨道，储藏化学品的仓库，等等。正是在这片厂区上，新加布隆茨人一步步建立起了自己的新家园。而除了在城市空间中标记被驱逐与重建的记忆外，伊泽拉山博物馆也同样成为重建这段记忆的重要场所，其以故土—迁移—重建为线索组织常设展示空间，除此之外还定期安排相关话题的特别展览。

四　结论

如果仅从城镇化的各项指标来看，"难民城镇"与巴伐利亚战后发展起来的工业城镇并无太大的区别：首先，居民已达到或超过城镇标准——由普通集镇发展而来的城镇人口一般在 5000～8000 人，像大城市如奥格斯堡周边的"新城"人口则介于 1.1 万～2.3 万人。[①] 相比之下，难民城镇的人口一般介于 1.2 万～1.7 万人，因此，对于战后位居全德人口密度最低的巴伐利亚来说，难民城镇已是人口密集地区了。其次，"难民城镇"同样具备一般德国普通城镇所拥有的交通枢纽或次级中心地的功能，并具备进一步发展的潜力。然而，从城镇内涵出发，"难民城镇"则毫无疑问在德国小城镇中独树一帜：虽然它们建成的历史远称不上悠久，但承载了其他城镇所未能承载之多重历史与政治意义。首先，从中东欧"被驱逐者"落户巴伐利亚，到难民城镇的最终产生，难民城镇的诞生是战后中东欧德意志人被驱逐史的一段重要"后史"（Nachgeschichte），它不仅是难民与经济政策组织协调的产物，其中也包含了难民个体的价值取向。其次，在德国战后经济腾飞的大背景下，难民城镇又无疑是巴伐利亚以"中等规模政策"为导向，成功实现产业结构转型与区域协调发展的典范。而在当前德国面临难民问题何去何从的新形势下，70 年前以难民城镇为代表的难民融入德国社会的成功经验，因而重又焕发新的意义，尤其是强调其在当代德国社会的多元融合与文化认同方面所发挥的重要作用，"这些德意志的'被驱逐者'建立起了一套全新的共同体生活，它并非泾渭分明，而是与当地居民共同完成

---

① Hans Fehn, "Das Land Bayern und seine Bevölkerung seit 1800", Alois Schmid, ed., *Handbuch der bayerischen Geschichte*, Bd. 2, München: C. H. Beck, 1975, S. 682.

的……尽管他们遭受了伤痛及非同寻常的损失，但他们依然很早就开始找寻和解之路"。①

[原文刊登于《新史学（第二十一辑）：城市史与现代学术》，大象出版社，2018，第60～70页]

---

① 引自巴伐利亚州州长霍斯特·泽霍夫在2018年6月25日巴伐利亚的流亡与被驱逐受害者国家纪念日上的发言，http：//www. bayern. de/bayerischer – gedenktag – fuer – die – opfer – von – flucht – und – vertreibung – 2/？ seite = 1612 （05. 11. 2017）。

俄国史

斯大林是怎样掉入"修昔底德陷阱"的[*]

——战后苏美从合作走向对抗的路径和原因

沈志华　余伟民^{**}

古希腊历史学家修昔底德以公元前 5 世纪雅典与斯巴达的冲突为例,在《伯罗奔尼撒战争史》一书中提出,当一个崛起的大国与既有的统治霸主竞争时,双方面临的危险多数以战争告终。这就是所谓的"修昔底德陷阱",并被后人称为国际关系的"铁律"。近代以来,这种历史现象仍不乏其例,最典型的就是 20 世纪前半叶德国(在欧洲)和日本(在亚洲)的所作所为及其后果。战后苏美关系的变化,也是如此。

第二次世界大战结束仅仅两年,昔日的盟友便反目成仇。原本为安排战后世界秩序而构建的"雅尔塔体系"逐渐受到侵蚀,作为在战争中崛起的新兴大国,苏联与美国从合作转向对抗,主动型"大国合作"机制即转变为被动型防止新的世界大战的"危机控制"机制。虽然受到核武器等新的技术因素制约,这种对抗始终没有演变成超级大国之间的战争,但以"冷战"为表现形式的两极对抗的世界格局存在了近半个世纪。最终,在争霸中被拖得筋疲力尽、国力日益衰竭的苏联在内外矛盾交织中宣布解体,冷战结束。

那么,苏联究竟是如何掉进"修昔底德陷阱"的?苏美是怎样从大国

---

* 国内外学术界对于是否存在"修昔底德陷阱"尚存在争议。本文主要是针对目前被言称的这样一种国际对抗模式,而非专门探讨古代希腊是否有过"修昔底德陷阱"。

** 沈志华、余伟民,华东师范大学历史学系、周边国家研究院教授。

合作走向全面对抗的？今天重提这个问题，对于调整当前的国际体系，尤其是处理中美关系正在出现的危机，可以提供历史的借鉴。

一 雅尔塔体系的基础：美苏利益的重合与战略协调

第二次世界大战后期，主导反法西斯联盟的美英苏三国举行了一系列首脑会议和私下会谈，讨论战后世界的安排，通过在这些会议和会谈中达成的协议、发表的宣言和公告、组建的国际组织等，构建了战后国际秩序的基本框架和运行机制。由于雅尔塔会议的影响最为突出，故称之为"雅尔塔体系"。

与一战后建立的凡尔赛体系比较，无论在理论层面还是实践层面，雅尔塔体系都有明显的进步。首先，雅尔塔体系表达了反法西斯联盟主要成员的共同意志，并非狭隘的个别战胜国意图，因而它对战后世界的安排总体上符合盟国的战略目标，而不仅仅像巴黎和会那样只是少数大国的"分赃"；其次，支撑雅尔塔体系的大国力量与战争中形成的实力相吻合，避免了由于力量和利益的不对称而导致机制失效；再次，二战后虽然也遵循了大国划分"势力范围"的原则，但完全打破了原有的殖民体系，给予原殖民地国家特别是"小国"以独立、自由和平等的地位。[①] 从上述意义上看，雅尔塔体系应该是体现盟国整体利益和大国合作精神、能够有效维护战后国际秩序的国际机制，而两个新兴大国——美国和苏联之间，当时确曾出现了形成"新型大国关系"的历史机遇。

雅尔塔体系虽然比凡尔赛体系有重大进步，但本质上仍然延续了大国政治的逻辑。美国（英国是美国的伙伴或"附庸"）和苏联在战后世界的安排上有支配性的话语权，因此只要美苏两家形成共识，即可奠定战后的国际秩序。在雅尔塔体系的构成要素中，最重要的原则就是"大国一致与合作"，通过划分势力范围维持大国利益的平衡，并使他们分摊责任。

---

① 参见余伟民《"冷战"的起源与终结——世界历史的视角》，《史学集刊》2013 年第 1 期；*Кузнечевский В. Д. Ялта Сталина и Рузвельта и Вестфальская система, //Вестник мгуки, №3（41），май - июнь 2011, с. 70 - 77*；张盛发《雅尔塔体制的形成与苏联势力范围的确立（根据新披露的档案材料）》，《历史研究》2000 年第 1 期。

　　在战争后期的历次首脑会议上，美英苏"三巨头"讨论的中心问题都涉及上述原则，而作为具体的安排，丘吉尔与斯大林的"百分比协定"和美英苏三国的"雅尔塔协定"最为典型地贯彻了上述原则。前者划分了战胜德国后英国（和西方）与苏联在欧洲的势力范围（雅尔塔会议对此有所调整，并得到美国认可），后者划分了战胜日本后美苏在远东的势力范围（大致以中国长城和北纬三十八度线为界）。① 这样的安排基本符合战争结束时苏联军队在西线和东线抵达的前沿，如果说前者基本上满足了苏联在欧洲地区的安全战略需求，那么后者则主要体现了苏联在亚洲地区的战略构想。在这样的安排中，既体现了美苏对战后秩序的支配作用，也满足了双方的利益诉求，因此初步形成了"大国一致与合作"的局面，雅尔塔体系就是在这样的美苏战略协调中构建而成的。

　　显然，在大国政治逻辑主导的战后国际秩序中，美苏两家利益的满足是以牺牲某些盟国和小国的利益为代价的。但是，鉴于反法西斯战争对人类整体利益的维护，美苏军队在欧亚战场都起到了"解放者"的作用，以及通过"托管制"实现非殖民化的前景，反法西斯联盟并没有因为美苏的利己行为而破裂，在战胜共同敌人、维护战后世界和平的目标下支付代价的盟国仍然支持了有损自身利益的雅尔塔体系，这也是二战与一战的一个很大区别。在这个意义上，当时的美国和苏联因其为各国提供的国际"公共产品"（如联合国及其他国际机构）所具有的正面效应而获得了"霸权"的合法性，同时雅尔塔体系也被战后的世界所接受，成为战后国际秩序的基本框架

① 相关的档案文献，见王大卫（David Wolff）《英国档案中的百分比协定：1944 年 10 月丘吉尔与斯大林会谈记录的补充说明》，杜蒲译，《冷战国际史研究》第 7 辑，2008 年冬季号，第315～320 页；Калинин А. А. Советско - британские переговоры о разделе сфер влияния в Европе в 1944 г. // Вопросы истории，2009，№9，с.19 - 36；Никольский А. В. и т. д（ред.）Советский Союз на международных конференциях периода великой отечественной войны 1941 - 1945гг.，Том IV，Крымская конференция руководителей трех союзных держав - СССР，США и Великобритании（4 - 11 февраля 1945г.），Сборник документов，Москва：Издательство политической литературы，1984；萨纳柯耶夫、崔布列夫斯基编《德黑兰、雅尔塔、波茨坦会议文件集》，上海三联书店，1978，第 129～258 页。

和运行机制。① 可见，只要美苏能够坚持"大国一致与合作"的原则，继续保持战略互信，推进"新型大国关系"，那么雅尔塔体系完全可能稳定地运行，因为在当时世界上没有其他力量试图以及能够挑战它们的权力。

苏联是雅尔塔体系的倡导者和获益者，因此斯大林采取了一系列方针和措施来保证这一体系的运行。早在 1942 年 1 月，苏联领导层就开始考虑战后的安排问题，并与英美频繁接触，很快确定了战后与西方合作的基本方针。1943 年 5 月，斯大林突然宣布解散共产国际，充分表明了苏联放弃以推翻资本主义制度为基本任务的世界革命方针的意向。在战争接近尾声和战后初期，苏联则大力推行以建立"联合政府"为目标的对外政策。这种政策在其势力范围之内（东欧），体现为推动建立多党联合执政的议会政府，不强制推行苏联模式的社会主义；在其势力范围之外（法、意、希），则"劝告"各国共产党放弃武装力量，以合法身份参加议会选举和组建政府。② 由此，美苏之间的合作在战争后期形成了"高潮"。③ 在这段时间内，作为与美国一起主导战后国际秩序的"中心国家"，苏联在国际舞台上的角色与美国没有很大区别，其行为遵循了大国政治的逻辑，并表现出民族主义 - 国家主义的色彩。

令人难以理解的是，这样一种既"合理"又符合大国基本利益的国际秩序，怎么会在此后短短两年之内便遭到了破坏呢？

---

① 关于苏联参与战后国际机构设立的研究，参见 *Кочеткова Т. Ю.* Вопросы создания ООН и советская дипломатия// Отечественная история，1995，№1，c. 28 – 48；*Водопьянова З. К.，Стрижов Ю. И.* Советский Союз и ООН：Директивы Политбюро ЦК ВКП（б）советской делегации на конференции в Думбартон – Оксе. 1944 г. // Исторический Архив，1995，№4，c. 74 – 82；*Сироткин В. Г.，Алексеев Д. С.* СССР и создание Бреттон – Вудской системы 1941 – 1945 гг. политика и дипломатия//Новая и новейшая история，Саратов，2004，№21，c. 72 – 89；*Соколов В. В.* ЮНРРА и Советский Союз，1943 – 1948 годы（по новым архивным материалам），Новая и новейшая история，2011，№6，c. 61 – 74。
② 参见沈志华《斯大林与 1943 年共产国际的解散》，《探索与争鸣》2008 年第 2 期；沈志华《斯大林的"联合政府"政策及其结局》（上、下），《俄罗斯研究》2007 年第 5 ~ 6 期；*Гибианский Л. Я.* Исследования политики СССР в Восточной Европе в конце второй мировой войны и в первые послевоенные годы// Вопросы истории，2004，№6，c. 148 – 161。
③ 参见 *Мягков М. Ю.* Проблемы послевоенного устройства Еролы в америко - советсих отношениях 1941 – 1945，Москва：ИВИ РАН，2006；*Печатнов В. О.* От союза к холодной войне：Советско - американские отношения в 1945 – 1947 гг.，Москва：МИДРФ，2006。

二　欧洲冷战起源：美苏之间的战略互疑和防范

美国和苏联作为资源和国力超强的国家，都是在二战前或二战中崛起的，并在战争形势下结成了反法西斯联盟。当美苏共同主导战后国际秩序的构建时，两国在国际政治层面找到了利益的重合点，也愿意就战后世界安排进行战略协调，寻求"大国一致与合作"的途径。但是，美苏在国家制度和意识形态层面毕竟存在明显的异质性，这种状况得不到改变，就必然形成双方战略上的互疑和防范心理，并由此衍生出难以调和的各种矛盾。

毫无疑问，美国是现代资本主义国家的典型和代表，其意识形态中反共、反苏的理念十分明显。不过，美国总统罗斯福在战争期间形成的反法西斯联盟中看到了未来世界走向和平的希望，并提出了一系列在战后与社会主义的苏联和平相处、共同发展的想法和主张。从《大西洋宪章》到《联合国家宣言》，再到后来雅尔塔会议通过的诸文件，基本上体现了罗斯福的这种理念。① 然而，面对苏联的崛起和日益强大，美国传统的意识形态也有所加强，特别是在罗斯福去世和美国掌握了核武器的情况下，议会中压制和遏制苏联的呼声占了上风，政府各部门的首脑也逐渐为强硬派所控制，在共同占领德国、向苏联提供贷款、原子能合作等问题上，美国的对苏政策正在悄然发生变化。② 尽管"返回美洲"的孤立主义倾向仍在发挥影响，但美国的目光始终没有离开欧洲。恰在此时，在战争中没落的大英帝国及其他一些欧洲国家，对于在自己身边出现的日益强大的苏联产生了强烈的恐惧感，它们十分担心贫困、寒冷和饥饿会引发欧洲的"革命"，并认为"虎视眈眈"的苏联正在等待这一时机。丘吉尔就是这方面最具代表性的政治家。他到处渲

① 参见 *Печатнов В. О.* Сталин, Рузвельт, Трумэн: СССР и США в 1940 – х гг.: Документальные очерки, Москва: ТЕРРА – Книжный клуб, 2006; *Кузнечевский В. Д.* Ялта Сталина и Рузвельта и Вестфальская система, //Вестник мгуки, №3（41）, май – июнь 2011, с. 70 – 77。

② 参见余伟民《冷战是这样开始的：冷战起源专题研究》，学林出版社，2015；*Печатнов В. О.*, На излете "великого альянса": сталин, трумэн и черчилль в конце второй мировой войны（по новым документам）, //Новая и новейшая история, №3, 2013, с. 3 – 22。

染欧洲正处于危机之中的气氛，极力说服和推动美国重返欧洲。[①] 正是在这样一种氛围中，随着欧洲一连串"危机"事件的发生，美国的反应愈来愈强烈，政策愈来愈强硬，终于被"邀请"回来，并在欧洲与苏联形成对抗。

无论在军事上还是在经济上，苏联当时的实力都远远赶不上美国。所以，从逻辑上讲，苏联都不会也不应该主动挑战美国；从事实上讲，苏联在战后也没有直接触碰美国的利益。因此，就冷战起源而言，在政策取向和舆论导向上，主要的和主动的方面还是在于美国等西方国家，但这并不表明苏联是"无辜"的。恰恰相反，苏联在战后初期的很多言行和政策选择，在很大程度上，不仅没有消除美国等西方国家的不信任感，反而助长了它们对苏联的战略性疑虑。在作用力和反作用力反复的相互撞击中，冷战局面终于在欧洲定格。那么，苏联的问题究竟出在哪里？

苏联作为世界上第一个社会主义国家，从其诞生之日起就以推翻资本主义世界为己任。在国内，苏联建立起一套高度集权的社会主义模式，即国有化加计划经济的经济体制和"以阶级斗争为纲"实行高压统治的政治体制；在国外，苏共领导的国际共产主义运动，本质是将理论上的"无产阶级革命"与实践中的落后国家现代化及民族解放运动联结在一起的"世界革命"，是对西方资本主义体系的"替代性选择"。在这种意识形态和国家制度的对抗中，处在资本主义世界汪洋大海包围中的苏联，首要考虑的自然是安全问题，并由此形成了"孤岛意识"。[②] 二战后期出现的新形势和苏联已经确定的与美国等西方国家合作的方针，在形成"新型大国关系"保障的安全机制的同时，也为苏联的国内体制改革提供了外部条件，但在斯大林的内心深处，始终无法摆脱一种不安全感的困扰——除联合国外，苏联对布雷顿森林体系等国际组织望而却步就是一种典型的表现。[③] 出于这种

---

① 参见 *Ржешевский О. А.* Секретные военные планы У. Черчилля против СССР в мае 1945 г. // Новая и новейшая история, 1999, №3, с. 98 – 123.

② 参见〔美〕沃捷特克·马斯特尼《斯大林时期的冷战与苏联的安全观》，郭懋安译，广西师范大学出版社，2002；徐天新《斯大林模式的形成》，人民出版社，2013；〔美〕弗拉季斯拉夫·祖博克《失败的帝国：从斯大林到戈尔巴乔夫》，李晓江译，社会科学文献出版社，2014。

③ *Сироткин В. Г.*, *Алексеев Д. С.* СССР и создание Бреттон – Вудской системы 1941 – 1945 гг. политика и дипломатия // Новая и новейшая история, Саратов, 2004, №21, с. 72 – 89.

心态，苏联不仅需要在国内实行加强军事实力、严格管控社会的传统政策，而且必须在其势力范围内建立起绝对服从苏联集中统一的指挥系统，甚至在一些感到"不满意""不安全"的地区谋求超出"雅尔塔体系"的权益。

二战为苏联打开了世界窗口，工农群众对提高生活水平的渴望，知识精英对自由民主的追求，乃至党内干部对改变原有体制和政策的设想，汇成了一股"思变"的社会潮流。这在客观上为苏联提供了调整和改革在战前已陷入重重矛盾的原有体制的内部条件，而大国合作的国际环境则为此提供了外部条件。但由于意识形态的惯性作用，长期宣传造成的思想僵化，严重旱灾引发的社会危机，以及美国等西方国家逐渐表现出来的敌对态度等种种原因，苏联不仅没有抓住机遇实行制度性调整和改革，反而进一步强调国有化和计划经济，强化集体农庄制度，加紧发展重工业和军事工业。在斯大林看来，这种"思变"的倾向显然是外国资本主义思想的影响所致，是对其统治权力及苏维埃国家安全的威胁。1946年出台的"日丹诺夫主义"就是这种心理的反映，其主旨就在于加强意识形态和社会控制，而不是通过制度性改革消除和缓解日益加深的社会矛盾。[①]

这种国内政策的取向也在国际上造成了严重的负面影响。1946年2月，斯大林在其著名的选举演说中，强调"帝国主义就是战争"这一列宁主义的基本观点，论证苏联以发展重工业为中心的经济体制和社会主义制度的优越性，提出随时做好战争的准备等。这次演说原本是针对国内问题讲的，希望继续用马克思列宁主义统一和净化意识形态，彰显苏联模式社会主义的优越性。[②] 而在西方政治家眼中，这种宣传无异于试图用社会主义替代资本主义的"战争鼓动"，是针对自由世界的"战争叫嚣"。于是，美国驻苏外交官凯南发出八千字长电，指责"扩张"和推动"世界革命"是苏联行为的

---

① 参见 Наджафов Д. Г., Белоусова З. С. Сталин и космополизм, 1945 – 1953, Документы Агитпропа ЦК КПСС, Москва：МФД, 2005；Глотова О. А. Учитывая наличие крупных недостатков в постановке пропаганды и агитации…, Документы ЦК ВКП（6）о реорганизации идеологического аппарата партии, 1946 г. // Исторический Архив, 2003, №5, с. 3 – 27。
② 《斯大林在莫斯科市选区选民大会上的演说》（1946年2月9日）//Правда. 10 февраля 1946。

根源；丘吉尔发表"富尔顿演说"，宣称欧洲的"铁幕"已经降临。① 对于苏联国内政策的这种"外延性"解读，进一步加重了西方的疑虑，加深了对苏联的误解，其最典型的反应就是对"希腊危机"的看法。希腊共产党与政府决裂，重新拿起武器，实际上与苏联毫无关系，但西方就认定这是苏联煽动的"革命"，是意图在欧洲实行扩张，希腊危机也因此成为英国"邀请"美国返回欧洲的重要理由之一。②

　　战后苏联在其周边地区已经建立起一圈战略"安全带"（或"缓冲带"），本来应该感到满足了，但斯大林放心不下，尤其是对一些东欧国家，非要各国共产党实际掌握国家权力。于是，苏联及东欧各国共产党便采取种种手段和方式，对议会选举进行操控。在这方面，东欧国家共产党为了保障自身权力而影响了莫斯科的判断固然是一个客观原因，但传统思维方式的惯性使得苏联只相信共产党，不愿也不敢与其他各党派合作，则发挥了主要作用。苏联把东欧国家作为卫星国实行严密控制和过度干预，引起了本地区和西方的反感。这种情况在波兰、匈牙利、保加利亚和罗马尼亚不断发生，自然使西方认定，所谓对多党制议会政府的保证都是空话，指责苏联违背诺言，破坏了雅尔塔体系。另外，为了稳定自己的势力范围，苏联不仅要在道义上承担"责任"，还要承受日益沉重的巨大的经济负担。结果，斯大林建构的安全"缓冲区"反而给苏联造成一种"安全困境"。③

---

① 2 月 22 日凯南电报的全文见 FRUS, Vol. VI, Eastern Europe, The Soviet Union, Washington, D. C.: GPO, 1969, pp. 696 – 709。3 月 5 日丘吉尔演说的全文见 Arthur M. Schlesinger (ed.), *The Dynamics of World Power*: *A Documentary History of United States Foreign Policy*, *1945 – 1973*, Vol. 2, Eastern Europe and the Soviet Union, edited by Walter LaFeber, New York: Chelsea House Publishers, 1973, pp. 210 – 217。

② 参见奥利·史密斯《希腊共产党与内战（1945 ~ 1949）》，张民军译，《冷战国际史研究》第 3 辑，2006 年秋季号，第 44 ~ 65 页；*Смирнова Н. Д.* Греция в политике США и СССР, 1945 – 1947гг., новые архивные документы// Новая и новейшая история, 1997, №5, с. 21 – 34。

③ 关于此期苏联对东欧政策的档案文献及研究成果，参见 *Волокитина Т. В.*, *Мурашко Г. П.*, *Носкова А. Ф.* Народная демократия: Миф или реальность? Общественно – политические процессы в Восточной Европе в 1944 – 1948гг., Москва: Наука, 1993; *Волокитина Т. В.* Восточная Европа в документах российских архивов, 1944 – 1953гг., Том. 1, 1944 – 1948гг., Москва: Сибирский хронограф, 1997; *Волокитина Т. В.*, *Мурашко Г. П.* (*отв. ред.*) Советский фактор в восточной европе 1944 – 1953, Т. 1, 1944 – 1948, документы, Москва: РОССПЭН, 1999。

斯大林的不安全感特别体现在那些雅尔塔体系内未能满足苏联利益诉求的地区，这主要是指伊朗和土耳其。为了取得伊朗北部的石油资源，保障苏联南部的安全，苏联拒不履行战后撤军的协定，并以建立库尔德人民党、发起地区自治运动相威胁，从而引发了"伊朗危机"。[①] 为了控制土耳其海峡，苏联在多次提出修改蒙特勒公约未果的情况下，突然宣布废除苏土中立条约，并以调整边界、索要领土相威胁，从而引发了"土耳其危机"。[②] 其实苏联并未认真做好采取强硬措施的军事准备，而只是希望通过恐吓和压力达到自己的目的，而且在莫斯科看来，在伊朗和土耳其发生的事情，并没有直接触犯美国的利益。但这些行为明显地溢出了雅尔塔体系，必然会引起西方的恐惧和强烈反对。结果苏联自取其辱，在杜鲁门发出"最后通牒"和美国海军舰队驶向地中海的时候，斯大林不得不分别"收回成命"。然而，斯大林在处理与西方接壤的周边问题时贪婪和过于强硬的态度，无疑大大刺激了本来就对苏联感到不安和不满的邻居。

无论出于何种原因，欧洲发生的这一系列事件和危机，激发了美国充当"自由世界"领袖和保护者的救世主心态，助长了西方反苏、反共的强硬派势力，导致"杜鲁门宣言"和"马歇尔计划"出台，[③] 斯大林的"联合政府"政策也随之彻底破产。[④] 面对美国的强硬立场和"进攻"态势，苏联被

---

① 关于伊朗危机的新材料和新研究，参见 Jamil Hasanli，"New Evidence on the Iran Crisis 1945 – 1946：From the Baku Archives"，*CWIHP Bulletin*，Issues 12/13，Fall/Winter 2001，pp. 309 – 314；*Кузнецов Д. В.* Иракский кризис：Очерк событий. Документы и материалы，Учебное пособие，Благовещенск：Издательство БГПУ，2006；*Гасанлы Дж. П.* СССР – Иран：Азербайджанский кризис и начало холодной войны（1941 – 1946 гг.），Москва：Герои Отечества，2006；Geoffrey Roberts，"Moscow's Cold War on the Periphery：Soviet Policy in Greece，Iran，and Turkey，1943 – 8"，*Journal of Contemporary History*，Vol. 46，No. 1，2011，pp. 58 – 81。

② 关于土耳其危机的新材料和新研究，参见 *Кочкин Н. В.* СССР，Англия，США и "Турецкий кризис"，1945 – 1947гг. // Новая и новейшая история，2002，№3，с. 58 – 77；*Гасанлы Дж. П.* СССР – Турция. От нейтралитета к холодной войне，1939 – 1953，Москва：Центр Пропаганды，2008；Geoffrey Roberts，"Moscow's Cold War on the Periphery：Soviet Policy in Greece，Iran，and Turkey，1943 – 8"，*Journal of Contemporary History*，Vol. 46，No. 1，2011，pp. 58 – 81。

③ 1947 年 3 月 12 日杜鲁门在美国国会的讲演和 6 月 5 日马歇尔在哈佛大学的演说全文，见 Arthur M. Schlesinger（ed.），*The Dynamics of World Power*，Vol. 2，pp. 309 – 313、320 – 322。

④ 参见沈志华《斯大林的"联合政府"政策及其结局》（上、下），《俄罗斯研究》2007 年第 5 ~ 6 期。

迫迎战，于 1947 年 10 月组建欧洲共产党情报局，并提出将世界划分为"两个阵营"的理论，尚未定型的战后统一国际体系终于破裂。[①] 尽管斯大林一直回避与美国的直接冲突，但其出于传统思维方式的言行和政策还是刺激了美国等西方国家，引起强烈反弹，结果事与愿违，反而形成了对苏联更不安全的环境。

于是，"大国合作"最终为"集团对抗"所替代，冷战局面迅速出现在欧洲，并很快扩展到亚洲。

三 亚洲冷战起源："中间地带"革命引起全面对抗

从历史上看，大国争斗的核心地区一直在欧洲。二战结束后，苏联和美国等西方大国的核心利益也都体现在欧洲，而远东地区及整个亚洲并非它们关注的焦点。然而，恰恰是在这个非核心的"中间地带"——中国和朝鲜半岛发生的政治变动，最终引发美国与苏联的激烈对抗，并导致冷战全面开启。

面对美国等西方国家在欧洲形成的咄咄逼人的强大压力，斯大林实际上采取的是"内线进攻、外线防御"的策略。欧洲共产党情报局的首要和主要功能，不是企图发动对美国等西方国家的"进攻"，而是要稳定自己的阵脚，进行内部整肃。[②] 苏联在处理与西方国家尤其是与美国的关系时，一向小心谨慎，不愿惹是生非，为此斯大林不仅拒绝希腊和阿尔巴尼亚共产党加入情报局——因为他们正在与西方发生摩擦，而且将南斯拉夫共产党开除出情报局——因为铁托在巴尔干联邦和援助希腊问题上擅自采取过激行为。[③] 即使在关涉苏联核心利益的德国问题上，斯大林也是浅尝辄止，在美国针锋相对的强硬态度面前，封锁柏林的危机以苏联的无条件让步而告终。斯大林的本意并非要向美国等西方国家发动攻势，后来甚至提出让德国实现统一并

① 相关的文献和研究，见 *Адибеков Г. М. и т. д.* Совещания Коминформа，1947/1948/1949，Документы и материалы，Москва：РОССПЭН，1998。
② 沈志华：《共产党情报局的建立及其目标——兼论冷战形成的概念界定》，《中国社会科学》2002 年第 3 期。
③ 相关的文献和研究，参见沈志华《斯大林与铁托——苏南冲突的起因及其结果》，广西师范大学出版社，2002。

中立化的建议（1952 年 3 月），但结果是美国进一步加快了重返欧洲的步伐，北约成为在美国控制下遏制苏联的军事集团，冷战呈现不可逆转的趋势。① 问题就出在苏联为对抗美国而采取的两项实际举措：一是为巩固社会主义阵营而在其势力范围内强力推行以苏联体制为标准的社会主义模式；一是为加强苏联集团的实力而激活"世界革命"机制，将落后国家的民族解放斗争纳入国际共产主义运动的范畴。② 尽管这两项政策的出发点都只是为保障苏联安全而采取的防御措施，但其结果意想不到地进一步激化了矛盾，加深了危机。前者（构建社会主义阵营）虽不是领土扩张，却是实实在在的"意识形态扩张"，因而在欧洲引起西方的激烈反应，1948 年捷克斯洛伐克发生的"二月政变"就是突出的例子；③ 后者（激活"世界革命"机制）虽无意让苏联卷入世界各地发生的民族解放运动，却不可避免地激发了亚洲的"中间地带"革命，苏联则自觉不自觉地为其承担起道义责任和充当实际的"后盾"。如果说美苏在欧洲的冲突还是一种维持雅尔塔体系的反应，那么在亚洲发生的政治变动则完全突破了雅尔塔体系。美苏由此走向全面对抗。

作为苏联建构远东势力范围的起点，苏军出兵占领中国东北和朝鲜半岛北部本来是为了兑现"雅尔塔协定"，获取雅尔塔体系所授予权益的"合

---

① 关于此期苏联对德政策的新文献和新研究，参见 *Кынин Г. П.*，*Лауфер Й.* СССР и германский вопрос，1941 – 1949：Документы из Архива внешней политики Российской Федерации，Том. 4：18 июня 1948 г. – 5 ноября 1949 г.，2012；*Филитов А. М.* СССР и германский вопрос，1941 –1949，Документы из архива внешней политики МИД России// Новая и новейшая история，2000，№4，с. 136 – 143；Hans – Peter Schwarz，"The division of Germany，1945 –1949"，in Melvyn P. Leffler and Odd Arne Westad（eds.），*The Cambridge History of the Cold War*，*Volume I*，*Origins*，New York：Cambridge University Press，2010，pp. 133 – 153。

② 参见 *Гибианский Л. Я.*（*Отв. ред.*）У истоков "социалистического содружества"：СССР и восточноевропейские страны в 1944 – 1949 гг.，Москва：Наука，1995；*Волокитина Т. В.*，*Мурашко Г. П.*，*Носкова А. Ф.*，*Покивайлова Т. А.* Москва и Восточная Европа，Становление политических режимов советского типа（1949 – 1953）：Очерки истории，Москва：РОССПЭН，2002。

③ 参见 *Мурашко Г. П.* Февральский кризис 1948г. в Чехословакии и советское руководство，По новым материалам российских архивов// Новая и новейшая история，1998，№3，с. 50 – 63；*Марьина В. В.* Чехословацкий "февраль" 1948 г，Современное видение проблемы// вопросы истории，1998，№10，с. 150 – 155；*Орлик И. И.* Февральский кризис 1948 года в Чехословакии//Свободная мысль，2008，№1，с. 115 – 122。

法"行动。但是，在战后亚洲各国纷纷开展争取民族解放、独立和统一斗争的形势下，苏联的两个政策转向——输出苏联的体制和模式，重提"世界革命"方针，则在很大程度上改写了远东地区的政治版图。中国的"解放战争"和朝鲜的"祖国解放战争"都不是苏联有意挑起的针对美国的军事冲突，不过在逻辑上，这些"中间地带"的革命都是世界革命的组成部分，都应该纳入国际共产主义运动的范畴。因此，在苏联将朝鲜按照斯大林模式打造成苏联的卫星国，接纳中共建立的新政权加入社会主义阵营的情况下，那里发生的一切显然都已经"溢出"雅尔塔体系，对西方世界形成了实际挑战。

中国革命的胜利完全出乎斯大林的意料，如果说国共内战初期苏联对于中共占领东北——这是苏联的势力范围——采取了全面支持和帮助的政策，那么当战事进展到长城以南地区时，斯大林则担心引起美国的干预而明显感到左右为难。只是在美国坐视中共打败国民党、取得全国政权后，苏联才下决心摘取这个意外而有益的果实，并决定与中共建立起同盟关系。尽管新中国是主动加入社会主义阵营和移植苏联模式的，但本来可以视为"中间地带"的中国——甚至在毛泽东访苏时美国还对此寄予希望——向苏联"一边倒"的结果深深刺激了美国，西方阵营无论如何不能忍受社会主义将欧亚大陆连成一片的结局。在 1950 年 2 月《中苏友好同盟条约》签订后，美国国家安全委员会第 68 号文也应运而生，最终定稿。① 实际上，全面遏制苏联和社会主义阵营的战略这时就已经确定并启动。

朝鲜半岛在战后原本是一个被世界"遗忘"的角落，1945 年底莫斯科会议通过的对朝鲜实行四国托管的方案，就表明美苏都无意在这里争权夺利。虽然美苏在欧洲的对抗导致朝鲜半岛分裂，但苏美先后将军队撤离半岛，并压制各自的代理人采取任何军事行动，双方都希望这里成为大国脱离接触的"中间地带"。朝鲜战争爆发的根本原因，从外部看，在于此时美苏已经形成对抗关系；从内部看，则在于中苏之间的利益碰撞，在于斯大林要维护苏联在远东的战略利益，即保持其在太平洋的出海口和不冻港。对于苏联，这是雅尔塔协定的应有之义；而对于美国，这种行为已经超越了大国关

---

① 参见沈志华《无奈的选择——冷战与中苏同盟的命运（1945～1959）》第一、第二、第三章，社会科学文献出版社，2013。

系的国际政治范畴。① 如果美苏没有处于对抗的状态，如果朝鲜不是苏联的卫星国，如果中国没有与苏联结成同盟，那么朝鲜发生的战争不过是一场"非核心"地区的内部冲突，美国根本没有进行军事干预的理由和动机。现在的情况就完全不同了。无论斯大林为金日成开绿灯是出于何种目的，在美国看来，朝鲜采取的军事行动无疑显示的是"世界革命"的逻辑。② 退一步讲，即使斯大林不同意金日成的计划而按照原来的设想支持中共解放台湾，同样会遭遇美国的军事干预。也正是因为两大阵营已经形成对垒和"中间地带"已经消失的国际背景，原本是"内战"的朝鲜战争才会被解读为是社会主义阵营向资本主义阵营全面进攻的起点，美国才会迅速将日本从战败国转变为同盟国，改变对台湾地位的认定，并在亚洲签署一系列同盟条约，构建起反华、反共的包围圈。于是，冷战全面爆发。

四　从历史到现实：关于所谓"新冷战"的思考

历史是一面镜子。目前的中国是否会像当年的苏联一样再次掉入"修昔底德陷阱"？要回答这个问题，仔细研究当年苏联是如何设计和确定其安全战略和发展战略的，苏联是如何在美国的逼迫和压力下掉入这个陷阱的，对于今天中国面对和处理当前的局势，无疑是大有裨益的。

冷战的发生，固然与当时美苏两国领导人的具体政策行为有关，但从根本上说，是人类社会现代化进程中世界范围内制度性分裂的结果。在二战中曾经联合为一个阵营的反法西斯盟国，战后却因国家制度和意识形态的对立分裂为"两个世界"，美国和苏联成为各自"世界"的中心，这也就是冷战格局的"二元－两极"结构。雅尔塔体系是两个异质制度的大国在战争条件下结盟的产物，而意识形态的对立及美苏对各自"势力范围"的控制使原来被遮蔽的制度异质性在苏联战后重建过程中显化了，被划入势力范围以及处在"中间地带"各国的本土性革命因素则与大国政治交织

---

① 参见沈志华《毛泽东、斯大林与朝鲜战争》（增订第三版）第三章，广东人民出版社，2013。

② 余伟民：《国际斗争与本土革命：冷战逻辑的解读——从〈冷战与革命〉看冷战史研究范式的创新》，《华东师范大学学报》2005 年第 2 期。

在一起，最终将战后世界一分为二，形成了"两个世界"对抗的格局——冷战的根源和本质即在于此。历史表明，作为一个"革命国家"，苏联的制度模式和意识形态与西方世界格格不入，这种异质性和对抗性既是"世界革命"的依据，也是西方国家对苏联产生疑虑和敌意并使双方关系趋向冲突的内在动因。正是后者，使雅尔塔体系难以持久稳定地维持下去，即使双方主观上不想这么做，客观形势的发展也会驱动双方从合作走向对抗。

面对后冷战时代大国关系的变动——正在崛起的中国在客观上形成了对冷战"胜利者"美国的挑战，人们都在谈论是否会出现"新冷战"的局面。就当前中美经济摩擦和"贸易战"而言，首先必须看到，这种矛盾是两国经济合作和相互依存关系发展到一定阶段的产物，而破坏这种相互依存关系要付出高昂的代价。解决的办法就是谈判，因为经济利益是可以分割的，可以让渡的。一句话，凡是人民币可以解决的问题，都是"人民内部矛盾"——在此意义上讲，中美"贸易战"与冷战时期美国与日本和欧洲的经济摩擦没有本质区别。至于意识形态和国家制度问题，实际上，目前的中国与当年苏联所处的内部条件和外部条件已有根本区别：苏联当时尚未进入统一的国际体系，在意识形态和国家制度上与美国实质上仍是异质性和替代性的关系，而中国目前在科技、经济、环境等方面已经基本融入了国际体系，尽管意识形态和国家制度方面与美国存在差异，但并非完全对立的异质性和替代性矛盾。因此，中美之间在客观上并不存在重演美苏冷战类型的"新冷战"的条件。问题的核心在于如何站在当代人类社会发展的新高度，认知社会主义与资本主义这两种意识形态和制度模式在现代化进程中的发展趋势。

自人类走入近代社会以来，的确发生了社会主义挑战资本主义乃至两种体制势不两立的现象。但如果从历史的、长远的观点看，任何一种体制都不是生来就完美无缺的，都是在不断进行自我调整和完善的过程中发展的。事实上，在世界已经连为一体的环境下，在人类追求现代化的进程中，资本主义与社会主义的相互影响和借鉴是一种常态。所谓"异质性"也不是绝对的。而苏联解体和斯大林模式的终结，最根本的原因就在于这种体制长期以来凝固僵化、不思变革，以至"病入膏肓"，难以"起死回生"。而中国特色社会主义正是在摒弃僵化的苏联模式后形成的社会主义现代化道路。①

　　作为现代社会体制，社会主义与资本主义以不同的方式和侧重点解决人类社会发展的基本问题，并在现代化进程中相互影响。这正是构建人类命运共同体的现实基础。近代社会发展的这种现象表明，人类在文明进化中已经逐步形成了某些共同的价值观。没有这些共同的价值观，"人类命运共同体"就没有存在的基础。这里的区别只是由于历史形成的地理环境、文化传统、生活方式的差异，各个国家和地区实现现代化、走向人类命运共同体的路径不同罢了。在任何时代、任何地区，矛盾和分歧都是不可避免的，但走向分裂和对抗不是理智的选择，"冷战"也不是必然的结局。斯大林的失误就在于没有抓住战后出现的体制改革和构建新型大国关系的历史机遇，遇到压力和挫折便走上了回头路，使正在形成的国际统一体系再次分为两个世界。

　　今天的中国与战后的苏联具有一些共同点：正在崛起的大国，共产党执政，对现存世界"霸主"有所挑战，等等。正因为如此，苏联的历史教训才特别值得中国记取。但是，毕竟时代不同了，中苏之间的不同点也是十分明显的。就内部条件而言，中国正在经历体制改革；就外部条件而言，中国已经开始全面进入国际体系，与世界融为一体。无论遇到怎样的压力和困难，只要头脑冷静，处置得当，中国完全可以避免重蹈苏联的覆辙。

　　自《共产党宣言》发表一百七十年以来，包括美国在内的西方世界，其意识形态和国家制度已经发生了重大变化。与此相同，社会主义的理念也在今天中国特色社会主义的理论与实践中体现出新的含义。中国提出的社会主义核心价值观中的民主、和谐、自由、平等、公正等，哪一个不是人类共同追求的目标？在构建人类命运共同体的过程中，美国没有理由在世界各国推行其社会制度，中国也从不要求别国接受"中国模式"。因此，就国内条件和国际环境而言，在现阶段的中国与美国之间，更具备建立新型大国关系的条件和基础，也完全有可能避免落入"修昔底德陷阱"，避免陷入新的

---

　　① 详细论述见余伟民《制度张力与政治博弈——苏联解体原因探析》，《冷战国际史研究》第13辑，2012年夏季号，第1~6页；沈志华《"十月革命"与中国的发展道路——写在俄国革命一百周年之际》，《探索与争鸣》2017年第12期。

"冷战"。

当然，具体的历史进程取决于人们行动中各种"意志"的"合力"，其中包括各种力量的冲突和博弈。中美之间是否会走向"新冷战"，从美苏冷战的历史经验看，首先取决于中美两国国内政治的演进是否会加剧制度的异质性和意识形态的两极化；其次取决于两国决策层和社会主流意识对彼此行为的认知和应对性战略抉择。如果双方对对方均存在"误判"，并在战略上将对方设定为"敌人"，那么，一系列原本并非对抗性的行为也会转化为对抗，以致最终"事与愿违"，像当年的美苏关系那样落入"修昔底德陷阱"。在这个意义上，记取冷战起源的历史经验具有很重要的现实意义。

在当今的世界，人类的前途在于各种不同制度和不同文明的国家和平共处，共建"地球村"，这是历史留给人们的最重要的启示。

（原文刊登于《俄罗斯研究》2019 年第 1 期）

十月革命后苏维埃俄国国家体制的建构

余伟民[*]

俄国布尔什维克党在 1917 年取得十月革命的胜利、建立苏维埃政权后，开始了具有制度创新意义的社会主义实践进程。这种探索性实践，首先表现在政权建设领域，同时也表现在国家体制的建构上。布尔什维克政权虽然开创了一种新型的革命国家形态，但在国家版图上则是继承了革命前的俄罗斯帝国。因此，苏维埃俄国国家体制的建构过程，实际上是对革命中解体的沙俄帝国进行重组。其间，国际主义的"世界革命"目标与国家主义的"帝国治理"目标形成张力，并在两种目标的冲突和调适中完成了形式上的苏维埃国家联盟、实质上的大一统中央集权国家的体制建构，塑造了一种特殊的联邦制国家形态。

一 革命中解体的帝国

以沙皇专制制度为内在政治结构的俄罗斯帝国源起于 13 世纪形成的莫斯科公国。16 世纪中叶，俄罗斯统一国家和沙皇制度确立时，其领土面积约为 280 万平方公里（北起白海，南至奥卡河，西抵第聂伯河上游，东达乌拉尔山支脉），此后经由几个世纪的周边殖民征服，逐步扩张成为一个地跨欧亚两洲的殖民大帝国。到 20 世纪初，俄罗斯帝国的面积已达 2280 万平

---

* 余伟民，华东师范大学历史学系教授，曾任中国苏联东欧史研究会副会长、上海市世界史学会副会长。

方公里（北起北冰洋海域，南至土库曼与阿富汗交界处，西抵德国边界，东达白令海峡）。在这个过程中，开拓型殖民与侵略性殖民交织在一起，民族国家与殖民地的界线混淆不清，由此造成了俄罗斯帝国版图内特别复杂的民族问题和民族矛盾，也构成了沙俄帝国体制上的双重特性，即专制王朝与殖民帝国的两位一体。为了控制由本土直接延伸的周边殖民地，需要高度的中央集权，而这种国家体制上的需要又强化了专制主义的政治体制，使俄罗斯在现代化进程中迟迟难以克服日趋腐朽的政治障碍，近代以来的历次改革均以失败告终，最后，由经济力量推动的社会转型不得不借助于战争和革命的暴力来解决问题。另外，因沙皇专制统治的崩溃而引起的中央权力的失落也不可避免地导致了帝国的解体和原来处于殖民地地位的各非俄民族地区的自决、分离乃至独立。这种政治体制和国家体制的联动效应在第一次世界大战及其引发的1917年俄国革命中表现得十分明显。

俄罗斯帝国的解体首先由一战中俄国的军事失利而触发。当时，俄国西部大片土地沦于德军之手。在这些地区，波兰、芬兰、立陶宛、拉脱维亚和爱沙尼亚等非俄民族最早利用这一形势，开始酝酿建立或恢复独立的民族国家。随即，这股民族自决浪潮迅速蔓延到乌克兰、白俄罗斯、外高加索和中亚，各非俄民族地区纷纷建立本民族的自治机构。当时密切关注这一动向的斯大林曾这样概括风起云涌的民族自决浪潮："俄国各边疆地区转瞬间布满了'全民族'机关。……拉脱维亚、爱沙尼亚边疆区、立陶宛、格鲁吉亚、亚美尼亚、阿塞拜疆、北高加索、吉尔吉斯和伏尔加河中游地区的'民族委员会'；乌克兰和白俄罗斯的'拉达'；比萨拉比亚的'斯法图尔－采利'；克里木和巴什基尔的'库鲁尔泰'；土耳其斯坦的'自治政府'，——这些就是各民族的资产阶级把各种力量聚集在它们周围的'全民族'机构。"[1] 显然，上述民族机构的建立是走向民族独立的第一步。

1917年3月（俄历2月）和11月（俄历10月），俄国先后爆发了二月革命和十月革命，前者推翻了罗曼诺夫王朝，终结了沙皇专制制度；后者结束了临时政府的过渡，将政权转入列宁领导的布尔什维克党之手。两次革命实现了俄国政治体制的改造；在革命的风暴中，俄罗斯帝国也随着王冠落地而分崩离析。

---

① 《斯大林全集》第 4 卷，人民出版社，1956，第 140～141 页。

俄罗斯帝国的解体过程从二月革命开始，其高潮则在十月革命以后。最早脱离帝国版图的是原隶属于沙俄的波兰王国和芬兰大公国，波兰的独立在俄国临时政府时期已经实现，1917年底，苏维埃政府亦承认其独立地位；与此同时，苏俄还承认了芬兰的独立。

波罗的海沿岸的爱沙尼亚、拉脱维亚和立陶宛曾被德国军队占领，1918年4月，占领当局将它们合并组成"波罗的海公国"。1918年11月德国战败后，"公国"分立为三个独立的共和国。不久，这三个国家都建立了苏维埃政权，宣布自己为苏维埃共和国。1918年12月25日，苏俄承认波罗的海三国独立。1919年，三国的苏维埃政权先后被推翻，恢复了原来性质的共和国政府。尽管如此，苏俄仍于1920年分别与三国签订和平条约，再次承认它们的独立地位。

外高加索地区在1917年11月也开始了走向独立的进程。该地区的民族主义势力为了对抗布尔什维克革命的影响，曾组成统一战线，宣布成立"外高加索人民委员会（行政委员会）"和"外高加索议会"，并于1918年4月宣布成立"外高加索民主联邦共和国"，接着分别于5～6月成立了孟什维克领导的格鲁吉亚民主共和国、穆沙瓦特（平等党）领导的阿塞拜疆共和国和达什纳克（联盟党）领导的亚美尼亚共和国。1920年4月至1921年2月，随着苏俄在国内战争中的胜利，外高加索地区逐渐处于苏俄的影响和控制下，阿塞拜疆、亚美尼亚和格鲁吉亚先后建立了苏维埃政权，它们作为苏维埃共和国的地位得到苏俄的承认（1920年5月，苏俄已承认格鲁吉亚民主共和国的独立）。

中亚地区从俄罗斯分离的主要是原布哈拉埃米尔国和希瓦（花剌子模）汗国，1917年12月，苏俄政府宣布解除沙俄强加于上述两国的义务，允许它们独立。1920年2月和9月，花剌子模和布哈拉在苏俄红军干预下先后发生武装起义，推翻原统治者，成立苏维埃人民共和国，但仍保持独立地位。至于中亚的其他地区，在1918年4月和1920年8月，先后组成土耳其斯坦自治共和国和吉尔吉斯自治共和国，加入俄罗斯联邦。①

作为原俄罗斯帝国主体部分之一的乌克兰，在1917年二月革命后即迈

---

① 中亚地区的独立共和国和自治共和国在20～30年代经过几次重组，最后形成哈萨克、乌兹别克、吉尔吉斯、塔吉克和土库曼五国，并成为苏联的加盟国。

出了独立的步伐，当时成立的政权机构——"拉达"曾宣布自己为"乌克兰人民共和国"的最高权力机关。1917 年 12 月 16 日，苏俄政府发表声明，承认乌克兰有独立权利；随即，12 月 25 日，在哈尔科夫成立了乌克兰苏维埃共和国，并得到苏俄的支持。1918 年 4 月，乌克兰被德国军队占领。11 月德国战败后，苏维埃共和国和"人民共和国"分别宣布恢复。1919 年 6 月，波兰军队进入西乌克兰地区；同年 12 月，苏俄红军占领基辅，"拉达"政权被推翻。1920 年俄波战争后，乌克兰被分割为二的格局基本确定。根据 1921 年 3 月签订的《里加条约》，西乌克兰正式划归波兰，东乌克兰则维持苏维埃共和国的独立形式。

另一个斯拉夫民族区域白俄罗斯在 1918 年也曾遭德军占领，德军退出后红军进入，并于 1919 年 1 月 1 日宣布成立白俄罗斯苏维埃社会主义共和国。2 月 4 日，苏俄承认其独立。1921 年《里加条约》把白俄罗斯西部地区也划归波兰。

此外，历史上原属罗马尼亚民族的比萨拉比亚于 1918 年 1 月被罗马尼亚军队占领，4 月 9 日宣布与罗马尼亚合并，但此举未得到苏俄承认，成为俄罗间的领土争端。①

总之，十月革命前后的一段时期，俄国沿着帝国解体的轨道滑行，大部分被沙俄强行兼并的、原来有独立国家基础的非俄民族地区通过各种形式获得了独立。苏维埃俄国所继承的沙俄帝国遗产是一个版图已大大缩小了的俄罗斯。

布尔什维克党和苏俄政府之所以接受帝国版图破碎的现实，一方面是形势所迫，在国力空虚、外敌入侵、国内战争等一系列因素的制约下，苏俄政府不仅无力阻止帝国解体的客观趋势，甚至被迫签订割让国土的《布列斯

---

① 比萨拉比亚地区位于德涅斯特河与普鲁特河之间，历史上曾是罗马尼亚民族共同体的一部分，属于摩尔多瓦公国。16 世纪受奥斯曼帝国控制。1812 年奥斯曼帝国在俄土战争中战败，将比萨拉比亚割让给俄国。1917 年俄罗斯帝国瓦解后，比萨拉比亚地区成立民族自治政权，并求助于罗马尼亚，年底罗马尼亚军队进入该地区，用武力促成其回归。1920 年罗马尼亚与英、法、意、日四国在巴黎签订关于比萨拉比亚地位的条约，四国承认罗马尼亚对该地区的主权，但苏俄不承认。1924 年苏联在德涅斯特河东岸的乌克兰领土上成立"摩尔达维亚自治共和国"，为以后夺回比萨拉比亚埋下伏笔。关于比萨拉比亚问题的由来及其演变过程，参见余伟民《从比萨拉比亚问题到摩尔多瓦独立》，《华东师范大学学报》1994 年第 3 期。

特和约》以求生存；另一方面，列宁和布尔什维克党在夺取政权过程中把"民族自决权"作为鼓动非俄民族地区革命浪潮的策略工具，从而使帝国解体成为布尔什维克革命的直接后果之一。

民族问题是列宁制定革命策略的重要着眼点。1903 年举行的俄国社会民主工党第二次代表大会通过的党纲将"民族自决权"列为第九条。在此后的十余年间，列宁一直坚持这一"俄国马克思主义者的纲领"。针对党内外的不同意见，列宁曾撰文论证在党的纲领中写入"民族自决权"的必要性。列宁认为，在一般意义上，争取民族自决权的斗争属于"资产阶级民主民族运动"，但在尚未完成资产阶级民主革命的俄国及其他"东方"国家，无产阶级政党的革命纲领中就应当包含支持"民族自决权"的内容。就俄国而言，这就是支持俄罗斯帝国境内的"异族人"反对"压迫民族"的专制统治，"如果我们不提出和不宣传分离权的口号，那就不仅是帮助了压迫民族的资产阶级，而且是帮助了压迫民族的封建主和专制制度"。而作为压迫民族的"大俄罗斯人的民族主义……目前恰恰是最可怕的东西，恰恰是资产阶级成分少而封建成分多的东西，恰恰是民主运动和无产阶级斗争的主要障碍"。因此，在俄国革命进程中，布尔什维克党首先要用"民族自决权"支持各被压迫民族反对"大俄罗斯民族的压迫者"，即推翻沙俄帝国的专制统治，然后才能实现各民族平等的无产阶级政权的"阶级目标"，"这是民族问题上唯一实际的、真正有助于民主、自由和无产阶级联合的原则政策"。他还进一步指出，民族自决与无产阶级的统一是俄国革命的双重任务，"一方面要反对一切民族主义，首先是反对大俄罗斯民族主义；不仅要一般地承认各民族完全平等，即承认民族自决权，民族分离权；另一方面，正是为了同一切民族中的各种民族主义胜利地进行斗争，必须坚持无产阶级斗争和无产阶级组织的统一，使它们不顾资产阶级的民族隔绝的倾向而极紧密地融合为一个国际整体"。①

在发动和领导十月革命的过程中，布尔什维克党提出的"民族自决权"口号被付诸实践，也取得了预想的效果。革命胜利后发表的《俄国各族人民权利宣言》，明确赋予各少数民族自决乃至分离并建立独立国家的权利。这种政策取向不仅具有宣传的功能，而且也与当时以世界革命的逻辑发动俄

---

① 《列宁选集》第 2 卷，人民出版社，1972，第 507 ~ 567 页。

国革命的指导思想吻合。按照这一逻辑，既然俄国革命是世界革命的引爆器，那么在俄国革命中打碎俄国的帝国结构就是革命的要求和必然，因为旧俄国的解体乃走向各民族平等联合的世界社会主义共和国的过渡步骤。如果说在发动革命的阶段，列宁和布尔什维克党以现实主义的理念充分发挥了"民族自决权"团结少数民族粉碎帝国统治的功能；那么，在十月革命胜利之初，列宁和布尔什维克党对民族和国家问题的认识在相当程度上表现出世界革命意义上的国际主义色彩。

正是由于将沙俄帝国的解体看作走向更高层次的各民族无产阶级联合的过渡，苏维埃政权对原帝国境内一些民族的分离和国家独立的承认是有一条"阶级底线"的。如列宁所说，"不论有多少独立共和国，我们都不怕。在我们看来，重要的不在于国界划在哪里，而在于保持各民族劳动者的联盟，以便同任何民族的资产阶级作斗争。"①

果然，不久随着国内战争形势的变化，苏俄领导人在民族自决和国家版图问题上的做法就发生了改变，他们开始在帝国的废墟上按照苏维埃政权的"阶级目标"重整河山。

二　苏维埃国家联盟的筹建：围绕 "自治化" 方案的争论

20 世纪 20 年代初，世界革命浪潮的低落和国内战争中红军向非俄罗斯民族地区的推进，从必要和可能两个向度促使苏俄领导层重新考虑俄罗斯与其他民族地区的关系，并把重建统一的多民族欧亚大国的计划提上了议事日程。1921 年 3 月俄共（布）十大通过决议，要求在原帝俄版图上建立苏维埃国家联盟，由此开始了筹建"苏联"的过程。

恢复原俄国版图的努力从国内战争中期开始，首先是建立各苏维埃共和国的军事和战时经济联盟。1919 年 5 月，俄共（布）中央发布关于军事统一的指示，要求俄联邦同时已建立苏维埃政权的乌克兰、白俄罗斯等国结成军事联盟，统一军队的指挥，集中管理人力和物质资源。根据这一指示精神，6 月 1 日，有乌克兰、白俄罗斯等国代表参加的全俄中央执委会发布关

---

① 《列宁全集》第 33 卷，人民出版社，1992，第 112 页。

于各苏维埃共和国联合对世界帝国主义进行斗争的指令，规定：统一军队组织和军事指挥；统一国民经济委员会；统一铁路管理和经营；统一财政；统一各国的人民委员部。此后，苏俄又通过双边同盟条约进一步固定与其他苏维埃共和国的关系。到国内战争结束时，以双边条约形式与俄罗斯联邦结盟的国家有：乌克兰、白俄罗斯、阿塞拜疆、亚美尼亚、格鲁吉亚、布哈拉、花剌子模和远东。① 这些国家形式上保持独立的法律地位，但在党、军队的关系上，已经实现了统一。各国共产党均隶属于俄共（布）中央，苏俄通过党组织系统和联合人民委员部对各国实施领导，红军也实行统一指挥。所以，国内战争中，苏俄在军事联盟的基础上已经部分地恢复了对旧俄国版图内少数民族地区的实际控制（除已完全独立的波兰、芬兰、波罗的海三国和划入波兰领土的西乌克兰、西白俄罗斯以及回归罗马尼亚的比萨拉比亚）。

下一步，就是筹划将实际控制下的各苏维埃共和国纳入统一的联邦国家，从法律上实现重建多民族欧亚大国的目标。

1921 年 3 月召开的俄共（布）十大在苏俄历史上具有多方面的转折意义，无论是从"战时共产主义"转向"新经济政策"，还是通过镇压喀琅施塔得兵变全面恢复国家的政治功能和确立政权本位的统治秩序，都表现出理想主义让位于现实主义的政策选择取向。苏俄国家政权的重新定位必然反映在对国家版图和体制结构的诉求上。如果说内战期间的军事联盟带有权宜之策的痕迹，那么，在俄共（布）十大上，恢复原俄罗斯帝国版图、建立大联邦国家已被明确为党的既定方针和近期目标。会议通过的《关于党在民族问题方面的当前任务》的决议指出，各苏维埃共和国国防的共同利益、恢复被战争破坏的生产力和各国间粮食的调剂都要求建立国家联盟，这是各苏维埃国家得以生存的必要条件。决议还指出，国家联盟的一般形式是苏维埃共和国联邦。

作为建立大联邦国家的一个过渡步骤，俄共（布）决定先在外高加索地区建立联邦国家。为了推进这一部署，成立了俄共（布）中央高加索局。1921 年 11 月，俄共（布）中央高加索局通过决议，要求阿塞拜疆、亚美尼亚和格鲁吉亚组成"外高加索联邦"，并首先从三个国家的经济统一开始。这一决定，受到民族独立意识强烈的格鲁吉亚共产党中央委员会的抵制，格

---

① 远东共和国成立于 1920 年 4 月，作为苏俄与日本之间的缓冲国，1922 年 11 月撤销。

鲁吉亚革命军事委员会和苏维埃代表大会通过决议，坚持民族独立不可侵犯。当时任高加索局领导人的奥尔忠尼启则根据列宁的原则要求和当时负责民族事务的斯大林的具体指示，运用党的纪律和组织力量压服了格鲁吉亚领导人（据列宁秘书福季耶娃回忆，奥尔忠尼启则等人曾宣称，要用"烙铁"把格鲁吉亚党中央委员的民族主义倾向"烫平"①）。1922 年 2 月，上述三国共产党召开统一代表大会，成立俄共（布）外高加索边疆区委员会，并通过建立联邦的决议。3 月 12 日，三国政府代表签署了联邦条约，"外高加索联邦"就此成立。这是走向大联邦国家的第一步。但格鲁吉亚问题并没有完全解决，在筹建大联邦国家的过程中，列宁和斯大林曾为此产生分歧并酿成冲突。

　　1922 年 8 月 10 日，俄共（布）中央政治局建议中央组织局成立一个专门委员会，为预定 10 月召开的中央全会讨论建立联邦问题起草方案，苏维埃联邦国家的筹建正式启动。8 月 11 日，中央组织局成立了以斯大林为首的专门委员会，委员会成员有莫洛托夫、奥尔忠尼启则、拉柯夫斯基、索柯里尼柯夫，还有各民族共和国的代表：阿加马利－奥格雷（阿塞拜疆）、米亚斯尼科夫（亚美尼亚）、姆季瓦尼（格鲁吉亚）、彼得罗夫斯基（乌克兰）、切尔维亚科夫（白俄罗斯）等。斯大林为委员会拟订了决议草案，题为《关于俄罗斯苏维埃联邦社会主义共和国与各独立共和国的相互关系》。这一方案的基本精神是：各独立的民族共和国以自治共和国的身份加入俄罗斯联邦，用扩大俄罗斯联邦的方式建立统一的多民族联邦国家，原俄罗斯联邦的中央机构将成为扩大后的联邦的中央机构。原各独立民族共和国的外交、外贸、军事、铁道和邮电等政府部门并入俄罗斯联邦的相应部门，所保留的其他一些重要部门（如财政、粮食、劳动和国民经济、保安机构等）也要服从俄罗斯联邦相应部门的指令。② 这就是所谓"自治化"方案。该方案以秘密文件形式发给各共和国党中央讨论。讨论结果是：阿塞拜疆和亚美

---

① 福季耶娃：《回忆列宁》，俄文版第 54 页，转引自莱文《列宁的最后斗争》，叶林译，黑龙江人民出版社，1983，第 33 页。
② 该草案原文藏于苏共中央档案馆，1989 年 9 月《苏共中央通报》首次公开发表，同时发表的还有 1922 年 8 月至 10 月围绕俄罗斯联邦与各独立共和国的相互关系问题的其他文献资料，共 22 件档案。后公开的相关档案又有增加。沈志华总主编《苏联历史档案选编》第 5 卷（社会科学文献出版社，2002，第 327～417 页）以"组建苏联的最初过程"为专题收录了 34 份档案的译文。

尼亚赞成，格鲁吉亚明确反对，白俄罗斯委婉反对，乌克兰因内部意见分歧而推迟表态（两个中亚共和国和不久即撤销的远东共和国当时未列入首批进入联邦的方案）。9 月 15 日举行的格鲁吉亚共产党中央委员会会议做出决议："认为根据斯大林同志的提纲所建议的各独立共和国以自治化形式实现统一为时过早。我们认为，在经济上统一力量和统一总政策是必要的，但要保留独立的全部属性。"从会议记录可以看出，尽管奥尔忠尼启则等俄共（布）中央和高加索局的代表列席会议并施加压力，但表决时仍以绝对多数（仅 1 票反对）通过了决议。[①] 显然，格鲁吉亚领导人的"民族主义倾向"并没有因为外高加索联邦的成立而被"烙铁"烫平，他们仍然顽强地抵制俄罗斯联邦对自己的吸收式联合。其实，这种倾向是当时各独立民族共和国普遍存在的社会情绪的反映，只不过格鲁吉亚的领导人比其他共和国的领导人更直接也更大胆地表达了这种情绪。

　　斯大林的"自治化"方案受到抵制，引起了病休中的列宁的关注。[②] 9 月 22 日，列宁给斯大林发出便函，向他了解有关情况，斯大林于当天做了书面答复。在复信中斯大林指出："两者必择其一：要么真正的独立，那样的话，没有中央干预，……共同的问题通过对等的谈判，根据协议解决，而俄罗斯联邦全俄中央执行委员会、人民委员会和劳动与国防委员会的决定，各独立共和国不必执行；要么把各苏维埃共和国真正统一成一个经济整体，把俄罗斯联邦人民委员会、劳动国防委员会以及全俄中央执行委员会的权力正式扩大到各独立国家的人民委员会、中央执行委员会和经济委员会，即以各共和国在诸如语言、文化、法律、内务、农业等方面真正的内部自治来取代有名无实的独立。"他还强调了用"自治化"方式建立联邦是压制民族主义倾向的必要之举，"在四年国内战争期间，由于武装干涉，我们莫斯科不得不在民族问题上表现出自由主义，但是却意外地在共产党人中培养出一些真正彻底的社会独立主义分子，他们要求全部意义上的真正独立，把俄共中央的干预视为莫斯科的欺骗和虚伪"。尤其严重的是，"地方上年轻的一代共产党人不把独立投机看做投机，固执地把关于独立的文字当成真的，还固

---

①　沈志华总主编《苏联历史档案选编》第 5 卷，第 334 页。

②　列宁从 1921 年底患病起处于半休状态，1922 年 4 月手术后未能复原，5 月 25 日有过一次中风，此后虽有好转，但只能在病休中处理党和国家事务，从 1922 年初起，作为总书记的斯大林实际主持了党和国家的领导工作。

执地要求我们一字不差地落实独立共和国的宪法"。因此，"如果我们现在不努力使地方应当在一切基本的问题上无条件地服从中央这种中央和地方相互关系的形式，与实际的相互关系一致起来，就是说，如果我们现在不用形式上的（同时也是实际的）自治取代形式上的（名义上的）独立，那么，一年之后，维护各苏维埃共和国的实际统一将无比困难"。[①] 列宁接此信后没有立即表态。9 月 23 日至 24 日，中央组织局专门委员会会议审议了"自治化"方案，经逐条表决，以多数票通过了略作修改（主要补充了：各共和国的代表参加俄罗斯联邦全俄中央执行委员会主席团和外交、外贸人民委员部的驻外机构）的斯大林的方案文本。[②] 次日，组织局将会议材料送交列宁，同时发给中央委员会全体成员。9 月 26 日，列宁在休养地哥尔克村约见斯大林，两人就联邦方案讨论了 2 小时 40 分钟。[③] 同日，列宁还通过加米涅夫致信全体政治局委员，明确宣布了自己的观点。列宁在信中指出："今天同斯大林谈过这个问题。……依我看，问题极端重要。……重要的是，我们不去助长'独立分子'，也不取消他们的独立性，而是再建一层新楼——平等的共和国联邦。"按照这个思路，斯大林的"自治化"方案显然是不合适的，必须做原则性的修改，即把各国加入俄罗斯联邦改成俄罗斯联邦同其他共和国一起平等地组成"苏维埃共和国联盟"。[④] 斯大林虽然内心并不同意列宁的观点，但从策略的角度有保留地接受了列宁对方案的修改意见。9 月 27 日，他致信列宁和政治局，同意将"自治"改为"联盟"；与此同时，他不同意列宁建议的在俄罗斯联邦全俄中央执行委员会之外再建立一个全联邦中央执行委员会，仍然十分强烈地表达了将俄罗斯联邦中央机构改组为联盟中央机构的意见。信中还用讽刺性的语言称列宁为"民族自由主义"。[⑤] 在第二天举行的政治局会议上，斯大林与加米涅夫互换便条进行交谈时更明确地表示反对列宁的观点。加米涅夫告诉斯大林："伊里奇准备为捍卫独立而战。"斯大林回答："我认为，反对伊里奇需要坚定性。如果

---

① 沈志华总主编《苏联历史档案选编》第 5 卷，第 340~341 页。
② 在 9 月 24 日的会议上，代表格鲁吉亚出席的姆季瓦尼投了反对票。沈志华总主编《苏联历史档案选编》第 5 卷，第 346~349 页。
③ 《列宁年谱》第 12 卷，莫斯科，1982，第 388 页。
④ 《列宁全集》第 43 卷，人民出版社，1987，第 213~215 页。
⑤ 沈志华总主编《苏联历史档案选编》第 5 卷，第 359~360 页。

两个格鲁吉亚孟什维克影响格鲁吉亚的共产党人，而后者影响伊里奇，试问，这就是其中的'独立性'吗？"[1] 话虽如此，方案还是按列宁的意见做了修改，修改后的方案文本（即所谓"联盟"方案）由斯大林等人签署后分发给中央委员会全体成员，作为中央全会讨论的正式文本。该文本对原草案所做的具有实质性的修改在第一条，新条文这样表述："认为乌克兰、白俄罗斯、外高加索共和国联邦和俄罗斯联邦之间缔结关于联合成'社会主义苏维埃共和国联盟'而同时为每一个共和国保留自由退出'联盟'的权利的条约是必要的。"[2] 10 月 6 日，俄共（布）中央全会通过了"联盟"方案。全会还决定，在此基础上制定联盟条约草案，并组成以斯大林为首的专门委员会进行准备。列宁因病没有出席全会，但给加米涅夫写了一张便条，表示"要同大俄罗斯沙文主义决一死战"，并提出"要绝对坚持在联盟中央执行委员会中由俄罗斯人、乌克兰人、格鲁吉亚人等等轮流担任主席"。[3]

此后，联盟的筹建进入"快车道"。与此同时，围绕外高加索三国是分别加入联盟还是以"外高加索联邦"身份加入联盟，格鲁吉亚领导人与斯大林主持的俄共（布）中央又产生了严重分歧。10 月 22 日，格鲁吉亚共产党中央委员会 9 名成员因不满俄共（布）中央的决定而集体辞职，斯大林和奥尔忠尼启则趁机调整了格鲁吉亚的领导班子，但双方的矛盾并没有因此而缓和。在一次争执中，奥尔忠尼启则竟粗暴地动手打了格鲁吉亚的一位领导人卡巴希泽，由此引起了所谓"格鲁吉亚事件"，以致俄共（布）中央政治局为此而专门派遣调查委员会进行调查。列宁对这一事件也十分关注，他一方面批评格鲁吉亚人反对中央决定的立场；另一方面以更严厉的态度批评斯大林、奥尔忠尼启则等中央领导人所表现的大俄罗斯沙文主义，并通过各种方式表达自己对这种倾向的担忧。但是，病情日趋严重的列宁已经难以扭转事态的发展，联盟的筹建进程实际上处于斯大林的控制之下。

三　特殊联邦制国家——苏联的诞生

1922 年 11 月 21 日，俄共（布）中央正式启动联盟条约的起草工作。

---

[1] 沈志华总主编《苏联历史档案选编》第 5 卷，第 361 页。
[2] 《列宁全集》第 43 卷，第 553 页。
[3] 《列宁全集》第 43 卷，第 216 页。

在斯大林主持下召开的中央委员会会议具体讨论了"将各苏维埃共和国联合成共和国联盟问题的实施程序"，并讨论了联盟条约的基本原则，要求各共和国党的中央委员会做好缔结联盟条约的准备工作。在这次会议上，还就联盟条约的要点进行了表决并予以通过。[①] 11 月 25 日，俄共（布）中央委员会举行分委员会会议，逐条讨论了联盟条约提纲草案。在这次会议上，将联盟国家定名为"苏维埃社会主义共和国联盟"。[②] 11 月 28 日，俄共（布）中央委员会会议表决通过分委员会提交的联盟条约基本条款草案，会上加米涅夫建议用"俄罗斯苏维埃联邦社会主义共和国"作为联盟国名，但被拒绝。[③] 11 月 30 日，俄共（布）中央政治局会议通过上述条约草案。但由于对条约的部分条款（主要是各国家部门的权限分配以及联盟国名）仍存在分歧，12 月 5 日至 16 日，俄共（布）中央委员会分委员会和中央委员会又对条约草案进行了修改讨论，并一度将国名改为"欧亚社会主义共和国联盟"。[④] 与此同时，12 月上旬召开了外高加索苏维埃第一次代表大会，根据俄共（布）中央的指示，通过了外高加索联邦加入苏维埃共和国联盟的决议。12 月 18 日，俄共（布）中央全会正式通过斯大林宣读的"苏维埃社会主义共和国联盟"条约草案和联盟成立宣言草案，并决定了联盟苏维埃第一次代表大会的日期。在这一过程中，列宁因病情加重，连续几次中风导致半身瘫痪，所以无法对筹建联盟的具体工作进程施加直接的影响。

1922 年 12 月 30 日，联盟苏维埃第一次代表大会在莫斯科召开。这次大会宣布，由俄罗斯联邦、乌克兰、白俄罗斯和外高加索联邦组成的苏维埃社会主义共和国联盟正式成立。斯大林在会上做了关于联盟成立的主题报告，会议发表了苏联成立宣言，与会各国代表签署了经大会通过的联盟条约。条约规定：联盟的最高权力机构为联盟苏维埃代表大会及其常设机关——联盟中央执行委员会，联盟的人民委员会是联盟中央执委会的执行机构；外交、陆海军、对外贸易、交通、邮电人民委员部作为联盟级的人民委员部，各加盟共和国不再设立上述各部；联盟有统一的财政和国家预算；联盟公民拥有统一的苏联国籍；莫斯科作为联盟的首都。条约还规定：每一个

---

① 沈志华总主编《苏联历史档案选编》第 5 卷，第 373～375 页。
② 沈志华总主编《苏联历史档案选编》第 5 卷，第 384 页。
③ 沈志华总主编《苏联历史档案选编》第 5 卷，第 390 页。
④ 沈志华总主编《苏联历史档案选编》第 5 卷，第 401～415 页。

加盟共和国都可保留自由退出联盟的权利。这次大会还选举了第一届联盟中央执委会。

联盟条约即联盟宪法的基本条款，对该条约修改补充后，1923 年 7 月 6 日第一届联盟中央执行委员会第二次会议通过苏联宪法。这次会议还选举列宁为苏联人民委员会主席。1924 年 1 月 31 日，联盟苏维埃第二次代表大会批准苏联宪法。至此完成了联盟国家成立的全部程序。1924 年苏联宪法完善了国家最高立法机构的设置，规定：设立联盟院和民族院，在苏维埃代表大会闭会期间，两院组成的联盟中央执行委员会行使联盟的最高权力。联盟院按各加盟共和国人口比例从各共和国选举产生，民族院由每一个加盟共和国和自治共和国各选派 5 名代表，俄罗斯联邦各自治省各选派 1 名代表组成。宪法还规定了苏联国旗和国徽。

列宁因病未能出席 1922 年 12 月 30 日的苏联成立大会，但被选为大会名誉主席。始终关注着苏联筹建进程的列宁，在苏联宣告成立的当天口授了《关于民族或 "自治化" 问题》的信件。[①] 在这封信中，列宁再次表达了对大俄罗斯沙文主义倾向的担忧。他指出，如果中央领导机关不加以认真改造，那么，"在这种条件下，很自然，我们用来替自己辩护的 '退出联盟的自由' 只是一纸空文，它不能够保护俄国境内的异族人，使他们不受典型的俄罗斯官僚这样的真正俄罗斯人，大俄罗斯沙文主义者，实质上是恶棍和暴徒的侵害"。列宁还明确批评了斯大林、奥尔忠尼启则等中央领导人在这个问题上的错误做法。第二天，列宁继续口授上述信件，把民族问题上升到事关国家政权性质的高度进行论述，认为斯大林等人的错误 "实质上就破坏了无产阶级阶级团结的利益，因为没有什么比民族问题上的不公正态度更能阻碍无产阶级阶级团结的发展和巩固的了"。他最后指出："在这种情况下，无产阶级团结以及无产阶级阶级斗争的根本利益，要求我们对待民族问题无论何时都不能拘泥形式，而要时刻考虑到被压迫民族（或小民族）的无产者在对待压迫民族（或大民族）的态度上必然有的差别。"[②] 此后，直至次年 3 月丧失语言能力，列宁在其政治生命的最后一段

---

① 1922 年 12 月 16 日，列宁的病剧烈发作，此后右臂和右腿不能活动。在这种情况下，列宁决定口授一系列札记，把他认为最重要的想法和考虑记录下来，作为给即将召开的党的代表大会的信。《关于民族或 "自治化" 问题》是其中之一，口授于 12 月 30 日和 31 日。

② 《列宁全集》第 43 卷，第 349～353 页。

时间中，把很大一部分注意力放在民族问题上，试图从格鲁吉亚领导人遭受不公正对待的事件着手扭转中央领导机关的大俄罗斯沙文主义倾向，使苏联成为名副其实的各苏维埃共和国平等的联盟。但是，如同列宁晚年的其他思想，他在民族问题上的最后思想也未能付诸实践。苏联从其成立之时起就是按照斯大林的思想和路线进行运作的，"自治化"方案虽然形式上被"联盟"方案取代了，但"自治化"的精神贯穿在联盟的结构及其运作机制中。斯大林本想抛弃"名义的"联邦型法律以实现重建大俄罗斯国家的目标，后来接受列宁的建议保留了"名义的"法律来满足加盟的非俄民族共和国希望享有的平等和自由退盟的权利。然而，在斯大林的大俄罗斯主义和集权主义思想指导下，俄罗斯联邦中央机构还是被扩大为全联盟的中央机构（形式上俄罗斯联邦不设独立中央机构），俄罗斯仍然凌驾于其他加盟共和国之上，这个法律上遵循民族平等原则的联盟国家实际上是一个高度中央集权的大一统国家体系，通过各加盟国的国家属性与俄罗斯联邦合而为一，这些加盟国的主权已被剥夺，保留的"共和国"形式只是徒有虚名而已。

四　在国家体制问题上列宁的"最后斗争"

苏联成立前夕发生的"格鲁吉亚事件"，由于受到列宁的关注成为检验新成立的联盟国家是否符合民族平等原则的试金石。列宁对斯大林处理格鲁吉亚问题的方式十分不满，他在病中一直关注这一事件的进展，并站在被解职的格鲁吉亚原领导人一边，试图以这一案例与斯大林代表的大俄罗斯主义倾向做斗争。

就在苏联筹建进入最后阶段的两个月里，应格鲁吉亚原领导人的申诉，俄共（布）中央书记处于 11 月 24 日组成以捷尔任斯基为首的三人委员会前往格鲁吉亚调查处理。捷尔任斯基委员会的调查结论认为，执行斯大林方针的俄共（布）外高加索边区委员会和奥尔忠尼启则的工作符合俄共（布）中央的指示，而与斯大林方针不一致的格鲁吉亚原领导人的立场则是错误的。12 月 12 日晚，列宁听取了捷尔任斯基的汇报后，当即因生气而在 13 日晨两次发病，乃至严重中风半身瘫痪，但列宁继续在格鲁吉亚问题上表明态度和采取措施。首先，他用口授信件的方式批评斯大林等人的大俄罗斯主义倾向，指出："如果事情发展到奥尔忠尼启则竟会动手打人……那么可想而知,我们已掉到什么样的泥潭里去了。"他还批评捷尔任斯基的偏袒行为,指出:"去高加索调查这些'社会民族主义分子''罪行'案件的捷尔任斯基同志,在这件事情上也只是突出表现了他的真正俄罗斯人的情绪(大家知道,俄罗斯化的异族人在表现真正俄罗斯人的情绪方面总是做得过火),……我想,这种俄罗斯式的动手打人行为是不能用受到任何挑衅甚至侮辱作辩解的,而捷尔任斯基同志无法补救的过错就在于他对这种动手打人行为采取了轻率的态度。"他还将奥尔忠尼启则的错误上升到"破坏了无产阶级阶级团结的利益"的原则高度,要求"处分奥尔忠尼启则同志以儆效尤……并要补充调查或重新调查捷尔任斯基的委员会的全部材料,以便纠正其中无疑存在的大量不正确的地方和不公正的判断。当然应当使斯大林和捷尔任斯基对这一真正大俄罗斯民族主义的运动负政治上的责任"。①

列宁的口授信件当时没有送交俄共中央,后来也没有按列宁的想法供《真理报》发表。俄共(布)中央政治局则于1923年1月25日在听取捷尔任斯基委员会的报告后批准了被列宁批评的调查结论,维持对格鲁吉亚原领导人的处理决定。

因为不同意捷尔任斯基委员会的结论,在口授信件后,列宁着手直接派人调查格鲁吉亚事件。1月24日,列宁要求调阅格鲁吉亚问题的全部材料,斯大林曾借口须政治局决定予以拒绝,但在列宁执着要求下,2月1日政治局不得不批准给列宁所需要的材料。拿到材料后,列宁委托其秘书班子予以研究,并列出详细的调查提纲。2月3日,列宁指示加快调查进度,要求在三个星期内写出调查报告。2月5日,列宁再次询问调查进度,要求在党的十二大开幕之前务必完成此项工作。2月14日,列宁指示秘书福季耶娃抓紧格鲁吉亚问题的调查,并让她向俄共(布)中央监察委员会主席团委员索尔茨转达意见,表明他(列宁)站在被欺侮者(格鲁吉亚原领导人)一边。②

3月3日,秘书班子将他们所写的调查报告送交列宁,在了解了更多的事情真相及各位中央领导的倾向后,列宁于3月5日口授了给托洛茨基的

---

① 《列宁全集》第43卷,第349~354页。

② 《列宁值班秘书日志》及注释,《列宁全集》第43卷,第466~476、567~568页。

信。信中说："我请您务必在党中央为格鲁吉亚那件事进行辩护。此事件现在正由斯大林和捷尔任斯基进行'调查'，而我不能指望他们会不偏不倚。甚至会完全相反。如果您同意出面为这件事进行辩护，那我就可以放心了。如果您由于某种原因不同意，那就请把全部案卷退还给我。我将认为这是您表示不同意。"① 可见，在当时的俄共中央领导层中，列宁已很难找到在格鲁吉亚问题上与自己立场一致的人，即使在很多问题上与斯大林存在分歧的托洛茨基，也未必在这件事上支持列宁，所以列宁对托洛茨基的态度并没有确定的把握。果然，当列宁的秘书用电话向托洛茨基转达这封信时，托洛茨基借口有病，回答说，他不能承担这个任务。②

3 月 6 日，列宁还口授了给格鲁吉亚原领导人姆季瓦尼、马哈拉泽等的信，表示："我专心致志地关注着你们的事。我对奥尔忠尼启则的粗暴，对斯大林和捷尔任斯基的纵容感到愤慨。我正为你们准备信件和发言稿。"③ 此信也抄送托洛茨基和加米涅夫。显然，即使在缺少支持者的情况下，列宁仍然打算在即将召开的俄共（布）十二大上就格鲁吉亚问题捍卫自己的立场，纠正斯大林等人在处理民族关系时的错误做法。列宁之所以对这个问题如此重视，是因为他从这一事件中看出了刚刚成立的联盟国家并非他所希望的体现世界革命理想目标的各民族自愿联合的新型"社会主义联盟"，而是隐含大俄罗斯主义的斯大林"自治化"方案的翻版。列宁担心，这样的联盟国家将会影响俄国革命和苏维埃政权对其他民族（特别是东方国家）的感召力，"如果在东方登上历史前台的前夜，在它开始觉醒的时候，我们由于对我们本国的异族人采取哪怕极小的粗暴态度和不公正态度而损害了自己在东方的威信，那就是不可宽恕的机会主义"。④ 显然，在格鲁吉亚问题上，列宁绝不是就事论事地判断是非，也不是仅仅出于对那些"被欺侮者"的同情，而是站在推进世界革命的高度考虑问题，力图避免"在小事情上对被压迫民族采取帝国主义态度，从而完全损害了自己反对帝国主义斗争的……原则态度"。⑤

---

① 《列宁全集》第 52 卷，人民出版社，1988，第 554 页。
② 《列宁文稿》第 10 卷，人民出版社，1979，第 610 页。
③ 《列宁全集》第 52 卷，第 556 页。
④ 《列宁全集》第 43 卷，第 355 页。
⑤ 《列宁全集》第 43 卷，第 355 页。

　　然而，在当时的俄共中央领导层中几乎没有人像列宁那样思考问题，除了斯大林、捷尔任斯基等坚持大俄罗斯主义立场，托洛茨基不愿意卷入这场争端，被列宁列入可能的支持者的加米涅夫则在争端双方之间和稀泥搞平衡。3 月 7 日，接到列宁抄送信件的加米涅夫给季诺维也夫写信，向他通报列宁信件的内容和托洛茨基、斯大林等人的反应。加米涅夫很清楚"老头子（列宁）""激动不安"的原因，也明白列宁"实际上支持姆季瓦尼一伙，否定谢尔戈（奥尔忠尼启则）、斯大林和捷尔任斯基"的立场，但他只愿意做一个和事佬，利用出席格鲁吉亚党代会的机会"全力争取高加索在决议的基础上实现和平，……将双方联合起来"。当然他也知道，这样做"将不会令老头子满意"，因为列宁"不仅希望高加索实现和平，而且希望从上边作出明确的组织结论"。① 加米涅夫还将列宁给格鲁吉亚原领导人的信告知斯大林，斯大林立即与奥尔忠尼启则通气，为在格鲁吉亚党代会上抵制列宁的意图做好准备。为了应付列宁，俄共中央决定由加米涅夫和古比雪夫组成新的调查委员会前往格鲁吉亚。实际上，这个所谓调查委员会只是按加米涅夫的方式在格鲁吉亚党代会期间于 3 月 14 日将争端双方拉在一起签署了一份和解性的协议。列宁的原则性立场被以一种"非原则性斗争"的处理方式化解为无形。

　　此时，列宁的病情急剧恶化，从 3 月 10 日起无法再进入工作状态，随后又失去了语言能力，3 月 6 日的信件成为列宁口授的最后一份文件。

　　在列宁不能干预格鲁吉亚问题后，3 月 26 日政治局讨论了这一问题。会上，托洛茨基提议按列宁信件中的立场处理这一事件，但被否决。加米涅夫的和解性处理方式也只是形式上被接受。会议决定，鉴于姆季瓦尼等人"热衷于在党内制造紧张关系"，将他们调离原工作岗位。3 月 31 日，俄共中央全会批准了政治局决定，明确"指出少数派在反对联邦思想的斗争中所表现出的错误"。②

　　4 月 17 日开幕的俄共（布）十二大，没有向全体代表传达列宁《关于民族或"自治化"问题》的信。斯大林在会议报告中不承认他主持的俄共中央在民族问题上犯有大俄罗斯主义的错误，会议的基调是反对地方民族

---

① 沈志华总主编《苏联历史档案选编》第 5 卷，第 494 ~ 495 页。
② 中共中央编译局：《列宁研究》第 3 辑，外文出版社，1994，第 181 ~ 182 页。

主义。

至此，列宁在其生命的最后阶段力图建构一个更符合其世界革命理想的联盟国家体制的愿望已经落空。尽管宪法上规定了各加盟共和国的平等地位和自由退出权利，但现实的苏联国家体制是按照斯大林的国家主义路线开始了其后六十九年的历史进程。

结　语

从俄罗斯帝国的解体到苏联的建立，形式上看，原帝国版图发生了重组，一个新型的联盟国家呈现在帝国废墟上。但是，此后七十年苏联的历史进程显示，帝国的废墟并没有因为联盟的建立而被清除。正如列宁在其生命的最后时刻所忧虑的，作为帝国传统的大俄罗斯主义的幽灵依附在联盟的集权体制上，使联盟从其建立之初就患上了帝国的痼疾，并最终重蹈了解体的覆辙。一个领土面积居世界第一的庞然大国，竟然在百年间两次分崩离析，真可谓陷入了难以自拔的历史怪圈，其中蕴含的历史规律很值得人们深究。

首先，应该注意到苏联国家体制与俄罗斯帝国体制的同构性。虽然两者在法律形态、政治形态、经济形态诸方面存在很多差异，但有一点是相同的，即都是高度中央集权的、超民族国家的联合体。俄罗斯帝国在其形成和扩张过程中将开拓型殖民和侵略性殖民交织在一起，由此造成了现代化转型中两种民族主义取向共处一体、互相掣肘的两难困境。作为主体民族的俄罗斯在追求其现代化目标时，本应在政治体制上实现专制向民主的过渡以顺应经济变革的需要；然而，为了将原本就有独立民族国家基础的处于殖民地状态的非俄民族地区束缚在帝国（同时也是俄罗斯国家）版图内，国家政治体制的改造就变得十分困难。高度中央集权的现实合理性因巩固超民族国家联合体的客观需要而被强化，并因此而延长了专制王朝的寿命。当社会转型的内在逻辑冲垮日趋腐朽的专制统治时，帝国境内的民族自决运动势必会波及帝国体制，由于两者的联动效应，无论哪一方面取得突破，都将引起另一方面的相应变动。所以，沙皇制度的覆灭与俄罗斯帝国的解体作为同一个历史进程出现是合乎逻辑的。由此亦可推论，凡是类似的国家体制结构都存在发生此种联动性变革的可能性。问题在于，作为新型联盟国家的苏联为什么在国家体制上表现出与俄罗斯帝国的同构性？对此，仍然需要从中央集权体制和超国家联合体两个因素的结合上进行分析，而苏联的筹建过程可以提供解答这一问题的线索。

十月革命后的一段时间内，列宁和布尔什维克党领导的苏维埃俄国曾对俄罗斯帝国的解体持肯定态度，但这种态度的立足点在于世界革命的逻辑。随着革命浪潮的消退，理想主义的国家观不得不复归于现实主义的国家观，而一旦进入现实的国家范畴，俄罗斯帝国的遗产就成为苏俄领导人展开国家建构工程的实际出发点。在帝国废墟上重整河山，既被看作巩固新政权的需要，也被看作为日后再起世界革命的基础。无论从哪一个目标着眼，将破碎的帝国版图重新组合成一个超国家联合体都被认为是必要之举。在这一点上，列宁和斯大林没有分歧。在当时具体的时空条件下，组织超国家联合体只能走中央集权制的道路。对此，列宁和斯大林也没有根本的分歧。至于中央集权制下的超国家联合体是否会导致帝国结构的复活？正是围绕这个问题，列宁和斯大林表现了政治策略上的对立。斯大林是现实主义者，他在重建大俄罗斯国家的目标上坚定不移，至于用何种形式实现这一目标只是不同的手段而已。从他的"自治化"方案及其为这个方案辩护的言论来看，用帝国式的统治将已经获得独立的各民族共和国的主权收回乃维持和强化中央集权制的必由之路。他甚至认为，在这个问题上无须隐讳大俄罗斯主义的正面功能，否则就是"虚伪"的"民族自由主义"。晚年的列宁当时正处于理想主义和现实主义的内在冲突之中，他一方面需要顾及苏维埃政权的现实国家利益，另一方面又不愿意放弃发动十月革命的原初目标，仍然试图坚持国际主义的世界革命立场，将苏维埃俄国视为创建未来的社会主义世界联盟的出发点。因此，他不希望仅仅在俄罗斯民族国家的基础上重建"帝国"，尤其反对将新建的苏维埃国家联盟作为大俄罗斯主义的载体。他在最后的口授文章中曾尖锐地抨击斯大林主持的国家机关是"从沙皇制度那里接收过来的，不过稍微涂了一点苏维埃色彩罢了"。[①] 正是基于这种矛盾心理，列宁在联邦国家的建构问题上，既认同中央集权制（他认为可以通过党的组织机制来实现），又希望避免俄罗斯帝国的复活，力图形成一种符合世界革命目标的各民族国家平等联合的新格局。因此他特别注意在联盟的建立过程中抑制大俄罗斯主义倾向，有时甚至故意站在维护独立权益的少数民族

---

① 《列宁全集》第 43 卷，第 350 页。

一边，以维持两者间的平衡。但是，中央集权制下的超国家联合体按其自身的运转规律几乎不可能走出帝国政治的怪圈。在苏联的筹建过程中，尽管列宁竭力干预，以图扭转其大俄罗斯主义的发展趋势，但最终成为现实的仍然是斯大林代表的国家主义取向，即建构了一个与俄罗斯帝国具有同构性而在形式上没有俄罗斯民族国家标记的特殊联邦制国家。由于苏联国家体制存在形式与实质的内在矛盾，它只能依靠党中央集权（直至领袖个人集权）的强制力量维持国家的稳定和统一；一旦这种集权力量松动，各民族加盟共和国就可以利用联邦制形式赋予的宪法权利获得独立地位。在这个意义上，苏联建立之初就埋下了日后解体的种子。

（原文刊登于《南国学术》2017 年第 4 期）

苏联分离主义的历史分期和特点研究

艾　苏*

苏联长期以来在对内对外宣传上不断地尝试塑造整合国家的形象，以致大多数苏联公民产生了一种错觉：在这个国家中，少数民族既没有受到压迫，也并没有实现独立的诉求。这一时期，"国家人民团结"、"无产阶级专政"和"民族共同体形成"等，成为苏联人民的主导思想。然而，不断改变的民族政策及遏制分离主义的尝试，最终导致了苏联解体以及边疆地区的加盟共和国先后独立。

刘晓原在梳理国家与其边疆地区之间关系时，提出了"边疆国家"这一概念。他在《边疆中国——二十世纪周边与民族关系史述》一书中写道："'边疆国家'是相对'整合国家'而言。'整合国家'的主要特征如下：（1）国家疆界基本定型，不存在涉及异向群体的国土或领地问题；（2）国家范围内人员、物资的流通基本流畅，绝少交通、通讯的死角；（3）全国经济、文化生活浑然一体，在不同地区的种种地方特征继续存在的同时，没有'内地'社会与'边疆'社会之间的隔阂，全国各地区的经济、文化生活的共性远远大于相互间的差别；（4）全国政治生活万变不离其宗，主要表现在各种基于族群、阶级、性别、年龄、种族、宗教的弱势群体的政治意向和文化价值取向，不是对主流社会的分离而是参与，反之，主流社

---

* 艾苏（Alsu Tagirova），华东师范大学历史学系、周边国家研究院助理研究员，主要从事冷战史、中苏关系史、苏联史、中亚史研究。

会对此不是排斥而是包容。"[1] 需要指出的是，刘晓原的书里没有对边疆国家概念和特征的阐述，他的主要意思是，不具备上述特征的国家，就是"边疆国家"。本文以"整合国家"和"边疆国家"两个概念及其主要特征为理论基础，试图对苏联政府在边疆地区遏制分离主义的政策进行初步探究。

苏联政治家一直把民族主义和分离主义当作严重威胁。在这种观念的指导下，苏联决策层也制定了相应的民族政策。毋庸置疑，不同的国家领导人对此问题的观点也有所不同。概括来说，在革命时期强调无产阶级国际主义和民族自决权的列宁，在布尔什维克上台之后，逐渐改变了自己民族政策的目标，严格限制少数民族的自主权。斯大林的民族政策是坚决抑制地方民族主义，积极推动俄罗斯精英的心理优越感。[2] 然而，到赫鲁晓夫上台时，作为"去斯大林化"过程的一部分，政府放弃了极端的民族政策，推行了使那些曾被迫迁徙的部分少数民族返回故乡的措施。在勃列日涅夫时期，苏联中央与地方官僚之间的矛盾日益明显，中央对周边地区的多变态度导致了民族运动的兴起。到戈尔巴乔夫上台时，民族主义和分离主义已成为地方知识精英团结起来的基础。

中国学界对苏联的民族政策历史非常关注，尤其是戈尔巴乔夫时期民族政策的转变。[3] 同时，中国学者在著作中强调俄罗斯民族主义和地方主义在苏联民族问题中的核心地位。[4] 国外学界往往注重苏联建国时期和戈尔巴乔

---

[1] 刘晓原：《边疆中国——二十世纪周边与民族关系史述》，香港：中文大学出版社，2016，第 xxv 页。

[2] Terry Martin, *Affirmative Action Empire*: *Nations and Nationalism in the Soviet Union*, *1923 - 1939*, Ithaca: Cornell University Press: 2001, pp. 2 - 9.

[3] 左凤荣、刘显忠：《从苏联到俄罗斯：民族区域自治问题研究》，社会科学文献出版社，2015；包毅：《中亚国家的政治转型》，社会科学文献出版社，2015；左凤荣：《戈尔巴乔夫、叶利钦与苏联解体》，《俄罗斯中亚东欧研究》2010 年第 5 期；王立双：《苏联民族问题研究》，硕士学位论文，南京师范大学，2014；吴楚克：《民族主义幽灵与苏联裂变》，中国人民大学出版社，2002。

[4] 张建华：《苏联民族问题的历史考察》，北京师范大学出版社，2002；何俊芳、马戎：《族体、语言与政策：关于苏联、俄罗斯民族问题的探讨（21 世纪中国民族问题丛书）》，社会科学文献出版社，2017；陈黎阳：《苏联解体后的俄罗斯民族主义》，重庆出版社，2006；杨育才：《帝国民族的碎片：俄罗斯人问题与地区政治》，中国社会科学出版社，2009。

夫时期的民族政策，中间的数十年历史则被忽略。① 近 20 年来，在原苏联国家学者的研究中出现了对历史的不同评价，可惜的是，其中一部分学者无法摆脱苏联时代思想的影响，而另一些则从极端民族主义角度来阐述民族问题的发展历史。② 分离主义经常被认为是民族主义的极端表现，而在苏联历史上，各种政治危机往往导致民族主义升温和民族之间的冲突，甚至转变成分离主义运动。本文试图以苏联为例更加深刻地理解：在边疆国家，少数民族如何从要求更多的民族权利，发展为要求实现民族独立，以及国家政府如何应对民族主义思潮。限于篇幅，难以对以上所有问题进行深入研究，因此本文以苏联反分离主义政策的核心内容为研究对象。

一　"积极民族政策"与苏联的领土
扩张（1917～1934）

历史上的帝国国家，为了避免民族运动的兴起，经常采用消极的手段，侵蚀少数民族的公民和政治权利。而布尔什维克一直对民族主义持有"支持和怀疑"的双重态度。因此，在他们领导之下形成的苏联民族政策，"旨在通过赋予各地民族自治权利，来解除民族主义武装力量"。③ 他们积极支

---

① Terry Martin, *Affirmative Action Empire：Nations and Nationalism in the Soviet Union*；I. Bremmer and R. Taras（eds）, *Nations and Politics in the Soviet Successor States*, Cambridge：Cambridge University Press, 1992；Yaroslav Bilinsky, "Education of the Non-Russian Peoples in the USSR, 1917 - 1967：An Essay", *Slavic Review*, Vol. 27, No. 3, Sep. 1968, pp. 411 - 437；Michael Gelb, "An Early Soviet Ethnic Deportation：The Far-Eastern Koreans", *The Russian Review*, Vol. 54, July 1955, pp. 389 - 412；L. Alexeyeva, *Soviet Dissent：Contemporary Movements for National, Religious and Human Rights*, Middletown, CT：Wesleyan University Press, 1987；R. G. Suny, "State, Civil Society, and Ethnic Cultural Consolidation in the USSR-roots of the National Question", in G. Lapidus, *From Union to Commonwealth：Nationalism and Separatism in the Soviet Republics*, New York：Cambridge University Press, 1992；Mohira Suyarkulova, "Reluctant Sovereigns? Central Asian States'Path to Independence", in Sally N. Cummings and Raymond Hinnebusch, *Sovereignty after Empire. Comparing the Middle East and Central Asia*, pp. 127 - 153.

② Вдовин А. И. Подлинная история русских в XX веке. Москва："Алгоритм", 2010；Барсенков А. С. Русский народ в национальной политике XX в. М, 1993.

③ Terry Martin, *Affirmative Action Empire：Nations and Nationalism in the Soviet Union, 1923 - 1939*, pp. 2 - 9.

持非殖民化运动，以此防止国家各地分离主义的发展。但是也有学者认为，苏联这一"积极民族政策"实际上只不过是一种维持帝国状态的激进策略。①

苏联第一波分离运动浪潮起源于内战时期，当时许多反共产党的团体就是以民族主义为意识形态基础的，所以布尔什维克不得不从中吸取教训，苏联建立以后在处理民族问题时较为谨慎。1917～1920 年，由西蒙·彼得留拉（Симон Петлюра）领导的乌克兰民族运动所取得的成功在很大程度上影响到了布尔什维克在乌克兰所执行的民族政策。② 在俄罗斯，部分巴什基尔人和鞑靼人加入了捷克斯洛伐克军团的叛乱，1918 年 8 月，制宪议会议员委员会建立人民军，并制定了"俄罗斯内部和西伯利亚地区的突厥鞑靼民族自治的主要规定草案"。③ 中亚巴斯马奇运动持续到 20 世纪 30 年代中期，得到阿富汗北部相近族裔支持的跨境民族发起了该运动。④ 这一时期，苏联（俄）其他边疆地区也爆发了多种动乱，如 1920～1922 年在车臣和达吉斯坦，1921～1922 年在卡累利阿，1924 年在格鲁吉亚，1924～1925 年与 1927 年在雅库特，1927 年和 1929 年在阿扎尔。⑤

在此背景之下，布尔什维克对分离主义的恐惧，导致了所谓"本土化"方针的形成。这项政策规定，本地语言成为通用及官方语言，以此授予地方

① Terry Martin, *Affirmative Action Empire: Nations and Nationalism in the Soviet Union, 1923 - 1939*, pp. 2 - 9.

② 详见 Савченко В. А. Симон Петлюра. Харьков: Фолио, 2004; Солдатенко В. Ф. Гражданская война в Украине (1917 - 1920 гг.). Нац. акад. наук Украины, Ин - т политических и этнонац. исслед. им. И. Ф. Кураса, Украинский ин - т нац. памяти. Москва, 2012。

③ Багаутдинов Р. О, Газизов Р. Р. Формирование Народной армии в Уфимской губернии// Вестник ВЭГУ. 2015. № 5. С. 119 - 124; Кабытова Н. Н, Кабытов П. С. В огне гражданской войны (Самарская губерния в конце 1917 - 1920 гг.). Самара, 1997; Анисков В. Т, Кабанова Л. В. История Комуча: опыт несоветской демократии// Ярославский педагогический вестник. 2004. № 3. С. 52 - 60.

④ Багаутдинов Р. О, Газизов Р. Р. Формирование Народной армии в Уфимской губернии// Вестник ВЭГУ. 2015. № 5. С. 119 - 124; Кабытова Н. Н, Кабытов П. С. В огне гражданской войны (Самарская губерния в конце 1917 -1920 гг.). Самара, 1997; Анисков В. Т, Кабанова Л. В. История Комуча: опыт несоветской демократии// Ярославский педагогический вестник. 2004. № 3. С. 52 - 60.

⑤ Terry Martin, "The Origins of Soviet Ethnic Cleansing", *Journal of Modern History*, 1998, Vol. 70, No. 4, pp. 813 - 861.

精英自主领导权。① 这项政策适用地区范围包括苏联西部、中亚和远东等地区。在苏联领导人的眼里，以分而治之为基础的"本土化"在政治上具有巨大意义，其主要目标是避免少数民族之间的团结，阻止泛突厥主义和泛蒙古主义等思想的扩散。因此，苏联政府开始强调各共和国和少数民族的语言及独特文化发展的重要性。例如，苏联政府对图瓦民族认同的承认，在许多学者看来，就是为了防止图瓦民族与苏联的喀尔喀蒙古人、布里亚特和卡尔梅克人在民族共同点的基础上联系起来。②

　　然而，苏联政府实行的"积极民族政策"所带来的正面效果，又时常被一些过度的限制措施所抵消。例如，1923 年 7 月，苏联政府设立了特殊的行政区域，即"边境地区"（пограничный район）。政府通过决议设立了一条处于边防军特别监督之下的、宽度为 22 公里的边境地带，授予边防军在该地区的无限搜查和扣押权。应该指出的是，虽然所有现代国家都有类似特殊地区，但是没有一个国家对特殊地区的控制程度能与苏联相提并论。③苏联领导人考虑边界和民族问题时，主要有以下两种心理动因：一种是美国著名学者特里·马丁所提出的"皮埃德蒙特原则"④；另一种是苏联人的仇外心理。皮埃德蒙特原则，是指国家利用跨界民族的认同意识而向邻国提出领土要求。至于仇外心理，一般指苏联人对外国势力及其对国内的负面影响所怀有的强烈恐惧感。出于这两种考虑，苏联领导人一直以维持边界地区的紧张局势为其民族政策的核心。虽然如此，民族政策实行过程很快就表明，这两种想法事实上相互矛盾。苏联仇外心理在增加民族间隔阂并严重限制各个民族自我表现机会的同时，皮埃德蒙特原则却促进了民族认同，协助民族文化发展。因此在不同历史时期，这两种考虑在不同程度上影响到了苏联民族政策，可是无论影响的程度如何，这都是布尔什维克考虑民族关系的基础。⑤

① Terry Martin, *Affirmative Action Empire: Nations and Nationalism in the Soviet Union*, 1923 - 1939, pp. 75 - 124, 125 - 177.
② 详见 I. Bremmer and R. Taras (eds), *Nations and Politics in the Soviet Successor States*, Cambridge: Cambridge University Press, 1992。
③ Terry Martin, "The Origins of Soviet Ethnic Cleansing", pp. 813 - 861.
④ 皮埃德蒙特 (Piedmont) 成为 1859 ~ 1861 年意大利统一运动的发起地区。
⑤ Yaroslav Bilinsky, "Education of the Non-Russian Peoples in the USSR, 1917 - 1967: An Essay", *Slavic Review*, Vol. 27, No. 3, Sep. 1968, pp. 411 - 437.

20 世纪 20 年代后期，由于集体化带来的政治与经济压力，大量在苏联长期居住或出生的德国人与其他西方族群，包括波兰人、芬兰人、拉脱维亚人、希腊人、爱沙尼亚人、立陶宛人、捷克人、瑞典人和保加利亚人等，逐渐开始移民到国外。同时，一些少数族裔非法出境，还有一部分组织游行示威，对苏联政府表示抗议。为了阻止这些行动，苏联政府开始了强制迁徙运动，将他们迁至中亚。但是在 20 世纪 20 年代后期，这种强制迁徙的规模比较小，其原因在于波兰的政治情况。当时，依靠政变上台的约瑟夫·毕苏斯基（Jozef Pilsudski）一直希望合并已处于波兰控制之下的乌克兰西部与属于苏联的乌克兰东部地区，因此苏联领导人担心，如果对西方少数民族实行大规模的强制和压迫措施，将会引起波兰的军事干涉。

二　第二次世界大战与民族镇压（1934～1956）

二战开始之前，斯大林政府继续对边境地区的分离主义表现进行镇压。斯大林决定采取"预防性措施"，其中包括清洗和流放政策。而二战开始以后，边境地区抵抗政府势力的涌现，迫使苏联不得不再花上十年的时间清除这些分离主义团体。同时，由于要解决人口的不足，尽管苏联政府对少数民族充满怀疑，却又不得不邀请那些分布在跨境地区的民族归向苏联。

1932～1933 年，乌克兰因为地方官僚未能完成粮食收购计划而出现危机。同时，乌克兰加盟共和国向俄罗斯苏维埃联邦社会主义共和国提出了领土要求。[①] 这场危机引发苏联领导人对跨界种族关系的怀疑，从而导致了苏联政府放弃皮埃蒙特原则，并发起了针对跨界民族的，尤其是针对境内波兰人和德国人的种族清洗。在 1934 年初召开的联共（布）十七大上，斯大林宣布，非俄罗斯民族主义已构成比"大俄罗斯沙文主义"更大的危险。[②] 结果，到 1938 年，内务人民委员会的有关镇压活动专门针对波兰人、拉脱维亚人、德国人、爱沙尼亚人、芬兰人、希腊人、罗马尼亚人、保加利亚人和马其顿人。[③]

苏联政府在远东地区的民族政策与西部非常相似，根据 20 世纪 20 年代的

[①]　Terry Martin, "The Origins of Soviet Ethnic Cleansing", pp. 813 – 861.

[②]　Yaroslav Bilinsky, "Education of the Non-Russian Peoples in the USSR, 1917 – 1967: An Essay", pp. 411 – 437.

[③]　Terry Martin, "The Origins of Soviet Ethnic Cleansing", pp. 813 – 861.

计划，朝鲜族裔被强制迁徙到哈巴罗夫斯克以北。同时，苏方因为担心日本以强制迁徙为借口而发起军事干涉，所以严格限制了朝鲜族迁徙运动的规模。1936年7月，远东边区委员会请求苏联人民委员会批准一项新的远东边界制度，但苏联外交人民委员马克西姆·利特维诺夫（Максим Литвинов）指出，根据《朴次茅斯条约》的规定，是禁止"在朝鲜边境的任何军事措施"的。然而，不断增长的朝鲜族裔在远东边界地区产生的影响令苏联领导人十分不安。在他们眼里，这种危险已经超过了日本发动侵略的可能性。综合不同的统计资料，至1937年8月，被迁徙的朝鲜人数达到了135343人至175000人。[1]

20世纪30年代末，面对盛世才在新疆的独裁统治，不少中国籍人士为寻找自身安全保障，纷纷向在新疆的苏联领事馆申请改归苏籍。[2] 同时，这些人抵达苏联后，政府对他们一直持有怀疑态度。1937年8月，大约11000名中国人随朝鲜族被强制迁徙。这主要是因为，1938年1月31日，政治局下令进行"针对哈尔滨人和中国人的行动"。这里的所谓"哈尔滨人"，指的是长期在中国居住并在满洲铁路工作的俄方人员。这说明，连有国外关系的俄国人都被怀疑成中国间谍。[3] 这些措施使20年代初酝酿的仇外心理，在苏联社会中得以进一步发展。在朴次茅斯会议后，波罗的海三国、摩尔多瓦、卡累利阿芬兰同苏联合并，乌克兰、白俄罗斯和俄罗斯的领土大规模扩大。1944年，图瓦共和国向苏联政府请求加入苏联，以自治区身份被合并。[4] 尽管拉脱维亚、立陶宛和爱沙尼亚以"加盟共和国"的名义加入了苏联，但是长期受德国情报组织协助的地方政治精英，并不愿意放弃自己的权利，因此，他们试图阻止土地改革和土地国有化。在这种情况下，卫国战争前夕，苏联领导人将白俄罗斯西部和波罗的海国家的地下民族组织活跃分子，驱逐到这些地区之外。[5]

---

① Бугай Н. Ф. Корейский вопрос на Дальнем Востоке и депортации 1937 года//Проблемы Дальнего Востока. 1992. № 4. С. 158；Michael Gelb，"An Early Soviet Ethnic Deportation：The Far-Eastern Koreans"，*The Russian Review*，Vol. 54，July 1955，pp. 389－412.

② 李丹慧：《新疆苏联侨民问题的历史考察（1945～1965）》，《历史研究》2003年第3期。

③ Terry Martin，"The Origins of Soviet Ethnic Cleansing"，pp. 813－861.

④ Смирнова Л. В. Советская национальная политика в условиях административно－командной системы// Вестник ОГУ. Июль 2006. № 7. С. 122－127.

⑤ Прибалтийский национализм в документах НКВД，МВД и МГБ СССР// Сборник документов. М：Объединенная редакция МВД России，2011. Л. 3－7.

　　新的领土合并以及地方精英中逐渐增长的不满情绪，使斯大林对民族问题的基本观点得到强化，并且将关注的焦点集中在地方和中央官僚身上。他认为，要加强自己和俄罗斯族精英之间的关系，苏联必须在二战胜利后进行针对少数民族的俄化运动与强制迁徙。[1] 作为这种民族政策的一部分，在 1943 年至 1944 年德国军队撤退后，苏联将所有克里米亚鞑靼族、卡尔梅克、车臣、印古什、巴尔卡尔斯、卡拉凯和梅斯基特突厥人，以叛国的罪名，强制迁徙到苏联中亚地区。[2] 同时，在官僚群体中也开始了俄化运动：担任苏联国家机关重要职务的犹太人，很快就被俄罗斯族人取代了。此后，在苏联官僚鼓励之下，反犹太主义在基层也蔓延如火。[3]

　　另外，在对那些已经处于掌控之中的少数民族进行镇压的同时，斯大林还试图通过把居住在某些边境地区的少数民族纳入苏籍，以增加苏联的人口。第二次世界大战结束后，苏联最高苏维埃主席团于 1945 年 11 月 10 日发布在远东地区“恢复旅居满洲的原俄罗斯国民以及失去苏联国籍人员为苏联公民的命令”，并宣布此项命令也适用于新疆和上海。当时苏联政府主要是为了弥补战争造成的巨大人口损失。新疆解放后至 1955 年，苏联在恢复苏联国籍的工作中没有遇到困难。而 1955 年 7 月 12 日，中国外交部长助理何伟与苏联驻华大使馆参赞经协商后达成协议，苏联暂缓在新疆为来自苏联的少数民族人员“恢复苏籍”。[4]

　　这就意味着，斯大林的做法其实是另一种版本的“皮埃德蒙特原则”，即苏联决策层放弃了扩大国外影响力的目标。那时，盟国已经建立了雅尔塔体系并划分了势力范围，而伊朗和土耳其危机展现了领土扩张策略的后果，这些现实影响着苏联的政策。苏联政府试图吸引邻国的劳动力，但同时又对其他国家人口在苏联的行动充满疑虑，而且这种疑虑有增无减。这其实反映出苏联决策层逐渐产生了仇外心理，以及对外国势力策划分离主义行动的恐惧。[5]

---

①　Vladislav Zubok, *The Soviet Union in the Cold War from Stalin to Gorbachev*, University of North Carolina Press, 2003, p. 56.

②　Terry Martin, "The Origins of Soviet Ethnic Cleansing", pp. 813 – 861.

③　Vladislav Zubok, *The Soviet Union in the Cold War from Stalin to Gorbachev*, p. 56.

④　李丹慧：《新疆苏联侨民问题的历史考察（1945~1965）》，《历史研究》2003 年第 3 期。

⑤　Terry Martin, "The Origins of Soviet Ethnic Cleansing", pp. 813 – 861.

三　"去斯大林化"时期与民族主义发展（1956～1961）

斯大林去世后，苏联开始寻求一定程度的民主化。苏联政府有限地扩大了各加盟共和国在经济和文化事务方面的自主权。苏联政府实施的许多政策都体现出，当时在边疆人口和中央权力之间的一种积极的动态变化。然而，这些措施实质上都是有限的，最终也远远无法补偿多年来的清洗和民族迫害政策带来的影响。

1953 年 6 月，长期由俄罗斯人担任的乌克兰共产党中央委员会第一书记，交由乌克兰人担任。对很多人来说，尤其是对乌克兰西部居民来说，这是乌克兰化政策的开始。从 50 年代中期开始，几乎所有加盟共和国的党委第二书记都是从莫斯科派遣的，其主要目的是加强对共和国的控制。一般来说，第二书记一定是俄罗斯族人，他的主要任务是对地方进行监督，即担任莫斯科的"眼睛"和"耳朵"。譬如，1959 年被派往阿塞拜疆担任第二书记的谢米查斯特内赫，后来成为苏联克格勃的领导人。[1]

50 年代中期，曾经被强制迁徙的部分少数民族群众终于返回了故乡。例如，曾经被强制迁徙的 10 万亚美尼亚移民得以返乡。虽然如此，这些措施却产生了出乎意料的后果，即亚美尼亚人随之而来的领土诉求：亚美尼亚民族主义思想一直以归还祖先领土为基础，领土范围包括属于土耳其的卡尔斯、阿尔达罕、萨拉卡默什以及阿塞拜疆的纳希切万和纳戈尔诺－卡拉巴赫。在亚美尼亚人眼里，领土尚未归还的重要原因在于苏联政府对这个问题的轻视，因此，民间的反政府民族情绪也日益增长。他们在很大程度上加强了加盟共和国内的民族主义情绪，并明显提高了海外亚美尼亚民族政党"亚美尼亚革命联盟"的支持率。[2]

在苏共二十大开启"去斯大林化"进程之后，苏联有限的民主化在继续发展。这种民主化在加盟共和国的官方语言政策中体现得尤为明显。例如，1956 年 8 月，阿塞拜疆加盟共和国的宪法增加了一条，将阿塞拜疆语

---

[1]　J. Hasanli, *Khrushchev's Thaw and National Identity in Soviet Azerbaijan*, *1954 - 1959*, Lanham：Lexington Books, 2015, pp. ix - xiv.

[2]　L. Alexeyeva, *Soviet Dissent*：*Contemporary Movements for National*, *Religious andHuman Rights*, Middletown, CT：Wesleyan University Press, 1987, pp. 121 - 123.

和俄语共同定为官方语言。阿塞拜疆的这种做法，实际上并没有经过苏共中央的允许，这也是所有加盟共和国中唯一的案例。而苏联对此并没有进行干涉，这种态度其实就反映出苏联对加盟共和国语言政策控制的减弱。①

　　然而，实践表明，有关改革的作用十分有限。在 1959 年的学校改革中，学生父母有权选择让自己的孩子在俄语学校或者非俄语学校学习，以及选择另一门语言作为选修。比较自信的亚美尼亚和立陶宛对此并没有表达明显的忧虑，然而拉脱维亚、乌克兰和阿塞拜疆的那些在语言方面感受到威胁的活跃精英对此展开了坚决的斗争。② 如此一来，语言政策成了激发少数民族精英不满情绪的另一个重要原因。在苏联的分离主义和民族主义发展历史中，"去斯大林化"从未发挥和平化的作用，在国外引起了 1956 年波匈事件，而在国内，则导致了波罗的海国家的分离主义运动。在波兰和匈牙利事件自由氛围的影响下，立陶宛和爱沙尼亚的民族主义分子也掀起了抗议浪潮。当年 10 月底，维尔纽斯大学的学生散发充满民族主义口号的传单。1956 年 11 月初，在考那斯和维尔纽斯，数千天主教徒举行游行示威，要求宗教自由。当考那斯 4000 多名青少年学生与警察发生冲突时，爱沙尼亚首都街道上的抗议者唱着民族主义的歌曲。③ 苏联政府意欲在一定程度上转变其民族政策，但是任何重大的改革都需要充分的党内政治资源，而赫鲁晓夫所掌握的党内资源与这个目标还相去甚远。在这种情况下，克里米亚鞑靼人、麦斯赫特土耳其人和伏尔加河地区德国人的权利依然继续受到侵犯。④ 不止于此，许多加盟共和国又受到新的结构性的政治压迫。自 1956 年以来，苏联决策层尝试剥夺克里米亚鞑靼人存在的权利，将其从苏联民族列表中移除，将克里米亚鞑靼语从苏联语言列表中删除。另外，国家领导人禁止在参考书、百科全书、教科书和统计资料中提及这一少数民族。同时，在苏联人口普查资

---

① J. Hasanli, *Khrushchev's Thaw and National Identity in Soviet Azerbaijan, 1954－1959*, pp. ix - xiv.

② Yu. Slezkine, "The USSR as a Communal Apartment, or How a Socialist State Promoted Ethnic Particularism", *Slavic Review*, 1994, Vol. 53, No. 2, p. 449.

③ D. Zisserman-Brodsky, *Constructing Ethnopolitics in the Soviet Union: Samizdat, Deprivation and the Rise of Ethnic Nationalism*, Palgrave Macmillan: New York, 2003, p. 230; L. Alexeyeva, *Soviet Dissent: Contemporary Movements for National, Religious and Human Rights*, p. 68.

④ J. Hasanli, *Khrushchev's Thaw and National Identity in Soviet Azerbaijan, 1954－1959*, pp. ix - xiv.

料中，删除了克里米亚鞑靼人的内容。①

　　中央政府在苏共二十大之后采取的另一种政策，是"本土化"，为少数民族领导人升至地方政府高层提供了可能。从表面上看，这种规定会成为苏联民族政策受欢迎的原因，可是实际上，本地少数民族领导人走到一定的职位就无法继续发展下去，所以它也严重限制了少数民族领导人升职到中央政府的可能性。毋庸置疑，地方民族主义的兴起在某种程度上也源于地方精英对中央政策的不满。②

　　斯大林时期民族清洗的程度和范围，使地方精英更加强烈地渴望表达的自由以及文化和语言自由传播的权利。这在一定程度上也导致了地方上时常会误解政府机构发出的信号。如在乌兹别克加盟共和国，新领导人卡马洛夫（С. К. Камалов）因为对本土化政策"望文生义"而遭受批评。在他的领导下，当地居民以本土化为国家"文艺复兴"的前提，多数乌兹别克人开始公开遵守穆斯林习俗。但是乌兹别克这一"本土化"的尝试并没有得到中央政府的支持，与此相反，莫斯科的米哈伊尔·苏斯洛夫（М. А. Суслов）等人强烈谴责卡马洛夫。乌兹别克加盟共和国最高苏维埃主席团主席、乌兹别克人民作家拉希多夫（Ш. Р. Рашидов）强烈批评该领导人实行本土化的方式。1959 年 3 月 14 日在乌兹别克共产党中央委员会会议上，卡马洛夫被迫辞职。而拉希多夫，直到他 1983 年逝世，连续 24 年担任乌兹别克共产党中央委员会第一书记。相应地，在 1959 年至 1961 年，乌兹别克加盟共和国部长、州委、区委、市委书记等数十人被撤换。③

　　总体来说，在数十年实行民族清洗和不恰当的民族政策的历史中，"去斯大林化"和本土化政策自身的有限性，削弱了这些政策的效果。地方精英对此的反应让中央意识到，也许相反的措施会更有效。因此，苏联决策层又提出了民族同化政策。

---

① Курсеитов Р. Д. Крымские татары во Второй мировой войне и после. ГероиСоветского Союза – награжденные и отвергнутые. Борьба за человеческое достоинство// Крымское историческое обозрение. 2015. No. 2. С. 84 – 131.

② A. Scherbak，"Nationalism in the USSR：a historical and comparative perspective"，Working paper，Series：Sociology，Higher School of Economics，WP BRP 27/SOC/2013，https：//www. hse. ru/data/2013/12/12/1339832905/27SOC2013. pdf.

③ Demian Vaisman，"Regionalism and Clan Loyalty in the Political Life of Uzbekistan"，in Yaacov Ro'i，*Muslim Eurasia：Conflicting Legacies*，London：Frank Cass，1995，pp. 105 – 123.

四　民族同化与分离主义的隐形发展（1961～1985）

1958 年年中以后，苏联政府继承并延续了斯大林时代开始的俄化努力，并于 1961 年在党纲里增加了相关的内容。[①] 民族同化的尝试激怒了少数民族，引发了新一轮的抗议。在一定程度上，同化政策中显现的大俄罗斯沙文主义激发了这种愤怒的情绪。例如，20 世纪 60 年代初，苏联政府鼓励以俄语为母语的居民迁移到中亚加盟共和国的活动达到高潮，尤其是在哈萨克斯坦北部地区。而且大多数苏联移民不仅对中亚文化一无所知，还骄傲自满，往往拥有文化上的优越感。[②]

相应地，苏联各个族群对于民族同化挑战的反应也有所不同。以乌克兰为例，在 60 年代早期，乌克兰知识分子发起了保持母语纯洁性的运动，并以去俄化为主要目标。1963 年 2 月，运动积极分子在基辅召开了乌克兰语言问题大会。乌克兰的作家、教师、语言学家等数千人参加了这次会议。与会者请求当地政府采取措施，"在所有组织和企业里、铁路等交通工具上和进行贸易过程中，广泛使用乌克兰语言"。[③] 而且这种活动并不仅限于和平方式：乌克兰民族运动中有诉诸极端方式的历史，长期存在的乌克兰民族团体一直以乌克兰独立为其主要目标。在乌克兰民族团体受到广泛支持的西部地区，民族团体还会进行暗杀共产党员、在行政和公共场所纵火等反苏行动。当地多数倾向于民族主义的非法团体一般以大学生为其主要成员，他们负责诸如悬挂乌克兰国旗与散发"反苏"传单等活动。[④]

鞑靼民族也对同化政策做出了反应。20 世纪 60 年代初，鞑靼知识分子成立了由阿奇里诺夫（Т. Айдельдинов）率领的非正式小组，其主要活动之一便是向党委、政府等机构邮寄信函，在信中罗列鞑靼民族权利所受到的侵犯。在这些信函中，知识分子们强调，少数民族地区尚未有鞑靼语广播节

---

① Yaroslav Bilinsky, "Education of the Non-Russian Peoples in the USSR, 1917 – 1967: AnEssay", *Slavic Review*, Vol. 27, No. 3, Sep. 1968, pp. 411 – 437.

② Пыжиков А. В. Хрущевская "оттепель". М.: Олма Пресс, 2002. С. 197.

③ Там же.

④ L. Alexeyeva, *Soviet Dissent: Contemporary Movements for National, Religious and Human Rights*, pp. 31 – 42.

目、鞑靼电影、民族交响乐团、全苏鞑靼文报纸等。他们还指出，在地方上出版的鞑靼文书籍远远无法满足少数民族语言的需求。这个小组的成员一直处于公安部门的监视之下。据公安机构的资料，1965 年 1 月 27 日至 18 日，哈西柏林（Хасибуллин）和穆哈迈德江诺夫（М. Мухаметзянов）在参加一次文学沙龙时，在喀山文化宫里所做的发言，就明确反对以俄语为官方语言的政策。1965 年 3 月，在鞑靼共和国图书馆举行的读者大会上，蔡努林（Э. Зайнуллин）强调说，鞑靼文学语言"已经失去颜面，受到了俄罗斯化的影响"。蔡努林和穆哈迈德江诺夫 1965 年 4 月在另一次文学沙龙上的演讲，还引起了克格勃的注意。当晚出席聚会的人物中有很多著名的文化界人士，包括吐番（Х. Туфан）、莱特普（Г. Латып）、哈利特（Г. Халит）等，他们并没有提出反对意见，此举表明演讲内容同鞑靼舆论界的观点基本一致。[①]

在某种程度上，少数民族早期抗议行为在 60 年代取得了一些成果。在莫斯科市中心组织示威的克里米亚鞑靼人，在 60 年代末终于返回了故乡。亚美尼亚人从 1965 年起，先是通过组织抵抗活动，后来得到了中央政府的批准，允许纪念 1915 年的种族灭绝事件。1967 年后，在以色列军事胜利的背景之下，得到海外支持的苏联犹太人移民到以色列和其他西方国家。[②]

然而，在少数民族取得这些成果的同时，苏联政府依然对过于激烈的抗议者施加了压力：60 年代，有一群乌克兰作家、教师和记者，由于对俄化表示不满，遭到了残酷的镇压。[③] 1965 年 9 月 4 日，在基辅的一家电影院里，举行了电影《被遗忘的祖先的背影》的首映。在此期间，乌克兰知识分子组织了首次公开抗议活动，抗议他们受到的政治起诉。伊万·德祖巴（Иван Дзюба）、瓦斯利·斯图斯（Василь Стус）、维亚切斯拉夫·切尔诺维乐（Вячеслав Чорновил）当时谈到了他们的同事受到的镇压，并且呼吁在场听众站出来表达对政权的反抗。在场的 800 人中，有五六十人站了出来。随后又出现了许多其他的抗议活动。在公开支持被捕人士的抗议者中，

---

① Галлямова А. Г. Национальный вопрос и проявления инакомыслия татарской общественности в 1960 – 1980 – е гг. // Уральский Исторический Вестник. 2009. No. 4. С. 72 – 77.

② R. G. Suny, "State, Civil Society, and Ethnic Cultural Consolidation in the USSR-roots of the National Question", in G. Lapidus, *From Union to Commonwealth*: *Nationalism and Separatism in the Soviet Republics*, New York: Cambridge University Press, 1992, p. 32.

③ Ibid.

包括飞机设计师奥勒格·安东诺夫、导演谢尔盖·帕拉扎诺夫、作家奥勒斯·贡察尔等人。而伊万·德祖巴在几个月之后，撰写了著名的科幻和新闻学研究报告《国际主义还是俄化?》。这部作品甚至在乌克兰加盟共和国出版，尽管只限于内部使用。①

在这一方面，仇外心理出现了新的形式。当处于边界地区的少数民族不断受到迫害的时候，处于苏联内地的、孤立于外国影响的少数民族，受到的压力相对较小。譬如，鞑靼地方领导人不可能没有注意到民族知识分子发表的关于鞑靼文化衰落的声明。因此，克格勃人员反复找反对派积极分子进行所谓"预防性谈话"。但是事实上，此后反对派的行为并没有发生实际上的改变。相对来说，苏联决策层对于国家内部地区的民族组织保持了一个比较宽容的态度。形成这种态度的主要原因，也许是决策层认为这些民族主义活动无法引起共鸣。②

20 世纪 70 年代末，苏联中央政府的民族政策并没有太大的变化。同化政策本身在大范围实行。许多加盟共和国一直担忧它们在苏联治下的权力限度，1977 年，苏联政府通过的新宪法，以及随后几年加盟共和国和自治共和国制定地方宪法的过程，都引发了对苏联某些地区政治地位的新争议。地方代表建议起草有关法律，确立"法定标准，使自治共和国能够转变为加盟共和国"。普通居民也向国家领导人致函，要求改变其居住地区的政治地位。同时，地方与中央报纸编辑部开始收到大量此类信函。在各种文件中填写民族的方式也引起了争论，有些人认为自己是苏联人，不同的族群只不过说不同的语言而已；另一些人甚至认为，苏联宪法第 36 条有必要补充如下内容："禁止在任何官方文件中提供关于民族的信息（护照等各种身份证件、机票、个人问卷等）。"③

还有一种提议认为，要建立一个统一的苏联民族，就要放弃苏联的民族联邦结构。他们提出了一系列论点：首先，联邦结构已经过时了，这种结构

① Грабовский С. Легендарный протест против репрессий и трое его инициаторов. http : // argumentua. com/stati/legendarnyi – protest – protiv – repressii – i – troe – ego – initsiatorov.

② Галлямова А. Г. Национальный вопрос и проявления инакомыслия татарсткой общественности в 1960 – 1980 – е гг. С. 72 – 77.

③ Наумова Н. И. Национальная политика в России : история и современность. Ì : Русский мир, 1997. С. 346.

使各民族群众难以融合与包容。有人强调，加盟共和国结构阻碍着苏联各地区经济发展，在国内形成经济障碍。其次，苏联放弃加盟共和国体制能够加强苏联的政治一体化。最后，由于苏联强制和自由迁居政策，一些加盟共和国和自治共和国的本地人口对外地人的比例，发生了翻天覆地的变化。在许多地区，主要民族竟然变成了该地区的少数民族。[1] 事实上，精英分子所讨论的这个提议，最终只是衬托出苏联政府在同化政策实施的过程中是多么草率。

在这些争议背景之下，1978～1979 年苏联决策层在少数民族地区采取了进一步扩大俄语教学的措施，以此减少本地语言的教学和使用。这些决定激化了日益增长的不满情绪，最终引发群众示威活动。[2] 1978 年 4 月，格鲁吉亚共产党尝试取消加盟共和国宪法中规定的 "以格鲁吉亚语作为官方语言" 这条时，数千人前往党总部，迫使谢瓦尔德纳泽放弃这一方案。同年，阿布哈兹人游行抗议格鲁吉亚人对他们的不公正待遇，并要求正式加入俄罗斯加盟共和国。卡拉巴赫亚美尼亚人反复抗议阿塞拜疆限制亚美尼亚文化和语言学习的政策，可是最后抗议活动无果而终。[3] 尽管民族主义精英的活动在增加，苏联政府在 20 世纪 80 年代初依然继续在少数民族地区尝试扩大俄语教学的规模。[4]

由同化政策带来的压力开始蔓延到整个苏联。白俄罗斯、摩尔多瓦等地区开始发生分离主义事件，可是其规模、力量与群众参与度远远不如在波罗的海国家和乌克兰发生的事件。[5] 但是苏联政府似乎从未意识到民族主义运动的危险。早在 1972 年，苏共中央机构负责人欧尼科夫（Л. Оников）在向勃列日涅夫呈报的一份备忘录中指出，各加盟共和国反俄情绪有集中化的趋势，并提醒国家领导人，目前不能 "排除非俄罗斯少数民族的民族主义者在反俄情绪的基础上团结起来，以及俄罗斯族人对此做出回应的可能性"。然而，苏联建国五十周年庆典的喜悦席卷全国，备忘录的作者却受到

---

[1]　G. Lapidus, "Ethnonationalism and Political Stability: The Soviet Case", *World politics*, 1984, Vol. 36, No. 4, pp. 555 – 580

[2]　G. Lapidus, "Ethnonationalism and Political Stability: The Soviet Case", pp. 555 – 580.

[3]　R. G. Suny, "State, Civil Society, and Ethnic Cultural Consolidation in the USSR-roots of the National Question", p. 32.

[4]　Ibid.

[5]　Пыжиков А. В. Хрущевская "оттепель". С. 198.

批评。① 如此，不断加强的俄化进程，引发了日益增长的不满，这在苏联的最后几年终于显现。②

五　民主化与苏联分离主义崛起（1985～1991）

20 世纪 80 年代早期，苏联一直没有明确认识到社会内部的不满情绪。直到一系列事件的爆发，才纠正了长期以来的错误认识，意识到少数民族问题已经迫在眉睫。1986 年 12 月，苏联中央政府任命俄罗斯族的根纳季·科尔宾（Г. Колбин）为哈萨克斯坦共产党第一书记，此举引起当地人的强烈抗议。学生进行游行时，甚至与军人发生了冲突。此后不久，科尔宾的共产党领导人职位被代表地方政治势力的努尔苏丹·纳扎尔巴耶夫取代。③ 其他地区也爆发了一系列的抗议事件，迫使中央政府采取对策。

苏联中央政府在民族问题上面临进退两难的选择：一方面，中央政府还是需要加盟共和国当地领导人的支持，而这些老干部基本上都反对戈尔巴乔夫的改革；另一方面，少数民族知识分子等民主势力超越了对克里姆林宫的疑虑，发现莫斯科新政策其实给予了他们一定的自由和发言权。在这种情况下，1985 年至 1988 年，戈尔巴乔夫不顾地方政治精英的反抗，在高加索和中亚的加盟共和国进行了一系列行政变动，撤销了一批当地领导人的职务，让当地知识分子取而代之。④ 如此，在民族问题上比老干部更激进的知识分子对当地政府的官方立场也开始产生影响。⑤ 苏联内部的冲突还出现了新的形式，即不总是由于对俄罗斯族的不满。相应地，民族共和国的地方人民之间的内部冲突也逐步频繁出现。1987 年末，属于阿塞拜疆的纳戈尔诺－卡拉巴赫的知识分子提出加入亚美尼亚加盟共和国的要求。同时，亚美尼亚居民在埃里温市进行游行，要求苏联政府承认纳戈尔诺－卡拉巴赫的民族自决

---

① Наумова Н. И. Национальная политика в России: история и современность. С. 343.
② R. G. Suny, "State, Civil Society, and Ethnic Cultural Consolidation in the USSR-roots of the National Question", p. 32.
③ 左凤荣：《戈尔巴乔夫、叶利钦与苏联解体》，《俄罗斯中亚东欧研究》2010 年第 5 期。
④ R. G. Suny, The Revenge of the Past. Nationalism, Revolution, and the Collapse of the Soviet Union, Stanford: Stanford University Press, 1993, pp. 127 - 130.
⑤ 老干部和知识分子都是少数民族的。

权。纳－卡问题在民族主义团体支持下开始尖锐化。在 1988 年 2 月 28 日的苏共中央政治局会议上，戈尔巴乔夫才真正认识到民族问题的严重性。^① 当民主势力开始行动时，在各加盟共和国出现的人民阵线突破了现状，超越了官方政策的限度，并迅速削弱了地方共产党的实力，甚至一些新任的领导人逐渐失去了对局势的全面控制。1989 年夏天，在乌兹别克斯坦，乌兹别克人与麦斯赫特土耳其人发生了一系列民族冲突，伤亡人数超过 100 人。结果，大多数麦斯赫特土耳其人移民到俄罗斯加盟共和国。另外，格鲁吉亚同阿布哈兹的冲突也在这一时期开始尖锐化。^② 民族主义情绪在全国范围内蔓延，在波罗的海国家达到了顶峰，这部分地归因于他们在文化和历史上与欧洲国家的相似性。1989 年 5 月，在苏联人民代表大会召开前夕，"来自波罗的海沿岸国家的消息令人不安，保守派取得优势，改革家们都心慌不定"。^③ 立陶宛的情况对当时民族主义运动的进展起了关键作用。1989 年 8 月 22 日，立陶宛加盟共和国最高苏维埃成立的研究苏德条约及其后果的委员会，在维尔纽斯发表了报告。该委员会宣布，苏德关于波罗的海国家的条约非法，因此立陶宛人民国会宣布 1940 年 7 月 21 日关于成立立陶宛苏维埃社会主义共和国的决议，以及 1940 年 8 月 3 日关于立陶宛苏维埃社会主义共和国加入苏联的法律，都无效。

　　1989 年 8 月 27 日，苏共中央在《关于波罗的海地区现状的声明》中，对于分离主义趋势在这一地区的发展表示了忧虑和不安。"立陶宛苏维埃社会主义共和国最高苏维埃委员会发表的声明，并不是个别现象，而最近几个月在拉脱维亚、爱沙尼亚、立陶宛的一些力量坚决地、强制地执行分离主义路线也与此有直接关系。人民阵线及其附属团体在 8 月 23 日举行的群众活动，使该总路线到达顶峰，其政治意义在于挑唆波罗的海加盟共和国的人民脱离苏联。"^④ 据戈尔巴乔夫回忆，"决议引起了多种反应，也可以说，导致

① 左凤荣：《戈尔巴乔夫、叶利钦与苏联解体》，《俄罗斯中亚东欧研究》2010 年第 5 期。

② Горбачев М. С. Жизнь и реформы. http：//www.gorby.ru/gorbachev/zhizn_ i_ reformy1/ page_ 18/#4.

③ Там же.

④ 《苏共中央〈关于波罗的海地区现状的声明〉》，http：//www.hpc － strategy.ru/konflikty_ v_ sssr/19890827_ zayavlenie_ ck_ kpss_ o_ polozhenii_ v_ pribaltike/。

了与预想相反的结果"。① 此时连不主张脱离苏联的积极分子对于中央政府
也感到不满了。

不像其他加盟共和国，中亚地区的领导人严格限制自下而上改革实行的
范围，所以当地共产党组织依然能够维持它们对社会的控制。随着全国政治
民主化、共产党治理逐渐失去合法性，以及莫斯科所表现出的拒绝用暴力解
决问题的态度，民族主义运动或逐步动员了苏联各个地区的旧政治阶级，或
迫使地方领导人打着民族主义的幌子试图脱离中央政府的控制。② 例如，在
哈萨克斯坦，在纳扎尔巴耶夫上台的同时，哈萨克斯坦最高苏维埃主席团主
席卡马雷吉诺夫（З. К. Камалиденов）和哈萨克加盟共和国部长会议副主席
扎捏别科夫（Ш. Джаныбеков）被迫退休。其他一些老资格领导，如克孜勒奥
尔达州委第一书记阿乌列别科夫（Е. Ауельбеков）和卡拉卡尔帕克州委第一书
记萨列科夫（К. Салыков），后来也都被年轻政治家所取代。③

与此同时，俄罗斯族人心中产生了强烈的危机感。很多俄罗斯族人认为
自己处于危险之中，因为他们的文化遗产在逐渐消失，比如损毁纪念碑的行
为，更不用说那些被极度扭曲的历史。所以说，到 20 世纪 80 年代后期，苏联
的国家制度甚至无法给予核心民族以基本的安全感。④ 俄罗斯族人对现状变化
情况的回应，也给戈尔巴乔夫造成了更大的压力。戈尔巴乔夫回忆说，"著名
俄罗斯作家瓦伦廷·拉斯普廷在人民代表大会的会议上表示：大家如果对俄
罗斯这么不满意，将所有的过错都推到它身上，那它为什么还要留在苏联？
我记得那一刻，他已经走回自己的位置，但代表们还继续站着鼓掌"。⑤ 由此
可以看出，即便是俄罗斯族，也感到在民族政策中受到了欺骗和虐待。

整体而言，1986 年至 1989 年苏联民族情绪尚在国家的控制范围之内。
直至 1989 年，苏联国家领导人才逐渐发现，民族主义运动已经超越政府的
控制范围，加盟共和国的知识分子群体引领着这股潮流。诸如，受苏联其他

---

① Горбачев М. С. Жизнь и реформы.

② R. G. Suny, *The Revenge of the Past. Nationalism*, *Revolution*, *and the Collapse of the Soviet Union*, Stanford: Stanford University Press, 1993, pp. 127 – 130.

③ Масанов Н. Казахская политическая и интеллектуальная элита: клановая принадлежность и внутриэтническая соперничество// Вестник Евразии. 1996. № 1. С. 46 – 61.

④ R. G. Suny, *The Revenge of the Past. Nationalism*, *Revolution*, *and the Collapse of the Soviet Union*, pp. 127 – 130.

⑤ Горбачев М. С. Жизнь и реформы.

地区的人民阵线等公民团体的影响，中亚知识分子密切关注许多重要问题，其中包括母语的法律地位、民族文化的发展、民族历史的重新评估、为受政治镇压的作家恢复名誉等文化问题，以及单一种植棉花的农业、地方政府与中央政府的关系、环境污染、咸海干涸、公共卫生和婴儿死亡率等经济和环境问题。到 20 世纪 90 年代初，这些问题成为分离主义发展的条件，以及苏联解体后当地政府新政策关注的重点。①

六　结语

苏联对分离主义和民族主义的政策，有一个持久而又复杂的演化过程。苏联建国初期，沙俄帝国领土中的"碎片"便已经在寻求独立，当时这些尝试往往得到外国力量的支持。布尔什维克之所以建立"积极民族政策的国家"，并努力吸引各个地区的分离主义者，便是因为担心其他国家干涉其民族事务。苏联领导人在应对这一挑战的时候，对内主要在舆论上扩散仇外心理，而对外的做法基本遵循上文提及的皮埃德蒙特原则。这些应对措施始于一系列积极手段，最终结束于强制迁徙政策。所以说，苏联决策层阻止外国势力对苏联边疆民族的影响力扩展，成为这一时期民族政策的一个主要特征。换言之，苏联在构建民族政策时，一直有基于外交政策层面的考虑。斯大林逝世后，苏联政府针对跨界民族的政策虽然在不断进行调整，但并没有发生关键性的变化。例如，40 年代苏联政府曾为了对跨界民族施加影响，在几个加盟共和国设立了外交部。在处理跨界民族问题上，乌兹别克斯坦共和国、哈萨克斯坦共和国和吉尔吉斯共和国外交部负责其中涉及中国的事务，阿塞拜疆外交部主要解决与土耳其有关的事务，塔吉克斯坦共和国外交部则集中处理有关伊朗的事务。② 斯大林去世后，虽然苏联在表面上采取了一系列"去斯大林化"的措施，但是这些加盟共和国的外交部并未被撤销。而在 20 世纪 60 年代、70 年代，苏联各种情报机关开始特别关注上述加盟

---

① Mohira Suyarkulova, "Reluctant Sovereigns? Central Asian States' Path to Independence", in Sally N. Cummings and Raymond Hinnebusch, *Sovereignty after Empire. Comparing the Middle East and Central Asia*, pp. 127 – 153.

② Дж. Хасанлы. СССР - Турция: от нейтралитета к Холодной войне (1939 – 1953). M: Центр Пропаганды, 2006. С. 146.

共和国的情况，尤其是其中有关叛逃者和对外宣传工作等问题。此后，更加强硬的措施很快取代了"去斯大林化"。

应该指出的是，20 世纪 60 年代初至 80 年代上半叶，分离主义都没有明显的表现。一方面，这是斯大林时期采取的民族政策的结果。另一方面，是由于苏联当时已经在国家体系中培养出了忠实于国家制度的少数民族知识分子。其中许多人在试图扩大各自地区的民族权力时，只能按照制度制定的规则行事。同时，这一时期激进的知识分子的抗议活动，也无法取得广泛的支持，所以决策层从未看出这些民族潮流崛起的危险。

到了 80 年代末 90 年代初，不适当的民族同化政策及中央政府长期忽略加盟共和国利益的做法，迫使地方社会在民族主义基础上实现团结，进一步提出民主化的要求。如同苏联领导人一样，戈尔巴乔夫试图利用这些情绪来达到自己的政治目标，可是他的政府很快就失去了对于民族主义运动的控制。一言以蔽之，民族问题对于苏联内外政策都产生了负面影响，并且最终导致了国家的解体。

有些俄罗斯学者将苏联民族政策发展比喻为钟摆摆动："软波"和"硬波"措施的交替表明，民族政策的发展轨迹来回摆动，一种极端的方针出现之后，又会被下一时期另一种极端的方针所代替。苏联政府从未找到折中的办法，即寻找到主体族群民族和少数民族的政治利益之间的平衡。因此，"钟摆的摆动"所象征的苏联民族政策的摇摆不定，成为苏联在暴政、种族暴力及最终苏联崩溃，以及在这些过程中开展的大规模政治动员的原因之一。①

这些变动表明，在苏联决策层意识中，分离主义活动与地缘政治因素，尤其是与外国势力的活动，一直有千丝万缕的关系。所以居住在苏联内地的少数族群基本上没有受到全面镇压，而居住在边疆地区的族群则长期以来受到极其严重和残酷的镇压。

与此同时，高估外交因素对于苏联民族政策造成了严重后果。苏联决策层忽视了平等在少数民族融入苏联社会的过程中的重要性。在全苏范围内对地方政治精英们制造的行政障碍、通过语言教学及俄罗斯族人迁移等措施实施的民

---

① Щербак А. Н, Болячевец Л. С, Платонова Е. С. История советской национальной политики: колебания маятника? // Политическая наука. 2016. № 1. С. 100 – 123.

族同化政策，造成了一些关乎少数民族地区利益的关键性行政错误。诸如咸海环境灾难、切尔诺贝利灾难，以及哈萨克斯坦塞米巴拉金斯克市的核试验基地的地理位置问题等，皆是未受到苏联最高领导人足够关注的少数民族问题。

苏联领导人也时时利用民族情绪，并从中获取政治利益，这种做法在不同历史时期导致了分离主义的兴起。如斯大林试图将土耳其、伊朗与中国新疆的一部分并入苏联，戈尔巴乔夫尝试通过民主阵营的形成获得地方政治精英的支持，地方党委领导人打着民族主义的幌子试图脱离中央政府的控制并建立独立国家等。当政治家们实现各自的政治目标时，也助长了苏联内部各民族的民族主义情感。斯大林的计划在亚美尼亚和格鲁吉亚之间打入了一个楔子；戈尔巴乔夫的政策鼓励了知识分子们为他们的民族主义观点而奔走；地方精英的政治行为也成为苏联最终崩溃的原因之一。

如同上文所指出的，分离主义是民族主义的极端表现，民族主义者开始要求独立的那一刻，才成为分离主义者。在此定义基础上，可以得出以下初步的结论：苏联建国时期与解体时期才是分离主义的兴起阶段，而在1956年至1961年、1961年至1985年的两个历史阶段期间，民族主义者的行动停留在体制框架之内，他们从未正式提出各自少数民族地区的独立要求。所以，苏联在此期间是民族主义问题，尚未达到分离主义的程度。也就是说，1956年至1985年就是改善国内民族关系最好的时期，然而苏联政府错过了这次机会。

总体而言，苏联内部的离心趋势从未消失过，只不过在不同时期，这些离心力在形式上有所变化。苏联全国经济、文化生活当中存在"内地"社会与"边疆"社会之间的隔阂，边疆地区部分地接纳俄罗斯的语言和文化，但是其特殊的"边疆式"思维方式基本上并未改变。苏联疆界存在涉及"异向群体"的国土或领地问题。最关键的是，苏联少数族群的政治意向和文化价值取向与主流社会之间分离，而主流社会对这些族群的态度也不是包容，而是排斥。因此，苏联最符合边疆国家的定义，[1] 苏联政府只是用大棒加胡萝卜政策维持国家的统一，却并不是真正的"整合国家"。

（原文刊登于《俄罗斯研究》2018年第6期）

---

① 刘晓原：《边疆中国——二十世纪周边与民族关系史述》，第 xxv 页。

1918～1921年苏俄对外蒙古政策再探讨

谷继坤[*]

关于1918～1921年苏联对外蒙古政策问题，苏联学者多从意识形态的立场出发，认为苏联为"1921年蒙古革命"的成功提供了重要帮助，对蒙古的"民族解放和国家独立"给予了极大支持。[①] 苏联解体后，俄罗斯学者在论及该问题时，着重从外交史的视角探讨，并注意将中国因素考虑在内，但多未摆脱苏俄为追剿白卫军进入外蒙古、苏俄对外蒙古"民族和国家独立"给予大量支持以及苏俄为推动东方乃至世界革命方才给予1921年蒙古独立以支持等旧有观点。[②] 中国学界对该问题则多从外蒙古独立角度进行研究，材料上多使用民国时期外交档案资料，[③] 观点上多从苏俄推动世界革命、以国家利益至上等方面立论，[④] 而对俄罗斯原始解密档案材料的发掘使用明显不足。

---

[*] 谷继坤，华东师范大学历史学系、周边国家研究院讲师。

[①] *БалдоБ.*（гл. ред.），Исторический опыт братского содружества КПСС и МНРП в борьбе за социализмМ.：Политизда，1971.；*ГафуровБ. Г.*（гл. ред.），История советско - монгольских отношений，М.：Наука，1981.；*Окладников А. П.*（гл. ред.），История Монгольской Народной Республики/АН СССР，АН МНР，М.：Наука，1983.

[②] *Рощин С. К.*，Политическая история Монголии（1921 – 1940гг.），М.：Институт востоковедения РАН，1999；*Лузянин С. Г.*，Россия – Монголия – Китай в первой половине XXв. Политические взаимоотношения в 1911 – 1946гг.，М.：ИДВ РАН，2000.

[③] 《中俄关系史料：外蒙古（1917～1919）》《中俄关系史料：东北边防与外蒙古（1921）》，台北：中研院近代史研究所，1959、1975。

[④] 如薛衔天《民国时期中苏关系史（1917～1949）》上册，中共党史出版社，2009；彭传勇《俄（苏）与外蒙古关系研究（1911～1945）》，黑龙江人民出版社，2010；樊明方《1911～1921年的外蒙古》，西北工业大学出版社，2015；等等。

因此，以俄罗斯解密档案材料为基础，就苏俄对外蒙古政策问题进行具有中国学者视野的史学实证研究十分必要。本文即以笔者近年收集的俄罗斯解密档案为核心，在前人研究基础上，对 1918～1921 年苏俄对外蒙古政策问题进行再探讨。本文认为，1918～1921 年，苏俄将其扩张性的意识形态目标和全神贯注寻求自身国家利益的主张结合在一起，审慎地"创造"益于己方的有利条件，成功实施了消灭白卫军，扶植蒙古人民党驱离中国驻军并建立亲苏政权，促使中国政府与其谈判以打开对华关系的"三位一体"战略，在帮助蒙古人民党夺取政权的同时，将自身实际影响控制力伸入外蒙古地区。

一　苏俄对外蒙古的早期渗透

十月革命后不久，新生的苏维埃政权面临严重的内外困局，外有协约国武装干预，内有白卫军之乱。此时外蒙古正处于享有广泛"内部自治权"的博克多格根①（Богдо - гэгэн）自治政府时期。苏俄在远东和西伯利亚地区面临的主要问题，一方面是日本军队大量驻扎于滨海边疆地区，另一方面是同白卫军的拉锯作战。总之，此时苏俄在外蒙古地区并无实际控制力。苏俄虽在外贝加尔地区建立了苏维埃政权，但政权并不稳固，同外蒙古相接的西伯利亚地区一时也成了苏俄红军和白卫军拉锯作战的前线。此种背景之下，苏俄政府一方面尝试用新的领事代表来取代沙俄在外蒙古旧的领事馆，以同外蒙古当局建立正式外交关系，进而有助于苏俄从正面打破自身在东方的孤立局面。另一方面，苏俄同时采取了在外蒙古进行地下革命鼓动宣传、派遣人员前往外蒙古"考察"等手段，以暗中向外蒙古地区进行革命"渗透"。

1918 年 2 月，莫斯科即向外蒙古自治政府发出通报称，苏俄废除过去沙俄时期一切旧条约，准备同蒙古方面建立平等关系。不久，苏俄任命早先在库伦电报局工作的报务员瓦西里耶夫（Васильев）为苏俄驻库伦领事。但

---

① 博克多格根（1869～1924），外蒙古藏传佛教（喇嘛教）活佛第八世哲布尊丹巴呼图克图，是外蒙古两次独立（1911～1915 年和 1921～1924 年）时期的最高统治者，1921～1924 年只是外蒙古名义上的统治者，实际权力掌握在苏俄支持下的蒙古人民党手中。关于博克多格根的相关研究，可参见 Кузьмин С. Л.，Богдо - гэгэн VIII—великий хан Монголии // Азия и Африка сегодня，2009，№1，с. 59 - 64。

是，博克多格根政府不允许瓦西里耶夫入境，并继续承认沙俄驻库伦的领事奥尔洛夫（Орлов）为俄国的正式代表。① 4 月 9 日，苏俄外交人民委员契切林（Чечерин Г. В.）向外蒙古自治政府发出通电称："苏俄外交人民委员部通告，原俄国所有代表均被免职，会将他们送交革命法庭。希望蒙古政府断绝同这些罪犯的一切关系，所有支持这些人的行动都将被看作对苏俄内政的干涉。"② 1919 年 7 月 26 日，苏俄副外交人民委员加拉罕（Карахан Л. М.）签发了《俄罗斯苏维埃联邦社会主义共和国外交人民委员部致外蒙古自治政府和人民关于放弃沙俄同中国与日本签署的针对蒙古的条约并建议同苏俄建立外交关系的宣言》。宣言指出，苏俄政府郑重声明，苏俄人民放弃同日本和中国政府签署的一切针对蒙古的条约，蒙古是自由的国家，任何一个外国人都无权干涉蒙古内政。蒙古作为一个独立国家，有权在没有来自北京和彼得格勒方面监督下同所有其他友好人民进行直接接洽。为此，苏俄政府建议外蒙古立刻同俄国建立"外交"关系。③

苏俄对外蒙古的宣言目的是宣布废止沙俄时代的外交关系，进而与外蒙古自治政府建立"外交"关系，以打破苏俄在东方面临的孤立状态。不过，博克多格根政府并未对苏俄的上述"外交"努力做出积极回应。

1918 年苏俄国内战争开始时，苏俄在西伯利亚地区力量薄弱。同年 3 月苏俄成立的俄共（布）中央西伯利亚局的主要任务即领导在白卫军和外国武装干涉者占领下的西伯利亚和远东境内的地下革命运动。随着西伯利亚战事发展，从 1918 年春天开始，许多沙俄时代的资本家、地主、白卫军军官等纷纷逃往同西伯利亚接壤的外蒙古地区，而苏俄很多地下革命者也裹挟其间，趁机进入外蒙古地区从事革命宣传鼓动工作。俄共（布）中央西伯利亚局成立后不久制定了关于在蒙古组织革命工作的训令，在训令中指示布尔什维克宣传人员利用蒙古王公特权阶层之间的矛盾，在蒙古群众和有影响的上层人士中进行革命宣传，以"在蒙古建立苏维埃政府的威信"。④

① Рощин С. К., Политическая история Монголии (1921 – 1940 гг.), с. 27.
② Лузянин С. Г., Россия – Монголия – Китай в первой половине XXв. Политические взаимоотношения в 1911 – 1946гг., с. 67.
③ АВПРФ（俄罗斯联邦对外政策档案馆）, ф. 111, оп. 2, п. 102, д. 25, л. 6.
④ Лузянин С. Г., Россия – Монголия – Китай в первой половине XXв. Политические взаимоотношения в 1911 – 1946гг., с. 67.

　　为进一步了解外蒙古地区情况，1919 年春天，苏俄派遣以迈斯基（Майский И. М.）①为首的"考察队"对外蒙古进行了考察。考察队首要目的是了解外蒙古地区的市场份额、原料和活牲畜数量以及外蒙古地区需要交换商品的种类等，其次是弄清俄国人和中国人在商品交换中的作用，最后是调查外蒙古可资利用的整体资源状况。②显然，在其于西伯利亚和远东地区不占优势的情况下，苏俄对外蒙古只是保持关注，通过积极的革命渗透来传播自身影响，同时尽可能掌握关于外蒙古的经济等各方面的情报资料。

　　进入 1919 年下半年，苏俄在西伯利亚展开攻势并逐步站稳了脚跟。当年 11 月，苏俄红军占领西伯利亚地区重镇——鄂木斯克（Омск），并将此地作为俄共（布）中央西伯利亚局和西伯利亚革命委员会驻地。与此同时，外蒙古局势也发生了重大变化。1919 年夏秋，北京政府在徐树铮建议下逐步增加了在外蒙古的军事力量；11 月，在徐树铮力促下，外蒙古取消了"自治"。

　　在此背景下，1920 年 4 月，苏俄外交人民委员部东方司司长杨松（Янсон Я. Д.）给西伯利亚革命委员会主席斯米尔诺夫（Смирнов И. Н.）发送了一份关于蒙古政治军事局势的评估报告。杨松在报告中指出，根据最近从蒙古收集的情报来看，蒙古局势正变得日益严重，白卫军残余部队正重新组织起来，仅在恰克图—买卖城（Кяхта - Маймачен）一线的中国军队就有 8000 人。杨松强调，由于局势恶化，苏俄在库伦派驻代表的计划已无法实现，为此，应当改变对外蒙古政策，加强对蒙古革命工作，给予蒙古当地人更多支持，但"此种活动不应当具有公开性质"，为此，要通过布里亚特的活动家广泛地开展工作，并且"绝对不要依靠精明能干的中国人"。③如杨松所言，苏俄同外蒙古自治政府建立官方外交关系的计划因外蒙古"自治"

①　1919 年春天，迈斯基率队对外蒙古进行"经济考察"，在外蒙古考察了 17 个月，于 1920 年 9 月回到伊尔库茨克，后进入西伯利亚革命委员会工作。1921 年，迈斯基在其考察的基础上写成并出版了《现代蒙古》一书。至今，该书对了解 20 世纪 20 年代初期外蒙古的社会经济状况仍具有重要参考价值。

②　В. С. Мясников, Избранная переписка с российскими корреспондентами: в 2 кн. / Иван Михайлович Майский, Кн. 1: 1900 - 1934, Москва: Наука, 2005, с. 186 - 187.

③　ГАНО（新西伯利亚州国家档案馆）, ф. 1, оп. 2, д. 17, л. 22 - 23, 转引自 Дальневосточная политика Советской России（1920 - 1922 гг.）. Сборник документов Сибирского бюро ЦК РКП（б）и Сибирского революционного комитета. Новосибирск: "Сибирский хронограф", 1995, с. 59 - 60。

的取消已完全"落空"。与此同时，在苏俄看来，受日本支持的安福系代表徐树铮携军队进至外蒙古，被击溃的白卫军高尔察克①残部也越来越多地集中于外蒙古边境地区并编组成新的白卫军部队，所有这些情况引起了苏俄方面的严重关切。

在正面寻求同外蒙古当局建立"外交"关系计划无望的情况下，苏俄转而进一步加强对外蒙古的地下渗透和暗中鼓动工作，尤其是对外蒙古地下革命党人的支持。于是，苏俄应对外蒙古事务的专门机构——蒙古西藏处便应运而生了。

1920 年 7 月 26 日，根据俄共（布）中央和共产国际关于"在俄共（布）中央西伯利亚局成立领导远东邻近地区所有公开和地下革命工作的专门机构"的决定，俄共（布）中央西伯利亚局在伊尔库茨克成立了东方民族部，下设蒙古西藏处、中国处、日本处和朝鲜处，实际负责外蒙古事务的为加蓬（Гапон Ф. И. ）。27 日，东方民族部召开了第一次组织会议。会议决定，部门全称为俄国共产党中央委员会西伯利亚局东方民族部，由西伯利亚局提供人员和经费。② 自此，苏俄方面正式成立了负责应对外蒙古事务的专门机构——蒙古西藏处。蒙古西藏处是俄共（布）中央在西伯利亚党务部门中设立的应对外蒙古事务的专职机构，在组织关系上隶属于俄共（布）中央西伯利亚局。不过，因为肩负着在外蒙古传播革命的职责，蒙古西藏处又同共产国际的关系密不可分，随着局势的发展，后来蒙古西藏处被吸纳改组进了共产国际远东书记处。

苏俄政府对蒙古西藏处的部门组织活动准则和活动内容有明确的规定。蒙古西藏处的主要任务是向蒙古西藏宣传革命思想，传播苏俄在当地的影响，推动当地民众同世界帝国主义及其在亚洲的代表做斗争。就蒙古本身来说，蒙古仍以畜牧业为主，内部民众的文化水平较低，同北京政府有密切的政治经济关系。针对蒙古本身的这些特点，苏俄政府向蒙古西藏处提出了两方面的具体任务：一方面是从意识形态上掌握蒙古民众的民族运动，保护并

---

① 中国学术界关于高尔察克及整个白卫军的研究成果，可参见周国长《苏俄国内战争时期的白卫军——基于俄罗斯解密档案文献的研究》，博士学位论文，华东师范大学，2015。

② Лузянин С. Г. , Россия – Монголия – Китай в первой половине XXв. Политические взаимоотношения в 1911 – 1946гг. , с. 91. ；РГАСПИ（俄罗斯国家社会政治史档案馆），ф. 495，оп. 154，д. 7，л. 2。

清除蒙古民族运动免受其他"有害思想"的影响；另一方面通过支持蒙古
人民党来加快蒙古内部社会阶层的整合。蒙古西藏处应遵循这两方面的任务
要求，针对外蒙古进行事先的宣传鼓动工作。而从事宣传鼓动工作首先需要
的是掌握蒙古语的干部人才，蒙古西藏处首要的组织任务便是在伊尔库茨克
创立政治和军事学校以培养掌握蒙古语的干部人员。苏俄政府对即将由蒙古
西藏处创办的军政学校提出了整体的规划和要求。学校的课程大纲应当将最
基本的政治和军事培训列入在内。政治课程大纲的课程要求包含四个方面：
（1）熟悉俄语会话、识字和算术。（2）掌握基本的历史和地理知识，尤其
是革命运动的历史。（3）掌握关于资本主义、帝国主义的概念和主要资本
主义国家的具体政策。（4）懂得社会主义革命的思想，明白苏维埃政权和
共产党纲领的本质和任务。涉及军事事务方面的课程大纲应当接近于苏维埃
骑兵军事学校的课程，内容应当包括掌握实际的军事技术方面的知识，具体
如学习各种武器的使用和游击战的方法以及骑兵队列战术的运用，并且尽可
能在军事专家的参与下制定详细的军事课程大纲。关于军政学校的教员配
备，应当寻募有知识且懂蒙古语的教员。关于学员问题，除培训蒙古人民党
党员之外，通过在库伦的工作人员从蒙古底层人民中招募 50 名蒙古青年学
员送往伊尔库茨克学习。苏俄方面还要求蒙古西藏处尽快成立出版社，以更
好地进行宣传工作，考虑到蒙古人民的实际文化水平，出版的物品最好以各种
宣传小册子来呈现，同时印刷一部分通俗启蒙作品在蒙古群众中散发。①

　　除上述规定之外，苏俄政府对蒙古西藏处的工作细则和工作内容也有着
明确的要求和规定。蒙古西藏处的工作人员主要进行组织宣传工作和情报收
集工作以及与蒙古境内业已存在的革命中心建立联系。宣传工作内容为，在
蒙古境内口头宣传蒙古民族革命的思想和苏俄世界革命的任务以及苏俄对待
弱小民族的态度，编印派发用蒙古语刊印的革命宣传资料。在组织工作方
面，应当帮助蒙古人民党制订行动计划，建立完善蒙古人民党的组织网络和
基层组织，扩大蒙古人民党在外蒙古整个地区包括最偏远地区的影响，并在
这些地区建立蒙古人民党的侦查机关。除此之外，应特别注意在蒙古革命运
动过程中发现优秀党员干部并派遣他们赴苏俄受训。在情报工作方面，要周
期性报告并且力求准确，报告内容应当尽可能地包括蒙古政治、经济、生活

---

　　①　РГАСПИ，ф. 495，оп. 152，д. 3，л. 25 – 28.

的方方面面。在情报收集方面，应当特别注重蒙古政治形势的特点、力量变动情况，考察蒙古政治集团派别的内部关系及其对苏俄、中国、日本、美国等国的态度，关注中国方面在蒙古政治、商业、军事机构的情势，留意在中国士兵中进行革命宣传工作的可能性，调查蒙古的经济比例和贸易市场情况，注意派遣谍报人员进入蒙古大型居民聚集点和地区并建立特别中转联络站点。一周两次不间断汇报关于上述事务的进展情况。[①]

可以看出，蒙古西藏处被赋予了在外蒙古地区进行集革命宣传、情报收集、组织动员等各种职能于一体的角色。事实上，蒙古西藏处为苏俄对外蒙古早期政策的制定提供了大量情报和参考资料，而蒙古西藏处成立后不久，便参与处理了外蒙古事务的重大事件——接待蒙古人民党"七人代表团"的秘密来访。

二 苏俄谨慎对待蒙古人民党的援助请求

1919 年秋，外蒙古地下革命党人在库伦成立了两个秘密革命团体，即苏赫巴托（Сухэ - Батор Д.）领导的革命小组，成员主要有丹赞（Данзан С.）、道格索木（Догсом Д.）等人；乔巴山（Чойбалсан X.）领导的革命小组，成员包括鲍道（Бодо Д.）、劳索勒（Лосол Д.）、查格达尔扎布（Чагдаржав Д.）、扎米扬（Жамьян О.）等人。[②]

1919 年 11 月，在徐树铮力促下外蒙古"自治"取消，而且徐本人也确实在外蒙古实施了一些过激举措，外蒙古地下革命党人明显加快了活动步伐。1920 年 2 月，苏赫巴托和丹赞第一次尝试秘密前往苏俄，但未获成功。同年 5 月，苏俄秘密派遣了以鲍里索夫（Борисов С. С.）为首的党务工作小组抵达库伦；6 月，在苏俄工作人员参与下，苏赫巴托和乔巴山两人领导的革命团体举行了联合会议，并决定成立统一的组织——蒙古人民党。[③]

---

① РГАСПИ，ф. 495，оп. 152，д. 3，л. 31.

② 尔菊：《乔巴山是怎样确立最高领导地位的——兼论蒙党早期的内部斗争》，《蒙古问题研究》1988 年第 1 ~ 2 期。

③ *Рощин С. К.*，Политическая история Монголии（1921 - 1940 гг.），с. 29；乔巴山：《蒙古革命简史》，五十年代出版社，1951，第 14 页。需要指出的是，1921 年 3 月召开的蒙古人民党一大正式宣告蒙古人民党成立，而此时，蒙古人民党实际已经成立。

联合会议后不久，新成立的蒙古人民党决定派遣代表团前往苏俄寻求援助，为此，组织了由鲍道、丹赞、道格索木、劳索勒、苏赫巴托、查格达尔扎布、乔巴山等人组成的"七人代表团"。

1920 年 6 月 28 日至 8 月 7 日，在苏俄方面接应下，"七人代表团"以商人等身份为掩护，采用化名方法分三批秘密越过边界。8 月 9 日，代表团乘船抵达上乌金斯克，16 日在翻译仁钦诺（Ринчино Э. Д.）的陪同下到达伊尔库茨克。8 月 17 日，加蓬以共产国际驻西伯利亚和远东副全权代表的身份接待了代表团，除以苏俄政府的名义对代表团的到来表示欢迎外，还同代表团进行了简要会谈。① 加蓬在 17 日当晚给苏俄外交人民委员部和共产国际执行委员会的电报中提到，代表团的所有成员都是蒙古人，蒙古人民党代表团最关心的问题是恢复外蒙古"自治"同时寄希望于苏俄援助。加蓬在电报中同时指出，蒙古人民党代表团提出了从苏俄获得援助以同中国斗争的实际问题，代表团大部分成员认为"等合适的时机到来，同中国的斗争是合适的而且是不可避免的"。②

8 月 17 日会谈后，蒙古人民党代表团向苏俄方面提交了一份文件，详述了蒙古人民党的援助请求：

一、蒙古人民党请求苏俄帮助恢复 1915 年俄中蒙三方恰克图条约基础上的外蒙古自治，并在某些程度上扩大外蒙古自治的范围，同时消除俄国和中国对外蒙古的双重保护。

二、为完成上述任务，蒙古人民党计划同中国的革命组织建立紧密联系并同时向苏俄政府请求援助。

三、蒙古人民党希望得到苏俄三方面的具体援助。1. 通过向中国政府施加外交影响以和平方式满足人民党的要求。2. 请求苏俄政府拨付足以装备两个骑兵师的整套武器装备并派遣相应军事指导员。3. 请求苏俄政府给予蒙古人民党 600 万～700 万美元借款的财政援助。

四、如果能以和平方式解决恢复外蒙古自治的问题，中国应当将以前侵占的蒙古政府资产归还，包括从取消蒙古自治那天开始到恢复蒙古

① АВПРФ, ф. 111, оп. 1, п. 101, д. 1, л. 53－55.
② РГАСПИ, ф. 325, оп. 2, д. 51, л. 21.

自治之日期间中国人在蒙古境内获得的所有金钱以及通过其他渠道获得的各种收入，并将电报局等新旧建筑设施以及从蒙古军队和军械库收缴的所有武器转交给新政府。对于这点，蒙古人民党寄希望于苏俄政府的全力支持。

　　五、蒙古人民党很关注苏俄政府对包括乌梁海、内蒙古在内整个蒙古联合问题的态度。蒙古人民党强调"整个蒙古的联合问题"是指将蒙古人民党的影响扩展到整个蒙古范围内并在将来建立一个（由外蒙古主导）的"大蒙古国"。①

　　上述文件表达了蒙古人民党的主张和诉求，列入了蒙古人民党准备同苏俄政府协商解决的问题清单，蒙古人民党希望在争取恢复外蒙古"自治"的过程中获得来自苏俄外交、军事、经济等方面的援助，并且致力于在恢复外蒙古"自治"的基础上将自身的影响力尽可能地扩展到"整个蒙古"甚至在将来建立一个"统一的蒙古国"。可以看出，蒙古人民党的要求是激进的，而且有强烈的独立自主倾向。为进一步了解情况，苏俄方面同蒙古代表团又进行了多次会谈。对于蒙古人民党的援助请求，苏俄方面始终未明确表态，而是含糊地表示"我们主张全人类的解放并且我们只给予符合全人类利益的援助"。②

　　1920 年 8 月 26 日，加蓬给斯米尔诺夫发送了一份总结报告，汇报了同蒙古代表团几次会谈的情况并提出了自己的看法。加蓬在报告中指出，不能毫无保留地满足蒙古代表团的愿望，应当十分小心谨慎地给予蒙古代表团"折中的援助"，以排除引起中国人注意的可能性。加蓬并在蒙古人民党向苏俄寻求援助问题上向莫斯科表示，"惊动中国人对我们来说实际上是危险的，这应该是我们在确定对蒙古关系中占主导地位的思想"。③

　　伊尔库茨克会谈后，蒙古代表团分成三组：丹赞、劳索勒、查格达尔扎布经由鄂木斯克前往莫斯科，苏赫巴托和乔巴山留在伊尔库茨克进行军事政治业务的学习，鲍道和道格索木返回蒙古。丹赞和查格达尔扎布（劳索勒

---

①　РГАСПИ，ф. 495，оп. 152，д. 4，л. 3.

②　АВПРФ，ф. 111，оп. 1，п. 101，д. 1，л. 50 – 54.

③　РГАСПИ，ф. 495，оп. 152，д. 5，л. 18.

在前往莫斯科的途中返回伊尔库茨克）在鄂木斯克并未得到满意答复，于是在 9 月中旬到达莫斯科。丹赞、查格达尔扎布在莫斯科同俄共（布）中央和共产国际的领导人进行了会谈。① 直到 9 月末，莫斯科的苏俄领导人同西伯利亚的地方领导人一样，都只是表示原则上支持外蒙古的革命运动，而对于具体的援助同样持谨慎态度。

其实，加蓬在给斯米尔诺夫的报告中提到的"应当十分小心谨慎地给予他们（蒙古人民党人）折中的援助"的建议，典型反映了此阶段苏俄领导人谨慎对待蒙古人民党人援助请求的主张。苏俄领导人持谨慎态度的原因大致包括两方面：一是外蒙古此时尚在中国驻军控制之下，苏俄方面收集的情报显示，中国此时在外蒙古驻军人数为 12000～15000 人，苏俄显然不会冒着同中国驻军发生冲突的危险给予蒙古人民党人直接援助。二是如加蓬所言，对于蒙古人民党人的支持应避免引起中国人的注意，这点是处理同蒙古关系的"主导思想"，之所以这样说是因为此时苏俄正致力于恢复同中国的正常关系以打破苏俄在外交上的孤立局面。苏俄政府已于 1919 年 7 月 25 日发表了"第一次对华宣言"，但并未收到北京方面的积极回应。1920 年 9 月 27 日，也就是丹赞和查格达尔扎布在莫斯科期间，苏俄已经决定了"第二次对华宣言"的内容并准备交由同样在莫斯科访问的中国陆军中将张斯麟②带回中国。显然，苏俄政府此时会顾及如此全面地援助蒙古人民党将会"惊动"中国各方而不利于苏俄政府。因此，在莫斯科看来，此时还不是直接干预外蒙古局势的最佳时机。

总之，从 1920 年 8 月 17 日到 9 月底近一个半月的时间，苏俄政府完全了解了蒙古人民党的要求和主张，也从未停止对蒙古人民党的暗中支持，对于蒙古人民党的"一揽子"援助请求始终持谨慎态度。10 月，苏俄的谨慎态度发生了根本转变，因为导致外蒙古局势发生彻底变化的第一张"多米诺骨牌"倒下了——白卫军恩琴所部进入了外蒙古。

① *Рощин С. К.*，Политическая история Монголии（1921 – 1940 гг.），с. 29.
② 张斯麟代表团由北京政府督办处于 1920 年 6 月派出，经远东抵达莫斯科，于 11 月 28 日返回北京。关于张斯麟代表团的详情，可参见薛衔天《民国时期中苏关系史（1917～1949）》（上），第 36～40 页。

三 苏俄帮助蒙古人民党夺取政权

1920 年 1 月，苏俄红军在叶尼塞河和西伯利亚铁路交会的克拉斯诺亚尔斯克（Красноярск）城下对高尔察克进行了歼灭性的打击。2 月底，苏俄红军解放了特罗伊茨萨夫斯克（Троицкосавск），3 月 2 日解放了上乌金斯克。在苏俄红军的日益紧逼下，白卫军的活动空间不断被压缩。正是在这种背景之下，谢苗诺夫率部退向苏俄的滨海地区寻求日本的支持，而恩琴则率部进入了外蒙古。

1920 年 10 月初，恩琴指挥其嫡系部队"亚洲师"由西伯利亚同外蒙古接壤的东部边界进入外蒙古地区。此时，恩琴所谓的"亚洲师"有 1000 余人，包括 800 名外贝加尔哥萨克骑兵和 200 名蒙古士兵。10 月 27 日，恩琴率部抵近库伦城下，开始了对库伦的围攻，但中国驻军力量强大，恩琴多次进攻均未奏效。恩琴的围攻持续到 11 月 7 日，最终在攻取库伦无望的情况下，选择暂时撤往外蒙古南部补充力量以再次进攻。蒙古西藏处派往外蒙古的谍报人员戈奇茨基（Гочитский）于 11 月 29 日发回了关于外蒙古局势的最新报告。戈奇茨基在报告中提到：库伦处于恩琴白卫军的围攻之下，城内集中了中国军队的主力。恩琴在外蒙古宣称其行动是为了终结蒙古人被奴役的状态，库伦成了中国驻军和恩琴白卫军争夺的焦点。[①]

1921 年 1 月，恩琴的军队发展到了 3000 余人，包括 2000 名俄国士兵和 1000 名蒙古士兵，恩琴开始组织新的进攻并很快再次兵临库伦城下。2 月 4 日，经过激烈战斗，恩琴攻占了库伦。中国驻军撤往同苏俄相接的北部边城恰克图—买卖城一线。[②] 如此，恩琴打破了外蒙古局势的平衡，消灭了中国驻军的有生力量，最重要的是，为苏俄直接的武力介入提供了一个绝好的借口，苏俄方面很快做出了派遣军队进入外蒙古的决定。

1921 年 2 月 3 日，苏俄红军第 5 军革命军事委员会委员、俄共（布）中央西伯利亚局委员、苏俄外交人民委员部驻远东全权代表舒米亚茨基

---

① *Кислов А. Н.*，Разгром Унгерна，М.，1964，с. 15 – 17.；РГАСПИ，ф. 495，оп. 152，д. 3，л. 16.

② *Рощин С. К.*，Политическая история Монголии（1921 – 1940гг.），с. 11 – 13；关于库伦失守的情况亦可参见《中俄关系史料：东北边防与外蒙古（1921）》（中研院近代史研究所，1975，第 1 ~ 20 页）的往来电文和报告。

（Шумяцкий Б. З.）① 向莫斯科外交人民委员部和共产国际执行委员会发去
了关于请求限期完成向蒙古人民党提供武器装备并派遣军事教官和指导员的
电报，指出"为我们在蒙古工作的长远计"，应限期完成对蒙古人民党人的
援助工作，援助不仅是指财政援助，还应包括武器装备以及派遣军事指导
员，如果不尽快完成这些工作，"就无疑会将蒙古民族革命组织推向恩琴的
怀抱"。② 其实，早在伊尔库茨克谈判期间，蒙古人民党人即向苏俄政府提
交了包括"用以装备 3000 名士兵和 24 名警卫的武器，1 万枚手榴弹，2 架
飞机，配有枪炮手和相关配件的装甲车，4 门大炮并且每门附带 1000 发炮
弹，40 挺轻重机枪，150 把左轮手枪，机枪、步枪子弹共计 600 万发，供 2
个师使用的野战电话，以及 2 辆附带全部配件的载重卡车"在内的武器清
单，当时加拉罕原则上答应了蒙古人。③ 但如前文所述，起初苏俄对于蒙古
人民党人的援助请求持谨慎态度，因而这批武器装备一直没有交付给蒙古人。
随着外蒙古局势的发展和舒米亚茨基等人的催促，尤其是恩琴占据库伦之后，
外蒙古的局势急剧变化，苏俄方面开始向蒙古人提供实质性的军事援助。

很快，苏俄方面运来了蒙古人民党渴望已久的武器装备。1921 年 3 月 5
日，斯米尔诺夫收到了加拉罕的电报。电报指出，经外交人民委员部和总司
令加米涅夫同意，加拉罕已向远东共和国下达了拨付给蒙古人民党武器和军
事物资的命令，命令由远东共和国调拨给蒙古人民党"3000 枝日式步枪，1
万枚手榴弹，200 万发子弹，5 挺柯尔特式或马克沁式重机枪，150 把左轮
手枪"，这些武器"应当集中于伊尔库茨克的第 5 军司令部，在东方民族部
主席舒米亚茨基和副主席加蓬监督下移交给蒙古人民党"。④

---

① 舒米亚茨基（1886～1938），苏联著名国务活动家、革命家、外交家，苏俄国内战争时期西
伯利亚地区的重要领导人。1920 年 10 月起担任西伯利亚革命委员会副主席，1921～1922
年担任苏俄红军第 5 军革命军事委员会委员、俄共（布）中央西伯利亚局委员、苏俄外交
人民委员部驻远东全权代表。1938 年 1 月 18 日被逮捕，是年 7 月 28 日被枪毙。1956 年恢
复名誉，同时授予列宁勋章。详情可参见 Якушина А. П.，Борис Захарович Шумяцкий. //
История СССР，1969.，No 2.，С. 118 - 123.；Багаев Б. Ф.，Борис Шумяцкий. Очерк
жизни и деятельности.，Красноярск，1974。
② РГАСПИ，ф. 17，оп. 84，д. 189，л. 3.
③ РГАСПИ，ф. 495，оп. 152，д. 4，л. 29 - 32.
④ ГАНО.，ф. 1，оп. 2 - а，д. 24，л. 47 - 51，转引自 Дальневосточная политика Советской
России（1920 - 1922 гг.）. Сборник документов Сибирского бюро ЦК РКП（6）и
Сибирского революционного комитета，с. 211 - 212。

　　与此同时，蒙古人民党中央和临时政府的筹备组建工作也在紧张进行。
1921 年 3 月 1 日至 3 日，在苏俄帮助下，蒙古人民党在苏俄边城特罗伊茨
萨夫斯克召开了第一次代表大会。会议通过了蒙古人民党党纲，选举了蒙古
人民党中央委员会。不久，蒙古人民党临时政府亦宣告成立。① 1921 年 3
月，蒙古人民党在买卖城西部已经成功组建了 600 人的游击队。3 月中旬，
根据蒙古人民党中央和蒙古临时政府的决定，蒙古游击队被改编成 4 个骑兵
团，蒙古人民军正式组建。②

　　蒙古临时政府的成立和蒙古人民军的组建对苏俄实现将自身影响力伸入
外蒙古的目标是极为重要的一步，因为苏俄直接参与了蒙古游击队和临时政
府的组建，并在此过程中深深地打上了苏俄 "烙印"。至此，对苏俄来说，
余下的工作只是在何时以何种方式 "进入" 外蒙古了。

　　事实上，对于消灭恩琴白卫军的军事行动，一直存在两种方案。早在
1920 年 12 月，舒米亚茨基就提出了吸引恩琴主动进攻，在苏蒙边界地区消
灭恩琴白卫军的行动方案。而在远东共和国领导人看来，恩琴的军事力量并
不是非常强，主张派军队直接远征库伦。③ 舒米亚茨基行动方案的主要思路
在于，"直接向蒙古进军" 会使 "我们同蒙古的关系遭到利用和挑拨"，对
苏俄来说意味着巨大的政治后果和危险，而且苏俄的骑兵部队并不占据优
势，因此，对于恩琴应使用 "猫捉老鼠" 的方式，即不应对库伦劳师远征，
而应将恩琴白卫军引诱到苏蒙边界地区聚而歼之。在舒米亚茨基看来，库伦
对苏俄来说只不过是 "普通的地理地点"，并且没有特殊价值，如果将恩琴
白卫军吸引至边界地区，就会 "使恩琴饱尝让蒙古人民承担战争动员和其
他苛捐杂税等负担的后果"。为实现这个计划，须使用 "通过红色蒙古人在
边界积极活动和表明我们不愿意将自己的军队向库伦推进" 等手段。④

　　舒米亚茨基所提到的 "巨大的政治后果和危险"，是指如果主动直接

①　РГАСПИ，ф. 495，оп. 152，д. 3.，л. 29；关于蒙古人民党第一次代表大会的详情也可参见
　　Ширендыб Б.，Историямонгольскойнароднойреволюции1921 г.，М.，1971；中共中央对外
　　联络部二局编《蒙古人民党代表大会、代表会议和中央全会决议汇编》第 1 卷（1921 ~
　　1939），内部资料，1977，第 1 ~ 12 页。

②　*Казакевич И. С.*（отв. ред.）Советско - Монгольские отношения 1921 - 1974，Документы
　　и материалы в 2 - х томах，Том 1：1921 - 1940，с. 5 - 7.

③　РГАСПИ，ф. 495，оп. 154，д. 9，л. 10 - 11.

④　АВПРФ，ф. 111，оп. 2，п. 101а，д. 9，л. 42 - 46.

进军库伦会引起蒙古人民党方面的"猜疑"和中国政府方面的外交压力。舒米亚茨基的行动方案考虑得非常周全：第一，将恩琴白卫军吸引至北部边界，苏俄红军以逸待劳，在军事上有利，在边界地区将恩琴主力歼灭后，苏俄红军便可以追剿白卫军残余为名进入外蒙古，进而扶植蒙古人民党掌握政权，并最终将自身的影响力伸入外蒙古。第二，恩琴为主动进攻则会加紧对蒙古民众的"盘剥征购"，蒙古民众因不堪重负肯定会对恩琴怨声载道，进而恩琴进入外蒙古的真实目的就暴露无遗，即恩琴只是为了寻找一个就食之地，将外蒙古作为进攻苏俄的"跳板"，而不是外蒙古所谓的"解放者"，相反表明了苏俄红军才是外蒙古真正的"解放者"，有利于宣传苏俄在外蒙古民众中的"形象"。第三，如果恩琴主动进攻，那么苏俄出兵进入外蒙古就顺理成章，有利于打消蒙古人民党的"疑虑"。第四，也有利于打开对华关系。恩琴主动进攻就等于为苏俄出兵外蒙古提供了绝佳借口，苏俄可以向中国解释称苏俄不是主动出兵外蒙古，是受到白卫军进攻而"被迫还击"，是为了剿灭白卫军。恩琴本身的军事实力显然不是苏俄红军的对手，一旦恩琴被消灭，苏俄红军保持在外蒙古的军事存在，再加上受苏俄支持的蒙古人民党掌握外蒙古政权，北京当局就不会对外蒙古的局势变化坐视不管，会要求苏俄撤兵等，进而就会同苏俄进行正面接触和谈判。而一旦正面接触和谈判，那么苏俄打开对华关系的进程显然会大大加快，因为苏俄掌握着外蒙古问题的主动权。如此，消灭恩琴白卫军，进军外蒙古扶持蒙古人民党建立亲苏政权进而将自身影响力伸入外蒙古，迫使中国积极回应苏俄对华宣言同苏俄接触进而打开对华关系，就会形成一个完整的"三位一体"战略。最终，莫斯科采取了舒米亚茨基的行动方案。

1921 年 3 月 16 日，蒙古临时政府正式向俄罗斯苏维埃联邦社会主义共和国发出请求，请求苏俄立刻给予蒙古临时政府军事援助以消灭蒙古境内的白卫军。[①] 3 月 18 日，蒙古人民军在苏俄红军支持下经过一天激战攻占了买卖城，中国驻军败退至苏俄境内，在陈毅带领下取道远东共和国返回了满洲

---

① Документы внешней политики СССР, т. IV, М., 1960, с. 780; *Казакевич И. С.* (*отв. ред.*) Советско - Монгольские отношения 1921 – 1974, Документы и материалы в 2 – х томах, Том 1: 1921 – 1940, с. 7.

里，不久蒙古人民党中央和临时政府迁入买卖城。① 毫无疑问，这一切均是由苏俄人一手"导演"完成的。舒米亚茨基在 3 月 17 日写给列宁和契切林等人的秘密报告里提到，"我已经给蒙古人民党下达了指示，令其加紧占领买卖城，发表告蒙古人民宣言和正式向俄罗斯苏维埃联邦社会主义共和国发出使蒙古领土免遭白匪蹂躏的请求……我要求蒙古领导人占领买卖城……以使我们摆脱虚伪的地位和获得行动的自由"。②

显然，苏俄已经获得了"行动的自由"，因为苏俄收到了来自蒙古临时政府立刻给予其援助以消灭蒙古境内白卫军的"请求"，这就等于绕过了北京方面，并且在未来的"国际关系"中占得先机，虽然当时蒙古临时政府并未获得除苏俄以外任何第三方国家的实际承认。同时，苏俄马上就会"摆脱虚伪的地位"，真正将自己的影响力伸入外蒙古地区，因为买卖城的被攻占使中国失去了在外蒙古的最后一块军事基地，中国在整个外蒙古境内的军事力量已经不复存在。可以说，除恩琴白卫军外，对于苏俄来说，外蒙古已经成为一个"不设防"的区域。

如此，按照舒米亚茨基的行动方案，余下的问题就是如何吸引恩琴主动北上进攻苏俄边境了。为此，苏俄方面重点加强了对恩琴所部的宣传攻势和内部瓦解工作。1921 年 3 月 26 日，俄共（布）中央西伯利亚局向莫斯科发送了关于"尽速出版向恩琴部队中的巴什基尔人和鞑靼人呼吁的宣传文献，宣布对他们进行特赦并确保他们返回祖国"，以瓦解恩琴白卫军。③ 3 月 31 日，俄共（布）中央做出决议，决定由巴什基尔和鞑靼州委员会签署针对恩琴白卫军部队的巴什基尔人和鞑靼人的呼吁书，"答应赦免他们并且支持他们返回祖国"，将这些呼吁书在外蒙古地区大量散发，以瓦解恩琴白卫军。④ 同时，苏俄指

---

① Советско – Монгольские отношения 1921 – 1974, Документы и материалы в 2 – х томах, Том 1：1921 – 1940, с. 9；*Лузянин С. Г.*, Россия – Монголия – Китай в первой половине XXв. Политические взаимоотношения в 1911 – 1946гг., с. 97；关于攻占买卖城的有关情况，乔巴山在其回忆录中也有描述。

② РГАСПИ, ф. 495, оп. 154, д. 105, л. 13.

③ ПАНО（苏共新西伯利亚州委党务档案馆），ф. 1., оп. 2 – а, д. 9, л. 235, 转引自 Дальневосточная политика Советской России（1920 – 1922гг.）. Сборник документов Сибирского бюро ЦК РКП（б）и Сибирского революционного комитета, с. 221。

④ ПАНО, ф. 1, оп. 2, д. 45, л. 29, 转引自 Дальневосточная политика Советской России（1920 – 1922 гг.）. Сборник документов Сибирского бюро ЦК РКП（б）и Сибирского революционного комитета, с. 221.

示蒙古人民党人积极活动，一方面向受恩琴指挥的蒙古部队宣传"停止作战，反对蒙古人相互残杀"；另一方面积极扩大蒙古人民党的"影响范围"，在各地成立选举产生的管理委员会，实施"统一战线策略"，积极团结"奉公守法的封建主"。① 与此同时，远东共和国对所属部队进行了重新编组和部署，将远东共和国分成三个战斗区域，即滨海地区——同日本军队拉锯的游击区，由第 2 军驻扎并作为滨海地区后援的阿穆尔地区，集中第 5 军于南部边界的特罗伊茨萨夫斯克地区——用于消灭恩琴白卫军并给予蒙古人民党军队以支持。同时关闭恩琴和谢苗诺夫有可能侵入的边界地区，改组西伯利亚的部队并组成集群兵力以用于击溃恩琴所部。为此，苏俄方面在苏蒙边界地区的恰克图—买卖城一线集中了两个整编师，即远东共和国第 5 军的第 35 步兵师和第 5 骑兵师；同时出版大量用蒙古语印刷发行的宣传号召材料，利用包括飞机在内的各种工具在蒙古人中散发。②

此外，另一个重要外部影响因素——日本因素，也已不复存在。因为此时远东共和国和日本方面已经开始了关于日本从远东共和国撤兵问题的谈判，③ 也就是说苏俄同日本发生战争的可能性几乎不存在了。这点从 1921 年 6 月 4 日斯米尔诺夫给远东共和国人民革命军总司令拉宾（Лапин А. Я.）的一份回复报告中可以看出，报告提到，"我（斯米尔诺夫）认为，日本在现在条件下没有可能同我们发生战争，我们将第 26 师派向了特罗伊茨萨夫斯克，这对于消灭恩琴来说是必须的"。④

苏俄上述举措对恩琴产生了很大的压迫性。一方面，苏俄进行的旨在瓦解恩琴白卫军的鼓动宣传使恩琴部队军心不稳；另一方面，苏俄在同外蒙古相接的边界地区集结了大量兵力，引而不发，保持对恩琴的高压态势。此

---

① *Леонид Шинкарев*, Цеденбал и его время: документы письма воспоминания, в двух томах. Том 2, Москва: Собрание, 2006, с. 49 – 50.
② ГАНО, ф. 1, оп. 2 - а, д. 24, л. 254; ф. 1, оп. 2, д. 77, л. 183 - 185, 转引自 Дальневосточная политика Советской России（1920 – 1922 гг.）. Сборник документов Сибирского бюро ЦК РКП（6）и Сибирского революционного комитета, с. 262, 264 – 265.; *Леонид Шинкарев*, Цеденбал и его время: документы письма воспоминания, в двух томах. Том 2, с. 55。
③ 关于日本从远东共和国撤军问题的研究，可参见谭敏《日本从远东共和国撤兵问题研究》，硕士学位论文，首都师范大学，2011。
④ ГАНО., ф. 1, оп. 2, д. 77, л. 148, 转引自 Дальневосточная политика Советской России（1920 – 1922 гг.）. Сборник документов Сибирского бюро ЦК РКП（6）и Сибирского революционного комитета, с. 267 – 268。

外，蒙古人民党成立了临时政府并在苏俄的支持下正逐步扩大影响和活动范围，这一切都将会动摇恩琴在外蒙古的统治基础。[①] 这点也可以从后来对恩琴的审讯记录中得到证实："（苏俄审讯人员）问：为什么您没有留在库伦，而是决定，甚至没有看到我们的行动，就进攻我们？（恩琴）回答：我一直在等你们（苏俄）的军队主动进攻蒙古，这样对我确实有很大的好处。但是你们没有实际的行动。我不能让自己的部队处在无事可做的状态，这样的话我不能控制自己的军队，士兵们同自己的家乡断绝，我不情愿地开始进攻。"[②] 无论如何，在综合因素作用之下，恩琴选择了主动进攻，而这正是苏俄方面所希望的。

1921 年 5 月 21 日，恩琴发布了向苏俄进军以"反对红军和西伯利亚地区苏维埃政权"的命令。恩琴投入进攻的兵力超过 1 万人，从东西两路向苏蒙边界地区进军。[③] 如前文所述，苏俄军队和蒙古人民军此时已严阵以待，因此，恩琴向北部进军的结果毫无悬念。截至 6 月 14 日，从东部地区进攻的恩琴主力在恰克图一线被远东共和国的部队击溃，从西部突入西伯利亚地区的恩琴部队也被第 5 军第 35 师击败。[④] 恩琴部队撤回外蒙古。自此，苏俄方面针对恩琴的军事行动开始转入第二阶段，即追剿恩琴白卫军的阶段。显然，第二阶段追剿白卫军的行动也意味着苏俄全面深入地向外蒙古进军，此刻对于苏俄军队和蒙古人民军来说，通往库伦政权的道路已经完全被打开了。

以后同中国方面就外蒙古问题交涉时苏俄占据了主动。1921 年 6 月 15 日和 27 日，苏俄方面先后两次致电中国政府。15 日，契切林致电中华民国外交部，提到"现白军聚集蒙古中央以抵御俄军及华军，军事日形扩大，致使俄军不得不经过蒙古边境，以与彼战。查俄军与恩琴作战，实于中国有利而无害。俄共和国为协助中国起见，去除匪徒而保存中国主权，以为俄军与恩琴作战唯一之原因。一挨大功告成，俄军即退出蒙境内"。27 日，苏俄

① РГАСПИ，ф. 495，оп. 152，д. 2，л. 3.

② АВПРФ，ф. Референтура по Монголии，1921，оп. 2，пор. №9，пап. 101，转引自 *Леонид Шинкарев*，Цеденбал и его время：документы письма воспоминания，в двух томах. Том 2，с. 59 – 63.

③ *Рощин С. К.*，Политическая история Монголии（1921 – 1940 гг.），с. 20 – 21.

④ Советско – Монгольские отношения 1921 – 1974，Документы и материалы в 2 – х томах，Том 1：1921 – 1940，с. 13.

驻英代表拉辛向中国驻英公使顾维钧转交了苏俄政府致中国政府的电报。电报指出："劳农政府对于蒙古问题急盼与中国政府尚有一确当之办法，窃以蒙古政府业有独立之宣布，劳动政府对于蒙人于国家有自决之权，应予承认，并相扶助。……劳农政府提议由中俄蒙三国政府各派代表组一委员会，以期解决中蒙之间一切关系。但劳农政府方面有应声明者：劳农政府对于昔日俄国君主政府在蒙古所获之权利与特权，并无需索与恢复之意，且绝对宣布抛弃所有此项之权利与请求。"①

从 6 月 15 日的电报可以看出，苏俄政府并不是在征求中方的同意，更像是向北京做出通报，通报苏俄红军为打击白卫军而"不得不经过蒙古边境"。而 27 日的电报则表明，莫斯科将根据"民族自决"原则对蒙古人民党成立的政府予以承认，对于中国在蒙古的"特殊之权利"等相关问题，苏俄方面则主张由中、俄、蒙三方派员组成委员会进行讨论。由此，我们可以看出莫斯科的"三位一体"战略的第三个方面完全显露，即以恩琴白卫军问题为借口出兵外蒙古，这样就可以保持在外蒙古的军事存在，而中国方面就不能不正视外蒙古问题，而要解决外蒙古问题，中国方面必须同苏俄方面进行接触谈判。因此，苏俄进而提出了由中俄蒙三方组成委员会来讨论外蒙古问题。在苏俄掌握主动权的情况下，一旦进入谈判环节，苏俄就有机会恢复其渴求的同中国关系正常化。所以，这两封电报只不过是苏俄方面为完成其整体战略所实施的一个外交"手腕"，或是说，苏俄人根本不需要中国方面的同意，因为苏俄人已经得到了蒙古人民党的"邀请"，而且中国在外蒙古的军事力量已经荡然无存。事实上，莫斯科也并未等到北京的同意即派远征军团越过边界进入了外蒙古。

1921 年 6 月 16 日，俄共（布）中央政治局讨论并正式批准了契切林关于派遣苏俄军队进入蒙古以反对恩琴的报告。② 在 6 月 16 日的政治局会议纪要中提到：恩琴入侵了西伯利亚，现在是对其进行歼灭性打击的最有利时机。为此，命令俄罗斯苏维埃联邦社会主义共和国和远东共和国的军队完成向外蒙古内部的进军。鉴于恩琴部队对西伯利亚和远东共和国的可能威胁，

---

① 中国第二历史档案馆编《中华民国史档案资料汇编》第 3 辑《外交》，江苏古籍出版社，1991，第 796~797 页。

② РГАСПИ，ф. 17，оп. 3.，д. 176，л. 1-2.

主张集中力量将其消灭。①

1921 年 6 月 27 日，在尚未得到中国方面同意的情况下，② 早就准备好的苏俄远征军团在蒙古人民军配合下越过边界，开始了进军外蒙古的军事行动。③

苏俄军队在外蒙古的进军，表面上看是追剿恩琴白卫军残部，从深层次讲则是蒙古人民党掌握政权和苏俄影响力伸入外蒙古的过程。苏俄军队可以说充当了"开路者"的角色，苏俄军队所到之处，即蒙古人民党在当地组建政权之时，也是苏俄影响力伸入之地。因为，蒙古人民党掌握政权的进程与苏俄影响力伸入外蒙古的过程本身就是"一枚硬币的正反两面"。1921 年 6 月 17 日，苏俄决定向外蒙古派遣 5～7 名外交人民委员部的全权代表，分驻蒙古人民军各部。这些代表的首要任务是协调"红色蒙古人"同苏俄军队之间的关系，并且"在占领蒙古领土的过程中逐步实现红色蒙古人的意图"，即"随着苏俄军队的深入，帮助蒙古人民党在蒙古各地建立自己的政权"。④

如前所述，此刻外蒙古已是完全"不设防"的区域——有组织的中国军队早已不复存在，并且恩琴的部队已经被击溃。所以，苏俄军队在外蒙古几乎没有遇到任何有力抵抗。7 月 6 日，苏俄军队和蒙古人民军的先头部队开进库伦，随后蒙古临时政府迁入。7 月 10 日，旧的库伦政府被解散，组成了蒙古人民党主导的新政府。同时，蒙古人民党中央决定以哲布尊丹巴为立宪君主。毫无疑问，哲布尊丹巴只是名义上的君主，政权掌握在蒙古人民党手中。⑤

需要指出的是，蒙古人民党在库伦建政后不久即以蒙古人民革命政府的名义向莫斯科发出了请求，其中提到，蒙古政府尚未组织好新政权机构，为保卫蒙古境内和俄罗斯苏维埃联邦社会主义共和国的边界安全，请求苏俄政

① *Леонид Шинкарев*, Цеденбал и его время: документы письма воспоминания, в двух томах. Том 2, с. 51 - 52.
② 实际上，中国方面直到 6 月 30 日才做出拒绝的回复，回复内容参见《中华民国史档案资料汇编》第 3 辑《外交》，第 806～807 页。
③ *Рощин С. К.*, Политическая история Монголии (1921 - 1940 гг.), с. 23 - 24.
④ *Леонид Шинкарев*, Цеденбал и его время: документы письма воспоминания, в двух томах. Том 2, с. 53.
⑤ *Рощин С. К.*, Политическая история Монголии (1921 - 1940 гг.), с. 24 - 25.

府在彻底消除来自所有方向敌人的威胁之前不要将苏俄红军撤出蒙古。① 1921 年 8 月 10 日，加拉罕答复蒙古政府："为消除蒙古人民解放事业和俄罗斯苏维埃联邦社会主义共和国所面临的威胁……俄罗斯苏维埃联邦社会主义共和国政府决定对于蒙古政府的请求给予完全满足。"② 至此，伴随着蒙古人民党在库伦建立政权以及苏俄部分军队的留驻，③ 苏俄实现了对外蒙古政策最重要的一个战略目标，即扶植蒙古人民党掌握政权的同时，成功地将自身的影响力伸入外蒙古。

实际上，在苏俄影响力伸入外蒙古及其扶植的蒙古人民党掌握政权的情况下，中国政府也开始积极面对苏俄，同苏俄进行谈判，以解决苏俄在外蒙古驻军等问题。而苏俄由此也打开了其所渴求的同中国建立正式外交关系的进程。④

四　结语

通过梳理 1918～1921 年苏俄对外蒙古的政策演变，可以发现苏俄在介入外蒙古过程中进行了审慎的外交准备和周密的军事安排，体现在莫斯科对蒙古人民党的态度变化，对中国方面的"外交游戏"，以及对恩琴白卫军"猫捉老鼠"的策略等诸多方面。

当中国在外蒙古的影响力占据明显优势且有相当军事存在的时候，苏俄对蒙古人民党的援助请求持谨慎态度，尽管蒙古人民党对援助一再催促，但莫斯科始终保持沉默，不予明确答复，或是答应给予援助，但迟迟不付诸实施。当恩琴白卫军进入外蒙古后，苏俄开始积极援助蒙古人民党，因为恩琴

---

① АВПРФ，ф. 08，оп. 4，пап. 1，д. 6，л. 3，转引自 *Леонид Шинкарев*，Цеденбал и его время：документы письма воспоминания，в двух томах. Том 2，с. 55－56.

② Советско - монгольские отношения 1921－1974. Документы и материалы. Т. 1. 1921－1940. М. 1975，с. 36.

③ 实际上，苏俄远征军团于 1921 年 9 月 14 日解散，陆续撤回国内，只是"根据蒙古政府的请求"，苏俄在蒙古留驻了一个步兵团，参见 *Леонид Шинкарев*，Цеденбал и его время：документы письма воспоминания，в двух томах. Том 2，с. 33－36，с. 55－56。

④ 关于中苏往来交涉谈判及后续 1924 年中苏邦交正常化的问题，可参见田保国《民国时期中苏关系（1917～1949）》（济南出版社，1999）、薛衔天《民国时期中苏关系史（1917～1949）》（中共党史出版社，2009）、沈志华主编《中苏关系史纲》（社会科学文献出版社，2016）、林军《1924 年中苏复交述评》（《世界历史》1990 年第 1 期）等有关著述。

白卫军给了苏俄出兵外蒙古的绝佳借口，苏俄很大程度上也在利用恩琴白卫军抵消中国在外蒙古的军事实力。恩琴进入外蒙古之前，中国在外蒙古的军队有1万～1.5万人，恩琴攻占库伦之后，中国在外蒙古的有生力量被消灭殆尽。对恩琴白卫军，苏俄采取组合措施给予其强大压迫，促使其主动进攻，这样从军事上苏俄军队便可以逸待劳，从政治上苏俄是出于反击恩琴白卫军而出兵外蒙古。即使是在占据如此优势的情况下，苏俄仍不忘在外交上占据主动，一方面一手"导演"了由蒙古临时政府向苏俄提出出兵外蒙古的请求，另一方面在出兵前向北京连发两封解释其"被迫出兵"的电报。通过梳理这些历史细节，会发现苏俄虽然是"蓄谋已久"地出兵外蒙古，但无论是从军事上还是从外交上看，苏俄确实是"被邀请"和"被迫"进入外蒙古的，这也正是苏俄对外蒙古政策的"精致"之所在。

　　长期以来，关于该段历史的很多研究成果大多从意识形态或是地缘政治及国家利益的角度将苏俄对外蒙古政策的历史细节一笔带过。其实，很难说清苏俄此时期对外蒙古政策中意识形态和国家利益等究竟哪方面的考虑更多。在笔者看来，苏俄进入外蒙古的过程是将其扩张性的意识形态目标和寻求国家利益的主张结合在一起的。在这个过程中，苏俄成功实施了对外蒙古政策的"三位一体"战略，即借恩琴白卫军抵消中国在外蒙古的军事实力进而以消灭恩琴白卫军为契机派军队进入外蒙古，扶植蒙古人民党掌握政权同时将自身影响力伸入外蒙古，通过保持在外蒙古的军事存在来促使中国方面与其谈判进而打开同中国关系正常化的局面。毫无疑问，苏俄是最大的"赢家"——通过扶植蒙古人民党掌握外蒙古政权，开始成功地将自身影响力伸入外蒙古，进而将外蒙古逐步改造成为自己的"卫星国"。

　　（原文发表于《民国研究》第33辑，2018年春季号，第14～29页）

战后苏美经济合作尝试的失败

——兼论经济冷战的起源

崔海智[*]

经济冷战是冷战的重要内容，关于经济冷战起源的研究也是国际学术界关注的一个重要领域。国际学者对经济冷战起源的研究是与其对美国经济遏制政策的研究结合在一起的。[①] 传统派主张用美国的实力及其在东西方贸易统筹委员会中的主导作用来评判经济冷战的起源；修正派主张通过西欧政府对美国禁运建议的反应来评价美国在东西方贸易管制委员会中制定的政策；[②] 冷战结束后出现的后修正主义学派，虽然依据最新解密的档案材料，对美国经济遏制政策的起源以及美国与盟国之间的分歧重新进行了论述，但仍然没能摆脱从美国和英国的角度对经济遏制政策的起源进行研究的

---

[*] 崔海智，华东师范大学历史系、周边国家研究院副研究员，苏联东欧史学会理事，主要从事冷战史研究。

[①] 尤其是与对东西方贸易管制问题和对巴黎统筹委员会的研究结合在一起的，代表性的研究成果有：Yoko Yasuhara &Vibeke Sorensen, *The Myth of Free Trade：the Origins of CoCom, 1945 - 1950, Japanese Journal of American Studies*, Vol. 4 （1991）, pp. 127 - 147；Vibeke Sorensen, *Economic Recovery versus Containment：The Anglo-American Controversy over East-West Trade, 1947 - 1951, Cooperation and Conflict*, Vol. 24 （June 1989）, pp. 69 - 97；Michael Mastanduno, *Trade as a Strategic Weapon：American and Alliance Export Control Policy in the Early Post-war Period, Innternational Organisation*, Vol. 42 （Winter 1998）, pp. 151 - 180；Michael M astanduno, *Economic Containment：CoCom and the Politics of East-West Trade*, Cornell University Press, 1992。

[②] 王仕英、陈梅：《经济冷战研究综述》，《西南师范大学学报》（人文社会科学版）2006 年第 1 期。

模式。① 笔者认为，关于经济冷战起源的研究不应仅仅局限于这种研究模式，而还应从苏联和美国的角度对相关问题，特别是对二战结束前后苏美两国进行的经济合作尝试这一重要问题进行研究。

解密的档案材料显示：第二次世界大战后期和战后初期，苏联领导层对于从美国获取经济援助寄予一定的希望。而在罗斯福总统关于战后世界安排的"蓝图"中，美国方面也有在战后同苏联进行经济合作的考虑。为了在经济上进行合作，苏美两国都进行了一定的尝试，但历史的发展结果是这种合作的尝试最终归于失败。那么，苏美两国领导人对战后两国经济合作问题究竟是怎么认识的？这种经济合作的尝试为什么会归于失败？两国经济合作尝试的失败对经济冷战的起源产生了什么样的影响呢？本文依据最新解密的苏联和美国相关档案材料，以求对这些问题进行初步的探讨。

一　苏联领导人对战后苏美经济合作的认识

在第二次世界大战后期和战后初期，苏联领导人曾考虑过在战后同美国进行经济上的合作，他们也曾多次向美国方面表示，希望在战后从美国获取经济援助。1943 年 10 月，斯大林向来访的美国战时生产总局局长纳尔逊表示，苏联人民比世界其他各地人民更热爱美国人民，苏联希望得到品质优良的美国产品，美苏之间不存在利益冲突。② 1944 年夏，斯大林在会见美国商会主席约翰斯顿时又表示，苏联期待美国为战后苏联的经济复兴提供援助，包括向苏联提供矿山机械、筑路机械、制造设备、工厂设备、铁路设备等。③ 为了从美国获取大量的经济贷款，1945 年 1 月，苏联外长莫洛托夫正

---

① 后修正派学者对经济冷战进行研究的代表性成果有：Ian Jackson, *The Economic Cold War, American, Britain and East-westtrade, 1948 – 1963*, New York, 2001; Alan P. Dobson, *United States Economic State Craft for Survival, 1933 – 1991: of Sanctions and Strategic Embargo*, New York, 2001。张曙光的《经济冷战：美国对华经济禁运和中苏同盟》和崔丕的《美国的冷战战略与巴黎统筹委员会、中国委员会（1945 ~ 1994）》这两部著作也对经济冷战的起源相关的一些问题进行了研究。

② *Мид СССР* Советско – Американские отношения во время великой отечественной войны, 1941 – 1945, Т. 1. 1941 – 1943, Документы и материалы, Москва: Политиздат, 1984, с. 383.

③ Philip J. Funijiello, *American-Soviet Trade in the Cold War*, The University of North Carjlina Press, 1988, p. 10.

式向美国驻苏大使哈里曼提出向苏联提供贷款的要求，贷款总金额 60 亿美元，用于购买机器制造品和工业设备，贷款以 30 年为期限，并自第九年年终开始分期偿还。①

在世人的眼中，苏联领导人信奉的是马克思列宁主义关于社会主义和资本主义相互对立的学说，经常强调的是两种竞争的经济制度，即社会主义苏联和资本主义西方之间不可避免的敌对。那么，二战后期和战后初期，苏联领导人为什么希望从美国获取经济援助，并考虑在战后同美国进行经济上的合作呢？笔者认为，这固然是由于苏联领导人希望在战后从美国获取经济援助来恢复和发展经济，但更为重要的是，他们对战后苏美经济合作的认识是积极的。

苏联领导人认为，战后苏美两国存在经济合作的基础，双方能够在经济上进行合作。这种认识可以由苏联外交部在二战后期制定的相关报告得到证明。1944 年 7 月 14 日，苏联驻美大使葛罗米柯向莫洛托夫递交了一份关于苏美关系的报告。这份报告对战后苏美关系的发展前景，其中包括对战后苏美两国进行经济合作的前景进行了分析。葛罗米柯认为，战后苏美两国不仅在政治上，而且在经济上都能够继续保持合作。两国在经济上有共同的利益，苏联在一定的时期内需要向美国购买设备来恢复经济，而战后美国需要苏联的市场，美国工业的发展也需要从苏联进口一些原料。苏美两国共同的经济利益将会为两国在战后的合作关系提供牢固的基础。葛罗米柯还认为，战后苏联能够从美国获取大量贷款。这一方面是因为美国的实业界和政界一些人士对于发展同苏联的贸易关系感兴趣，而"两国贸易关系的发展只有在苏联获得贷款的情况下才能进行"；另一方面是因为罗斯福政府支持向苏联提供贷款。"罗斯福政府认为，可以通过所谓的进出口银行，也就是通过政府渠道向苏联提供贷款。贷款的数目可能为数十亿美元，一些官员说为50 亿～60 亿美元，甚至更多，一般认为提供的贷款期限为 20～25 年，年息2%～2.5%。""美国的一些部门受美国政府的委托正在研究关于向苏联提供贷款的问题。"② 葛罗米柯对战后苏美经济合作持乐观态度的另一个重要

---

① *FRUS*, 1945, Vol. 5, pp. 942 – 947.

② *Жиляев Б. И.*, Советско – американские отношения. 1939 – 1945, Серия: Россия. XX век. Документы, Москва: Международный фонд "Демократия", 2004 г, Твердый переплет, с. 540 – 555.

原因是，他认为：罗斯福政府坚决支持同苏联保持友好合作关系，美国有兴趣在政治和经济方面同苏联保持合作，对战后向苏联提供贷款持积极的态度。

二战结束后，反法西斯联盟解体，苏美两国的矛盾日渐突出，美国国内正在酝酿对苏政策的转变。但苏联外交部对战后苏美经济合作前景的看法仍然是乐观的。1945 年 11 月 14 日，苏联副外交人民委员迈斯基就战后美国对外经济政策问题向莫洛托夫递交了一份报告。其中迈斯基对战后美国对外经济政策和苏美经济关系做了更为深刻的分析，认为战后美国经济的特点是"经济过剩"，这将不可避免地导致美国实行对外经济扩张政策，千方百计地扩大自己在国外的投资。美国的对外扩张政策会对英国和其他一些大国产生非常大的威胁，但是不涉及苏联。尽管他认为，苏美在一些政治问题上的矛盾会对两国的经济关系产生一定的影响，但是"苏联和美国在领土、经济、贸易、海洋、殖民地问题等方面不存在重大矛盾"。苏联和美国在贸易问题上有共同的利益，苏联市场对于美国的工业无疑具有非常重大的意义，在不远的将来，一旦爆发经济危机，[①] 苏联市场对美国的工业将具有特别的吸引力，而且美国还更加容易被说服处理好同苏联的贸易关系。苏联拥有良好的投资条件。美国希望在战后建立各种世界性的经济组织，没有苏联的参与这些经济组织将不可能起到有效的作用。迈斯基认为，这些因素都有助于美国在战后同苏联在经济上进行合作，并且苏联可以从美国获得许多东西用于国民经济的恢复和发展。[②]

在迈斯基的上述报告中有两点值得注意：第一，迈斯基认为，战后资本主义世界将很快会爆发经济危机，在这种情况下，苏联市场将会对美国具有特别重要的意义，美国将会更愿意同苏联发展经济贸易关系；第二，迈斯基认为，战后美英在经济上的矛盾将会更加突出，甚至将会超过美苏在经济上的矛盾，因此，在同英国进行竞争的时候，美国会希望获得苏联的支持，或者至少希望苏联能够"中立"。[③]

应该说，迈斯基提出的这些看法都不是偶然的。根据列宁和斯大林对资

---

① 迈斯基认为，两年之后就会产生世界性的经济危机。АВПРФ，ф. 0102，оп. 1，Пор. 15，Палка1，л. 19.

② АВПРФ，ф. 0102，оп. 1，Пор. 15，Палка1，л. 64 – 65.

③ АВПРФ，ф. 0102，оп. 1，Пор. 15，Палка1，л. 67.

本主义国家经济危机的论述，资本主义国家总是会周期性地发生经济危机，而且"这种危机已经有一百多年了，每隔十二年、十年、八年或更短的时间就发生一次"。① 既然这样，战后资本主义世界必然也会再次发生经济危机，在这种情况下，苏联市场对美国的作用必然会更加重要。而列宁的帝国主义理论和斯大林的"总危机"理论②使苏联领导人更加倾向于认为，战后美国和英国在经济上的矛盾将会日益尖锐，为了同英国对抗，美国会拉拢苏联。

因此，葛罗米柯和迈斯基关于战后苏美经济合作的报告有深刻的理论基础，在很大程度上代表了苏联领导人对战后苏美经济合作的认识。在苏联领导人看来，战后，不仅苏联需要美国的经济援助，而且经济过剩的美国也将特别需要苏联的市场，需要苏联在经济上的支持。因此，战后苏美经济合作主要就是美国向苏联提供经济援助，苏联向美国提供原料和市场。

但是，在关于战后苏美经济合作问题和向苏联提供经济援助问题上，美国政府却有自己的考虑。

二　罗斯福政府关于战后美苏经济合作的考虑

以实力为后盾，确立以美国为主导的新的世界经济体系，是罗斯福关于战后世界蓝图的重要一环。在构建战后世界经济体系的时候，罗斯福吸取了第二次世界大战的教训。20 世纪 20 年代末发生的经济大萧条和由此导致的第二次世界大战，在美国统治者的脑海中留下了不可磨灭的印象。美国领导人认为，德国在东欧、日本在远东地区、英国在英联邦国家内所建立起来的封闭性的贸易壁垒加强了国家间的敌对因素，把大国推向了发动战争的道路。因此，在构建新的世界经济秩序的时候，美国把矛头直接指向了各种自给自足的经济形式和贸易保护主义政策。美国领导人认为：一个自由贸易的、没有关税差别待遇的世界环境，即"门户开放"，将会带来和平竞争，

---

① 《列宁全集》第 26 卷，人民出版社，1988，第 67 页；《斯大林全集》第 12 卷，人民出版社，1955，第 279 页。

② 这种理论认为："各资本主义国家的发展是不平衡的，通常经过相当时期就要剧烈破坏世界资本主义体系内部的均势，那些认为自己没有足够的原料产地和销售市场的资本主义国家，通常就要用武力来改变这种状况，重新划分'势力范围'，以求有利于自己，因而资本主义世界就分裂为两个敌对的营垒而进行战争。"见《斯大林选集》下卷，人民出版社，1979，第 488～489 页。

会使各国保持稳定、和平和民主。"一个健全完整的世界贸易体系按照公平合理和无差别待遇的原则进行运转，是世界和平和安全结构的基石。"①

为了建立健全完整的世界贸易体系，罗斯福政府支持把苏联纳入战后新的世界经济体系。在美国的推动下，1944 年 7 月 1 日包括苏联在内的 44 个国家签署了两项布雷顿森林协议（建立国际货币基金组织和世界银行）。布雷顿森林体系的建立过程表明，二战期间美国的决策者没有预计到他们和苏联在经济事务上会发生冲突。事实上，他们所追求的正是建立包括社会主义国家在内的世界范围内开放的贸易秩序。美国负责策划布雷顿森林体系的官员——财政部长摩根索和他的高级助手怀特都把苏联置于布雷顿森林体系中的一个非常重要的位置。他们想避免重犯凡尔赛体系完全把苏联排除在外的灾难性错误。因此，美国财政部在制定美国对外贸易政策的时候，考虑了苏联和其他社会主义国家的迫切需要，并建议国会批准拨给苏联数十亿美元的重建资金。在美国的努力下，苏联获得了国际货币基金组织第三大代表表决权。怀特和摩根索在策划布雷顿森林体系的时候，已经为苏联制定了关于国家贸易和社会主义经济的特殊条款。当苏联暂时拒绝缴纳它在世界银行所应交纳的税额时，摩根索只好让美国自己增加在世界银行的份额来弥补这个空缺。他还补充说，布雷顿森林体系要为资本主义国家和社会主义国家之间的合作提供一个基础。② 罗斯福总统以及美国政府的一些官员，特别是财政部长摩根索及其主要副手哈里·德克斯特·怀特，都把布雷顿森林会议及其达成的各项协议视为战后大同盟得以运转的经济基础。正如对希特勒的恐惧使他们在战争中走到一起那样，作为战后世界经济秩序共同利益之所在，经济上的相互依赖将在和平时期把大不列颠、苏联和美国结为一体。③

在支持苏联加入战后新的世界经济体系的同时，美国经济界和政界的一些人士，比如摩根索、纳尔逊和哈里曼都认为，战后美国需要向苏联扩大出口，为此，应该向苏联提供巨额的经济援助。他们的这种认识与当时美国国内的经济状况有关。1943 年底到 1944 年初，美国的工业生产水平开始下

---

① Pollard, Rober A., "Economic Security and the Origins of the Cold War: Bretton Woods, the Marshall Plan, and American Rearmament, 1944 – 1950," *Diplomatic History*, 1985, Vol. 9, No3, p. 268, 270.

② Pollard, Rober A., "Economic Security and the Origins of the Cold War", p. 276.

③ 孔华润主编《剑桥美国对外关系史》下册，周桂银等译，新华出版社，2004，第 223 页。

降。美国的工业家们明白，生产军事技术和军事装备的形势对他们是不利的。为了减少战后的经济困难，他们决定向苏联扩大出口。同时，美国人明白，只有向苏联提供巨额贷款才能使苏联大量地购买美国货物。1943 年 10 月 15 日，纳尔逊在莫斯科三国外长会议上就向斯大林提出了这样的建议。1943 年 12 月 31 日，美国通过莫洛托夫正式向苏联提议对苏贷款，以便苏联从美国购买其战后经济恢复所必需的物资。1945 年初摩根索在给罗斯福的信件中写道，向苏联提供贷款无论是对美国，还是对苏联，都会带来长远的利益。不久，摩根索又向罗斯福总统递交了一份备忘录，建议向苏联提供10 亿美元的贷款用来购买美国商品。并且，摩根索还认为，"向苏联提供的这些贷款可以在战后保障美国有 6000 万个工作岗位"。[①]

但是，罗斯福政府在考虑关于战后美苏经济关系问题，特别是在考虑关于向苏联提供贷款问题的时候，不仅是出于经济上的考虑，还有深远的政治目的。美国无与伦比的经济实力促使美国领导人更多地依赖美国的经济力量，而不是军事力量来达到美国的政治目的，他们把对外经济援助看作战后实现美国政治目的的一种有效的手段。因此，他们虽然支持向苏联提供贷款，但更多的考虑是希望以贷款来换取苏联在政治上的让步，以此来保证美国在战后世界新秩序中的霸权地位。1944 年初，财政部长摩根索在提出处理德国问题的"摩根索计划"的同时，还主张向苏联提供 100 亿美元的贷款，作为苏联恢复经济之用，其目的便在于取得苏联在诸如重建战后世界经济秩序、处理德国和对待东欧国家等问题上同意美国的安排。这一计划得到了罗斯福总统的同意。[②] 美国国会也认为，美国应该利用贷款来换取苏联在一些政治和经济问题上的让步。罗斯福总统也对国会的这一立场表示支持。[③] 总之，二战后期，罗斯福政府在对苏贷款问题上的立场，正如哈里曼在发给国务院的备忘录中所表示的，"应把贷款问题与我国同苏联全部的外交关系联系起来考虑，而且应在适当的时候让苏联了解，我们在苏联庞大的战后重建问题上与他们衷心合作的意愿，取决于他们在国际事务中的表

---

① *Бутеннина Н. В. Ленд－лиз: сделка века*, Москва: Издательский дом ГУ ВШЭ, 2004, с. 136.

② 刘同舜编《"冷战"、"遏制"和大西洋联盟（1945～1950 年美国战略决策资料选编）》，复旦大学出版社，1993，第 17～18 页。

③ *Бутеннина Н. В. Ленд－лиз: сделка века*, с. 136.

现"。1945 年 1 月，美国国务院确定的对苏贷款的方针是：借款要用于发展健全的经济，要用于发展出口工业；苏联应加入布雷顿森林体系；确保美国代表在盟国对罗马尼亚、保加利亚、匈牙利等国的管理机构中适当地位；在解决波兰、匈牙利问题时，确保美国的适当作用；在适当的基础上改善美苏在伊朗的相互关系。[①]

由此可见，罗斯福政府关于战后美苏经济合作的考虑，主要是为了把苏联纳入以美国为主导的世界经济体系，并把向苏联提供经济援助看作实现美国外交政策目标的一种手段，企图以经济援助为条件来换取苏联在政治问题上向美国做出让步，以此来达到美国的政治目的。

三　战后美国对苏经济援助政策的转变

罗斯福政府关于战后美苏经济合作的设想没能实现。首先，苏联虽然参加了布雷顿森林会议，但始终对会议提不起兴趣，"一直站在这场以美英为主角的演出的舞台的边缘"，[②] 并最终退出了布雷顿森林体系。其次，虽然莫洛托夫在 1945 年 1 月正式向美国提出了关于提供贷款的要求，但苏联领导人在这一问题上的态度是谨慎的，他们并没有像美国人设想的那样，在雅尔塔会议和波茨坦会议上再次提出这个要求。再次，尤为重要的是，在罗斯福去世之后，美苏两国在关于战后世界安排的一些问题上的矛盾更加突出，苏联不仅没有在这些问题上向美国做出让步，反而进一步提出了一些令美国难以接受的要求。[③]

苏联在战后安排问题上毫不妥协的强硬立场使杜鲁门的一些顾问，特别是他的白宫办公厅主任威廉·李海海军上将和驻苏大使哈里曼开始认为：罗斯福对苏联人过分宽容，这种宽容刺激了苏联人的贪欲，使他们把美国的支持视为当然而几乎没有回报。[④] 波茨坦会议之后，美国政界和军界反对向苏

---

① *FRUS*, 1945, Vol. 5, pp. 839 – 840.

② 孔华润主编《剑桥美国对外关系史》下册，第 223 页。

③ 特别是在波茨坦会议上，苏联除了提出自己在东欧的利益要求外，还提出了对土耳其的要求（要求共同监管土耳其海峡，对卡尔斯和阿尔达汗地区提出领土要求，并要求在这两个地区建立军事基地）；并要求托管意大利在地中海的一块殖民地，要求在挪威和丹麦建立苏联的一个军事基地；同时，苏联还开展积极的活动，以便使伊朗北部成为其势力范围。

④ 孔华润主编《剑桥美国对外关系史》下册，第 236～237 页。

联提供经济援助的呼声日益高涨，美国国内正在酝酿对苏经济政策的转变。在这种情况下，美国驻苏代办凯南就战后美苏贸易问题和向苏联提供贷款的可能性问题多次向国务院提出自己的建议。

凯南虽然不反对发展美苏贸易，但是反对向苏联提供经济援助。在1945年夏提交给国会的备忘录中，凯南指出，无论从政治上还是从经济上来说，美国都没有在战后继续向苏联提供经济援助的理由。从政治上来说，凯南担心苏联利用美国的经济援助来加速自己军事工业的发展，对美国构成威胁，"就像德国和日本一样"。从经济上来说，凯南认为，对于向苏联提供的贷款，美国获得补偿的唯一形式是让苏联从美国进口商品，但"苏联政府把对外贸易看作用于增加自己国力的一种手段，把从美国获得进口看作增强苏联自给自足的一种手段。在达到这些目的之后，苏联政府不一定会对从美国大量进口感兴趣，特别是在同美国发生利益冲突的情况下"。也就是说，向苏联提供大量的贷款将会得不偿失。此外，凯南还认为，战后苏联的恢复和发展"将不会依赖国际市场"，"即使可以加强自己的对外贸易，苏联人也不会把那些可以保障自己安全和发展的极端重要的东西交付西方"，"无论我们向苏联提供什么样的贷款，苏联人都会认为，我们这样做追求的是自己的利益"。[1] 因此在凯南看来，即使美国向苏联提供了大量的经济援助，苏联也不会在一些重大的政治问题上向美国做出让步。

凯南的这种观点具有一定的代表性，并且得到了杜鲁门总统的特别顾问克利福德、海军部长福雷斯特尔、共和党参议院议员范登堡等人在不同程度上的支持。[2]

1946年9月24日，克利福德向杜鲁门递交的报告也从维护美国国家安全的角度出发，坚决反对向苏联和苏联势力范围内的国家提供经济援助。克利福德指出，"目前，答应向苏联政府或苏联势力范围内其他国家政府提供经济援助，以及与这些国家开展民间贸易，其结果都将增强克里姆林宫向全球扩张的计划的实力"。"只要苏联工业的发展是用于增强自己的军事潜力，

①　*Кеннан Джордж* Дипломатия Второй мировой войны глазами американского посла в СССР Джорджа Кеннана, Мовква: Центрполиграф, 2002, с. 401–408.

②　崔丕：《美国的冷战战略与巴黎统筹委员会、中国委员会（1945～1994）》，中华书局，2005，第40页。

对苏联提供经济援助就直接关系到美国的安全"。同时，克利福德还把意识形态因素同美国的对外经济政策联系起来，拒绝向苏联及其控制的势力范围内的国家提供经济援助，但是向那些受到苏联威胁的国家提供援助，以遏制共产主义的威胁。克利福德指出，"美国还应该支持和援助无论是受到苏联威胁，还是受到苏联伤害的民主国家。有力的经济援助是遏制共产主义的更为有效的屏障。签订贸易协定、提供贷款和派遣技术代表团，加强了我们与友好国家的联系，并有力地证明了资本主义至少是可与共产主义匹敌的。……一切在目前尚未纳入苏联势力范围的国家在它们反抗苏联的斗争中，均应得到美国慷慨的经济援助和政治支持"。[①] 此后，美国军方也从维护国家安全的角度提出了类似的建议。1947 年 4 月 29 日，美国三军联合战略调查委员会就美国对外援助问题向联合参谋总部递交了一份报告。这份报告指出，"决定美国向谁提供援助的主要原则是：苏联以及受它控制的一切国家应该排除在受援国范围之外。据此原则……苏联控制下的任何国家都不应得到美国的援助"。[②]

从凯南对战后美苏经济关系的分析到克利福德和美国三军联合战略调查委员会的这些报告可以看出，战后在对苏经济援助问题上，美国的看法发生了根本的转变：不仅从维护美国国家安全的角度出发，拒绝向苏联提供经济援助，而且还把意识形态问题与经济援助问题联系起来。一方面拒绝向苏联势力范围内的国家提供经济援助；另一方面加强对那些受到苏联威胁和伤害的"民主国家"提供援助，来遏制共产主义的威胁。

受此影响，杜鲁门政府在对苏经济援助问题上开始采取拖延战略。1945年 12 月，杜鲁门在回答记者的提问时说："即使苏联提出过贷款要求，但我从来没有接到过正式申请；自从我继任总统以来，没有接到过苏联关于60 亿美元借款的请求。"[③] 1946 年 3 月 1 日，国务院虽然承认苏联提出过借

---

① 刘同舜编《"冷战"、"遏制"和大西洋联盟（1945～1950 年美国战略决策资料选编）》，第70～73 页。

② 刘同舜编《"冷战"、"遏制"和大西洋联盟（1945～1950 年美国战略决策资料选编）》，第74 页。

③ *FRUS*, 1945, Vol. 5, pp. 823 - 824.

款的要求，但又敷衍地说：忘记将该文件放在何处了。① 1947 年 3 月，"杜鲁门主义"的提出标志着美国政府已经开始把对外经济援助问题同美国的国家安全、同遏制苏联共产主义的扩张联系起来，美国的对苏经济政策越来越向经济遏制的方向发展。为了遏制西欧和南欧国家共产党势力的发展和苏联影响的扩大，为了复兴这些国家的经济，同时在苏联阵营的东欧卫星国家中钉入一个楔子，美国于 1947 年 6 月推出了马歇尔援助计划。② 1947 年 12 月 17 日，美国国家安全委员会再次决定："美国的安全需要立即、无限期地停止从美国向苏联及其附庸国出口美国的短缺物资和有助于增强苏联军事潜力的物资。"③ 自此，美国完全关闭了同苏联和东欧社会主义国家发展自由贸易的大门。

四　战后美苏经济合作尝试的失败与经济冷战的起源

苏联领导人对战后苏美经济合作的态度是矛盾的。一方面，他们希望同美国发展经济关系，并把从美国获取巨额贷款看作"苏美关系发展的基础而给予高度重视"；④ 另一方面，他们对战后苏美经济合作态度谨慎，疑虑重重。苏联一向致力于国家对贸易的控制，对全球开放的自由贸易体系始终保持着警惕。虽然苏联领导人有从美国获得经济援助的愿望和要求，但他们绝不会让美国利用经济援助来对苏联进行干预。对于苏联领导人来说，从美国获取贷款固然重要，但他们首先考虑的是提高苏联的地位，维护苏联的主权，绝不会为了获取经济援助而在重大的政治问题上做出让步。

对于杜鲁门上台之后美国对苏政策的转变，苏联领导人有清醒的认

---

① Philip J. Funijiello, *American-Soviet Trade in the Cold War*, pp. 18 – 19.

② Leffler Melvyn P., *The United States and the Strategic Dimensions of the Marshall Plan*, *Diplomatic History*, 1988, Vol. 3, p. 38.

③ *FRUS*, 1945, Vol. 5, pp. 511 – 512.

④ 1945 年 1 月 3 日，莫洛托夫向美国驻苏大使哈里曼提交了一份备忘录，正式提出了关于向苏联提供贷款的要求。莫洛托夫在这份备忘录中写道，"对今后苏美关系的发展，应该有所展望，而且两国关系必须立足于坚固的经济基础上"。莫洛托夫直言不讳地表示，苏联政府把在战后获取美国巨额贷款看作"苏美关系发展的基础而给予高度重视"。"苏美两国友好关系能否得到发展，取决于美国能否慷慨地向苏联提供贷款"。见 *FRUS*, 1945, Vol. 5, pp. 942 – 947。

识，并对美国提高了警惕。正如 1946 年 9 月 27 日苏联驻美大使诺维科夫在发给莫斯科的电文中指出的，"杜鲁门总统的上台以及随后任命贝尔纳斯为美国国务卿，意味着民主党中最反动的集团加强了对美国外交政策的影响。同时，那些继承罗斯福的事业、希望爱好和平国家之间进行合作的人，对外交政策的影响已经下降"，"另一方面，我们也看到了美国统治阶级如意盘算的破产。他们假设苏联会在战争中被摧毁或战后极度衰弱以致被迫向美国祈求经济援助。如果此种情况发生，美国将可能操纵局势。这种局势使他们在欧亚地区放手扩张而无苏联之障碍"。"实际上，尽管由于战争和德国法西斯的占领所造成的巨大损失给战后的经济带来许多困难，但苏联对外部世界继续保持经济独立，并正在自力更生重建国民经济。"①

尽管如此，苏联领导人仍然没有完全放弃同美国进行经济合作的尝试。1947 年 4 月 15 日，斯大林在同美国国务卿马歇尔进行会谈的时候讨论了苏美关系面临的一些障碍，斯大林再次提出了关于美国向苏联提供贷款的问题。"（美国）早在两年前就曾向苏联政府询问，战后苏联需要什么形式的贷款，美国应该为苏联分配多少订货。这是 1945 年 1 月的时候加里曼向我们询问的。苏联政府提交的备忘录对这一问题进行了答复，其中指出，如果可能并且条件合适的话，苏联政府希望从美国得到 30 亿 ~60 亿美元的贷款或者更多的贷款。但是，两年过去了，苏联政府没有得到美国政府的任何答复。"② 在得到正式的邀请之后，苏联仍然派出了庞大的代表团参加巴黎会议，商讨马歇尔援助计划。只是在了解了马歇尔援助计划的实质之后，苏联才拒绝了这一计划，因为"苏联代表团洞悉了美国的这一企图：它只是想企图干涉欧洲国家的内政，将美国自己的方案强加给欧洲国家，美国希望以此将自己的战争剩余物资随心所欲地倾销到欧洲，并使这些国家的经济依附美国的利益而存在"。③

---

① АВПРФ，ф.06，оп.8，п.45，д.759，л. 21 - 39．Севостьянова Г. Н. Советско - американские отношения 1945 - 1948，Россия. ⅩⅩвек. Документы，Москва：МФД，2004，с.561．

② АВПРФ，ф.06，оп.9，пор.71，д.1104，л.29 - 39．Севостьянова Г. Н. Советско - американские отношения 1945 - 1948，с.286．

③ ЦГАБКП，ф.146 - 6，оп.4，а. е.639，л.1 - 3．沈志华收集和整理：《苏联历史：俄国档案原文复印件汇编》第 8 卷，华东师范大学冷战研究中心资料室藏。

　　苏联拒绝参加马歇尔计划，标志着战后苏美经济合作尝试的失败。其结果是美苏矛盾进一步加剧，并导致了东西方两大平行市场的形成和经济冷战的爆发。如果说在马歇尔计划之前，苏联领导人对于苏美合作还抱有一定希望的话，那么在此之后，苏联领导人则完全放弃了这种合作的希望，并且使苏联的对外政策发生了全面的转变。[①] 为了对抗马歇尔计划，苏联在经济上推出了"莫洛托夫计划"，致力于加强同东欧社会主义国家的贸易关系，并提出了两大平行市场的概念。自此，世界市场也被分为社会主义市场和资本主义市场。美国在实施马歇尔计划、加大对西欧和南欧国家经济援助的同时，也开始逐步加强对苏联和东欧国家的贸易管制，对社会主义国家实行经济上的遏制。马歇尔计划提出之后，美国国务院政策设计委员会和商务部开始分头研究和制定对苏联、东欧国家的贸易管制政策。随着东西方对抗的加剧，为了加强对社会主义国家的经济遏制，美国同西欧国家联合起来，于1950年1月9日在巴黎成立了"对共产党国家出口管制统筹委员会"，对所有社会主义国家实行贸易管制。巴黎统筹委员会的建立，使美国在推行冷战战略方面有了一个新的工具，它使美国单方面对苏联、东欧国家的贸易管制变为西方国家对整个社会主义国家的联合行动。[②] 两大阵营经济冷战的序幕由此揭开。

（原文刊登于《世界历史》2011 年第 1 期）

---

①　马歇尔计划对苏联对外政策的转变和冷战的起源都产生了十分重要的影响。详见 Parrish, Scott D. , *The Turn Toward Confrontation*：*The Soviet Reaction to the Marshall Plan*, 1947, CWIHP Working Paper, №9, March 1994, pp. 1 – 40；*М. Наринский*, СССР и План Маршалла：по материалам архива президента РФ//Новая и новейшая история, 1993, №2, с. 11 – 19；Roberts, Geoffrey, "Moscow and the Marshall Plan：Politics, Ideology and the Onset of the Cold War, 1947," *Europe-Asia Studies*, 1994, Vol. 8, pp. 671 – 691。

②　崔丕：《美国的冷战战略与巴黎统筹委员会、中国委员会（1945～1994）》，第 147～148 页。

图书在版编目（CIP）数据

地区国别史研究．第 1 辑／朱明主编．－－北京：社
会科学文献出版社，2019.12
（大夏世界史文丛）
ISBN 978 - 7 - 5201 - 5906 - 7

Ⅰ.①地…　Ⅱ.①朱…　Ⅲ.①世界史 - 研究　Ⅳ.
①K107

中国版本图书馆 CIP 数据核字（2019）第 289545 号

大夏世界史文丛
地区国别史研究（第 1 辑）

主　　编／朱　明

出 版 人／谢寿光
责任编辑／李期耀
文稿编辑／李蓉蓉

出　　版／社会科学文献出版社·历史学分社（010）59367256
　　　　　　地址：北京市北三环中路甲 29 号院华龙大厦　邮编：100029
　　　　　　网址：www.ssap.com.cn
发　　行／市场营销中心（010）59367081　59367083
印　　装／三河市龙林印务有限公司

规　　格／开本：787mm × 1092mm　1/16
　　　　　　印张：19.5　字数：325 千字
版　　次／2019 年 12 月第 1 版　2019 年 12 月第 1 次印刷
书　　号／ISBN 978 - 7 - 5201 - 5906 - 7
定　　价／118.00 元